Les Essentiels de National Geographic

Histoire du monde

NATIONAL GEOGRAPHIC

Les Essentiels de National Geographic
Histoire du monde

Président-directeur général : John M. Fahey
Président du conseil d'administration : Gilbert M. Grosvenor
Premier vice-président : Nina D. Hoffman

Vice-président et directeur du département des livres : Kevin Mulroy
Directrice artistique : Marianne R. Koszorus
Chef de projet : Ellen Beal
Responsable de la production : Gary Colbert

Première institution scientifique et pédagogique à but non lucratif au monde, la National Geographic Society a été fondée en 1888 « pour l'accroissement et la diffusion des connaissances géographiques ». Depuis lors, elle fait découvrir le monde à des millions de personnes par le biais de ses magazines, livres, programmes de télévision, vidéos, cartes et atlas, bourses de recherche, ateliers pour enseignants, matériel scolaire innovant et championnats de géographie. La National Geographic Society est financée par les cotisations de ses membres, des dons et la vente de ses produits éducatifs. Ce soutien est essentiel à sa mission, qui consiste à mieux faire comprendre le monde et à favoriser la sauvegarde de notre planète par l'exploration, la recherche et l'enseignement.

Visitez le site Internet de National Geographic France : www.nationalgeographic.fr

Édition originale
Éditeur : Peter Delius
Auteurs : Detlef Berghorn (chapitres 1, 2, 4, 5 et pp. 74-85, 416-469, 482-483, 502-509), Markus Hattstein (chapitres 3, 6, 7, et pp. 158-169, 470-481, 484-501, 510-533)
Direction éditoriale : Michele Greer, Sabine Kahl, Juliane von Laffert, Julia Niehaus, Alexander Starritt
Suivi éditorial : Charles Booth
Responsables de l'iconographie : Susanne Boening, Nina Ratzewitz
Maquettiste : Burga Fillery

Édition française
Direction éditoriale : Françoise Kerlo, assistée de Marilyn Chauvel
Chef de fabrication : Alexandre Zimmowitch

Réalisation éditoriale : Agence Media
Mise au point des textes : Françoise Caille, Laurence Godec, Philippe Tamic
Correctrices : Catherine Lucchesi, Nicole Salingre
Maquettiste : Laurence Canaveira
Traductrice : Hanna Agostini

ISBN 978-2-84582-277-1
Dépôt légal : novembre 2008

Imprimé en Chine

Sommaire

Néfertiti, page 30.

Soldat de l'armée en terre cuite du mausolée de l'empereur chinois Qin Shi Huangdi, page 100.

Statue équestre de Jeanne d'Arc, page 124.

Frédéric Guillaume de Brandebourg, dit le Grand Électeur, page 193.

Napoléon Bonaparte, page 268.

Soldats et cheval de la Première Guerre mondiale portant des masques à gaz, page 340.

Lénine s'adressant au peuple, page 379.

Jeune garçon juif en Pologne durant la Seconde Guerre mondiale, page 375.

Soldats américains préparant la démolition d'une statue de Saddam Hussein, page 527.

Comment utiliser ce livre

Chaque double page traite d'un sujet particulier annoncé **par un titre**.

La **période concernée** est indiquée sous le titre.

Les **blocs couleur** indiquent l'époque et le chapitre traités.

Le **lieu concerné** apparaît dans un onglet à côté des frises synoptiques.

La **frise synoptique** reprend les événements les plus marquants d'une période et d'un lieu donnés et **renvoie aux pages concernées**.

Le **texte principal** situe le sujet traité dans son contexte historique.

188 xvie-xviiie s. | DE LA RENAISSANCE AUX LUMIÈRES

L'Allemagne

Page 186

1531 Ferdinand Ier couronné roi de Rome. Création de la ligue de Smalkalde.

1536 Luther rédige les articles de Smalkalde.

1540-1541 Fondation de l'ordre des Jésuites.

1545 Convocation du concile de Trente.

1546-1547 Guerres de la ligue de Smalkalde.

1548 Proclamation par Charles Quint de l'Intérim d'Augsbourg.

1551-1552 La guerre des Princes contre Charles Quint est soutenue par la France.

1555 Paix d'Augsbourg et fin de la Réforme.

1556 Abdication de Charles Quint.

1559 L'Électeur palatin Frédéric III le Pieux se convertit au calvinisme.

1607 Occupation de la ville protestante de Donauwörth par le duc Maximilien Ier de Bavière, qui y rétablit le catholicisme.

1608-1609 Union évangélique et Ligue catholique. Tractations entre les protagonistes de la guerre de Trente Ans.

Page 191

Le Saint Empire : protestants et catholiques

1531-1614

Pour Charles Quint (**1**), la Réforme constitue un danger non seulement pour la stabilité de l'Église, mais aussi pour celle de son empire, qui repose sur le ralliement des sujets à une religion unique. Convaincu de la nécessité de changements au sein de l'Église, il persuade le pape de convoquer le concile de Trente en 1545. Les princes protestants refusent d'y participer. Les guerres de la ligue de Smalkalde qui s'ensuivent voient d'abord la victoire de Charles Quint, mais ce sont finalement les princes protestants qui l'emportent grâce au soutien de la France, rivale des Habsbourg. Charles Quint abdique à la suite de la paix d'Augsbourg de 1555, qui garantit aux princes la liberté religieuse. Le répit n'est que de courte durée, d'autres mouvements de réforme, comme celui des calvinistes, entraînant d'autres guerres de religion. Les catholiques comme les protestants recherchent des alliés à l'étranger.

1

La Réforme en Europe

Certains réformateurs discutent divers points de détail : les Suisses Zwingli (7) et Calvin (8), notamment, sont en désaccord avec Luther en ce qui concerne la communion. Le calvinisme, avec la doctrine de la prédestination, représente le courant le plus éloigné des thèses de Luther. Alors que le luthéranisme gagne tout le Saint Empire romain, la Scandinavie et les États baltes, le calvinisme fait souche en France, aux Pays-Bas, en Écosse et dans les colonies.

6

7

Les **bandeaux sur fond couleur** présentent un résumé des événements historiques et culturels marquants de la période traitée.

Les **encadrés sur fond blanc** donnent la biographie des grandes figures de l'Histoire.

Les **titres des chapitres** sont repris en haut de chaque page.

Les **encadrés sur fond couleur** éclairent et approfondissent le texte principal.

Des **références croisées** en bas de page créent un lien avec d'autres sujets de l'ouvrage.

Les **numéros de renvoi aux illustrations** permettent de lier les images aux textes et de les situer dans leur contexte historique.

Les **textes joints aux illustrations** donnent des détails sur des événements précis.

La préhistoire

des origines jusque v. 3000 av. J.-C.

Nous ne possédons encore aucune certitude quant aux origines de l'humanité, mais l'hypothèse africaine est admise. Les premiers hominidés, dont on a découvert la trace en Afrique, ont commencé à évoluer il y a quelque 6 millions d'années pour atteindre le stade de l'*Homo sapiens*. Leur intelligence et leurs facultés d'adaptation leur ont permis de surmonter l'hostilité de l'environnement et de s'installer dans toutes les parties du monde. Leur besoin de socialisation a abouti au développement du langage, qui a favorisé la résolution collective des problèmes et enrichi l'expression personnelle. Leur prise de conscience de la finitude est à l'origine des rites funéraires. Ils se sont regroupés en communautés, les chasseurs-cueilleurs sont devenus des fermiers et les hommes des cavernes des villageois. Enfin, les premières cités nées de la hiérarchisation sociale ont constitué le berceau des civilisations avancées.

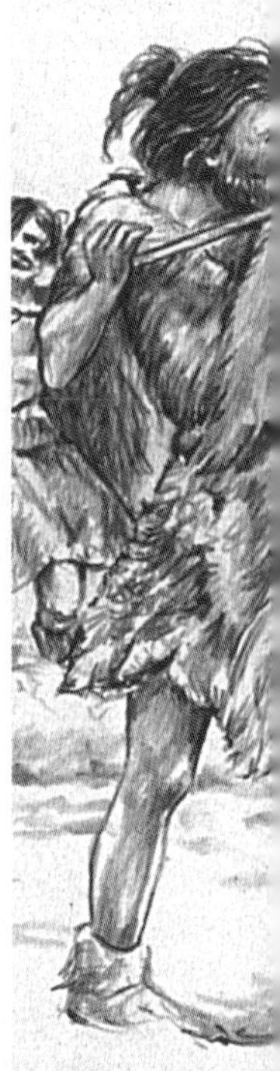

Reconstitution d'une chasse au mammouth, 30 000 à 25 000 ans av. J.-C.

REPÈRES

v. 6 MA av. J.-C. Premières traces de l'existence des hominidés en Afrique.

v. 2,5 MA-10 000 ans av. J.-C. Ancien âge de la pierre (paléolithique).

v. 2,3-1,5 MA av. J.-C. Utilisation d'outils en pierre par *Homo habilis*. Premiers sacrifices d'animaux.

v. 1,8 MA av. J.-C. Migration d'*Homo erectus* à partir de l'Afrique.

v. 1,8-1 MA av. J.-C. Début du langage.

v. 500 000 ans av. J.-C. Première utilisation du feu.

v. 60 000 ans av. J.-C. Peuplement de l'Australie.

v. 40 000 ans av. J.-C. L'homme de Cro-Magnon (*Homo sapiens*) chasse l'homme de Neandertal.

v. 11 500 ans av. J.-C. Peuplement des Amériques.

v. 10 000 ans av. J.-C. Début de l'âge de la pierre polie (néolithique). Extinction des mammouths.

Page 18

L'évolution de l'homme

Des origines jusque v. 10 000 ans av. J.-C.

Les squelettes d'hominidés fossiles mis au jour en Afrique semblent faire remonter les origines de l'homme à 6 millions d'années. Il y a environ 2,3 millions d'années, *Homo habilis* (« homme habile ») a inventé les premiers outils en pierre taillée, caractéristiques de l'ancien âge de la pierre. *Homo erectus*, qui a quitté l'Afrique il y a environ 1,8 million d'années, a évolué jusqu'à *Homo sapiens*, l'homme moderne.

Poignard en silex.

1

La théorie de l'évolution. Dans son ouvrage *La Filiation de l'homme et la sélection liée au sexe* (1871), Charles Darwin expose sa théorie selon laquelle l'homme descend du singe (**1**). Aujourd'hui, il est admis que l'homme et le singe ont des ancêtres communs.

6

La reconstitution de l'évolution de l'humanité

Vieux de 6 millions d'années, le plus ancien hominidé, baptisé Orrorin tugenensis *(« homme du millénaire »), a été trouvé en 2000 au Kenya. Lucy, une femelle* Australopithecus afarensis *(**6**) (v. 4-3 millions d'années av. J.-C.) mise au jour en 1974 en Éthiopie, était dotée d'une anatomie lui permettant de se déplacer debout. L'homme de Neandertal (**7**) (150 000-30 000 ans av. J.-C.), découvert au XIXe s. en Allemagne, n'était pas un ancêtre direct de l'homme moderne, mais appartenait à une branche collatérale aujourd'hui éteinte. Ötzi (**8**), un homme du IVe millénaire av. J.-C. retrouvé en 1991 dans un glacier du Tyrol, possédait des vêtements et une hache.*

2

La chasse. L'intelligence des peuples primitifs est attestée par leur aptitude à fabriquer des armes. Avec des lances, ils traquent de gros gibiers tels que le mammouth (**2**) et le bison (**3**). Les peintures rupestres évoquent souvent la chasse.

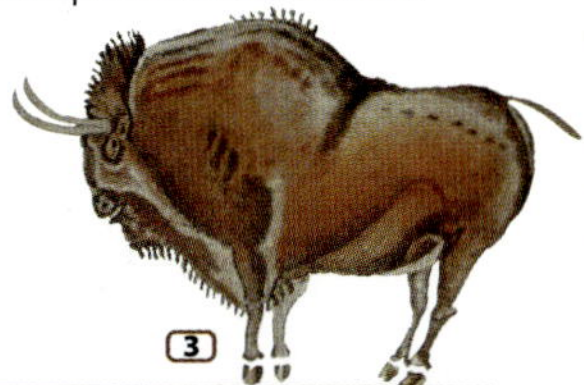
3

4

Les hommes des cavernes. Les grottes constituent un abri naturel permettant de se protéger des rigueurs de l'hiver. Les premiers hommes vivent en communauté et travaillent en groupe (**5**). À l'aide de grattoirs en pierre (**4**), ils préparent les fourrures d'animaux notamment pour se vêtir.

5

7

v. 6 MA av. J.-C. *Apparition des premiers hominidés en Afrique de l'Est :* Orrorin tugenensis.
v. 5,5-4 MA av. J.-C. Ardipithecus ramidus.
v. 4,2-2 MA av. J.-C. Australopithecus.
v. 2,3-1,5 MA av. J.-C. Homo habilis.
v. 1,9 MA-200 000 ans av. J.-C. Homo erectus.
v. 1,8 MA av. J.-C. *Migrations des hominidés de l'Afrique vers le nord et l'est.*
v. 1,7 MA-300 000 ans av. J.-C. *Homme de Java.*
v. 600 000-200 000 ans av. J.-C. *Homme de Pékin.*
v. 150 000-30 000 ans av. J.-C. *Homme de Neandertal* (Homo neanderthalensis).
v. 100 000 ans av. J.-C. *Le proto-Cro-Magnon peuple la région de la Palestine actuelle.*
v. 40 000 ans av. J.-C. *Cro-Magnon peuple l'Europe.*

8

Les premières civilisations

de 10 000 à 3 000 ans av. J.-C.

Vase peint (néolithique).

Au début de l'âge de la pierre polie, les hommes ne se contentent plus de collecter les graines, ils maîtrisent déjà l'art de l'agriculture. Des communautés sédentaires, comme celles de Çatal Höyük en Anatolie ou de Jéricho en Palestine, pratiquent l'élevage. Ces civilisations connaissent également un essor culturel important avec le développement de la production de céramiques peintes. Les sociétés commencent à se hiérarchiser, ainsi que le laissent apparaître les ornements funéraires dont sont parés les défunts.

Religion et culture. La prise de conscience de leur mort conduit les premiers hommes à inventer le concept d'une puissance supérieure. Leur croyance dans une vie après la mort est attestée notamment par des peintures rupestres, dont certaines montrent des êtres hybrides. Dans la grotte des Trois-Frères (**2**), en Ariège, un sorcier qui semble bénir le fruit de la chasse figure une cérémonie rituelle. Les cultes présidant à la récolte rendent souvent hommage à une déesse protectrice dotée de généreux attributs (**1**). Les hommes observent aussi les étoiles, et s'en servent pour calculer le cycle des saisons.

1

2

Page 16

v. 10 000 ans av. J.-C. Transition vers l'élevage et l'agriculture (révolution néolithique).

v. 9 000 ans av. J.-C. Important campement à Jéricho, en Palestine.

v. 7 000 ans av. J.-C. Important campement à Çatal Höyük, en Anatolie (Turquie).

v. 5 000 ans av. J.-C. Civilisations de la céramique en Europe.

v. 5 000 ans av. J.-C. Culture de Yangshao, en Chine.

v. 5 000-4 000 ans av. J.-C. Culture d'Obeïd, en Mésopotamie.

Ve-IVe millénaire av. J.-C. Civilisations des Tells en Mésopotamie.

v. 4 000 ans av. J.-C. Premières cités de la période d'Ourouk, en Mésopotamie (p. 26).

v. 4 000 ans av. J.-C. Culture de Longshan, en Chine.

IVe-IIIe millénaire av. J.-C. Grandes constructions, temple en pierre à Malte.

v. 3 000 ans av. J.-C. Travail du métal au Proche-Orient.

v. 3 000 ans av. J.-C. Premières grandes civilisations en Égypte, en Mésopotamie (Sumer), en Inde (Harappa) et en Chine.

IIIe millénaire av. J.-C. Production et travail du bronze.

v. 1 800 ans av. J.-C. Fin du néolithique. L'âge de la pierre se prolonge, notamment en Australie (p. 258) et en Amérique.

v. 1 400 ans av. J.-C. Production et travail du fer.

3

La sédentarisation des peuples. Jéricho (Palestine), dont on voit ici les vestiges d'une tour des murs d'enceinte (**5**), est la plus vieille ville au monde. Vers le VIIIe millénaire av. J.-C., elle est le plus peuplé des campements avec 3 000 habitants.

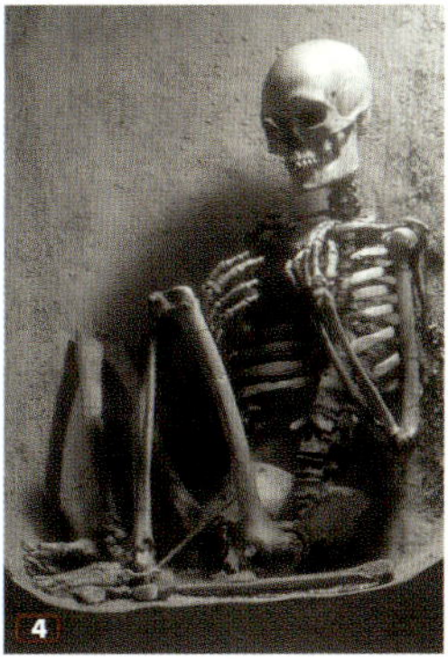
4

5

Les rites funéraires. Ils consistent à ériger des mégalithes monumentaux (**3**) ou à creuser des trous circulaires. Les morts (**4**) sont souvent enterrés au cœur du lieu de vie, selon des rites transmis par les ancêtres.

Début des premiers empires : pages 22-23

Les premiers empires

v. 3000-300 av. J.-C.

Les premières civilisations se développent dans des régions fertiles, notamment en bordure de cours d'eau, en Égypte, en Palestine, en Mésopotamie, en Inde et en Chine. L'abondance des récoltes et la richesse entraînent progressivement la spécialisation de la main-d'œuvre et la hiérarchisation de la société. Les peuplements, qui gagnent en importance, deviennent le foyer des premières communautés puis de structures étatiques. En même temps, l'agriculture, l'élevage, le commerce, l'art et l'écriture se développent. À partir du IIIe s. av. J.-C., les pharaons égyptiens, les Babyloniens, les Assyriens et les Perses fondent les premiers empires. La guerre, les colonisations et le commerce lointain favorisent la diffusion de ces cultures.

Masque funéraire en or de Toutankhamon, découvert au début des années 1920.

Les premières civilisations

Les premières civilisations naissent au Proche-Orient, dans le Croissant fertile qui relie la Palestine à la Mésopotamie en passant par la Syrie et l'Asie Mineure. Leur essor est favorisé par la croissance démographique et par les progrès des techniques d'élevage et d'agriculture. Les nomades et les sédentaires évoluent séparément, l'extension des terres arables obligeant les éleveurs à s'éloigner pour nourrir leurs bêtes. La nécessité de maîtriser les ressources en eau et les pâturages attise les conflits.
Le chameau, comme d'autres animaux, est domestiqué et devient le principal moyen de transport des marchands. Les éléments religieux montrent l'importance des bêtes, le bœuf étant un symbole de force et de fertilité (**1**). Dans ces sociétés en pleine expansion, la construction de barrages protégeant des inondations et la mise au point de systèmes d'irrigation complexes entraînent une spécialisation des tâches, que renforce le besoin de se prémunir contre les attaques des nomades. La communauté se compose désormais d'artisans, de soldats et de fermiers. Les prêtres sont au sommet de la hiérarchie sociale. Ils communiquent avec les divinités locales et travaillent à la mise au point de calendriers comportant des informations sur les crues et sur le moment opportun pour semer ou récolter. En ces temps où les pouvoirs spirituel et temporel se confondent, les prêtres jouent aussi un rôle politique. Le temple sert de centre de stockage (« économie du temple »). Souvent, le grand prêtre assume les fonctions de prince de la cité et il a la charge des principaux cultes voués aux dieux tutélaires. C'est seulement dans les cités les plus importantes que les prêtres et les princes constituent deux castes distinctes – ce qui n'empêche pas le pouvoir temporel de se réclamer du spirituel, tandis que les prêtres continuent à jouer un rôle politique majeur.
La caste des prêtres, très impliquée dans le commerce, est aussi associée à l'invention de l'écriture. Dans les premiers

1

temps, l'écriture sert à conserver une trace des transactions commerciales. Puis elle évolue et permet la rédaction de documents plus volumineux. Dérivée de pictogrammes proches des hiéroglyphes égyptiens, l'écriture cunéiforme (**2**) est constituée de caractères qui représentent chacun une sonorité et non une image. Ils sont ainsi plus faciles à combiner entre eux. Même les hiéroglyphes égyptiens ont été en leur temps remplacés par une version simplifiée pour l'usage courant. Enfin, entre 1400 et 1000 av. J.-C., le Proche-Orient connaît le développement d'une écriture comportant un nombre défini de lettres qui pose les jalons de notre alphabet moderne. Comme dans tous les alphabets sémitiques, il n'y a pas de voyelles. Les Grecs anciens sont les premiers à enrichir l'alphabet de voyelles, sans modifier la forme ni l'ordonnancement traditionnel des lettres. Les écrits des Grecs anciens se lisent de droite à gauche, comme les vieux textes sémitiques.

2

Les vagues migratoires

3000-v. 700 av. J.-C.

Cavalier scythe (détail d'une tapisserie, Ve-IVe s. av. J.-C.).

À la période préhistorique, les peuples effectuent des migrations incessantes qui perdurent des milliers d'années, les tribus se mêlant les unes aux autres. Les groupements ne sont pas très définis, les termes « sémite » et « indo-européen » se réfèrent au langage et à l'écriture utilisés plus qu'aux ethnies. À partir de 3000 av. J.-C., Sémites et Indo-Européens se dirigent vers le nord en direction du Croissant fertile, une région qui englobe l'Égypte, la Mésopotamie et le rebord oriental de la Méditerranée. Vers 2400 av. J.-C., les Akkadiens supplantent les Sumériens en Mésopotamie (p. 26). Les Cananéens (p. 40) et les Araméens, descendants des Israélites (p. 42), créent des cités en Palestine. Des peuples indo-européens comme les Gutti et les Élamites (p. 26) quittent la région de l'Iran pour rejoindre la Mésopotamie. D'autres, notamment les Hittites (p. 36), les Perses (p. 44) et après eux les Scythes (p. 46), colonisent l'Asie Mineure. Vers 1200 av. J.-C., des communautés parmi lesquelles les Étrusques (p. 72) et les Grecs (p. 58) subissent les attaques des Peuples de la Mer.

Nomades et sédentaires. En Égypte, comme dans tout le Proche-Orient, les nomades sont en quête de pâturages. Ils ne sont pas toujours les bienvenus, en raison de la pénurie de nourriture pour les bêtes. Les conflits opposant les nomades sémites (**1**, peinture égyptienne) issus d'Arabie (p. 42) aux peuples sédentarisés sont mentionnés dans la Bible.

Les grandes migrations : pages 94-95

2

Les Peuples de la Mer. Au cours du XIIIe s. av. J.-C., des tribus étrangères (**2**) dont l'origine est encore mal connue prennent peu à peu possession des terres bordant la Méditerranée à l'est. Venues de la mer, elles pillent les régions côtières. Le commerce est affecté, ce qui entraîne la ruine de riches cités égéennes et palestiniennes. L'Empire hittite lui-même ne peut résister à ces invasions.

3

Les peuples de cavaliers. Originaires des steppes eurasiennes, des peuples de cavaliers (**3**) tels que les Scythes (p. 46) émigrent en Asie Mineure. Réputés pour leurs talents équestres et leurs prouesses guerrières, ils côtoient les grandes civilisations de la Méditerranée, avec lesquelles ils commercent et échangent sur le plan culturel.

REPÈRES

à partir de 3000 av. J.-C. Migration des tribus sémites et indo-européennes vers le Proche-Orient (p. 26). Création de cités en Palestine par les Cananéens (p. 40).

v. 2400 av. J.-C. Empire akkadien en Mésopotamie.

2000 av. J.-C. Migration des Hittites indo-européens en Asie Mineure (p. 36).

v. 1500 av. J.-C. Fondation du royaume du Mitanni par les Hourrites dans le nord de la Mésopotamie (p. 38).

v. 1500 av. J.-C. Avancée des Aryens vers l'Inde (p. 49).

v. 1400 av. J.-C. Mèdes et Perses (p. 44) peuplent l'Iran.

XIIIe-XIIe s. av. J.-C. Arrivée des Araméens au Proche-Orient (p. 42).

v. 1200 av. J.-C. Incursion des Peuples de la Mer dans les régions situées à l'est de la Méditerranée. Chute de l'Empire hittite.

1200-750 av. J.-C. Migration dorique ou colonisation des premiers Grecs (p. 58). Déclin des civilisations mycénienne et minoenne (p. 57).

v. 700 av. J.-C. Incursion des Scythes en Asie Mineure et en Europe centrale (p. 46).

Pages 26, 37, 38, 94

La Mésopotamie

Page 25

v. 3300 av. J.-C. Peuplement de la Mésopotamie par les Sumériens. Développement d'une écriture unifiée.

v. 2800-2400 av. J.-C. Première période dynastique et essor de cités-États dirigées par un roi.

v. 2700-2600 av. J.-C. Règne du roi Gilgamesh à Ourouk.

2494-2342 av. J.-C. Ire dynastie de Lagash, fondée par Eannatoum après la prise des cités sumériennes.

v. 2350 av. J.-C. Lutte pour le pouvoir à Lagash, opposant le roi et le clergé.

2334-2279 av. J.-C. Règne de Sargon Ier d'Akkad, qui fonde un empire.

v. 2240 av. J.-C. Traité distinguant les sphères d'influence des Akkadiens et des Élamites iraniens.

à partir de 2150 av. J.-C. Contrôle des cités-États sumériennes par l'Empire akkadien.

2150-2050 av. J.-C. Règne des Gutti en Mésopotamie.

2112-2004 av. J.-C. Contrôle des cités-États sumériennes par la IIIe dynastie d'Our.

2004 av. J.-C. Destruction d'Our par les Élamites venus d'Iran.

1125-1104 av. J.-C. Règne de Nabuchodonosor Ier, qui chasse les Élamites de Babylone.

à partir de 1100 av. J.-C. Règne des Élamites sur le sud de la Mésopotamie.

Page 29

La Mésopotamie : les Sumériens

v. 3300-1100 av. J.-C.

Vers 3000 av. J.-C., les Sumériens occupent la Mésopotamie, la « terre entre les deux fleuves » (Tigre et Euphrate). Leurs origines sont inconnues, leur langue n'ayant pas de parenté avec celle des autres tribus. Leurs cités-États en Mésopotamie sont presque contemporaines des premières dynasties égyptiennes. Les communautés sumériennes élaborent ensemble un système d'irrigation et de contrôle des crues. Les cités-États situées à proximité de la mer et des voies de commerce sont florissantes ; elles offrent nombre de marchandises, comme des poteries fabriquées à grande échelle.

Dame de Cour sumérienne (Our).

À partir de 2800 av. J.-C., ces riches cités-États rivalisent pour la suprématie économique. Les plus importantes d'entre elles sont Our, Ourouk et Lagash. Les Akkadiens (sémites), ainsi que les Gutti et les Élamites, utilisent les discordes entre les Sumériens pour prendre le contrôle de leur empire, dont ils assimilent la culture.

1

Prêtres et rois. Les cités-États sumériennes sont dirigées par des rois (**1**, Goudéa, roi de Lagash) qui assument les plus hautes fonctions religieuses.

2

Une société hiérarchisée. La cite sumérienne se caractérise par sa forte hiérarchisation. Les rois sont issus de la classe dominante des prêtres et des administrateurs. Les objets découverts dans les tombes attestent la richesse de ces notables (**2**, *Étendard d'Our*). La population est constituée pour l'essentiel de fermiers et d'éleveurs.

Les premiers navigateurs

Les cités-États sumériennes, dotées de ports, commercent avec des pays lointains. L'aventurier et ethnologue Thor Heyerdahl estime qu'elles auraient entretenu des échanges avec l'Inde. En 1977, il démontre le bien-fondé de sa théorie en fabriquant une embarcation en roseaux identique à celles des Sumériens, sur laquelle il navigue du golfe Persique jusqu'à l'océan Indien. Il prouve ainsi qu'un tel trajet a pu être effectué à l'époque. Certains spécialistes considèrent que les Sumériens sont apparentés à la civilisation de l'Indus (p. 48).

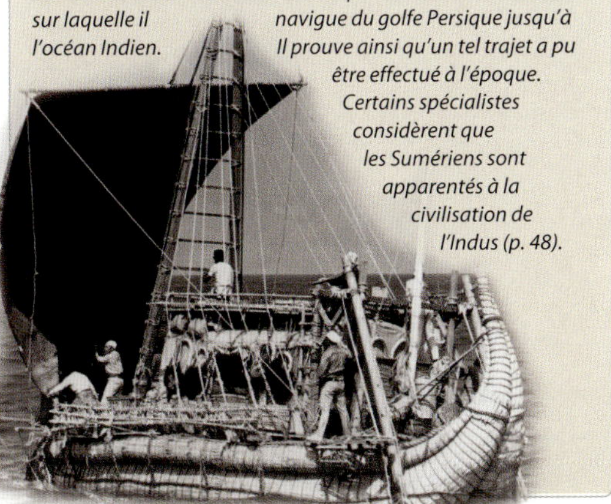

Le roi Gilgamesh (**3**). Il aurait régné sur la cité d'Ourouk, en Mésopotamie, vers 2700 av. J.-C. La plus populaire des épopées sumériennes retrace ses exploits légendaires. On lui attribue l'érection du mur d'enceinte de la ville, long d'une dizaine de kilomètres. L'épopée de Gilgamesh offre des similitudes avec des récits de l'Ancien Testament, comme celui de Noé, et avec la légende d'Hercule.

3

La Mésopotamie : l'Assyrie et Babylone

v. 1894-539 av. J.-C.

Sargon II et le prince héritier Sennachérib.

Combattant assyrien.

Les cités-États sumériennes du sud de la Mésopotamie coexistent avec celles d'Assyrie, dans le nord, et celles de Babylone, au centre. À partir de 1850 av. J.- C., ces civilisations cherchent à étendre leur emprise en assujettissant leurs voisins par des campagnes militaires. Au cours de leur histoire, les Assyriens et les Babyloniens font régulièrement la guerre, notamment à certains peuples d'Iran, comme les Élamites, les Kassites ou encore les Perses, qui les vaincront en 539 av. J.-C. (p. 44).

La guerre, objectif de la cité. Les Assyriens sont connus pour leur brutalité et leurs talents de guerriers. Le royaume tout entier se préoccupe de conquérir de nouveaux territoires et d'exploiter des régions occupées. À partir de 722 av. J.-C., Sargon II et son fils Sennachérib, installés à Ninive (**1**), entament la dernière phase d'expansion de l'empire et soumettent Babylone, l'Égypte, ainsi que les royaumes d'Élam et d'Israël (p. 43). Devenu trop vaste, l'empire, attaqué par les Scythes, sombre dans la guerre civile. En 614 av. J.-C., les Babyloniens et les Mèdes conquièrent l'Assyrie. Deux ans plus tard, ils prennent Ninive.

1

Le Code d'Hammourabi (2). Première compilation législative de l'histoire, il date de 1750 av. J.-C. Gravé sur une stèle de basalte, il tient son nom de son auteur, le roi Hammourabi, du Premier Empire babylonien. Réprimant sévèrement les crimes, il prévoit, outre le célèbre « œil pour œil, dent pour dent », des châtiments comme le fouet, la mutilation et le bûcher.

2

Page 26

v. 1894-1595 av. J.-C. Premier Empire babylonien.

v. 1800-1375 av. J.-C. Ancien Empire assyrien.

v. 1793-1750 av. J.-C. Règne d'Hammourabi à Babylone.

1530-1160 av. J.-C. Règne des Kassites à Babylone.

1375-1047 av. J.-C. Moyen Empire assyrien.

v. 1160-1100 av. J.-C. Règne des Élamites.

1125-1104 av. J.-C. Règne de Nabuchodonosor Ier sur Babylone et la région.

883-612 av. J.-C. Nouvel Empire assyrien.

811-806 av. J.-C. Règne de Sammouramat (Sémiramis).

625-539 av. J.-C. Nouvel Empire néobabylonien.

614-612 av. J.-C. Victoire de Babylone sur l'Assyrie.

605-562 av. J.-C. Règne de Nabuchodonosor II à Babylone.

539 av. J.-C. Conquête de Babylone par les Perses.

Pages 38, 44

La reine Sémiramis

La reine Sammouramat d'Assyrie a inspiré la légende de la reine Sémiramis. Elle assume la régence au nom de son fils Adad-Nirari III au décès de son époux, en 810 av. J.-C., puis garde de l'influence lorsqu'il règne. Elle aurait créé les jardins suspendus de Babylone, l'une des Sept Merveilles du monde, attribués aujourd'hui à Nabuchodonosor II.

L'Empire néobabylonien. Vers 614-612 av. J.-C., les Babyloniens conquièrent l'Assyrie et prennent le contrôle de l'empire. Nabuchodonosor II s'empare de Jérusalem et réduit les Israélites en esclavage à partir de 587 av. J.-C. (p. 43). Il fait construire au cœur de Babylone un temple (**3**) dédié au dieu Mardouk, qui repose sur des fondations carrées de 91 m de côté et mesure 90 m de haut. La « tour de Babel » est mentionnée dans la Bible pour illustrer la vanité humaine.

3

La Captivité de Babylone : page 43

Page 29

v. 3000-2660 av. J.-C. Premières formes de hiéroglyphes.

v. 2900 av. J.-C. Narmer unit la Haute-Égypte et la Basse-Égypte. Memphis, située près de la ville actuelle du Caire, devient la capitale du royaume.

2660-2160 av. J.-C. Ancien Empire.

v. 2600 av. J.-C. Djoser fonde la IIIe dynastie. L'architecte Imhotep construit la première pyramide à degrés à Saqqarah.

v. 2590 av. J.-C. Snéfrou fonde la IVe dynastie. Expéditions en Libye et au Soudan.

v. 2550-v. 2520 av. J.-C. Règne de Kheops et construction des grandes pyramides de Gizeh.

v. 2520-v. 2490 av. J.-C. Règne de Khephren et construction du Sphinx de Gizeh.

2270-2180 av. J.-C. Règne de Pépi II. Fin de la VIe dynastie et chute de l'Ancien Empire.

2160-2040 av. J.-C. 1re période intermédiaire. Division du pays à cause des guerres entre provinces.

Page 33

L'Égypte ancienne : l'Ancien Empire

v. 3000-2040 av. J.-C.

1

L'Égypte ancienne se composait à l'origine de deux royaumes indépendants, la Haute-Égypte dans le Sud et la Basse-Égypte (comprenant le delta du Nil, **2**) dans le Nord. En 2900 av. J.-C., le pharaon Narmer (**1**) réunit ces deux entités, qui conservent néanmoins leurs spécificités. Ces différences s'accentuent dans les périodes où le pouvoir central s'affaiblit. Vers 2160 av. J.-C., l'Ancien Empire se désagrège et les provinces retrouvent leur indépendance.

2

6

Les Égyptiens de l'Antiquité : histoire et culture

Les Égyptiens vivent dans la vallée du Nil, une bande de terre fertile bordée à l'est et à l'ouest par le désert. Cet isolement relatif, qui explique qu'ils aient évolué différemment de leurs contemporains, aurait aussi favorisé la préservation de leur culture. Ainsi, pendant plus de trois millénaires, les hiéroglyphes se sont développés sans influence extérieure. Dans la société égyptienne, le statut de la femme égale celui de l'homme : elle peut agir sans son époux sur les plans juridique et professionnel. L'Égypte ancienne a connu 30 dynasties, regroupées en trois ères (Ancien, Moyen et Nouvel Empire), trois périodes intermédiaires (pendant lesquelles le pouvoir était affaibli) et une Basse Époque.

Fermiers et fonctionnaires. Les crues annuelles du Nil déposent sur les berges des alluvions fertiles, propices à l'agriculture. Les récoltes, généreuses, assurent la prospérité de l'Égypte (**4**). Pendant les périodes de sécheresse ou d'inondation, les habitants sont réquisitionnés pour effectuer des tâches d'intérêt général, comme la construction de barrages, de canaux ou de tombes. Ils sont assujettis à des taxes collectées par les fonctionnaires (dont les scribes, **3**), chargés de maintenir la stabilité politique.

3

4

Les pyramides. Les simples monticules du début cèdent le pas aux imposantes pyramides que l'on connaît. Ces architectures connaissent leur heure de gloire vers 2550 av. J.-C., période de construction des pyramides de Gizeh (**5**). Des Sept Merveilles du monde, seule subsiste la pyramide de Kheops, érigée à l'apogée de l'Ancien Empire. À cette époque, les pharaons organisent des expéditions dont ils ramènent de l'ivoire, de l'or et des esclaves. La chute de l'Ancien Empire coïncide avec l'avènement de la VIe dynastie. Les guerres civiles affaiblissent le pouvoir et l'indépendance des provinces.

5

7

2900-2660 av. J.-C. *Période pré-dynastique. Ire-IIe dynastie : Narmer, Aha.*
2660-2160 av. J.-C. *Ancien Empire. IIIe-VIe dynastie : Djoser, Snéfrou, Kheops, Khephren, Mykérinos, Pépi II.*
2160-2040 av. J.-C. *1re période intermédiaire. VIIe-X^{e} dynastie.*
2040-1785 av. J.-C. *Moyen Empire. XIe-XIIe dynastie.*
1785-1552 av. J.-C. *2e période intermédiaire. Règne des puissances étrangères, période des Hyksos. XIIIe-XVIIe dynastie.*
1552-1070 av. J.-C. *Nouvel Empire. Périodes amarnienne et ramesside. XVIIIe-XXe dynastie : Thoutmosis Ier, Hatshepsout, Thoutmosis III, Aménophis III, Aménophis IV Akhenaton, Néfertiti (**6**), Toutankhamon, Horemheb, Ramsès II, Ramsès III.*
1070-712 av. J.-C. *3e période intermédiaire. XXIe-XXIVe dynastie, dont Shoshenq Ier.*
712-332 av. J.-C. *Basse Époque. Règne des Koushites. XXVe-XXXe dynastie, dont Taharka, Psammétique Ier, Necho II, Psammétique III.*
332-323 av. J.-C. *Règne d'Alexandre le Grand (p. 64).*
323-30 av. J.-C. *Dynastie des Ptolémées (p. 66), dont Ptolémée Ier (**7**), Ptolémée II, Arsinoé II, Ptolémée III, Cléopâtre VII.*
30 av. J.-C. *Soumission à Rome.*

L'Égypte ancienne : le Moyen et le Nouvel Empire

2040-v. 1320 av. J.-C.

Offrande du pharaon à Amon-Râ.

Après les guerres civiles et les partitions, les Égyptiens sont à nouveau réunis au sein du Moyen Empire. La nouvelle capitale du royaume, Thèbes, est placée sous la protection du dieu du Soleil Amon-Râ. Pendant la 2e période intermédiaire, le pays est encore divisé entre la Haute- et la Basse-Égypte, qui est alors sous le joug de la tribu indo-européenne des Hyksos. Sous le Nouvel Empire, les Égyptiens étendent leur puissance et leur emprise territoriale jusqu'au Proche-Orient.

Le lac sacré du grand temple d'Amon à Karnak, dans la partie est de Thèbes.

Une politique d'expansion. Les pharaons de la XVIIIe dynastie font des incursions vers le nord jusqu'en Syrie et vers le sud jusqu'en Nubie (Soudan). Aux environs de 1480 av. J.-C., la reine Hatshepsout finance des expéditions à destination des côtes de la mer Rouge, qui feront connaître aux Égyptiens l'or et les animaux exotiques (**1**). Son successeur Thoutmosis III porte le rayonnement du royaume à son plus haut dégré. Aménophis IV Akhenaton, son fils, soumet d'autres régions et diversifie les voies du commerce.

1

Akhenaton et Néfertiti

Fervent adepte d'Aton, dieu vénéré sous la forme d'un disque solaire, Aménophis IV prend le nom d'Akhenaton et interdit le culte d'autres dieux. En imposant le monothéisme, il prive de leur pouvoir les prêtres d'Amon-Râ, installés à Thèbes. Il fait de Tell el-Amarna, au cœur du pays, sa nouvelle capitale. Néfertiti, son épouse, exerce un réel pouvoir et son influence est notable. Puis elle s'efface devant Kiya, princesse du Mitanni, la nouvelle épouse d'Akhenaton. Cette alliance a pour but de contenir la menace de l'Empire hittite. À la mort du pharaon, en 1348 av. J.-C., le polythéisme est réinstauré. Toute référence à l'hérésie est bannie jusqu'à la période moderne.

Page 30

2040-1785 av. J.-C. Moyen Empire. Thèbes est la capitale.

1785-1552 av. J.-C. 2e période intermédiaire.

v. 1650 av. J.-C. Invasion des Hyksos en Basse-Égypte.

1552-1070 av. J.-C. Nouvel Empire.

1552 av. J.-C. Début de la XVIIIe dynastie.

v. 1503-1484 av. J.-C. Hatshepsout reine d'Égypte.

1484-1450 av. J.-C. Règne de Thoutmosis III. L'Égypte connaît son plus grand rayonnement.

1379-1320 av. J.-C. Période amarnienne. Culte monothéiste du disque solaire.

1379-1362 av. J.-C. Règne d'Akhenaton. Début du conflit avec les Hittites (p. 36).

1354-1343 av. J.-C. Règne de Toutankhamon.

v. 1320 av. J.-C. Fin de la XVIIIe dynastie. Les généraux s'emparent du pouvoir.

Page 34

La malédiction de Toutankhamon

Contrairement à la plupart des tombeaux royaux égyptiens qui, au fil des siècles, ont été pillés, celui de Toutankhamon, situé dans la Vallée des Rois non loin de Thèbes, est exhumé en 1922 en parfait état de conservation. Ce pharaon, gendre d'Akhenaton, est décédé à 20 ans, en 1346 av. J.-C. Peu après la découverte, plusieurs membres de l'expédition meurent dans des circonstances mystérieuses. Aujourd'hui, on attribue ces décès – qui ont fait naître la légende de la « malédiction de Toutankhamon » – aux virus, bactéries et champignons que recelait probablement la tombe.

Page 33

1320-1070 av. J.-C. Période ramesside (XIXe-XXe dynastie).

1304-1236 av. J.-C. Règne de Ramsès II.

1285 av. J.-C. Bataille de Qadesh contre les Hittites.

à partir de 1200 av. J.-C. Assauts des Peuples de la Mer. Révolte des Israélites (p. 42).

à partir de 1040 av. J.-C. Nouvelle dynastie en Basse-Égypte, fondée par des Libyens. Théocratie des prêtres d'Amon-Râ en Haute-Égypte.

712-663 av. J.-C. Règne des Koushites (XXVe dynastie).

v. 671 av. J.-C. Invasion des Assyriens (p. 28).

663 av. J.-C. Psammétique Ier instaure la XVIe dynastie.

525 av. J.-C. Victoire des Perses sur Psammétique III.

332 av. J.-C. Alexandre le Grand conquiert l'Égypte.

323-30 av. J.-C. Dynastie des Ptolémées.

Pages 64, 105

L'Égypte ancienne : le Nouvel Empire et la Basse Époque

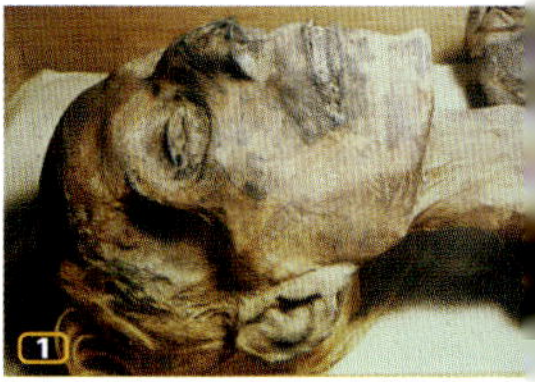

1

1320-30 av. J.-C.

La seconde moitié du Nouvel Empire est marquée par la période ramesside (XIXe-XXe dynastie). Florissant sous Ramsès II (**1**), le royaume décline ensuite et les attaques des Peuples de la Mer (p. 25) l'affaiblissent encore. À partir de 1040 av. J.-C., il perd sa suprématie au profit des Libyens puis des Koushites, qui prennent le contrôle de la Nubie. Au cours du VIIe s. av. J.-C., l'Égypte cède devant les Empires assyrien et perse.

Ramsès III. Vers la fin du Nouvel Empire, les Hittites menacent l'Égypte. La bataille de Qadesh, en 1285 av. J.-C. (**2**), se conclut par un partage de la Syrie. De grands projets architecturaux, comme celui du temple d'Abou-Simbel (**3**), font naître des troubles. Puis des problèmes économiques entraînent l'assassinat de Ramsès III et la révolte des esclaves.

2

3

4

Les adoratrices d'Amon. À la Basse Époque, l'Égypte est à nouveau divisée. La Haute-Égypte est dirigée par les prêtres d'Amon-Râ, qui siègent à Thèbes aux côtés des « épouses divines » ou adoratrices d'Amon (**4**), des princesses royales auxquelles on prête des pouvoirs de divination.

Les hiéroglyphes

Au fil du temps, les hiéroglyphes sont de moins en moins utilisés et tombent dans l'oubli. Il faut attendre la découverte de la pierre de Rosette, en 1799, pour décrypter ces pictogrammes. La pierre comporte trois versions d'un même texte, en hiéroglyphes, en domotique et en grec ancien. La connaissance de cette dernière langue a facilité la transcription de l'écriture égyptienne.

Les Perses et les Grecs. La Basse Époque est le témoin des velléités d'indépendance de nombreuses principautés, qui entraînent l'assujettissement progressif de la Basse-Égypte à des influences étrangères.

En 663 av. J.-C., Psammétique Ier, épaulé par les Grecs, instaure un pouvoir central et prend le contrôle de toute l'Égypte. En 525 av. J.-C., Psammétique III (**5**) est détrôné et remplacé par le Perse Cambyse II (p. 44).

Les Perses demeurent en Égypte pendant près de 200 ans, jusqu'à l'arrivée d'Alexandre le Grand. Sous les Ptolémées, ses successeurs (p. 66), l'Égypte retrouve sa puissance d'antan.

5

Dieu de l'Orage, relief hittite.

Les Hittites

v. 2000-v. 650 av. J.-C.

Au cours du IIe millénaire av. J.-C., la tribu indo-européenne des Hittites s'installe en Asie Mineure. Toutes les communautés de la région se rassemblent vers 1630 av. J.-C., sous le règne d'Hattousili Ier. Depuis leur capitale Hattousa, les Hittites conquièrent une grande partie de la région. En 1285 av. J.-C., ils affrontent les Égyptiens lors de la bataille de Qadesh (p. 34). À la fin des hostilités, un traité de paix prévoit la partition de la Syrie, convoitée par les deux parties. Plus tard, l'Empire hittite accuse des signes de déclin. Des luttes intestines à la cour, de mauvaises récoltes et une famine généralisée ajoutent aux problèmes auxquels le peuple doit déjà faire face. Les attaques des Peuples de la Mer (p. 25) entraînent la chute de l'empire. Alors que la capitale Hattousa est détruite vers 1200 av. J.-C., d'autres petites principautés hittites survivent dans le sud-est de l'Anatolie et dans le nord de la Syrie. Elles seront conquises au VIIe s. av. J.-C. par les Assyriens.

Rois et guerriers. Après avoir unifié le territoire v. 1630 av. J.-C., Hattousili Ier entame la conquête de l'Asie Mineure et de la Syrie. Au XVe s., les Hittites (**1**) succombent devant les Hourrites du royaume du Mitanni. Après une période de transition, ils reprennent le dessus, se réorganisent et fondent un empire en 1380 av. J.-C. (p. 38). Les conflits avec les Égyptiens continuent jusqu'en 1259 av. J.-C., année qui voit la signature d'un traité de paix entre Ramsès II et Hattousili III.

1

2

Traité de paix. À l'issue de nombreux conflits, les Hittites et les Égyptiens signent le premier traité de paix (**3**, stèle gravée en écriture cunéiforme), qui partage la Syrie. Il oblige l'Égypte à soutenir les Hittites en cas de famine ou d'autres catastrophes, notamment par la fourniture de céréales.

Les assauts des Peuples de la Mer. Vers 1200 av. J.-C., les Peuples de la Mer, dont sont issus les premiers Grecs (p. 25), prennent le port de commerce hittite situé sur la côte ouest de l'Asie Mineure. Cette emprise interrompt les importations de céréales et en prive le reste de l'empire. La capitale Hattousa est détruite. La lignée des rois hittites s'éteint avec Souppilouliouma II. La destruction de Troie (**4**), ville vassale de l'Empire hittite (p. 57), a lieu au même moment.

Les reines hittites (2). Elles ont une réelle influence politique et entretiennent des relations diplomatiques indépendantes avec les pays étrangers. Elles siègent aux côtés des rois au Conseil. Veuves, elles gardent leurs titres et leurs attributions. Les femmes de classe inférieure ont aussi un statut privilégié.

3

Page 34

L'Asie Mineure

v. 2000 av. J.-C. Migration des Hittites en Asie Mineure.

v. 1630 av. J.-C. Unité politique sous Hattousili Ier.

v. 1600 av. J.-C. Conquête de Babylone par Moursili Ier.

v. 1590 av. J.-C. Assassinat de Moursili Ier. Les luttes pour le pouvoir et la révolte de la noblesse vont entraîner la perte de la Syrie au profit des Hourrites du Mitanni. Période de déclin.

1380 av. J.-C. Fondation de l'empire par Souppilouliouma Ier.

1335 av. J.-C. Invasion du Mitanni.

1285 av. J.-C. Bataille de Qadesh contre l'Égypte.

1259 av. J.-C. Conclusion d'un traité de paix entre Hattousili III et Ramsès II.

à partir de 1200 av. J.-C. Attaques des Peuples de la Mer. Des troubles entraînent la chute de l'Empire hittite sous Souppilouliouma II.

v. 1200 av. J.-C. Destruction de Troie (p. 57).

v. 650 av. J.-C. Conquête par les Assyriens des dernières principautés hittites.

Page 38

4

La guerre de Troie : page 57

Page 37

v. 1500 av. J.-C. Fondation du Mitanni par les Hourrites.

1335 av. J.-C. Invasion du Mitanni par les Hittites.

à partir de 1200 av. J.-C. Déclin de l'Empire hittite (p. 36).

à partir de 1200 av. J.-C. Fondation du royaume d'Ourartou dans l'est de l'Anatolie.

v. 1100 av. J.-C. Migration des Phrygiens des Balkans jusqu'en Asie Mineure.

VIIIe s. av. J.-C. Conflits entre Ourartou et l'Assyrie. Extension du royaume phrygien dans l'ouest de l'Anatolie.

v. 700 av. J.-C. Défaite des cavaliers nomades eurasiens en Phrygie. Suicide du roi phrygien Midas. Règne des Lydiens en Asie Mineure.

VIIe s. av. J.-C. Migration des Arméniens des Balkans vers l'Asie Mineure.

v. 640 av. J.-C. Conquête par les Scythes du royaume d'Ourartou.

546 av. J.-C. Crésus de Lydie est fait prisonnier par Cyrus II de Perse.

Page 40

Les petits royaumes de la lisière du Croissant fertile

v. 1500-546 av. J.-C.

Casque phrygien en bronze

En 1500 av. J.-C., au nord du Croissant fertile, entre l'Asie Mineure et le nord de la Mésopotamie, la tribu indo-européenne des Hourrites fonde le royaume du Mitanni, qui sera conquis par les Hittites en 1335 av. J.-C. (p. 36). Après le déclin de ce nouvel empire vers 1200 av. J.-C., les successeurs des Hittites établissent le royaume d'Ourartou en Anatolie orientale (**1**). Ce territoire est envahi au cours du VIIe s. av. J.-C. par des tribus de cavaliers scythes (p. 46). Les Phrygiens, qui ont quitté les Balkans en 1100 av. J.-C., fondent un royaume prospère au cœur de l'Anatolie. Celui-ci est anéanti lors de la prise de sa capitale par les Cimmériens, qui, au VIIIe s. av. J.-C., établissent en ces lieux le royaume de Lydie. Après la capture de Crésus, le dernier roi de Lydie, les Perses s'imposent en Asie Mineure en 546 av. J.-C.

1

2

Le royaume d'Ourartou. Grâce à ses richesses en minerai, il connaît un formidable essor économique, qui repose sur la production et le travail des métaux (**2**). Les Ourartéens développent le commerce et étendent peu à peu leur territoire ; ils envahissent le Caucase, l'est de l'Anatolie et le nord-ouest de l'Iran. Au fil du temps apparaissent des désaccords avec l'Empire assyrien. Les Assyriens et les Cimmériens envahissent Ourartou en 714 av. J.-C. Le royaume sera conquis par les Scythes v. 640 av. J.-C., puis investi par les Arméniens (p. 86).

3

Midas. Nombre de légendes sont inspirées par les richesses aurifères (**3**) de la région. L'une d'elles raconte comment le roi Midas est exaucé de son vœu de transformer en or tout ce qu'il touche. Mais les aliments se changent aussi en or, et Midas est vite affamé. Pour se libérer de ce don, il plonge dans le Pactole, d'où la richesse légendaire du fleuve. Selon une autre légende, Apollon aurait affublé Midas d'oreilles d'âne qu'il aurait alors cachées sous un bonnet phrygien (**4**).

4

5

Crésus, dernier roi de Lydie. Il conquiert presque toutes les villes côtières grecques. À Delphes, l'oracle lui prédit qu'un grand empire peut s'effondrer s'il traverse l'Halys. Sûr de sa victoire, il franchit la rivière en 546 av. J.-C. pour affronter les Perses, mais il est vaincu par Cyrus II : la prophétie se réalise… à son détriment. Il est alors destiné au bûcher (**5**). Selon la légende, il bénéficie de la clémence des vainqueurs et achève sa vie comme haut fonctionnaire à la cour de Perse.

La Syrie et la Palestine

Page 38

IIIe millénaire av. J.-C. Byblos s'impose comme le plus grand centre de l'Est méditerranéen.

XIIIe s. av. J.-C. Ougarit supplante Byblos dans le domaine du commerce.

1200 av. J.-C. Batailles navales et destruction d'Ougarit.

v. 1100 av. J.-C. Installation des Philistins en Palestine, les Israélites (p. 42) préférant l'intérieur des terres.

IXe s. av. J.-C. Suprématie des Phéniciens en Méditerranée.

IXe s av. J.-C. Victoire de Tyr sur Sidon (**2**).Tyr devient la ville principale des Phéniciens.

814 av. J.-C. Les Phéniciens établissent un comptoir à Carthage (p. 70).

v. 600 av. J.-C. Les Phéniciens contournent l'Afrique par mer.

Ve s. av. J.-C. Les Phéniciens s'allient avec les Perses contre les Grecs (p. 60).

332 av. J.-C. Conquête de Tyr par Alexandre le Grand.

Page 64

La Syrie et la Palestine

IIIe millénaire-332 av. J.-C.

Les tribus sémites des Amorrites et des Cananéens s'installent en Syrie (**1**, Syrien) et en Palestine. Malgré le voisinage de ces deux puissances, elles maintiennent l'indépendance de leurs cités-États Byblos et Ougarit, qui seront dévastées aux environs de 1200 av. J.-C. (p. 25) par les attaques des Peuples de la Mer. Ces lieux, situés dans l'actuel Liban, sont investis au cours du IXe s. par les Phéniciens, qui, grâce à leur savoir-faire en matière de commerce et de navigation, tissent un vaste réseau commercial de la Méditerranée jusqu'en Europe. Ces derniers conservent leur autonomie même sous la domination des Perses. Mais, en 332 av. J.-C., ils ne résistent pas aux assauts d'Alexandre le Grand, qui détruit Tyr.

1

2

3

4

Byblos et Ougarit. Au cours du IIIe millénaire av. J.-C., la ville de Byblos (**3**) – l'actuelle Beyrouth – s'impose comme un important carrefour commercial de l'est de la Méditerranée. C'est là que le cèdre du Liban, ainsi que d'autres articles de luxe comme des objets en or (**4**), embarquent à destination de l'Égypte. Au milieu du XIIIe s. av. J.-C., la cité perd de son prestige au profit d'Ougarit – l'actuelle Ras Shamra –, située plus au nord. Tout en demeurant les alliées des Hittites et des Égyptiens, les deux cités-États de Byblos et d'Ougarit réussissent à maintenir leur indépendance, mais elles sont détruites en 1200 av. J.-C. par les Peuples de la Mer.

Les Phéniciens. Marchands (**6**) et navigateurs dans l'âme, les Phéniciens développent un vaste réseau de relations commerciales à travers la Méditerranée, avec l'Europe, les îles Canaries dans l'Atlantique, et peut-être même avec le sud de l'Afrique. Pour préserver leur suprématie, ils gardent secrète leur maîtrise de l'océan et propagent des histoires de monstres marins (**5**, pièce frappée d'un navire menacé par un monstre).

5

6

Carthage : pages 70-71

La Palestine

REPÈRES

XIIIe s. av. J.-C. Migration des Araméens, les ancêtres des Israélites, vers le Moyen-Orient (p. 24).

XIII-XIIe s. av. J.-C. À la suite de tensions sociales, les Araméens quittent l'Égypte pour la Palestine.

v. 1200 av. J.-C. Essor des puissances maritimes. Destruction des cités-États cananéennes de Palestine.

XIe s. av. J.-C. Fondation de cités-États par les Philistins installés le long des côtes palestiniennes. Les Israélites et d'autres tribus araméennes investissent l'intérieur des terres.

v. 1030 av. J.-C. Les tribus d'Israël choisissent Saül pour roi et lui confient le commandement de l'armée qui doit combattre les Philistins.

v. 1010 av. J.-C. Suicide de Saül après la victoire des Philistins. David lui succède.

v. 1010-970 av. J.-C. Règne de David. Jérusalem devient la capitale du royaume, qui s'étend de l'Euphrate jusqu'à la mer Rouge.

Page 43

Abraham conduit les Israélites hors de Mésopotamie (illustration biblique).

Les Israélites

XIIIe s.-539 av. J.-C.

Vers 1200 av. J.-C., les Israélites s'installent en Palestine. Ils se distinguent de leurs voisins surtout par leur croyance en un Dieu unique, Yahvé. En 1030 av. J.-C., les diverses tribus d'Israël s'allient sous le règne du roi Saül. Après le suicide de ce dernier, son fils David (**2**), qui a mené l'armée à la victoire contre les Philistins, est élu roi. Le pouvoir central fort instauré par David montre des signes de déclin sous le règne ostentatoire de son fils Salomon. En 931 av. J.-C. a lieu la scission d'Israël. En 722 av. J.-C., les Assyriens annexent la partie nord du royaume, tandis que, en 587 av. J.-C., le Sud (Juda) est soumis par Babylone.

1

2

David. La victoire contre les Philistins (**1**) vaut à David une grande notoriété. Il est choisi comme roi vers 1010 av. J.-C. Contrairement à Saül, son prédécesseur, il limite l'autonomie des tribus d'Israël et instaure dans le royaume un pouvoir central ayant la double autorité politique et religieuse. Il peut ainsi soumettre les pays voisins.

3

Le roi Salomon (3). Il succède à son père David en 970 av. J.-C. Salomon fait construire au cœur de Jérusalem un immense temple voué au culte de Yahvé. Sa tolérance envers les cultures et les religions étrangères suscite la colère de son peuple de même que celle des prophètes, les dignitaires religieux.

4

La scission d'Israël. Après la mort de Salomon, en 931 av. J.-C., le royaume est divisé. Depuis Jérusalem, la capitale, les descendants du roi gardent le pouvoir sur le royaume de Juda, tandis qu'au nord, en Israël, se succèdent plusieurs dynasties. Au IXe s. av. J.-C., les deux entités (**4**) issues du schisme tombent sous la domination des Assyriens (p. 28). Des prophètes comme Élie, Isaac et Jérémie critiquent l'emprise des étrangers et l'influence des autres religions.

5

Page 42

970-931 av. J.-C. Règne de Salomon, qui entretient d'étroites relations culturelles et diplomatiques avec les peuples voisins, notamment les Phéniciens (p. 41).

931 av. J.-C. Le fils de Salomon, Roboam, est roi de Juda. Le Nord devient indépendant en tant que royaume d'Israël, avec Samarie pour capitale.

873-853 av. J.-C. Le roi Achab d'Israël, époux de la Phénicienne Jézabel, tolère le culte du dieu phénicien Baal.

845 av. J.-C. Le prophète israélite Élie appelle à la révolte contre la reine Jézabel, devenue veuve, et contre les adorateurs de Baal.

722 av. J.-C. Conquête du royaume d'Israël par les Assyriens.

587 av. J.-C. Destruction de Jérusalem par le roi Nabuchodonosor II. Déportation d'une partie de la population à Babylone.

539 av. J.-C. Conquête de Babylone par les Perses (p. 44). Les Israélites peuvent rentrer en Palestine.

Page 68

La Captivité de Babylone. En 722 av. J.-C., les Assyriens occupent Israël, alors allié des Égyptiens. Le VIe s. av. J.-C. voit l'émergence de Babylone comme la nouvelle puissance du Moyen-Orient. Pour vaincre les Juifs, Nabuchodonosor II (p. 29) détruit Jérusalem en 587 av. J.-C. et fait exiler une partie de la population israélite (**5**) : c'est la période appelée Captivité de Babylone, qui dure jusqu'en 539 av. J.-C.

Page 29

à partir de 1400 av. J.-C. Les Aryens, les Mèdes et les Perses s'installent en Iran (p. 24).

VIIIe s. av. J.-C. Fondation du royaume mède, dont les Perses sont les vassaux.

550 av. J.-C. Le roi perse Cyrus II soumet les Mèdes.

546 av. J.-C. Victoire de Cyrus II sur Crésus de Lydie.

539 av. J.-C. Conquête de Babylone par Cyrus II. Retour des Israélites en Palestine.

525 av. J.-C. Cambyse II soumet l'Égypte (p. 34).

522-486 av. J.-C. Règne de Darius Ier.

500-494 av. J.-C. Révolte de l'Ionie : soulèvement des cités grecques de l'ouest de l'Asie Mineure.

480 av. J.-C. Victoire des Grecs lors de la bataille navale de Salamine, grâce à l'héroïsme de Léonidas et de ses compagnons, qui retiennent les Perses aux Thermopyles. Soulèvements en Égypte.

465 av. J.-C. Assassinat de Xerxès Ier lors d'une insurrection de palais.

448 av. J.-C. Paix de Callias. Les Perses admettent l'indépendance des Grecs en Asie Mineure.

431-404 av. J.-C. La guerre du Péloponnèse divise les Grecs (p. 61). Grâce à diverses alliances, les Perses retrouvent leur influence en Grèce.

404-343 av. J.-C. Brève période d'indépendance pour l'Égypte.

334-324 av. J.-C. Alexandre le Grand de Macédoine soumet l'Empire perse.

333 av. J.-C. Bataille d'Issos.

331 av. J.-C. Bataille d'Arbèles.

330 av. J.-C. Mort de Darius III.

Pages 64, 89

Les Mèdes et les Perses

1400-330 av. J.-C.

Prêtre en prière avec un chevreau.

Au VIIIe s. av. J.-C., les Mèdes établissent au nord-ouest de l'Iran un royaume qui sera ensuite conquis par les Assyriens. Aidés par les Babyloniens, les Mèdes détruisent le Nouvel Empire assyrien. Au cours de son extension, le royaume mède englobe la Perse dans ses États vassaux. Puis, sous Cyrus II, les Perses se rebellent et renversent les Mèdes en 550 av. J.-C. Après la prise de la Lydie (p. 38) et de Babylone (p. 29), Cyrus II fonde le vaste Empire perse. Les premiers conflits avec les Grecs en Asie Mineure éclatent sous le règne de Darius Ier, dès 500 av. J.-C. À l'intérieur, le roi divise l'empire en provinces reliées par un important réseau routier. Xerxès Ier et Artaxerxès Ier poursuivent la lutte contre les Grecs. Les Perses, usés par les guerres, ne résistent pas à Alexandre le Grand (p. 64).

Cyrus II, stratège conquérant. Après avoir annexé le royaume des Mèdes (**1**) en 550 av. J.-C., Cyrus II leur concède les mêmes droits qu'à ses sujets. Les Perses se montrent généralement tolérants envers les peuples de culture et de religion différentes, à condition qu'ils reconnaissent la suprématie du roi de Perse.

Les guerres médiques. En 500 av. J.-C., plusieurs guerres éclatent entre les Grecs (p. 60) et les Perses, qui se disputent le contrôle de l'est de la Méditerranée. Sous le règne des Macédoniens Philippe II et Alexandre le Grand, l'armée grecque réunifiée combat les Perses. Vaincu lors des batailles d'Issos et d'Arbèles, Darius III, le dernier roi de Perse (**2**), est assassiné en 330 av. J.-C. Alexandre le Grand prend alors le contrôle de l'Empire perse.

2

Persépolis. Vers 520 av. J.-C., Darius Ier ordonne la construction de la cité de Persépolis (**3**) et fait bâtir d'immenses palais. C'est là que les rois perses reçoivent les envoyés des provinces.

Du fait de l'étendue de l'empire, les gouverneurs des provinces, ou satrapes, jouissent d'abord d'une grande liberté d'action. Mais leur marge de manœuvre est réduite lorsque les rois renforcent le pouvoir central.

Des conflits à la cour et des révoltes fréquentes suscitées parfois par les Grecs, notamment en Égypte, achèvent d'affaiblir la royauté. Alexandre le Grand soumet l'empire en 324 av. J.-C. Persépolis est pillée et détruite.

3

Les guerres médiques : pages 60-61

L'Eurasie

Les Scythes

v. 1000 av. J.-C.-IIIe-IVe s. apr. J.-C.

Les Scythes, peuple de cavaliers nomades issu des bords de la mer Noire, émigrent et essaiment à travers l'Eurasie, guerroyant et pillant des régions aussi lointaines que l'Europe centrale ou l'Italie du Nord. Aux VIIIe et VIIe s. av. J.-C., ils conquièrent les royaumes de Phrygie et d'Ourartou, en Anatolie, puis entrent en conflit avec les Perses. Dans le même temps, les Scythes sont employés comme mercenaires aussi bien par les Grecs que par les Perses. Les tribus qui leur sont apparentées, notamment les Sakas, s'installent en Inde au cours du Ier s. av. J.-C. Les Scythes se mêlent aux Sarmates à la même époque, puis aux Goths et aux Huns vers les IIIe et IVe s., au moment des grandes vagues migratoires (p. 94-97).

REPÈRES

v. 1000 av. J.-C. Migration des Scythes en Asie Mineure et en Europe centrale (p. 25).

v. 640 av. J.-C. Les Scythes envahissent et détruisent le royaume d'Ourartou, situé en Anatolie orientale (p. 39).

530 av. J.-C. Le roi perse Cyrus II est vaincu par Tomyris, la reine des Massagètes.

513-512 av. J.-C. Échec de la campagne menée par Darius Ier contre les Scythes.

339 av. J.-C. Victoire de Philippe II de Macédoine sur le roi scythe Athéas.

v. 300 av. J.-C. Les Sarmates migrent vers l'ouest et s'installent en territoire scythe.

v. 100 av. J.-C. Les Sakas migrent en Inde et fondent un royaume (p. 98).

Ier-IIe s. Conflits entre les Sarmates et les Romains dans la région du Danube.

IIIe-IVe s. Les Sarmates se mêlent aux Goths et aux Huns.

Page 97

Objet en or de fabrication scythe, VIIe-VIe s. av. J.-C.

1

Scythes, Sakas et Sarmates. Les auteurs grecs et romains ont été les premiers à dresser une nomenclature des peuples de cavaliers nomades eurasiens. Mais l'absence d'écrits ne permet pas de les identifier avec précision. Les Romains ont été confrontés aux successeurs des Scythes, les Sarmates (**1**), venus de l'est, qui se sont alliés aux Goths et aux Huns vers 300 av. J.-C.

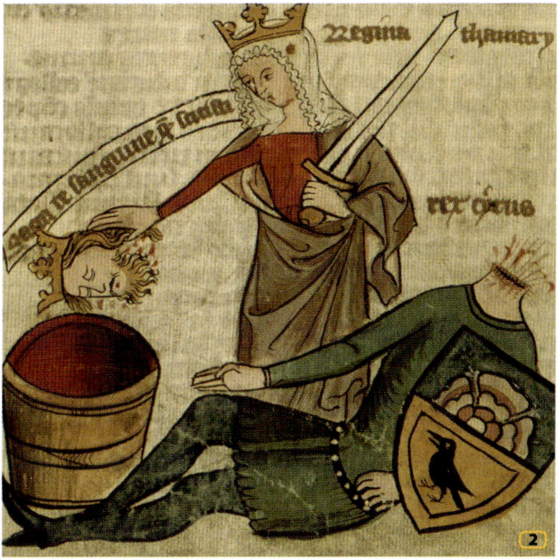

2

3

Les Amazones. Les Perses (p. 44) tentent plusieurs fois, mais en vain, de vaincre les Scythes. Le roi perse Cyrus II doit ainsi s'incliner devant la reine Tomyris (**2**) en 530 av. J.-C.

4

Les femmes scythes font la guerre, assumant même le commandement des armées. Elles ont probablement inspiré les Amazones (**3**), ces femmes soldats de la mythologie grecque qui, comme elles, auraient vécu sur les bords de la mer Noire. Au ve s. av. J.-C., l'historien grec Hérodote évoquait l'existence en Asie Mineure de tribus matriarcales qui auraient aussi pu servir de modèle aux Amazones.

5

L'or des Scythes. Les Scythes ne constituent pas un État homogène. Chaque fois qu'ils en ont besoin, ils se groupent en fédérations tribales sous la conduite d'un chef unique pour mener une campagne. Ils sont redoutés pour leurs attaques éclairs particulièrement dévastatrices. De nombreux princes scythes sont enterrés dans des tumulus funéraires appelés kourganes, garnis de précieux objets en or (**4**, **5**). Palliant l'absence d'écrits, de tels éléments fournissent de précieuses informations sur la vie quotidienne de ce peuple. Ils laissent supposer l'existence – en période de paix – d'échanges commerciaux et culturels avec les peuples voisins, notamment avec les Grecs et leurs colonies de la mer Noire.

L'Inde

IIIe millénaire-v. 320 av. J.-C.

Les dieux hindous Shiva, Brahma et Vishnou. Au Ve s. av. J.-C., les conflits entre la religion védique et les enseignements bouddhistes au sujet du salut de l'âme entraînent le développement de l'hindouisme, syncrétisme des deux religions.

Au IIIe millénaire av. J.-C., tandis que se développent les premières civilisations mésopotamiennes et égyptiennes, la civilisation de l'Indus fleurit dans la fertile vallée du même nom, autour des sites d'Harappa et de Mohenjo-Daro. Elle disparaît cependant en 1500 av. J.-C., pendant la période védique, avant l'arrivée des Indo-Aryens. Au VIe s. av. J.-C., ces derniers perdent leur suprématie lors de la fondation du royaume du Magadha, implanté en bordure du Gange, dans l'actuelle province indienne du Bihar. C'est dans ce centre politique et culturel que le Bouddha fonde la religion bouddhiste. Les Dravidiens, Aryens non originaires de l'Indus, imposent leur propre culture dans le Sud.

1

2

La culture harappéenne. La plus ancienne civilisation du sous-continent indien, la culture des Harappéens (**1**), se développe au cœur de la vallée de l'Indus. Dès le IIIe millénaire av. J.-C., des villes comme Mohenjo-Daro (**2**) sont construites et dotées d'infrastructures sophistiquées (système d'irrigation, bains et gigantesques silos à grain). L'écriture harappéenne n'étant pas encore déchiffrée, on connaît mal l'histoire et la structure sociale de ce peuple dont le déclin date d'environ 1500 av. J.-C. Sa disparition pourrait avoir été entraînée par des catastrophes naturelles (inondations) ou par des attaques étrangères.

Les Indo-Aryens. Le sous-continent indien doit sa diversité ethnique et culturelle à l'installation de plusieurs peuples arrivés par vagues successives. Parmi eux, les Indo-Aryens, qui relèvent du point de vue culturel et linguistique de l'ethnie indo-européenne (p. 24), investissent la région v. 1500 av. J.-C. Grâce à leur supériorité militaire – ils maîtrisent notamment l'usage des chars (**3**) –, ces éleveurs soumettent assez facilement les fermiers locaux et s'imposent très vite comme la classe dirigeante. Les Indo-Aryens sont organisés en monarchies tribales. Ils diffusent leurs principes politiques et religieux et dominent assez longtemps la population autochtone avant d'intégrer sa culture.

3

4

Les *Veda* (« la Connaissance »). Ces textes composés d'hymnes et de versets constituent la plus ancienne littérature indienne. Ils sont encore enseignés aujourd'hui dans les écoles brahmaniques (**4**). Rassemblant le savoir religieux, philosophique et rituel de la période védique, de 1500 à 450 av. J.-C., ils exposent les éléments historiques et sociaux de l'époque. Régie par le système des castes, la société indienne est alors dominée par l'aristocratie. Les brahmanes, qui officient comme conseillers et prêtres royaux, exercent une réelle influence. La classe des fermiers, la plus nombreuse, occupe le bas de l'échelle sociale.

Le Bouddha

C'est à la fin du Ve s. av. J.-C. que le prince Siddhartha Gautama, originaire du nord de l'Inde, reçoit la révélation qui fait de lui le Bouddha. Ce réformateur rejette les Veda, *les sacrifices rituels des brahmanes et le système de castes, qu'il juge sans fondement et irrationnel. Vers le XIIe s. apr. J.-C., le bouddhisme est supplanté par l'hindouisme, mais il fait de nouveaux adeptes en dehors de l'Inde.*

REPÈRES

IIIe millénaire av. J.-C. Civilisation de l'Indus (Harappa et Mohenjo-Daro), dans l'actuel Pakistan. Développement de l'écriture dans la vallée de l'Indus.

v. 1500 av. J.-C. Disparition d'Harappa et de Mohenjo-Daro.

v. 1500 av. J.-C. Arrivée en Inde des tribus indo-aryennes, venues d'Asie centrale et d'Iran.

v. 1550-v. 450 av. J.-C. Période védique.

VIe s. av. J.-C. Développement du royaume du Magadha sur les rives du Gange.

VIe s. av. J.-C. Le nord-ouest de l'Inde tombe sous le joug des Perses (p. 44).

v. 530 av. J.-C. Naissance du réformateur Siddharta Gautama, le Bouddha.

v. 525 av. J.-C. Le roi du Magadha, Bimbisara, adhère au bouddhisme.

327-325 av. J.-C. Campagne d'Alexandre le Grand en Inde (p. 64). Adoption de l'écriture et développement de l'alphabet brahmanique.

v. 320 av. J.-C. Fondation de l'Empire maurya au Magadha.

Page 98

Les religions du Sud-Est asiatique : pages 50-51

REPÈRES

v. 3000 av. J.-C. Fondation de la civilisation chinoise par les empereurs légendaires.

XVIIIe s. av. J.-C. Fondation du premier royaume par la dynastie des Shang.

v. 1050 av. J.-C. Renversement des Shang par les Zhou. Période des Zhou occidentaux (jusqu'en 771 av. J.-C.).

841 av. J.-C. Soulèvement des princes vassaux contre les Zhou.

771 av. J.-C. Les Zhou se replient vers l'est. Début de la période des Zhou orientaux (jusqu'en 256 av. J.-C.).

VIIIe s. av. J.-C. Guerre avec les tribus non chinoises dans le nord et le sud de la Chine.

v. 500 av. J.-C. Influence du philosophe Confucius.

481-221 av. J.-C. Période des Royaumes combattants. Progrès intellectuels, philosophiques et techniques.

221 av. J.-C. Unification de la Chine par le roi Zheng, de la dynastie des Qin.

Page 100

La Chine

v. 3000-221 av. J.-C.

La première structure étatique de l'histoire de la Chine remonte au XVIIIe s. av. J.-C., à l'époque de la dynastie des Shang. Il n'existe pas réellement de pouvoir central, mais une fédération de principautés vassales chapeautées par un roi prêtre doté de prérogatives étendues. Vers 1050 av. J.-C., les Shang sont renversés par les Zhou, qui laissent en place le système féodal traditionnel. Dès 841 av. J.-C., les princes défient l'autorité des Zhou. Jusqu'en 221 av. J.-C., pendant la période dite des Royaumes combattants, des guerres incessantes agitent les États auparavant administrés par les Zhou. Malgré ces troubles, la Chine connaît un fort développement culturel, grâce à un commerce florissant et à l'influence de Confucius. De nombreuses villes actuelles ont été construites à cette époque.

Tambour de guerre à poignée en forme de dragon (Zhou orientaux). Des armées composées de fermiers volontaires détruisaient les chars de l'aristocratie.

Les religions du Sud-Est asiatique

Comme partout ailleurs, l'évolution et la propagation des religions dans le Sud-Est asiatique sont étroitement liées aux événements historiques. Ainsi, la hiérarchie par castes de la religion védique permet aux Aryens de soumettre la population indienne lorsque le confucianisme favorise l'implantation d'un pouvoir central en Chine. Le shintoïsme renforce pour sa part la légitimité des souverains japonais, qui se considèrent comme les descendants des dieux du Soleil. Plusieurs rois indiens ayant encouragé le bouddhisme se convertissent à l'hindouisme lorsqu'ils prennent conscience de la trop grande puissance des monastères bouddhistes.

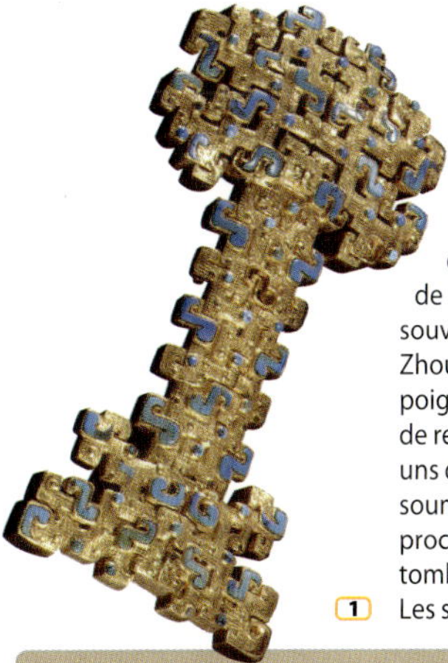

1

Les période des Royaumes combattants. En 771 av. J.-C., les Zhou occidentaux sont chassés de leurs terres et contraints de se replier à l'est. Les souverains de la dynastie des Zhou orientaux (**1**, manche de poignard) n'ont qu'une fonction de représentation. Quelques-uns des anciens princes vassaux soumettent leurs voisins et se proclament rois des territoires tombés sous leur domination. Les sept États les plus vastes ainsi formés se font en permanence la guerre à partir de 481 av. J.-C. : c'est la période des Royaumes combattants. À la même époque, l'infrastructure et l'agriculture progressent. À l'ouest, la dynastie des Qin œuvre à la centralisation du pouvoir. Les territoires récemment conquis ne sont plus administrés par les princes vassaux, mais par la cour. Ce pouvoir central établi par le roi Zheng aboutit à l'unification de la Chine en 221 av. J.-C.

Confucius

Les enseignements du philosophe chinois Confucius s'inscrivent dans le contexte social et politique troublé que vit la Chine vers 500 av. J.-C. Le système féodal traditionnel est progressivement remplacé par un pouvoir central géré par des experts en administration. C'est dans ce cadre que Confucius émet le postulat que les nobles, comme les modestes gens, ne sont que des citoyens qui remplissent leur devoir envers l'État. Il prône l'apprentissage constant, le culte des ancêtres, l'unité et la hiérarchisation de la famille. Les enseignements de Confucius ne sont dispensés qu'après sa mort, mais ils influencent encore la Chine moderne. Ce culte d'État prend une tournure religieuse à partir du IIe s. av. J.-C. sur la base du confucianisme.

4

à partir de 1500 av. J.-C. *La religion védique s'adapte à la culture des Indiens.*
v. 1000 av. J.-C. *Le système des castes est codifié.*
v. 500 av. J.-C. *Influence de Confucius.*
v. 500 av. J.-C. *Enseignement du Bouddha en Inde.*
à partir du Ve s. av. J.-C. *Évolution de l'hindouisme (**3**).*
IVe-IIIe av. J.-C. *Naissance en Chine du concept de loi de la nature ou « tao », ainsi que de celui des forces opposées du yin et du yang (**4**).*
à partir du IIIe s. av. J.-C. *Propagation du bouddhisme en Asie par les missionnaires indiens.*
IIe s. av. J.-C. *Reconnaissance du confucianisme comme philosophie d'État en Chine.*
à partir de 550 *Influence bouddhiste au Japon. Persistance du shintoïsme (**2**).*
à partir du VIIe s. *Bouddhisme tibétain (**5**).*
jusqu'au XIIe s. *L'hindouisme supplante le bouddhisme en Inde.*

3

5

Le monde antique

v. 2500 av J.-C.-VIIIe s. apr. J.-C.

Les cultures de l'Antiquité classique – celles de la Grèce ancienne et de l'Empire romain – se caractérisent par les épopées d'Homère, les guerres d'Alexandre le Grand et de César, ainsi que par l'apport des Grecs aux domaines de la philosophie, des arts et des sciences naturelles. Le monde hellénistique, très étendu, englobe certaines terres d'Orient. Quant à l'Empire romain, son essor culmine avec sa domination sur l'Europe et l'Afrique du Nord. Les Romains soumettent les indigènes des régions qu'ils envahissent, notamment les tribus germaniques et les peuples d'Asie Mineure. À la même époque, en Asie, les civilisations indienne et chinoise sont à leur apogée.

Détail d'une mosaïque représentant Alexandre le Grand, combattant les Perses menés par Darius III à la bataille d'Issos, en 333 av. J.-C.

Les fondements de la civilisation occidentale

De par leur croyance en des dieux capricieux qui s'amuseraient, arbitrairement, à se jouer de leurs pions humains, les Grecs développent un certain détachement dans leur approche du monde. Résignés à leur destin, ils renoncent à toute quête mystique au profit de la recherche de la connaissance. Aux VIIe et VIe s. av. J.-C., les philosophes de l'école ionienne, ainsi que leurs successeurs, commencent à s'intéresser à la nature et sont convaincus de l'existence d'un ordre universel. La quête de ces grands principes par des penseurs comme Socrate, Platon et Aristote favorise l'essor des sciences. Ces hommes, qui tout à la fois observent et modèlent le monde, inaugurent divers domaines de la connaissance comme la philosophie, la physique, le génie mécanique, la médecine et la biologie.

Ces progrès favorisent également l'émergence de nouvelles formes de pensée politique. L'éthique et la conception de l'État guident les initiatives humaines. Les épopées d'Homère et les tragédies grecques évoquent les conflits sociaux et l'existentialisme. Bientôt l'esprit occidental surgit, qui se caractérise par le principe individualiste. Il réapparaîtra au moment de la Renaissance et de la période des Lumières, deux courants qui s'inspirent de la philosophie grecque. En revanche, sur le plan politique, cette tendance favorise une rivalité constante entre les individus. L'unification politique ne sera accomplie que sous le règne des Macédoniens Philippe II et Alexandre le Grand, ce dernier propageant la culture hellénistique jusqu'en Asie et en Orient, à la faveur de ses nombreuses conquêtes militaires. Le règne des diadoques et le développement d'autres

1

cultures grecques favorisent l'émergence de l'hellénisme cosmopolite, qui mêle les pensées et les modes de vie orientaux et occidentaux. Quant aux Romains, il constituent un vaste empire grâce à leurs succès militaires. Leur civilisation, plus pragmatique qu'intellectuelle, a inspiré nos sociétés modernes par sa contribution en matière de politique, de droit, d'architecture et de génie technique. S'imposant comme la première métropole européenne (**2**), Rome est aussi le centre administratif de l'empire, qui s'étend des îles Anglo-Normandes jusqu'en Asie Mineure, de l'Orient jusqu'aux côtes nord-africaines. Des penseurs et philosophes romains comme Cicéron (**1**) et Sénèque développent une éthique qui se préoccupe du bien-être public. L'histoire de l'Empire romain, qui finit par adopter le modèle grec, est marquée par des bouleversements résultant de violentes guerres civiles ou de dictatures. À partir du IIe s. apr. J.-C., sous le règne des Sévères, les territoires européens de l'empire subissent une forte influence orientale. C'est aussi l'époque de l'essor du christianisme qui, après une première période de persécution, va devenir religion d'État. L'invasion des tribus germaniques et les grandes vagues migratoires sonnent le déclin de l'empire.

2

REPÈRES

v. 2500-1300 av. J.-C. Âge d'or de la civilisation minoenne.

v. 2500 av. J.-C. Construction des premiers palais de Crète.

v. 2000 av. J.-C. Premières manifestations des arts, des techniques et du commerce.

v. 1750 av. J.-C. Destruction des premiers palais crétois par un tremblement de terre.

v. 1628 av. J.-C. Destruction de l'île de Santorin par une éruption volcanique.

v. 1550 av. J.-C. Construction des premiers palais fortifiés.

v. 1450 av. J.-C. Occupation de la Crète par les Mycéniens.

v. 1230 av. J.-C. Occupation de Mycènes par les Doriens.

v. 1200 av. J.-C. Migration des Peuples de la Mer en région méditerranéenne.

v. 1100 av. J.-C. Rattachement de la culture crétoise à celle de la Grèce continentale.

Page 58

La Crète et Mycènes : les débuts de la culture grecque

2500-750 av. J.-C.

Le masque d'Agamemnon.

Traditionnellement considérée comme la plus ancienne civilisation du monde occidental, la culture grecque puise ses racines dans les traditions minoenne et mycénienne. Peuple de navigateurs pacifiques s'adonnant essentiellement aux échanges commerciaux, les Minoens vivent sur l'île de Crète dans de gigantesques palais non fortifiés. Ils sont attachés à la pratique de leur culte, voué à une déesse symbolisée par un taureau. Au contraire, les Mycéniens, qui vivent en Grèce continentale, sont des guerriers accomplis, ayant à cœur la réalisation d'exploits militaires et la conquête d'autres cités-États.

Le Minotaure

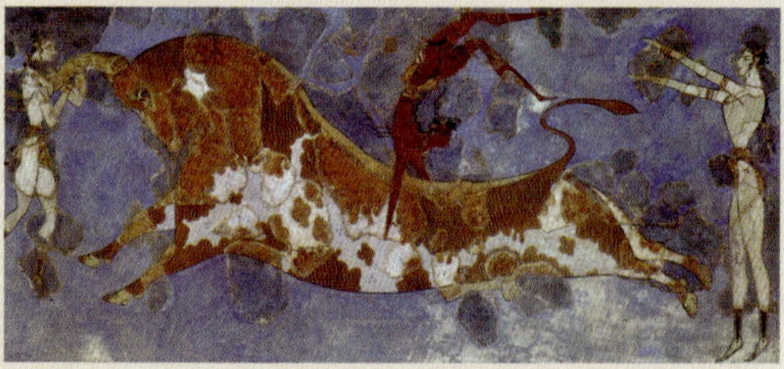

La légende minoenne du Minotaure commence par le refus du roi Minos de sacrifier un taureau en hommage à Poséidon. Celui-ci se venge en rendant l'épouse du roi amoureuse de la bête. De cette union naît le Minotaure, créature mi-homme mi-taureau que le souverain enferme dans le Labyrinthe et auquel il sacrifie des vies humaines. Le Minotaure sera tué par Thésée.

1

Les Minoens. Les palais minoens se caractérisent par une cour intérieure de forme rectangulaire. Leurs murs sont décorés de fresques, comme ici à Cnossos (**1**). Le palais de Cnossos, la plus importante cité de Crète, abritait, à son apogée, près de 80 000 personnes. Si la plupart des œuvres d'art minoennes représentent un taureau, la population vénère diverses déesses (**2**).

2

Mycènes. À partir de 1600 av. J.-C., les Achéens (« race ancienne ») occupent la Grèce et y construisent des cités fortifiées comme celle de Mycènes (**3**). Les épopées d'Homère exposent avec force détails la grande habileté des chefs militaires et des rois de cette société grecque. La culture mycénienne entame son déclin vers 1200 av. J.-C., en raison des troubles causés par des guerres intestines incessantes ainsi que par les attaques des Peuples de la Mer.

3

La guerre de Troie. D'après *L'Iliade* d'Homère, les Grecs (ou Achéens) conquièrent Troie après un siège de dix ans qui prend fin avec la fameuse ruse du « cheval de Troie » (**4**), que les Troyens firent pénétrer à l'intérieur de la ville, croyant à une offrande, alors que des soldats grecs étaient cachés dedans.

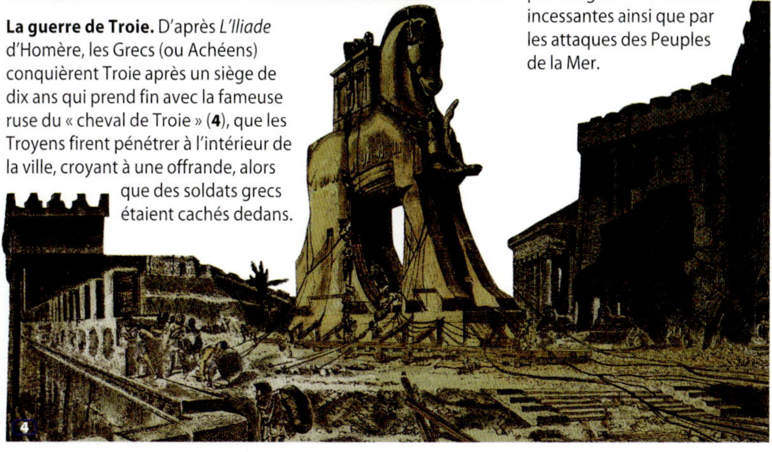
4

Page 56

800 av. J.-C. Construction des premiers lieux de culte en Grèce.

776 av. J.-C. Premiers jeux d'Olympie.

v. 750 av. J.-C. Homère écrit *L'Iliade et L'Odyssée* (p. 57).

v. 750-500 av. J.-C. Colonisation grecque de la région méditerranéenne.

v. 735 av. J.-C. Fondation de Syracuse en Sicile.

v. 650 av. J.-C. Émergence d'une économie concurrentielle.

v. 650 av. J.-C. Des troubles économiques et politiques favorisent l'émergence de la tyrannie *(tyrannis)* dans plusieurs cités.

à partir de 650 av. J.-C. Colonisation athénienne de la mer Noire, de la Thrace et de l'ouest de l'Asie Mineure.

621 av. J.-C. Promulgation d'un code de lois répressives par le législateur Dracon.

après 550 av. J.-C. Solon, devenu archonte d'Athènes, réforme les lois, posant ainsi les principes de base régissant la communauté et l'État. Les colonies athéniennes s'étendent jusqu'à Barcelone.

à partir de 485 av. J.-C. Essor de Syracuse sous le joug du tyran Gélon.

Page 61

La Grèce classique : des cités-États à la fin de l'indépendance

800-300 av. J.-C.

À partir de 1200 av. J.-C., les Doriens établissent en Grèce des cités-États autonomes. Le fonctionnement de ces cités, appelées *polis*, se fonde sur la notion de citoyenneté. Chaque *polis* est dotée de sa propre constitution, qui assure son autonomie politique et son indépendance. Les luttes pour le pouvoir qui les opposent atteignent leur apogée avec la guerre du Péloponnèse, les conflits répétés entre Sparte et Athènes entraînant à leur perte ces deux cités. Au VIIIe s. av. J.-C., les crises agricoles et politiques favorisent l'immigration vers les régions côtières du sud-ouest de l'Europe. Les colonies restent fortement attachées à la culture hellénistique. Syracuse, en Sicile, s'impose comme grande puissance.

Hoplite spartiate.

Le temple d'Apollon à Delphes.

Les *polis* et la société. Alors qu'Athènes (**1**, pièce athénienne frappée d'un hibou) est dès son origine une démocratie, Sparte (**2**) est dirigée par une monarchie conservatrice. Les deux cités-États lutteront pour la suprématie politique en Grèce.

La colonisation. Destination très prisée des émigrants grecs du monde antique, la Sicile est un peu « l'Amérique » de la Grèce. Syracuse (**3**, théâtre grec de l'époque de Hiéron Ier) s'impose à l'époque comme la puissance dominante de l'ouest de la Méditerranée. Elle doit son essor aux gouvernements autoritaires de toute une lignée de tyrans comme Gélon (485-478 av. J.-C.), Hiéron Ier (478-466 av. J.-C.) et Denys Ier (405-367 av. J.-C.).

Périclès, stratège athénien.

Des guerres médiques à la guerre du Péloponnèse

560-404 av. J.-C.

Au VIe s. av. J.-C., les Perses, ayant conquis l'Asie Mineure, se retrouvent à la tête d'un vaste empire. Leurs assauts répétés contre les cités-États grecques incitent ces dernières à s'allier, sous la conduite de Sparte. La société grecque, déjà marquée par les guerres médiques, est encore affaiblie par les conflits entre les différents États autonomes. Vers 480 av. J.-C., la démocratique Athènes cherche à étendre son influence et son emprise territoriale à la faveur de campagnes militaires. Face à une telle volonté de puissance, Sparte se sent menacée. Ainsi commence la guerre du Péloponnèse.

Messager portant la nouvelle de la victoire de Marathon à Athènes. La légende du « messager de Marathon » (**1**) est celle d'un homme qui courut sans s'arrêter de Marathon à Athènes pour annoncer la nouvelle de la victoire des Grecs sur les Perses. Il mourut à l'issue de sa mission, après une course d'un peu plus de 42 km. Cet épisode traduit une importante caractéristique de l'identité grecque : l'honneur résultant du sacrifice personnel dans l'intérêt de l'État.

La bataille navale de Salamine, en septembre 480 av. J.-C.

Les Thermopyles. Une poignée de Spartiates menés par Léonidas (**2**) bloquent pendant deux jours l'armée perse au défilé des Thermopyles et permettent à Athènes de gagner la bataille de Salamine. Il n'y eut aucun survivant.

L'Acropole à Athènes. L'Acropole, qui abrite des instances gouvernementales et des administrations, et notamment le Parthénon (**3**), illustre la puissance d'Athènes. Les Athéniens parviennent à étendre leur influence en concluant des alliances qui leur sont favorables.

La guerre du Péloponnèse. Les batailles terrestres attestent les aptitudes guerrières des soldats professionnels, tels les hoplites spartiates (**4**). À l'issue de la bataille de Notium, Athènes est vaincue et sa flotte détruite. Après sa reddition en 404 av. J.-C., Athènes se soumet à Sparte (**5**, Lysandre ordonnant la destruction des murailles d'Athènes), désormais la cité la plus puissante de Grèce.

Page 58

560-527 av. J.-C. Tyrannie de Pisistrate.

510 av. J.-C. Début de la démocratie à Athènes.

500-494 av. J.-C. Révolte des Ioniens contre les Perses.

490 av. J.-C. Miltiade mène Athènes à la victoire lors de la bataille de Marathon.

480 av. J.-C. Léonidas, roi de Sparte, bloque la progression des Perses lors de la bataille des Thermopyles. Victoire d'Athènes à la bataille de Salamine.

479 av. J.-C. Pausanias mène Sparte à la victoire à Platées et à Mycale.

477 av. J.-C. Grâce à la formation de la Ligue de Délos, Athènes domine la Grèce.

443-429 av. J.-C. Apogée de la puissance athénienne sous le règne de Périclès.

431-404 av. J.-C. Guerres du Péloponnèse opposant Sparte et Athènes, qui se disputent le pouvoir en Grèce. Défaite d'Athènes.

Page 62

La Grèce

Page 61

v. 900 av. J.-C. Fondation de Sparte.

v. 720 av. J.-C. Essor de Sparte après la conquête de la Laconie et de la Messénie.

v. 700 av. J.-C. Code de lois de Lycurgue.

v. 550 av. J.-C. Formation de l'alliance du Péloponnèse, Sparte étant la puissance dominante.

525-488 av. J.-C. Cléomène Ier, roi de Sparte, intervient dans la politique intérieure de la Grèce en renversant les tyrans athéniens et en attaquant Argos en 494 av. J.-C.

481-479 av. J.-C. Alliance d'Athènes et de Sparte contre les Perses.

431-404 av. J.-C. Guerre du Péloponnèse. Reddition d'Athènes et hégémonie de Sparte sur la Grèce.

387 av. J.-C. Sparte reconnaît la suprématie perse en Asie Mineure.

371 av. J.-C. Victoire de Thèbes sur Sparte à Leuctres. Domination thébaine en Grèce.

Page 64

Sparte et son influence sur la culture grecque

v. 900-317 av. J.-C.

Le philosophe grec Socrate.

Avant l'ascension d'Athènes, Sparte est la cité la plus puissante de Grèce. Elle est gouvernée par deux grandes dynasties, les Agides et les Eurypontides, ainsi que par un conseil élu. Alors que Sparte et Athènes s'allient pour combattre les Perses, leur entente tourne court après la fin des hostilités. La guerre du Péloponnèse (p. 61) voit la défaite d'Athènes et favorise l'étendue de l'hégémonie spartiate sur toute la Grèce. Cette suprématie sera cependant de courte durée, Sparte s'inclinant par la suite devant Thèbes, puis face aux assauts des Macédoniens. La défaite de Sparte marque le déclin de la civilisation hellénistique, qui a posé pour le monde occidental les bases de la philosophie, des arts et des sciences.

L'histoire et la culture grecques

La transition du mythos *au* logos*, de la représentation traditionnelle à la pensée libre, trouve son origine en Grèce. Les philosophes tentent d'expliquer le monde qui nous entoure par référence à l'éthique et aux sciences naturelles, c'est-à-dire par l'observation de la nature et celle de l'esprit humain. Allant plus loin que la simple collection de faits, les historiens s'attellent à la première interprétation systématique de l'Histoire. Les travaux des auteurs, comme la grande tragédie, étudient et remettent en question le destin de l'homme ainsi que sa relation avec les dieux. Ces œuvres marquent une grande avancée artistique, qui favorise la promotion du théâtre et des arts (**3**) dans la culture occidentale.*

L'entraînement de la jeunesse. Les Spartiates sont soucieux de leur défense et de leur efficacité militaire. Réputés pour leur discipline, ils se soumettent à un entraînement physique intense. Ils pratiquent notamment la lutte (**1**), pour être prêts à tout moment à faire la guerre. Les garçons, éloignés de leur famille dès le plus jeune âge, sont élevés dans des camps militaires jusqu'à 30 ans. Cette organisation retarde le moment du mariage, mais contribue à la réputation des Spartiates, connus pour leur résistance aux conditions les plus extrêmes et pour leur ascétisme.

1

2

Les premiers philosophes. Platon et Aristote (**2**, au centre) posent les bases de la philosophie occidentale. Tous deux œuvrent à influencer la vie politique. Platon et son disciple Dion (409-354 av. J.-C.) tentent d'instaurer un État philosophique à Syracuse, sous Denys Ier. Précepteur d'Alexandre le Grand (p. 65), Aristote exercera une forte influence sur ce souverain.

700-600 av. J.-C.
Origines de la philosophie occidentale avec les philosophes ioniens de la nature (Thalès, Milet, Anaximandre et Anaximène).
600-500 av. J.-C.
Premiers exemples de tragédies en littérature : L'Orestie *d'Eschyle (v. 525-456),* Œdipe roi *de Sophocle (v. 496-406) et* Iphigénie en Tauride *d'Euripide (v. 485-406).*
550-480 av. J.-C.
Héraclite « l'Obscur » et ses discours sur l'existence et les éléments.
v. 490-425 av. J.-C.
Histoires *d'Hérodote, le père de l'Histoire occidentale.*
470-399 av. J.-C.
Socrate et ses enseignements publics sur la vie et l'éthique.
v. 460-400 av. J.-C.
Histoire de la guerre du Péloponnèse *par Thucydide.*
v. 445-386 av. J.-C.
Les Nuées *par Aristophane, père de la comédie.*
427-347 av. J.-C.,
L'Idéologie *et* La République *de Platon (**5**), fondateur de l'Académie à Athènes.*
384-322 av. J.-C.
*Aristote (**4**) et ses* Enseignements sur les lois de la science naturelle.

5

Page 62

v. 700 av. J.-C. Dynastie arcadienne en Macédoine.

v. 500 av. J.-C. La Macédoine devient un État unifié.

495-450/440 av. J.-C. Alexandre Ier de Macédoine s'inspire du modèle culturel grec.

414-399 av. J.-C. Le roi Archélaos étend son emprise jusqu'en Grèce.

359 av. J.-C. Fin du règne de Perdiccas III, après la victoire des Illyriens.

359-336 av. J.-C. Règne de Philippe II.

358-342 av. J.-C. L'hégémonie des Macédoniens s'étend sur toute l'Europe.

338 av. J.-C. Victoire de Philippe II sur la ligue hellénique des cités grecques dominée par Athènes et Thèbes. Unificateur de la Grèce avec la Ligue de Corinthe (337 av. J.-C.).

336 av. J.-C. Assassinat de Philippe II avant la bataille contre les Perses.

336-323 av. J.-C. Règne d'Alexandre III le Grand.

334-331 av. J.-C. Alexandre tue le roi de Perse, s'empare de la Perse et de la Mésopotamie, et se proclame « roi de l'Asie ».

332 av. J.-C. Occupation de l'Égypte et fondation d'Alexandrie.

327-325 av. J.-C. Entrée en Inde.

324 av. J.-C. Mariages entre Grecs et Perses.

323 av. J.-C. Mort d'Alexandre à Babylone, suivie rapidement du démantèlement de son empire.

Page 67

Mariage entre Grecs et Perses à Suse : Alexandre le Grand et Statira, fille de Darius.

Grandeur et décadence de la Macédoine

700-323 av. J.-C.

À partir du ve s. av. J.-C., les Macédoniens étendent leur emprise sur les provinces du nord de la Grèce, propageant ainsi la culture et l'influence hellénistiques. Le roi Philippe II, aussi fin stratège militaire que politique, fait de la Macédoine la plus grande puissance de la Grèce. Son fils, Alexandre, hérite ainsi d'un royaume solide, dont il fera un empire immense qui s'étendra jusqu'aux rives de l'Indus. Alexandre le Grand demeure l'un des plus illustres conquérants de l'Histoire. Après sa mort, l'empire se désagrège. Les généraux d'Alexandre (diadoques) se disputent le pouvoir dans un vaste ensemble en déclin. Les royaumes des diadoques sont inspirés par un hellénisme cosmopolite, mêlant des courants européens et orientaux.

Les phalanges. Cette technique, mise au point par Philippe II (**2**, médaille) et Alexandre le Grand, consiste à envoyer à l'assaut un bloc de 256 soldats équipés de longues lances appelées sarisses (**3**). La tactique est efficace, comme l'atteste la victoire contre les Grecs à Chéronée en 338 av. J.-C.

2

3

Alexandre le Grand (356-323 av. J.-C.)

Considéré comme l'une des grandes figures de l'Histoire, ce chef militaire et bâtisseur d'empire ne put cependant atteindre le but qu'il s'était fixé. Après le décès de son père Philippe II, il mène une campagne victorieuse contre les Perses. Sa soif de vaincre, son génie militaire et sa résistance à toute épreuve lui permettent de conquérir une grande partie du monde connu. Malgré une fructueuse campagne en Inde, il doit rebrousser chemin en raison d'une mutinerie parmi ses troupes. Il ambitionne encore une fusion culturelle entre l'Orient et l'Occident au sein d'un empire universel. Après sa conquête de l'Égypte, il adopte une attitude distante, attendant d'être traité avec les égards dus à son statut divin. Son empire se désagrège après sa mort prématurée, en l'absence d'un héritier fort et reconnu.

La bataille d'Issos. Fin stratège, Alexandre mène des campagnes militaires fructueuses en Asie Mineure contre le roi perse Darius III. Son armée remporte toutes les batailles décisives, à Granique en 334 av. J.-C., à Issos (**1**) en 333 av. J.-C. et à Arbèles en 330 av. J.-C. Après l'assassinat de Darius, cette même année, Alexandre se proclame roi de Perse. Il échoue à réunir ce royaume et celui de Macédoine, à cause de la forte résistance des Macédoniens.

Les diadoques

323-30 av. J.-C.

1

Après la mort d'Alexandre le Grand (**1**), ses généraux, les diadoques, se partagent son empire, sans cependant pouvoir maintenir le vaste ensemble qu'il laissa. Les royaumes de diadoques les plus importants et les plus durables sont ceux établis en Égypte par les Ptolémées, et en Syrie et en Palestine par les Séleucides. Les Romains étendent leur hégémonie sur l'est de la Méditerranée tout en conquérant progressivement les restes de l'empire d'Alexandre. Ils soumettent les Antigonides en Macédoine (168 av. J.-C.), puis plus tard les Séleucides (64 av. J.-C.). Lors de la bataille d'Actium, la flotte romaine dirigée par Octave vainc les troupes de l'Empire ptolémaïque. Cette défaite égyptienne entraîne le suicide de Cléopâtre en 30 av. J.-C. (p. 76).

Cléopâtre lors de la bataille d'Actium.

Roxane et Alexandre IV. À la mort d'Alexandre le Grand, son fils Alexandre IV (**2**) est encore un enfant. L'incertitude entourant le pouvoir déclenche une bataille sanglante, dans laquelle nombre de généraux trouvent la mort. Le vainqueur, Cassandre, provoque l'extinction de la lignée d'Alexandre en faisant assassiner son fils Alexandre IV et sa veuve Roxane en 310 av. J.-C.

2

3

Ptolémée II. Le deuxième souverain de la dynastie des Ptolémées (282-246 av. J.-C.) (**3**, ici avec sa sœur, qui fut aussi son épouse) fait d'Alexandrie une grande ville. Mécène, il fait construire la fameuse bibliothèque (**4**, ravagée par un incendie en 47 av. J.-C.) et le phare de Pharos.

4

Antioche III le Grand. Ce souverain séleucide (**5**) qui contrôle à une époque toute la côte orientale, soumet les royaumes d'Arménie, de Bactriane et de Parthe, et occupe la Phénicie, ce qui déclenche la guerre avec les Romains ; en 188 av. J.-C., il est contraint de se retirer de la région. Ses successeurs se disputent son empire jusqu'à la dissolution de celui-ci.

5

La bataille de Pydna. Philippe V (221-179 av. J.-C.), de la lignée des Antigonides, et le général carthaginois Hannibal concluent une alliance pour contrer l'expansion romaine en Grèce. Persée (179-168 av. J.-C.), le fils de Philippe V, est le dernier souverain macédonien ; il doit renoncer au trône après sa défaite à la bataille de Pydna (**6**) en 168 av. J.-C.

6

Page 64

323 av. J.-C. Après la mort d'Alexandre, ses généraux se partagent son empire. Assassinat de Perdiccas, régent de l'empire, en 321 av. J.-C.

323-283 av. J.-C. Antigonos Ier Monophtalmos et son fils Démétrios Ier Poliorcète gouvernent l'Asie Mineure et une partie de la Grèce, tout en se présentant comme des « libérateurs ».

323-282 av. J.-C. Ptolémée Ier Sôtêr établit la dynastie des Ptolémées en Égypte.

323-281 av. J.-C. Lysimaque (306 av. J.-C.) règne sur la région qui s'étend entre la Thrace et le nord de la Grèce.

323-281 av. J.-C. Séleucos Ier Nikatôr établit la dynastie des Séleucides en Syrie et en Palestine.

317-297 av. J.-C. Cassandre, roi de Macédoine, ordonne l'assassinat de la famille d'Alexandre le Grand.

283-168 av. J.-C. Règne des Antigonides en Grèce et en Macédoine.

64 av. J.-C. Fin de l'Empire séleucide.

30 av. J.-C. Fin de la dynastie des Ptolémées.

L'Empire romain : pages 74-81

Page 43

La Palestine et la péninsule d'Arabie

v. 1100 av. J.-C. Empire de Saba.

v. 1010-970 av. J.-C. Règne de David en Israël et en Judée.

970-931 av. J.-C. Règne de Salomon en Israël et en Judée.

587 av. J.-C. Destruction de Jérusalem et exil des Juifs à Babylone jusqu'en 539 av. J.-C.

v. 400 av. J.-C. Fondation de Pétra.

168-164 av. J.-C. Pillage du temple par Antiochos IV et révolte des Juifs.

166-37 av. J.-C. Règne des Maccabées en Judée.

87-62 av. J.-C. Prospérité du royaume des Nabatéens sous le règne d'Arétas III.

37-4 av. J.-C. Hérode devient roi des Juifs.

70 apr. J.-C. Conquête de Jérusalem et destruction du Temple par Titus.

106 Rome soumet le royaume des Nabatéens.

132-135 Révolte de Bar-Kokhba et « diaspora » des Juifs.

Page 156

L'Arabie et la Judée avant les Romains

Monnaies d'argent (tétradrachmes).

v. 1100 av. J.-C.-135 apr. J.-C.

À partir de 1100 av. J.-C., les royaumes situés au sud de la péninsule d'Arabie, comme Saba, Qatabân, Marib et Hadramaout, connaissent une période de grande prospérité. Leur situation en bordure de la route de l'Encens, qui relie l'Inde et le golfe Persique à la Méditerranée, en fait de véritables carrefours commerciaux. Les Juifs établis en Judée y fondent un royaume. En 539 av. J.-C., après la période dite de la Captivité de Babylone, la Palestine devient une province de l'Empire perse. La Judée tombe successivement sous le joug des Ptolémées, des Maccabées et de l'Empire romain.

Kawkabân dans l'ouest de l'Hadramaout. Vers 20 apr. J.-C., le royaume de l'Hadramaout, l'un des derniers empires arabes (**1**, village de Kawkabân), connaît un essor important. Avec Shibam pour capitale, il se lance victorieusement à l'assaut de tout le sud de l'Arabie, qu'il finit de soumettre en 300. Ces conquêtes favorisent le développement d'un important réseau commercial entre les divers royaumes arabes. L'Hadramaout est ensuite vaincu par les Himyarites, une tribu originaire de Saba.

1

2

Le règne d'Hérode. Hérode le Grand avait l'ambition de faire régner la paix et la prospérité en Judée. Pourtant, il a surtout laissé l'image d'un conquérant violent et traître. Parmi les atrocités légendaires qu'on lui attribue, les assassinats des enfants de Bethléem (**2**) évoqués par la légende chrétienne n'ont probablement jamais eu lieu. Mais il a bien fait exécuter des membres de sa famille qui complotaient pour l'assassiner. À sa mort, en 4 av. J.-C., Hérode le Grand divise son royaume entre ses trois fils, les tétrarques.

La destruction du Temple de Jérusalem. Hérode le Grand avait fait rénover le temple, mais ses efforts pour unir les Juifs sur le plan culturel furent un échec. Comme ses prédécesseurs, il avait conclu une alliance avec Rome. La révolte des Juifs en 70 apr. J.-C. est matée par l'empereur Titus, qui pille et détruit le Temple (**3**). À la suite de ce soulèvement – prolongé, mais infructueux – mené par Bar-Kokhba, les Juifs furent interdits à Jérusalem.

3

4

Le royaume des Nabatéens. Pétra, capitale du royaume des Nabatéens, se situe dans une gorge étroite, dans l'actuelle Jordanie. Temples, habitations et entrepôts de la cité sont creusés à même le roc (**4**, le Trésor du pharaon). Les Nabatéens, habiles commerçants, proposent des poteries prisées dans tout l'Orient. En 164 av. J.-C., ils prêtent main forte aux Juifs qui se révoltent contre les Séleucides. En 106 apr. J.-C., Pétra tombe sous le joug de Rome et devient la capitale de la province romaine d'Arabie, Pétrée. À partir du VIIe s., la cité sombre dans l'oubli. Il faut attendre 1812 pour qu'elle soit à nouveau localisée par l'orientaliste suisse Johann Ludwig Burckhardt.

Les Juifs au Moyen Âge : pages 156-157

REPÈRES

814 av. J.-C. Fondation de Carthage, comptoir commercial des Phéniciens.

v. le ve s. av. J.-C. Lutte opposant Carthage à Syracuse et à la Grèce occidentale pour le contrôle de la Méditerranée.

264-241 av. J.-C. Première guerre punique contre Rome et défaite de Carthage.

237 av. J.-C. Carthage se retire de la Sicile et de la Sardaigne.

241-229 av. J.-C. Hamilcar Barca règne sur le sud et l'ouest de l'Espagne.

229-221 av. J.-C. Hasdrubal (gendre d'Hamilcar Barca) étend son pouvoir en Espagne et provoque Rome.

221 av. J.-C. Hannibal se bat contre Rome depuis ses quartiers en Espagne.

218-201 av. J.-C. Deuxième guerre punique.

211 av. J.-C. Hannibal marche sur Rome.

207 av. J.-C. Défaite d'Hasdrubal dans la campagne d'Italie.

204 av. J.-C. L'armée romaine menée par Scipion envahit l'Afrique du Nord.

203 av. J.-C. Retraite d'Hannibal à Carthage.

202 av. J.-C. Victoire de Scipion sur Hannibal à Zama.

201 av. J.-C. Fin de la deuxième guerre punique avec la défaite de Carthage.

149-146 av. J.-C. Troisième guerre punique, qui se termine par la destruction de Carthage. La région devient province romaine.

44 av. J.-C. Jules César établit la Colonia Julia Concordia Carthago.

Carthage : puissance mondiale et rivale de Rome

814-44 av. J.-C.

Statue du dieu phénicien Baal Hammon.

Au ve s. av. J.-C., Carthage, comptoir commercial des Phéniciens, s'impose comme l'une des principales puissances économiques et militaires de la Méditerranée. Elle est gouvernée par des magistrats élus, ainsi que par un sénat composé de nobles. La lutte pour le contrôle des comptoirs les plus importants de Sicile entraîne des conflits avec l'Empire romain. Le génie militaire d'Hannibal est attesté. Cependant, malgré ses prouesses, Carthage tombe sous le joug des Romains en 146 av. J.-C.

Masques en argile de Carthage.

Syracuse : pages 58-59

Le port de Carthage. Le port de commerce de Carthage cache un deuxième port militaire circulaire (**2**), constitué de quais de forme orbitale entourant un entrepôt central accessible seulement par un chenal. La flotte pouvait y être mobilisée rapidement en cas de conflit. Cette célérité a permis à Carthage de prendre le contrôle de toute la méditerranée.

Hannibal, l'ennemi des Romains

*Le père d'Hannibal, Hamilcar Barca, menait les troupes carthaginoises lors de la première guerre punique. Après le décès de son père et l'assassinat de son beau-frère Hasdrubal, Hannibal (247-183 av. J.-C.) assume le commandement militaire de Carthage. En 218 av. J.-C., il franchit les Alpes avec son armée et ses fameux éléphants de guerre (**1**). Il combat les Romains à plusieurs reprises, enregistrant sa plus belle victoire à Cannes en 216 av. J.-C. Il marche sur Rome en 211 av. J.-C., mais doit, cinq ans plus tard, se retirer de l'Italie et de l'Espagne. En 202 av. J.-C., il est vaincu par Scipion lors de la bataille de Zama.*

L'Italie

REPÈRES

v. 700 av. J.-C. Installation des Étrusques en Italie.

VIIe s. av. J.-C. Construction des cités étrusques (coalition de douze cités-États dans la région de Volsinies).

v. 650 av. J.-C. Fondation de Rome (p. 74).

v. le VIe s. av. J.-C. Expansion vers le sud de l'Italie.

524 av. J.-C. Tentative d'un souverain étrusque d'assiéger Cumes, à l'extrême nord de la Grèce.

509 av. J.-C. Chute du dernier roi romain Tarquin le Superbe. Proclamation de la République.

v. 500 av. J.-C. Conquête de Rome par le roi étrusque Lars Porsenna.

Ve s. av. J.-C. Liens commerciaux étroits avec la Sicile. Attaques des Celtes et expansion de Rome vers les cités étrusques.

474 av. J.-C. Défaite des Étrusques contre Syracuse (p. 58) lors de la bataille navale de Cumes, qui favorise l'ascension de Rome.

fin du IVe s. av. J.-C. Ingérence croissante de Rome dans la politique étrusque.

v. 353 av. J.-C. Combats entre Rome et les cités étrusques.

310-283 av. J.-C. Défaite des Étrusques contre Rome lors de la bataille du lac Vadimon. Fin de l'indépendance des Étrusques.

225-207 av. J.-C. Défaite des cités étrusques envahies par les Gaulois et conquises par Hannibal.

87 av. J.-C. Constitution d'une armée de volontaires étrusques par le général romain Marius. Son adversaire Sulla détruit l'Érythrée.

Pages 74-85

Les Étrusques jusqu'à l'Empire romain

VIIe-Ier s. av. J.-C.

La civilisation des Étrusques prospère en Italie vers 700 av. J.-C. C'est un peuple profondément religieux, comme l'atteste la pratique de rites sophistiqués (**1**) en relation avec la vie après la mort, ainsi qu'avec l'art de la divination. Si l'influence culturelle de l'Étrurie – foyer de la civilisation étrusque correspondant à l'actuelle Toscane – s'étend, son système politique est trop instable pour résister aux assauts de ses ennemis. À partir du IVe s. av. J.-C., les Étrusques subissent des défaites face aux Gaulois et surtout aux Romains, qui se rendent maîtres de l'Étrurie.

1

Rome. Vers 510 av. J.-C., le dernier roi de Rome est destitué et exilé. On pense que Rome, qui faisait partie du monde étrusque, a été assiégée et conquise (**2**) en 500 av. J.-C. par le roi étrusque Porsenna. Par la suite, elle recouvre son indépendance et devient une république.

2

3

Le culte des morts. Il est connu grâce aux découvertes d'objets et de complexes funéraires. Les Étrusques construisent des cités vouées aux morts et à leurs monuments funéraires (**3**), comme les nécropoles de Cerveteri (**4**) et d'Orvieto, où l'on trouve des chambres funéraires décorées de fresques (**5**). Les Étrusques sont gouvernés par les prêtres-rois ; leurs dieux se confondront plus tard avec ceux des Romains.

4

5

Les soldats étrusques. Aux VIIe et VIe s. av. J.-C., les Étrusques étendent leur pouvoir en Italie, mais doivent contrer les Grecs occidentaux, qui s'opposent à leur expansion en Sicile. Après la défaite de leur flotte à Cumes en 474 av. J.-C., ils s'affaiblissent au profit de Rome, que son ascension impose bientôt comme une grande puissance. Les cités-États étrusques réagissent différemment les unes des autres aux invasions celtiques du Ve s. av. J.-C. Certaines combattent aux côtés des envahisseurs (**6**), d'autres concluent avec eux des accords ou tentent de dresser les Gaulois, intéressés par un éventuel butin, contre Rome, leur rivale. Les guerriers étrusques (**7**), qui prennent exemple sur les Grecs, doivent s'incliner devant les Romains. Leur défaite marque le déclin économique et culturel de l'Étrurie.

6

7

La fondation de Rome: pages 74-75

Page 72

650 av. J.-C. Fondation de Rome par les Étrusques.

510 av. J.-C. Renversement du dernier roi étrusque.

509 av. J.-C. Fondation de la République.

407 av. J.-C. Luttes de pouvoir internes.

387 av. J.-C. Sac de Rome par les Celtes gaulois.

367 av. J.-C. Institution du consulat.

300 av. J.-C. Les Plébéiens peuvent accéder aux postes administratifs et aux fonctions religieuses.

IIIe s. av. J.-C. Expansion de Rome en Méditerranée.

218-207 av. J.-C. Campagne d'Hannibal contre Rome (p. 70).

133 av. J.-C. Guerre civile.

113-101 av. J.-C. Invasion de Rome par des Germains (Cimbres et Teutons).

88 av. J.-C. Guerre civile entre les partisans de Scylla et Marius.

82-79 av. J.-C. Dictature de Scylla.

73-71 av. J.-C. Révolte de Spartacus.

70 av. J.-C. Essor de Pompéi.

60-59 av. J.-C. Triumvirat : Pompée, Crassus et César.

Page 77

Rome : de la fondation à la République

753-44 av. J.-C.

Romulus et Remus allaités par la louve. Sculpture étrusque (500 av. J.-C.).

Rome naît de la réunion de plusieurs petits sites qui se sont développés le long du Tibre. Vers la fin du Ve s., les Romains renversent les rois étrusques, qui constituaient jusque-là la plus grande puissance de la région, et fondent une république. Par le jeu des conquêtes et des alliances, Rome s'impose rapidement comme la puissance dominante en Italie, avant de régner quelques siècles plus tard sur toute la Méditerranée. Rome est gouvernée par le Sénat, ainsi que par deux consuls élus. Des guerres civiles éclatent en raison des tensions entre différentes classes sociales et des luttes intestines que se livrent des chefs militaires comme Sulla, Marius, Pompée et César. Pour ramener le calme, César et Pompée s'entendent pour régner conjointement, mais leur pacte est de courte durée, chacun des deux hommes visant le pouvoir absolu.

1

3

L'Empire romain

*L'Empire romain est l'un des plus importants de toute l'Histoire. L'exemplarité de son infrastructure et de son organisation militaire permet aux Romains de maintenir la paix dans un vaste ensemble pluriculturel, début d'une longue tradition culturelle (**3**, en architecture, par exemple). Le latin utilisé par Cicéron, César (**4**) et bien d'autres est encore en vigueur dans les domaines scientifique et juridique.*

4

Le Sénat romain. Le Sénat constitue l'autorité suprême à Rome. Dans un premier temps, il représente les intérêts des classes supérieures (patriciens). Au cours des Vᵉ et IVᵉ s. av. J.-C., les classes inférieures peuvent accéder aux hautes fonctions. À la fin de la République, des sénateurs, comme Cicéron (**2**), tentent de défendre le Sénat contre la mainmise des miltaires.

La révolte des esclaves

En 73 av. J.-C., l'esclave thrace Spartacus s'échappe d'une école de gladiateurs et pousse ses congénères, ainsi que les classes inférieures, à la révolte. À la tête d'une armée de près de 40 000 hommes, il marche sur Rome, qui réussit à mater ce soulèvement en 71 av. J.-C. Spartacus trouve la mort pendant les combats et ses partisans sont exécutés.

Le forum romain. Le forum (**1**) est au cœur de la vie politique à Rome. Situé au centre de la cité, il accueille les réunions du Sénat. Le public peut y assister, ainsi qu'aux défilés militaires célébrant une victoire.

753 av. J.-C. *Fondation de Rome selon la légende.*
jusqu'en 510 av. J.-C. *Règne des rois étrusques.*
VIᵉ-Iᵉʳ s. av. J.-C. *République romaine. Règne du Sénat.*
44 av. J.-C. *Assassinat de César (p. 76).*
27 av. J.-C. *Octave est nommé « Auguste » (p. 77). Début de la Rome impériale (principat).*
96-180 apr. J.-C. *Les « empereurs adoptés ». La plus vaste expansion territoriale de Rome (p. 78).*
235-284 *Les empereurs militaires (p. 80).*
284 *Règne des tétrarques. Ère du dominat (p. 81).*
375-568 *Période des migrations (p. 94) causées par les envahisseurs de l'Est.*
380-381 *Le christianisme devient religion d'État (p. 82).*
395 *Schisme (Empires d'Occident et d'Orient, futur Empire byzantin,* **5***) (p. 82-84).*

Pièce frappée de la célèbre phrase de Jules César : « Je suis venu, j'ai vu, j'ai conquis » (Veni, vidi, vici).

Transition vers la Rome impériale

58 av. J.-C.-14 apr. J.-C.

Les guerres civiles opposant, pour des questions de pouvoir, les partisans de César à ceux de Pompée, ou encore ceux de Marc Antoine à ceux d'Octave, mettent à l'épreuve la République. Finalement, Octave vainc Marc Antoine et ses alliés, dont la reine d'Égypte Cléopâtre, puis institutionnalise son pouvoir en instaurant le principat. Les apparences républicaines sont maintenues, mais tout le pouvoir est concentré entre les mains du chef suprême. Quoique dépourvu de titre officiel – il n'est que le premier citoyen de l'État *(princeps)* –, Octave devient de fait le premier empereur romain.

Jules César

Descendant d'une longue lignée aristocratique, César (100-44 av. J.-C.), en quête du pouvoir absolu, s'oppose à Pompée jusqu'en 48 av. J.-C. La conquête des Gaules (p. 91), l'actuelle France, lui donne les moyens de mettre en œuvre sa politique. Il devient dictateur à vie en 44 av. J.-C. Il avait de nombreux ennemis, en particulier parmi les sénateurs.

Cléopâtre

Cette reine égyptienne, de la dynastie des Ptolémées (p. 66), consolide son pouvoir grâce à ses relations avec les puissants généraux romains Jules César et Marc Antoine. Marc Antoine et Cléopâtre se suicident, après avoir été vaincus par Octave lors de la bataille d'Actium.

Auguste (63 av. J.-C. - 14 apr. J.-C.)

Octave établit des relations politiques stables et met fin à une longue et pénible guerre civile après sa victoire sur Marc Antoine. En 27 av. J.-C., le Sénat lui accorde le titre d'Auguste (l'Illustre) qui, avec celui de César, désigne un empereur romain. La pax augusta *(paix d'Auguste) favorise une période de paix et de prospérité au sein de l'empire, ainsi que son épanouissement culturel.*

Les Ides de mars. César est assassiné (**1**) par les partisans de la république le 15 mars 44 av. J.-C. Son petit-neveu et héritier Octave, et le général Marc Antoine demandent le châtiment des meurtriers. Ils s'allient pour assumer le pouvoir, mais deviennent rivaux dès qu'ils l'ont conquis.

Page 74

58-51 av. J.-C. César soumet les Celtes en Gaule.

49-48 av. J.-C. Guerre civile entre César et Pompée.

48 av. J.-C. Assassinat de Pompée lors de sa fuite.

44 av. J.-C. César devient dictateur à vie.

44 av. J.-C. Assassinat de César.

42 av. J.-C. Octave et Marc Antoine défont les assassins de César, Brutus et Cassius.

31 av. J.-C. Octave vainc Marc Antoine et Cléopâtre à Actium (p. 66).

30 av. J.-C. L'Égypte devient une province romaine.

27 av. J.-C. Octave devient « Auguste ».

9 apr. J.-C. Forêt de Teutoburg : défaite des Romains contre les Germains (p. 93).

Page 78

1

La conquête des Gaules : pages 90-91

L'Empire romain

Page 77

30/27 av. J.-C.-68 apr. J.-C. Règne de la dynastie des Julio-Claudiens.

14 apr. J.-C. Mort d'Auguste.

54-68 Règne de Néron.

64 Incendie de Rome et premières persécutions organisées des chrétiens.

68-69 Année dite « des quatre empereurs ».

69-96 Règne des Flaviens.

70 Prise de Jérusalem par le futur empereur Titus (p. 69).

79-81 Règne de Titus.

79 Destruction de Pompéi par une éruption du Vésuve.

96-192 Règne des « empereurs adoptés ».

98-117 Règne de Trajan, campagnes contre les Daces et les Parthes (p. 88).

117-138 Hadrien empereur.

161-180 Marc Aurèle empereur.

166-180 Guerres des Marcomans.

192 Assassinat de l'empereur Commode, fils de Marc Aurèle.

Page 81

L'Empire romain

14 av. J.-C.-192 apr. J.-C.

La postérité d'Auguste est solide. Si ses successeurs n'ont pas son envergure politique, le système du principat survit même aux gouvernements les plus faibles. Au IIe s., à l'extinction de la lignée des Julio-Claudiens et après le bref règne de celle des Flaviens, les empereurs prennent pour habitude de choisir un successeur de leur vivant et légitiment leur choix en recourant à l'adoption. Le règne des cinq empereurs adoptés marque l'âge d'or de Rome. Au IIe s., la superficie de l'empire est à son maximum et il compte entre 50 et 80 millions d'habitants. Cependant, on remarque dès cette époque les premiers signes de la décadence.

Néron. Le règne de Néron (**1**) se caractérise par un despotisme inouï. Néron ira jusqu'à faire assassiner sa propre mère ainsi que son épouse. Il accuse les chrétiens du terrible incendie qui ravage Rome en 64 et s'acharne à les persécuter. Les soulèvements des provinces et la résistance du Sénat le poussent au suicide en 68. Avec lui s'éteint la dynastie des Julio-Claudiens.

1

Le Colisée, à Rome, construit par les Flaviens.

La destruction de Pompéi

En 79 apr. J.-C., une éruption volcanique détruisit la ville de Pompéi, dans la région de Naples, faisant des milliers de morts. Nous devons à cette catastrophe naturelle l'un des sites archéologiques les plus riches et les plus instructifs qui soient.

2

Les empereurs adoptés. Alors que les premiers empereurs sont issus de la vieille noblesse romaine, leurs successeurs, comme Trajan, s'imposent au plus haut niveau de l'empire par leurs prouesses militaires. Trajan est adopté par son prédécesseur Nerva, devenant ainsi le premier empereur adopté. En 117, l'empire connaît son plus grand rayonnement territorial. Les successeurs de Trajan, Hadrien (**3**), Antonin le Pieux et Marc Aurèle (**2**), partisans de la philosophie grecque des stoïciens, axée sur la paix, la justice et la modération, privilégient une politique extérieure plutôt défensive. En 180, Commode, le fils de Marc Aurèle, prend la suite de son père. Il est assassiné en 192. Après sa mort, une guerre de succession va avoir lieu.

3

4

Les Marcomans. Dans les régions du nord, les peuples germaniques réunis en confédérations sous l'égide du roi des Marcomans, Marbod (p. 92), constituent une réelle menace pour la suprématie des Romains. Leurs incursions dans les régions frontalières, qu'il faut contenir, mobilisent de nombreuses troupes, privant de présence militaire de vastes portions de l'empire. Marc Aurèle réussit à mettre un terme aux pillages des Marcomans, qui se sont aventurés jusqu'en Italie. Mais les Romains ont fort à faire pour les arrêter lors des guerres dites « des Marcomans », entre 166 et 180 (**4**). Malheureusement, la paix conclue alors est éphémère, les Barbares poursuivant leurs exactions dans les territoires romains du IIIe au Ve s.

Rome : crises et réformes

192-305/306

Vers le IIIe s., l'Empire romain doit adopter une politique défensive, ses frontières étant menacées au nord par les tribus germaniques et au sud par les Perses. Plusieurs empereurs militaires se succèdent plus ou moins rapidement au pouvoir. L'empire devenant de plus en plus difficile à gouverner en raison d'un pouvoir central vacillant, Dioclétien établit la tétrarchie, avec deux empereurs et deux corégents. Il consolide l'empire sur le plan intérieur grâce à une réforme globale de l'administration. Le mode de gouvernement change, aussi bien dans la forme que sur le fond : désormais, l'empereur n'est plus le premier citoyen de l'État, mais le souverain de ses sujets.

En 212, la Constitutio Antoniniana *de l'empereur Caracalla, de la dynastie des Sévères, accorde des droits à tous les hommes libres de l'empire. Cette mesure est aussi dictée par une arrière-pensée financière, les sujets de droit étant assujettis au paiement de taxes plus élevées.*

Palmyre. Les troubles qui agitent les régions frontalières, ainsi que la faiblesse du pouvoir central, favorisent l'indépendance de certaines parties de l'empire. L'Empire gallique voit ainsi le jour en 260, à la suite d'une conquête germanique. La reine Zénobie fonde un empire à l'est de Palmyre (**1**), dans une oasis de l'actuelle Syrie, et s'arroge le titre d'Augusta. Elle est vaincue en 272 par l'empereur Aurélien, enlevée et ramenée à Rome. Deux ans plus tard, Aurélien soumet les Gaulois et restaure l'unité de l'empire.

2

Les empereurs militaires. Entre 235 et 284, l'Empire romain voit se succéder près de 70 empereurs ou usurpateurs sans grande envergure. Ils sont généralement portés au pouvoir par les troupes armées qu'ils commandent, surtout dans les régions frontalières, et succombent le plus souvent à une mort violente après un règne court, agité par des guerres civiles. Même Aurélien, qui unifie et consolide le royaume, est assassiné par les siens en 275 (**2**).

La tétrarchie. En raison de menaces grandissantes, l'empire ne peut plus être dirigé par un homme seul, maître d'un pouvoir centralisé. L'empereur Dioclétien nomme trois hommes de confiance comme corégents (**4**), confiant à chacun d'entre eux une partie du royaume. La tétrarchie (« règne des quatre ») se révèle stable. En 305, Dioclétien se retire à Split (actuelle Croatie), où il fait bâtir un gigantesque palais (**3**).

3

Page 78

192-193 Année dite « des cinq empereurs ».

193-235 Règne des Sévères.

212 L'empereur Caracalla accorde des droits à tous les hommes libres dans l'empire.

235-284 Règne des empereurs militaires.

260 L'empereur Valérien est prisonnier des Perses (p. 89).

272-274 L'empereur Aurélien soumet Palmyre et les Gaules.

284-305 Règne de Dioclétien. Augmentation des impôts, les fermiers sont rattachés à leurs terres.

293 Début de la décentralisation.

301 Édit du maximum pour combattre l'inflation.

Page 82

4

» **Le royaume des Perses Sassanides :** pages 88-89

Page 81

306-337 Règne de l'empereur Constantin le Grand.

312 Bataille du pont de Milvius.

313 Édit de Milan.

325 Concile de Nicée.

330 Constantinople est fondée.

364-375 Règne de l'empereur Valentinien Ier.

v. 375 L'avancée des Huns entraîne des migrations vers l'ouest (p. 94).

378 Victoire des Goths sur les Romains à Andrinople.

379-395 Règne de l'empereur Théodose le Grand.

391 Le christianisme devient religion d'État.

395 Schisme de l'empire. Division en empires romains d'Occident et d'Orient (p. 84).

410 Sac de Rome par Alaric.

451 Victoire d'Aetius sur les Huns à Chalons (p. 97).

455 Sac de Rome par les Vandales.

476 Odoacre dépose le dernier empereur romain d'Occident, Romulus Augustule.

Pages 84, 134

Rome : christianisation et schisme

305/306-476

Valentinien Ier.

L'effritement de l'empire se généralise au IVe s., à la faveur de luttes entre prétendants au pouvoir qui voient le triomphe de Constantin le Grand. Celui-ci favorise le christianisme, dont l'essor semble irrésistible. Il l'érige en religion d'État tout en maintenant certains rites païens. La guerre de succession déclenchée par son décès s'achève en 395 par le schisme qui donne naissance aux Empires d'Orient et d'Occident. Au cours du Ve s. (p. 94), l'empereur est contraint d'accepter la présence de Germains dans certaines parties de l'empire. La perte de ces territoires, les luttes intestines et l'entretien d'une armée de mercenaires conduiront l'Empire romain d'Occident à sa perte.

Constantin le Grand (272/273-337)

Dans la lutte pour le pouvoir déclenchée par la succession de Dioclétien, l'empereur Constantin Ier réussit à écarter ses adversaires ainsi que ses compagnons d'armes. Il règne seul, sans partage, dès 324 et établit sa résidence principale en Orient. Constantinople, l'actuelle Istanbul, est un ancien comptoir commercial de Byzance. Constantin garantit la liberté religieuse en promulguant l'édit de Milan en 312 et tolère même le christianisme, dont il se fera ensuite le défenseur. En 325, il réunit le concile de Nicée, chargé de résoudre un conflit interne opposant les catholiques aux ariens.

1

Le christianisme. Depuis le Ier s., les chrétiens sont l'objet de persécutions, mais les structures mises en place par l'Église dès cette époque assurent leur pérennité. En 312, Constantin le Grand remporte la bataille du pont de Milvius (**1**) après avoir orné l'uniforme de ses armées du christogramme XP – les initiales du Christ. Ensuite, il garantit aux chrétiens la liberté religieuse, avec l'arrière-pensée d'utiliser leur Église pour consolider son pouvoir et récupérer Rome. De son côté, l'Église légitime l'empereur en le présentant comme de droit divin.

2

La chute de l'Empire romain d'Occident. Au cours du Ve s., des chefs militaires d'origine germanique comme Aetius jouissent d'un pouvoir croissant au sein de l'Empire romain d'Occident. Ils mènent les armées romaines contre les Germains et les Huns et contre les usurpateurs. L'un d'entre eux, Odoacre, finit par renverser le dernier empereur fantoche, Romulus Augustule (**3**), en 476 et se proclame roi d'Italie.

La division du royaume. Après la victoire des Goths à Andrinople (p. 95), l'empereur Théodose le Grand (**2**) leur accorde le droit de s'installer au sein de l'empire. D'autres peuples germaniques sont accueillis et intégrés. À partir de 394, Théodose règne seul, mais à sa mort, en 395, le pouvoir est partagé entre ses fils : la partition de l'empire sera fatale. Les empereurs suivent des politiques différentes, voire conflictuelles, en Orient et en Occident.

3

Les vagues migratoires : pages 94-95 | **Les royaumes germaniques :** pages 110-111

L'Empire byzantin

Page 82

395 Schisme de l'Empire romain.

451 Le concile de Chalcédoine dénonce le monophysisme.

457-474 Léon Ier empereur. Fin de l'influence des généraux germaniques à la cour.

527-565 Justinien Ier empereur.

532 Répression de la sédition Nika.

535 Conquête de l'Empire vandale en Afrique du Nord.

553 Conquête du Royaume gothique oriental en Italie (p. 110).

568 L'Italie soumise aux Lombards (p. 134).

610-641 Héraclius empereur. Le grec langue officielle.

627-628 Victoire d'Héraclius sur les Perses Sassanides.

à partir de 634 Assauts des Arabes.

VIIIe-IXe s. Querelles dogmatiques sur l'adoration des icônes.

812 Michel Ier reconnaît Charlemagne (p. 113) comme empereur d'Occident.

842-867 Règne de l'empereur Michel III. Début de la mission évangélique de Cyril et Méthode en Slavonie.

867 Dynastie des Macédoniens.

Page 148

Sainte-Sophie (Hagia Sophia) *à Constantinople, construite sous Justinien.*

De l'Empire romain d'Orient à l'Empire byzantin

395-867

L'Empire romain d'Orient résiste aux attaques des peuples germaniques. Au cours du VIe s., l'empereur Justinien réussit à reconquérir quelques territoires de la partie occidentale de l'empire. Le grec devient langue officielle sous le règne d'Héraclius. L'Empire byzantin se construit progressivement, à partir de l'Empire romain d'Orient, avec le soutien des Latins. Aux VIIIe et IXe s., des querelles théologiques divisent l'empire, qui est affaibli également par la perte de territoires au profit des Arabes musulmans en Méditerranée et au profit des Slaves dans les Balkans.

3

Chronologie du christianisme

*Après la mort du Christ, les enseignements de la religion chrétienne sont dispensés par des apôtres comme Pierre et Paul (**3**). Le christianisme, devenu religion d'État, fait naître une ambivalence, à savoir la confusion entre pouvoirs spirituel et temporel au sein de l'empire. La question de la séparation de l'Église et de l'État continuera à influencer longtemps la politique, bien après l'ère des Lumières.*

Justinien. L'empereur Justinien (**1**) se consacre à la reconquête de territoires qui relevaient auparavant de l'Empire romain d'Occident et que les Romains d'Orient réclament à la suite de la conclusion d'un traité de paix avec les Perses en 532. À l'issue de succès militaires, Bélisaire et Narses, généraux de Justinien, soumettent les royaumes des Ostrogoths et des Vandales (p. 94). Parmi les événements marquants du règne de Justinien, citons la sédition Nika menée en 532 par les puissantes « sociétés de courses », qui se révoltent contre l'empereur au nom du peuple.

1

2

Les Arabes. Vainqueur des Perses sassanides, l'empereur Héraclius ne peut venir à bout des Arabes musulmans (**2**) qui, à partir de 634, occupent la Syrie. Ce territoire ainsi que la Palestine et l'Égypte leur sont bientôt cédés. Les populations de ces pays sont adeptes du monophysisme (p. 87), doctrine interdite, et voient d'un bon œil le retrait des Byzantins orthodoxes.

4

v. 29-31 *Exécution de Jésus-Christ.*
64 *Premières persécutions des chrétiens sous Néron (p. 78).*
313 *Édit de Milan (p. 82).*
1054 *Schisme d'Orient (p. 148).*
1096 *Début des croisades (**4**).*

jusqu'en 1122 *Querelle des Investitures (p. 116).*
1378-1417 *Grand schisme (p. 136).*
1517 *Réforme de Luther (**5**) (p. 186).*
1545-1563 *Concile de Trente (p. 212).*
XVIIe-XVIIIe s. *Siècle des Lumières (p. 184).*

5

L'Arménie et l'Asie Mineure

550 av. J.-C.-300 apr. J.-C.

L'Arménie et les royaumes d'Asie Mineure, qui pour la plupart succèdent aux royaumes des diadoques (p. 66), font l'objet de revendications croisées de la part des Orientaux et du monde gréco-romain. Ils défendent vigoureusement leur indépendance. En particulier, le royaume du Pont, gouverné par Mithridate VI, s'oppose à l'expansionnisme des Romains vers l'est. Cependant, tous ces territoires finissent par devenir des provinces romaines. L'Arménie adhère la première au christianisme, vers 300 apr. J.-C., et revendique alors son autonomie culturelle.

Mithra terrassant le taureau (marbre, IIe s.).

Le christianisme. L'Arménie ayant adopté le christianisme comme religion d'État, des lieux de culte sont construits un peu partout dans le pays. C'est à ce moment qu'est érigée l'église de la Sainte-Croix (**1**) sur l'île d'Aght'amar. Profondément attachée à sa religion, l'Arménie pratique un christianisme qui contribue au sentiment d'appartenance nationale de ses habitants et la distingue dans un environnement majoritairement islamique.

Le culte de Mithra

Le culte de Mithra gagne Rome aux Ier et IIe s. par l'intermédiaire des soldats en garnison en Orient, qui en ont fait leur religion. Des rites et des fêtes rendent hommage à ce dieu, qui devient l'objet d'un des principaux cultes de Rome. Les dirigeants des chrétiens doivent faire des concessions ; de là viendrait, par exemple, la fixation de la Nativité au 25 décembre, jour où l'on fêtait la naissance de Mithra.

Les guerres contre Mithridate.
Mithridate VI (**2**), roi du Pont, conquiert le sud de la Russie et la basse Arménie, tout en consolidant son pouvoir au sein des royaumes d'Asie Mineure, dont il chasse les Romains à la faveur de trois guerres sanglantes. Il occupe aussi, par intermittence, de vastes portions de cette région et de la Grèce. Plus tard, il sera contraint à la retraite, et Pompée finira par vaincre le Pont et l'Arménie, qui se soumettent à Rome. Le « Barbare hellénisé » fut l'un des plus farouches adversaires des Romains.

2

L'Église grégorienne.
L'archevêque Grégoire l'Illuminateur (**3**) baptise le roi Tiridate III en 296. Aujourd'hui encore, l'Église arménienne a son propre chef suprême, le catholicos. Elle adhère au monophysisme, doctrine qui professe que le Christ n'a qu'une nature, divine, alors que le catholicisme et l'orthodoxie enseignent qu'il a une double nature, divine et humaine. Les rites de l'Église grégorienne sont très proches de ceux de l'Église orthodoxe grecque.

3

» **Expansion de l'islam :** pages 158-165

REPÈRES

550 av. J.-C. L'Arménie devient une province de l'Empire perse.

fin du IVe s. av. J.-C. Indépendance de la Bithynie et de la Cappadoce.

280-250 av. J.-C. Règne de Nicomède Ier, roi de Bithynie, qui prend à son service des guerriers celtes. Ces derniers s'installent en Asie Mineure en tant que Galates (de Galatie).

à partir du IIe s. av. J.-C. Indépendance de l'Arménie.

v. 230-182 av. J.-C. Règne de Prusias Ier, roi de Bithynie, paix avec Rome.

v. 182-149 av. J.-C. Prusias II, son successeur, reconnaît la suprématie de Rome.

120/112-63 av. J.-C. Règne de Mithridate VI Eupator, roi du Pont.

94-56 av. J.-C. Règne de Tigrane Ier d'Arménie, qui s'allie avec Mithridate VI du Pont pour envahir la Cappadoce.

89-63 av. J.-C. Guerres contre Mithridate.

74 av. J.-C. La Bithynie devient une province romaine.

66 av. J.-C. Tigrane Ier est contraint de payer le tribut à Rome.

63-47 av. J.-C. Règne de Pharnace II, roi du Pont.

48 av. J.-C. Julius César, qui veut reconquérir le royaume de son père, vainc Pharnace II à Zela.

17 apr. J.-C. La Cappadoce devient province romaine.

64 Le Pont devient province romaine.

Ier-IIe s. Le culte de Mithra se répand à Rome.

v. 300 L'Arménie adopte le christianisme comme religion d'État.

Page 152

Guerrier parthe.

La Perse sous les Parthes et les Sassanides

238 av. J.-C.-651 apr. J.-C.

Les Empires parthe et sassanide émergent de l'ancien Empire perse (p. 44). Les Sassanides cherchent à ressusciter l'ancienne religion traditionnelle du zoroastrisme et s'imposent comme la principale puissance d'Orient. Pendant longtemps, ils contrent efficacement les tentatives d'expansion des Romains en Asie et sont les plus redoutables opposants aux Empires romain et byzantin. Même leur culture (**1**, statue) est à l'opposé de celle des Grecs et des Romains. Les guerres incessantes avec Byzance et un contexte social de plus en plus trouble affaiblissent les Sassanides, qui finissent par succomber devant les armées arabes.

1

2

Ctésiphon. Les Parthes, menés par Arsakes Ier, s'emparent du pouvoir en Perse en 238 av. J.-C. Ils fondent sur les bords du Tigre la cité de Ctésiphon, qui sera ensuite occupée par les dynasties de Sassanides. Le Palais royal (**2**), de forme ovale, est bâti sur les ruines du palais de Châhpuhr Ier. Les souverains successifs s'emploieront à le faire agrandir. Après la conquête de la Perse par les islamistes, Ctésiphon sombre progressivement dans l'oubli.

3

La menace romaine. Après avoir détruit Doura-Europos et Antioche puis occupé l'Arménie, Châhpuhr Ier doit affronter l'empereur romain Valérien, venu l'attaquer à la tête d'une importante armée. Ce dernier, vaincu, est fait prisonnier lors de la bataille d'Édesse. Son fils et successeur Gallien n'étant pas venu à son secours, il meurt en captivité en Perse après avoir subi de nombreuses humiliations. Châhpuhr fait graver son triomphe sur les falaises de Naqsh-i Rustem (**3**).

Les conflits avec l'Empire byzantin. Khosrô II (**4**) est le dernier souverain sassanide d'envergure. Sous son règne, l'empire connaît sa plus vaste expansion grâce aux succès militaires contre les Byzantins. L'empereur byzantin Héraclius met toutefois un terme à sa progression en lui infligeant de nombreuses défaites. Vaincu à la bataille de Ninive, Khosrô II est destitué puis assassiné. L'empire, très affaibli par de longues années de guerre, succombe ensuite facilement devant les armées arabes.

4

Empire byzantin : pages 148-149

REPÈRES

238 av. J.-C. Fondation de l'Empire parthe par Arsace Ier.

171-138/137 av. J.-C. Règne de Mithridate Ier. Prise de la Mésopotamie et soumission des Séleucides. Ctésiphon devient capitale.

123-88/87 av. J.-C. Règne de Mithridate II, qui créé des structures administratives efficaces et s'arroge le titre de « shahinshah » (« roi des rois »).

53 av. J.-C. Victoire des Parthes sur les Romains à Carrhes.

115 apr. J.-C. Conquête de la Mésopotamie par les Romains sous l'empereur Trajan.

213-227 Règne d'Artaban V, le dernier roi parthe, qui signe la paix avec Rome en 218.

224/227-241 Règne d'Ardachêr, fondateur de l'Empire sassanide.

241-273 Règne de Châhpuhr Ier.

260 Victoire de Châhpuhr contre l'empereur Valérien à Édesse.

276 Exécution de Manès, le fondateur du manichéisme.

309-379 Règne de Châhpuhr II. Nombreuses guerres contre Rome.

531-579 Règne de Khosrô Ier. Apogée de l'Empire sassanide.

v. 560 Destruction du royaume des Hephtalites, situé à la frontière nord-est de l'empire (p. 97).

590-628 Règne de Khosrô II.

603-628 Guerre entre Byzance et la Perse.

614 Invasion de Jérusalem.

627 Bataille de Ninive. Défaite de l'empereur Héraclius.

633-651 Règne de Yazdgard III, dernier souverain sassanide, qui fuit les Arabes avant d'être assassiné.

Page 158

REPÈRES

v.1600 av. J.-C. Commerce entre peuples de l'Atlantique et du Moyen-Orient.

v. 1000 av. J.-C. Langage protoceltique parlé en Europe.

VIIe s. av. J.-C. Présence des Celtes en Bavière et en Bohême.

VIe s. av. J.-C. France et Espagne colonisées par les Celtes.

Ve s. av. J.-C. Début de la colonisation des îles Britanniques par les Celtes. Existence de tombes à char.

v. 400 av. J.-C. Les Celtes occupent le nord de l'Italie.

387 av. J.-C. Les Celtes menés par Brennus mettent à sac Rome après la bataille d'Allia.

v. 278 av. J.-C. Les mercenaires celtes à la solde de Nicomède Ier de Bithynie (les Galates) s'installent en Asie Mineure.

275-274 av. J.-C. Antiochos Ier utilise des éléphants de guerre pour contrer les Celtes.

IIIe s. av. J.-C. Victoire des Romains sur l'alliance des Samnites, des Celtes et des Étrusques lors de la troisième guerre samnite.

Page 91

Les tribus celtiques, slaves et germaniques

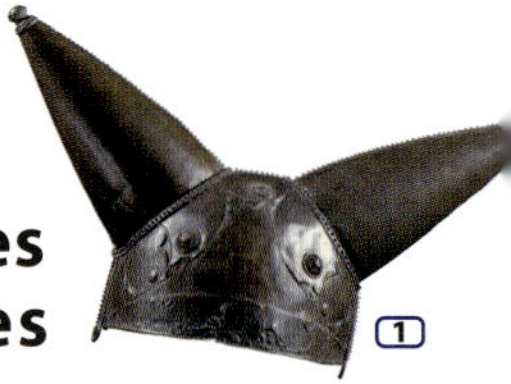

1

1600 av. J.-C.-Ier s. av. J.-C.

Les tribus celtiques (**1**, casque celtique) occupent plusieurs régions d'Europe dès le VIIe s. av. J.-C., avant de s'étendre au sud vers l'Italie et à l'est vers l'Asie Mineure. En Espagne, elles se mêlent à la population locale – on les appelle alors les Celtibères. Installés en Gaule, ils sont vaincus par les Romains au Ier s. av. J.-C. D'autres tribus, slaves et originaires du sud de la Russie, viennent s'installer en Europe de l'Est jusqu'à l'Elbe. Les deux peuples commercent avec leurs voisins.

2

Les coutumes nationales. Les Celtes occupent des cités fortifiées (**3**, reconstitution) dès les Ier et IIe s. av. J.-C. Les druides font office de prêtres (**2**, scène d'un film), de magiciens et d'oracles. Ils jouent un rôle particulier au sein de la société. Leurs connaissances en astronomie sont très avancées. La transmission de leur savoir à leurs disciples se fait oralement.

3

4

Le sac de Rome. Le chef celte Brennus envahit Rome en 387. D'après l'historien Tite-Live, les cris des oies du temple de Junon auraient averti les habitants de l'imminence d'une attaque et ainsi empêché la prise du Capitole. Brennus négocie sa retraite contre le versement de 1 000 livres d'or. Alors que les Romains protestent contre le truquage des poids utilisés pour la pesée, Brennus lance son épée dans la balance en criant : « Vae victis ! » (« Malheur aux vaincus ! ») (**4**).

La bataille des Éléphants. En 275 av. J.-C., le souverain séleucide Antiochos Ier Sôter freine l'avancée vers l'est des Celtes, arrivés en Asie Mineure en mercenaires, avec l'aide d'éléphants de guerre (**5**). En compensation de leurs services, les Celtes obtiennent l'autorisation de s'installer en Galatie (Anatolie centrale).

5

REPÈRES

IIe s. av. J.-C. Premières cités fortifiées celtiques.

168 av. J.-C. Victoire de Rome lors de la bataille de Pydna. Rome domine la Méditerranée.

v. 125 av. J.-C. Premières conquêtes des territoires celtiques par les Romains.

Ier s. av. J.-C. Romains et Germains chassent les Celtes d'Europe centrale vers l'ouest.

60 av. J.-C. Révolte de la reine Boadicée contre Rome.

58-51 av. J.-C. Jules César devient gouverneur de la Narbonnaise avant d'envahir et de conquérir le reste de la Gaule.

52-46 av. J.-C. Rébellion des Celtes menés par Vercingétorix. Défaite à Alésia.

46 av. J.-C. Exécution de Vercingétorix après la campagne victorieuse de César.

Ier s. av. J.-C. Diodore de Sicile rapporte que les Celtes seraient des coupeurs de têtes.

Page 112

La Gaule. Lorsque Vercingétorix, chef des Arvernes, appelle à la rébellion contre les Romains en 52 av. J.-C., de nombreuses tribus gauloises répondent à son appel avec enthousiasme. Il évite les batailles rangées, point fort des Romains, préférant mener une guérilla le long de leurs voies d'approvisionnement. Assiégé à Alésia, il est contraint par les chefs gaulois de se rendre à César (**6**), qui le fera exécuter.

6

Les peuples germaniques : pages 92-94

Les peuples germaniques

VIe s. av. J.-C.-260 apr. J.-C.

Village germanique.

Au IIe s. av. J.-C., les Germains s'avancent jusqu'en Europe centrale et s'installent dans les plaines du Rhin et du Danube, dont ils chassent les Celtes. Pour se défendre contre ces opposants belliqueux, les Romains font construire des fortifications défensives appelées limes. Ces peuples, caractérisés par leur manque d'unité, s'allient pour certains avec Rome, jusqu'à ce qu'Arminius, chef des Chérusques, remporte une victoire décisive contre l'empire. Plus tard, les mercenaires germaniques rejoindront l'armée romaine en nombre croissant. Leur intégration gommera progressivement les différences entre les Romains et les Barbares.

Les Cimbres et les Teutons. Les Cimbres et les Teutons, qui quittent le Nord chassés par les famines, infligent de cuisantes défaites aux Romains dans le nord de l'Italie, jusqu'à ce que Marius les anéantisse à Verceil. L'historien Tacite rapporte le courage des femmes germaniques, qui n'hésitaient pas à participer aux combats en cas de besoin (**1**).

REPÈRES

VIe s. av. J.-C. Les Germains essaiment en Europe.

IIIe s. av. J.-C. L'incursion des Germains jusqu'en Hesse et dans le Palatinat entraîne la migration des Celtes (p. 90).

IIe s. av. J.-C. Incursion des Germains jusqu'aux plaines du Rhin et du Danube.

120-101 av. J.-C. Campagne des Cimbres et des Teutons du Jutland en Italie, en passant par les Alpes. Ils sont repoussés par Marius.

Ier s. av. J.-C. Campagne des Vandales en Silésie. Les Lombards occupent la basse Elbe puis la Bohême.

72 av. J.-C. Incursion des Suèves en Gaule.

58 av. J.-C. Victoire de Jules César contre le chef suève rebelle Arioviste.

55-51 av. J.-C. César décrète le Rhin frontière de la Gaule pour contenir l'avancée germanique.

9 av. J.-C. Fondation d'un empire marcoman en Bohême sous Marbod.

9 apr. J.-C. Victoire du Chérusque Arminius contre les légions de Varus dans la forêt de Teutoburg.

à partir du Ier s. Les Germains intègrent l'armée romaine en tant que mercenaires.

IIe s. Alliance des tribus germaniques mineures.

117-138 Hadrien empereur. Construction de limes défensifs contre les Barbares.

166-180 Victoire de Marc Aurèle contre les Marcomans.

v. 180 Migration des Goths et des Gépides vers la mer Noire.

258 Domination de la confédération franque de Germanie.

Page 110

Arminius le Chérusque. Élevé à Rome, le chef chérusque Arminius (**2**) est considéré comme un allié de l'Empire romain jusqu'à sa révolte contre le gouverneur Varus, qui veut imposer le système fiscal et juridique romain en Germanie. Sa formation dans l'armée impériale lui permet de tendre un piège aux légions romaines dans la forêt de Teutoburg (**3**). Cette défaite dissuadera les Romains de s'aventurer à l'est du Rhin.

2

Sacrifices humains

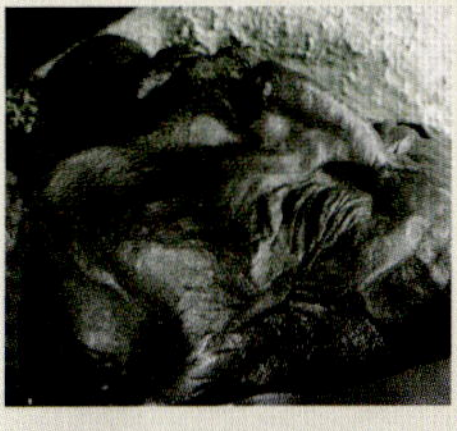

Des corps datant de l'époque germanique sont souvent retrouvés dans les marais du Nord. La plupart sont attachés et étranglés, ce qui laisse penser qu'ils ont été l'objet de sacrifices humains, à moins qu'il ne s'agissait de criminels condamnés à mort.

3

L'expansionnisme romain. La présence des Romains en territoire germanique est attestée par l'existence de limes (**4**, reconstruction), ainsi que par la Porta Nigra (« Porte noire ») de Trèves (**5**), qui marquait l'entrée nord de la cité romaine d'Augusta Treverorum (cité d'Auguste à Trèves). Les voies romaines furent construites pour faciliter le déplacement des troupes, mais aussi pour permettre le ravitaillement des garnisons de l'empire. Ces routes pavées – réalisées selon une technique sophistiquée et coûteuse inconnue des Germains – étaient praticables par tous les temps. Rappelons que la plupart des villes et des cités européennes datent de l'époque des camps et sites romains.

4

5

Les royaumes germaniques : pages 110-113

Page 24

à partir du IIIe s. Migration des Goths vers la mer Noire.

375 Les Huns repoussent les Alains et les Goths vers l'ouest.

378 Bataille d'Andrinople. Les Wisigoths envahissent l'Empire romain (p. 83).

410 Sac de Rome par le roi wisigoth Alaric.

v. 412 Les Wisigoths s'installent en France et en Espagne.

429 Les Vandales occupent l'Afrique du Nord.

455 Sac de Rome par les Vandales.

476 Le chef militaire Odoacre dépose le dernier empereur romain et gouverne l'Italie (jusqu'en 493).

493-526 Le roi ostrogoth Théodoric le Grand gouverne l'Italie et certaines régions de l'Europe centrale.

568 Les Lombards occupent le nord de l'Italie.

Page 96

Les grandes migrations

375-568 apr. J.-C.

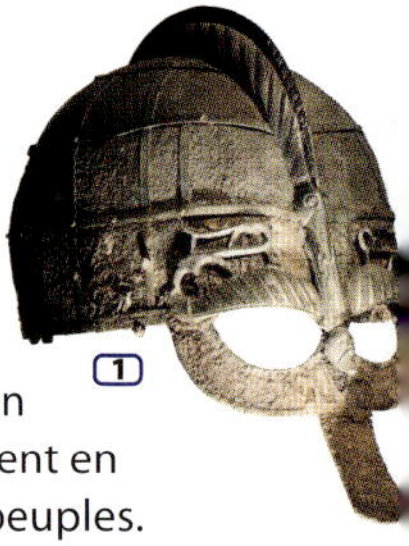

1

Les incursions des Huns (p. 96) en Europe entraînent un déplacement en cascade vers l'ouest des autres peuples. Les Germains (**1**, casque germanique) occupent l'Italie, la France et l'Espagne et s'aventurent jusqu'en Afrique du Nord. Ils contribuent à la chute de l'Empire romain d'Occident, sur les ruines duquel le roi ostrogoth Théodoric le Grand fonde son royaume. Les royaumes des Ostrogoths et des Vandales sont détruits au cours du VIe s. (p. 85) ; les Wisigoths plient devant les Arabes dès 711 (p. 158), tandis que les Francs (**4**) s'imposent comme la nouvelle puissance en Europe centrale et de l'Ouest.

Les migrations des peuples germaniques. Poussés par les nomades des steppes eurasiennes, les différents peuples germaniques migrent vers l'ouest (**2**), concluant des alliances entre eux ou avec Rome et Byzance.

2

L'intégration à l'Empire romain. La défaite – et la mort – de l'empereur romain d'Orient Valens lors de la bataille d'Andrinople, en 378 (**3**), marque un tournant. À cette époque, les Germains ont franchi les frontières orientales de l'empire. Plusieurs fois, les chefs gothiques ont tenté de négocier une collaboration avec Valens, se heurtant à une fin de non-recevoir. À partir du règne de son successeur, les Goths sont autorisés à s'installer au sein de l'empire en échange de services militaires (p. 83).

3

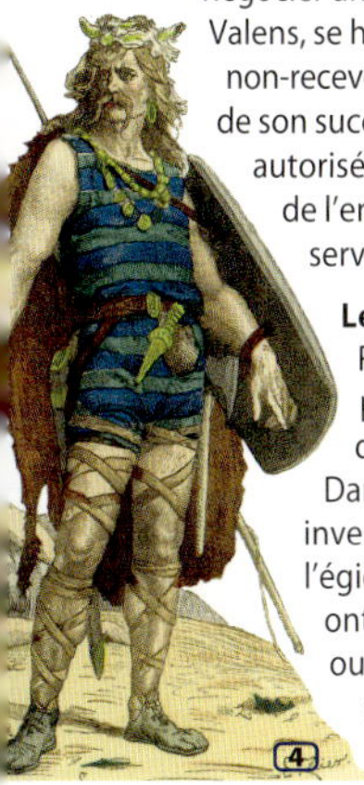
4

Les Anglo-Saxons. Après la retraite des Romains des îles Britanniques vers 400, plusieurs tribus germaniques provenant des régions des actuels Pays-Bas et du Danemark – les Jutes, Angles et Saxons – investissent la région au cours du Ve s., sous l'égide de Hengist et Horsa (**5**). Ces peuples ont chassé les populations indigènes ou se sont mêlés à elles pour devenir ce qu'on appelle les Anglo-Saxons.

5

6

Le sac de Rome. L'affaiblissement politique de Rome excite la convoitise des peuples germaniques aux IVe et Ve s. Les Romains considèrent les Germains comme des « barbares », avant d'être à leur tour taxés de décadents. Après la prise de Rome par Alaric, le roi des Wisigoths , en 410, les Vandales pillent littéralement la cité (**6**) en 455. Avec le terme « vandalisme », leur mauvaise réputation est entrée dans l'Histoire.

» Les Huns : pages 96-97

Les empires nomades des steppes eurasiennes

IIIe s. av. J.-C.-VIIe s. apr. J.-C.

À partir du IIIe s. av. J.-C., les nomades des steppes eurasiennes se fédèrent et rayonnent vers l'est, le sud et le nord. Alors que les Xiongnu menacent la Chine, les Hephtalites avancent vers le sud où ils sont massacrés par les Sassanides. Dès 375, les Huns (**1**) envahissent et saccagent l'Europe toujours plus loin vers l'ouest. À son apogée, l'Empire hunnique s'étend des steppes de l'Asie centrale jusqu'à l'actuelle Allemagne et du Danube jusqu'à la mer Baltique. Les Huns poursuivent leur progression jusqu'à l'actuelle France, où ils sont vaincus par une coalition de Gallo-Romains et de peuples fédérés. L'Empire se désagrège après la mort d'Attila. Au VIIe s., les Turcs, successeurs des Huns en Asie centrale, fondent des royaumes nomades des frontières de la Chine jusqu'à la mer Caspienne.

Cavaliers Xiongnu.

Abris légers de feutre et de bois des nomades mongols appelés yourtes, du mot turc signifiant « patrie » ou « lieu de résidence ».

L'invasion des Huns. Les Huns sèment la panique parmi les populations locales. Les expéditions d'Attila (**2**), surnommé le « fléau de Dieu », sont considérées comme un châtiment pour les péchés de l'humanité et le prélude de la fin du monde. L'Europe revivra pareille brutalité avec l'invasion des Mongols (**3**) (p. 166).

La bataille de Chalons (4). En 451, Attila envahit la Gaule. C'est sans succès que le célèbre général romain Aetius s'oppose à lui lors de la bataille de Chalons. L'armée romaine, pourtant épaulée par des troupes de Wisigoths (menés par Théodoric Ier) ainsi que par des mercenaires huns, est défaite. D'autres tribus germaniques, comme les Gépides et les Ostrogoths, se rallient à Attila. Cependant, Aetius parvient à faire sortir le chef des Huns de sa retraite stratégique pour l'affronter victorieusement sur une vaste plaine. Cette victoire, qui permet momentanément le maintien de l'empire, n'empêche pas Attila d'envahir l'Italie et de saccager des villes comme Milan et Bergame.

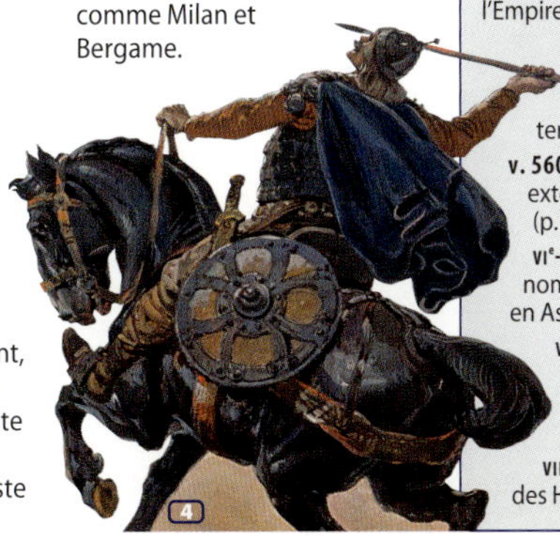

REPÈRES

IIIe s. av. J.-C. Les nomades eurasiens Xiongnu menacent la Chine.

v. le Ier s. av. J.-C. Expulsés de Chine, les Xiongnu, chassés vers l'ouest, font déplacer d'autres peuples.

375 apr. J.-C. Victorieux des Goths, les Huns les repoussent vers l'ouest, ce qui entraîne des migrations en cascade (p. 94).

à partir du IVe s. Les Perses Sassanides résistent aux Hephtalites (Huns blancs).

434 Alliance des frères Attila et Bleda, qui gouvernent ensemble les Huns (noirs).

445 Attila règne seul. Début des campagnes de destruction systématique en Europe, pour la quête de butins.

451 Bataille de Chalons (dans le sud-est de la France actuelle). Attila, vaincu par les Romains, revient envahir l'Italie.

452 Intervention du pape Léon le Grand. L'armée hunnique, affaiblie, attaque Rome.

453 Mort d'Attila.

454-455 Dissolution de l'Empire hunnique.

552-745 Le royaume des Köktürks s'étend sur de vastes territoires d'Asie.

v. 560 Le roi perse Khosrô Ier extermine les Hephtalites (p. 89).

VIe-VIIe s. Royaumes nomades des Turcs en Asie.

VIe-VIIe s. Fondation du royaume des Avars dans l'actuelle Hongrie.

VIIIe s. Extermination des Huns blancs.

Les invasions mongoles : pages 166-169

L'Inde ancienne

v. 320 av. J.-C.-v. 700 apr. J.-C.

Le premier contact entre la culture indienne et le monde hellénistique date de la campagne d'Alexandre le Grand en Inde (p. 64). La dynastie des Maurya entretient alors d'étroites relations avec l'Occident. L'empereur Ashoka contribue à l'expansion du bouddhisme au sein de la population. En revanche, l'empire des Gupta, jusqu'à son anéantissement par les Hephtalites (p. 96), favorise plutôt l'hindouisme. Des royaumes distincts, gouvernés par des dynasties indépendantes, voient le jour dans le centre et dans le sud de l'Inde. Les Pallava, dans le sud, préservent la spécificité de la culture indienne traditionnelle.

Entre le IVe s. av. J.-C. et le IVe s. apr. J.-C., la littérature indienne s'enrichit de deux grandes épopées, le Mahabharata *(manuscrit, à droite) et le* Ramayana *(illustration, en bas).*

REPÈRES

v. 320 av. J.-C. Fondation de l'empire des Maurya par Chandragupta Maurya.

268-232 av. J.-C. Règne de l'empereur Ashoka. Expansion du bouddhisme.

v. 250 av. J.-C. Concile bouddhiste de Pataliputra. Le bouddhisme gagne en popularité.

185 av. J.-C. Assassinat du dernier souverain maurya.

185-73 av. J.-C. Règne de la dynastie bouddhiste des Shunga.

73-28 av. J.-C. Règne de la dynastie des Kanva.

Ier s. av. J.-C. Occupation du nord de l'Inde par les Sakas.

jusqu'au IIe s. apr. J.-C. Alliance des royaumes saka, parthe (p. 89) et koushite.

Page 99

L'expansion du bouddhisme. Après avoir mené une vie de conquête militaire, l'empereur Ashoka choisit d'adhérer à la philosophie pacifique du bouddhisme (**4**). Il en fait alors la religion d'État, dans une forme relativement simplifiée. Sous son règne se tient le troisième des six conciles relatifs aux enseignements du Bouddha et à l'organisation des ordres bouddhistes. Malheureusement, les efforts entrepris pour trouver un compromis et unifier les diverses branches du bouddhisme restent vains.

4

3

L'empereur Ashoka. Tout en favorisant l'expansion du bouddhisme, l'empereur Ashoka manifeste une grande tolérance vis-à-vis des autres religions. Ses édits et décrets sont gravés sur des colonnes et des falaises, et ainsi portés à la connaissance de tous les habitants du royaume (**1**, **3**).

REPÈRES

IIIe s. Dissolution du royaume des Kushana.

IVe-VIIIe s. Dynastie des Pallava dans le sud de l'Inde.

320-647 Règne de la dynastie des Gupta dans le Nord.

376-414 Chandragupta II empereur.

v. 428 Première invasion des Hephtalites (Huns blancs).

477-495 Budhagupta empereur.

v. 500 Destruction de l'empire des Gupta par les Hephtalites. La dynastie se maintient à Magadha (jusqu'en 647).

510-517 Règne des généraux Toramana et Mihirakula.

550-757 Dynastie des Chalukya.

606-647 Royaume des Harsa dans le nord de l'Inde.

v. 630-660 Règne du roi Narasimhavaram. Apogée de la dynastie des Pallace dans le sud.

712 Prise du Sind par les Arabes.

Page 170

L'affirmation de l'hindouisme. Après la chute des Maurya, au IIe s. av. J.-C., un grand royaume renaît au IVe s. apr. J.-C. sous l'égide de la dynastie des Gupta, qui règnent sur tout le nord de l'Inde. Comme de nombreux souverains locaux, les Gupta restreignent le pouvoir des ordres bouddhistes, favorisant l'hindouisme et la construction de temples (**2**, temple de Vishnou). L'influence bouddhiste en est affaiblie.

2

Les religions de l'Asie du Sud-Est : page 50

REPÈRES

481-221 av. J.-C. Période des « royaumes combattants ».

247 av. J.-C. Le roi Zheng ceint la couronne de Qin à l'âge de 12 ans. En 238 av. J.-C., il renverse le régent en place.

246-221 av. J.-C. Le roi Zheng de Qin soumet les six royaumes concurrents.

221 av. J.-C. Zheng devient le premier empereur de Chine à l'âge de 38 ans sous le nom de Qin Shi Huangdi.

213 av. J.-C. Autodafé des écrits de Confucius. Les confucéens récalcitrants sont enterrés vivants.

210 av. J.-C. Mort de Qin Shi Huangdi, apparemment par empoisonnement accidentel au mercure. Enterrement avec les figurines en terre cuite.

210-207 av. J.-C. Qin Er Shi empereur. Rébellion des généraux vassaux.

206 av. J.-C. Chute de la dynastie Qin.

206-202 av. J.-C. Le général rebelle Liu Bang monte sur le trône sous le nom de Gaozu et fonde la dynastie des Han.

Page 102

Le premier empereur de Chine : la dynastie Qin

221 av. J.-C.-202 av. J.-C.

L'état militaire de Qin, dans l'ouest de la Chine, est gouverné par l'empereur Qin Shi Huangdi, qui réunifie le pays en soumettant les autres royaumes féodaux chinois. Le pouvoir central se dote d'une administration efficace, de lois strictes, et interfère dans la vie quotidienne des citoyens dans l'intérêt de l'État. L'armée, disciplinée et bien entraînée, est équipée d'un matériel moderne. En revanche, la vie spirituelle, alors florissante, pâtit de ces mesures. Le premier empereur Qin passe à la postérité en faisant construire un immense complexe funéraire à X'ian, gardé par la fameuse armée de terre cuite. Cependant sa dynastie s'éteindra très rapidement après lui.

Soldat de l'armée de terre cuite.

Qin Shi Huangdi (295-210 av. J.-C.)

Zheng, qui monte sur le trône de l'État Qin à l'âge de 12 ans, met fin à la période dite des « royaumes combattants » en conquérant les six autres royaumes féodaux de l'époque. Il se proclame premier empereur de la Chine unifiée sous le nom de Qin Shi Huangdi (« Premier auguste empereur de Qin ») en 221 av. J.-C. Il lui faut à peine onze ans pour imposer une langue et une monnaie uniques, pour unifier les poids et les mesures, et même normaliser les dimensions des véhicules. Il fait construire des barrages, ainsi que la première portion de la Grande Muraille. Mais il porte aussi la responsabilité de la déportation de certains peuples, de persécutions politiques, ainsi que de l'autodafé de certains livres, comme les écrits de Confucius en 213 av. J.-C.

1

L'armée de terre cuite

La découverte en 1974 du mausolée de l'empereur Qin Shi Huangdi bouleverse le monde de l'archéologie. À ce jour, 8 000 statues de soldats grandeur nature en terre cuite, chacune unique, et de chevaux ont été mises au jour. Un quart de cette immense sépulture a été explorée il y a peu. Les chercheurs y ont trouvé une rivière artificielle peuplée d'oiseaux en bronze.

La Grande Muraille de Chine. L'empereur Qin Shi Huangdi ordonne la construction de la Grande Muraille (**1**) pour protéger le nord du pays des attaques des nomades. L'édifice est consolidé sous le règne des Han (p. 102) grâce à l'installation à proximité de fermiers ayant de réelles aptitudes militaires. Des tours de guet sont érigées sur les collines alentour et des villes fortifiées bâties juste derrière les murs. Les empereurs Ming (p. 240) construisent au XVe s. un nouveau mur de 7,50 m de haut, 5 à 8 m de large et près de 2 500 km de long. Cette construction n'a pas arrêté la progression des Mongols (p. 166) en Chine ; elle a également été inefficace contre l'invasion des Européens, qui sont arrivés par la mer.

» **Intervention européenne en Chine :** pages 316-317

Page 100

202 av. J.-C.-9 apr. J.-C. Dynastie des Han occidentaux. Renforcement du pouvoir central.

174 av. J.-C. L'empereur Wendi érige le confucianisme en doctrine étatique.

141-87 av. J.-C. Règne de l'empereur Wudi. Réorganisation du royaume, dans le confucianisme.

v. 133 av. J.-C. Les Chinois attaquent les Xiongnu en Asie centrale.

111 av. J.-C. L'armée chinoise atteint Canton.

v. 100 av. J.-C. L'Empire Han connaît sa plus vaste emprise territoriale.

53 av. J.-C. Les Xiongnu du sud se soumettent à l'empereur.

9-23 apr. J.-C. Coup d'État de Wang Mang. Dynastie Hsin.

23 Révolte des paysans.

25-220 Dynastie des Han orientaux. Affaiblissement du pouvoir central. Règne des eunuques.

76-105 Règne des empereurs Chang et Ho. Offensive contre l'Asie centrale.

126-144 Empereur Shun. Ascension des eunuques grâce à la politique de l'adoption.

Page 172

La Chine sous la dynastie Han

202 av. J.-C.-220 apr. J.-C.

1

La dynastie Han, qui se maintient au pouvoir pendant plus de 400 ans (avec une courte interruption), va exercer une profonde influence sur la culture chinoise jusqu'au XIXe s. L'empereur Wudi rejette le principe d'une stricte application des normes législatives au profit d'un confucianisme modéré qui, sous le règne de ses successeurs, sera érigé en doctrine d'État, s'appliquant plus particulièrement au fonctionnariat. Cette forme de gouvernement favorise l'allégeance envers l'empereur et le respect des hiérarchies sociale et familiale, valeurs qui sous-tendent la construction de l'empire dès ses débuts. À partir du Ier s. av. J.-C., l'empire tombe sous l'influence des familles des impératrices, des eunuques et des généraux (**1**), impliqués dans des intrigues et des guerres civiles. La destitution du dernier empereur Han en 220 entraîne la partition du royaume, qui ne sera réunifié qu'au VIe s.

4

L'empire du Milieu

*La Chine s'est toujours considérée comme entourée de peuples d'un niveau culturel inférieur. Un pouvoir central fort, les progrès scientifiques et les réalisations artistiques – telle la découverte de la fabrication de la porcelaine (**5**, **6**) – ont contribué au développement d'une civilisation avancée, qu'il fallait à tout prix protéger. Le confucianisme et la politique isolationniste expliquent le retard pris par la Chine au XIXe s. À la même époque, les puissances européennes sont en pleine expansion, ce qui oblige la Chine à s'ouvrir au commerce extérieur.*

5

2

Le confucianisme en Chine. Le confucianisme est la philosophie politique qui influence la Chine pendant près de deux mille ans. Il met l'accent sur la hiérarchie familiale et le respect dû par les enfants aux parents (**2**) qui leur transmettent le savoir et la sagesse.

Le commerce. La route de la Soie (**3**), voie commerciale la plus importante, relie le nord de la Chine à l'Asie centrale en passant par Antioche en Méditerranée. La soie est exportée vers l'ouest, tandis que le verre et les métaux orientaux arrivent en Chine en sens inverse. Les échanges sont aussi culturels et spirituels. À l'époque, il était primordial de se protéger des attaques des tribus nomades.

6

v. 2000-1500 av. J.-C. *Dynastie Hsia (légendaire).*
v. 1700-1025 av. J.-C. *Dynastie Shang.*
1025-771 av. J.-C. *Zhou occidentaux.*
771-256 av. J.-C. *Zhou orientaux.*
221-206 av. J.-C. *Dynastie Qin.*
202 av. J.-C.-220 apr. J.-C. *Dynastie Han.*
220-589 *Partition.*
581-618 *Dynastie Sui.*
618-906 *Dynastie T'ang (**4**).*
907-960/979 *Période des Dix Royaumes et des Cinq Dynasties.*
907/1066-1125 *Dynastie Liao.*
960-1126 *Song du Nord.*
990-1227 *Dynastie Hsi-hsia.*
1127-1279 *Song du Sud.*
1115-1234 *Dynastie Chin.*
1279-1368 *Dynastie Yuan.*
1368-1644 *Dynastie Ming.*
1644-1912 *Dynastie Qing (**7**).*

7

Les premiers royaumes d'Afrique du Nord et du Nord-Est

XVe s. av. J.-C.-IVe s. apr. J.-C.

Peinture rupestre du Sahara représentant des individus et un troupeau de bétail.

Les Berbères, les Libyens, les Numides et les Éthiopiens fondent les premiers royaumes africains, qui entretiennent des contacts avec les empires méditerranéens pour le commerce caravanier de l'or et des esclaves. Les Libyens et les Numides servent dans l'armée égyptienne en tant que mercenaires et fondent même des dynasties de pharaons (p. 30). Le royaume de Numidie est en guerre contre Rome au Ier s. av. J.-C. La Nubie, vice-royaume de Koush sous le règne des Égyptiens, possède de riches réserves d'or. L'art et la culture des Koushites sont fortement influencés par l'Égypte. Les peuples venus du sud de l'Arabie forment le premier royaume éthiopien. La Nubie et l'Éthiopie seront christianisées à partir du IVe s. L'Éthiopie atteint son plus vaste rayonnement territorial au VIe s., avec la conquête de la Nubie. Elle est ensuite isolée du fait de l'expansion de l'islam à partir du VIIe s.

La Nubie. Le royaume de Koush en Nubie est conquis au XVe s. av. J.-C. par les pharaons, qui, longtemps, emploient les armées nubiennes comme soldats ou esclaves et soumettent sa population au paiement de lourds tributs (**1**). La situation se renverse au VIIIe s. lorsque les Nubiens s'emparent du pouvoir en Égypte. On les surnomme les « pharaons noirs ».

2

Le commerce de l'or. Le royaume de Koush, qui recèle beaucoup d'or, porte les traces d'une civilisation avancée, comme l'atteste la présence de pyramides érigées d'après le modèle égyptien (**2**), ou des palais et des temples de la capitale Méroé. Cette vaste entité est dévastée par les Éthiopiens et divisée en petits royaumes au cours du IVe s.

Les guerres de Rome contre Jugurtha. Jugurtha réussit à régner seul sur le royaume de Numidie, province romaine en Afrique, en soudoyant le Sénat. La violence avec laquelle il traite ses opposants oblige Rome à intervenir (**3**, cavaliers romain et numide au combat). Dans un premier temps, les Romains lui livrent bataille à contrecœur, le roi numide bénéficiant du soutien d'une partie de la haute société romaine. En 105 av. J.-C., Jugurtha (**4**, pièce de monnaie) est vaincu et exécuté.

3

Page 34

XVe-XIe av. J.-C. Vice-royaume de Koush, en Nubie (Soudan).

v. 1070 av. J.-C. La Nubie devient indépendante de l'Égypte.

728/716-664/656 av. J.-C. Règne de 25 dynasties de Koushites (pharaons noirs) sur l'Égypte.

v. 300 av. J.-C. Ascension du royaume de Méroé.

264-146 av. J.-C. Guerres puniques en Afrique du Nord.

118-105/104 av. J.-C. Règne de Jugurtha, roi de Numidie.

112 av. J.-C. Massacre des Romains à Cirta.

112-105 av. J.-C. Guerres de Rome contre Jugurtha.

25 av. J.-C.-23 apr. J.-C. Règne de Juba II en Mauritanie.

23-40 apr. J.-C. Règne de Ptolémée, roi de Mauritanie.

44 La Mauritanie devient une province romaine.

v. 350 Les Éthiopiens détruisent le royaume de Méroé.

IVe s. Début de la christianisation de l'Éthiopie et d'une partie de la haute Afrique.

Page 163

4

Le christianisme. Les Éthiopiens se disent les descendants de Ménélik, le fils légendaire du roi Salomon et de la reine de Saba. Ils se considèrent comme protecteurs des chrétiens de la haute Afrique et de la péninsule Arabique. Ville sainte, l'ancienne capitale d'Aksoum (**5**) demeure le lieu de couronnement des souverains éthiopiens jusqu'au XIXe s.

5

L'Arabie : page 68

Le Moyen Âge

V^{e}-XVe s.

À la suite de la migration des tribus germaniques vers l'ouest du Rhin et de l'effritement de l'Empire romain d'Occident, diverses structures politiques germaniques voient le jour sur le territoire de l'ancien empire. Elles sont imprégnées de la culture de l'Antiquité, notamment d'éléments préservés par l'Église chrétienne. L'Empire romain d'Orient perdure sous le règne des Byzantins, qui en font le berceau du savoir et de la culture. À cette même époque, au VIIe s., l'islam, révélé par le prophète Mahomet, connaît une forte expansion à la faveur des conquêtes musulmanes. Des empires islamiques marqués par un important essor culturel s'étendent de la péninsule Ibérique et du Maghreb jusqu'en Asie centrale.

Le roi d'Angleterre Richard II à genoux lors de son couronnement, représenté avec saint Jean-Baptiste, Édouard le Confesseur et saint Edmond, ses protecteurs (peinture, v. 1395).

Conformisme et réformisme

La société médiévale se caractérise par une stricte hiérarchisation qui s'appuie sur les différentes classes, chacune ayant un rôle bien défini. La noblesse et le clergé constituent le haut de la pyramide, les juifs et ceux qui pratiquent des métiers déshonorants étant exclus de l'organisation. L'Église, avec ses monastères et ses couvents, préserve la culture et surtout le savoir de l'Antiquité, transmis à l'Occident par les textes anciens. Les premières universités, émanations des écoles-cathédrales, voient le jour au XIIe s. En face du clergé, les seigneurs et la noblesse développent leur propre culture, inspirée par la chevalerie. Cet idéal selon lequel tout chevalier doit conjuguer les vertus chrétiennes avec le courage et l'esprit combatif se manifeste notamment dans la pratique des tournois (**2**). Les seigneurs gèrent leurs terres et tentent de réduire l'influence de la noblesse et de l'Église. Cependant, selon le système féodal (du latin *feudum*, « fief »), leur pouvoir dépend des relations qu'ils entretiennent avec leurs sujets. Lorsqu'un seigneur met un fief à la disposition d'un vassal, il s'engage à lui accorder sa protection en échange des services rendus. Les rois transmettent des fiefs héréditaires aux nobles, qui les administrent depuis leurs châteaux forts en maintenant une distance avec leurs sujets. La population est constituée en majorité de fermiers, qui ont l'obligation de réaliser certains travaux pour leurs maîtres. Mais les conditions de vie sont très difficiles (mauvaise nutrition, manque de soins) et la mortalité infantile est très élevée. Des épidémies propagées par des rongeurs,

(1)

2

telles que la Peste noire, se déclarent à intervalles réguliers à partir du XIVe s. et font des millions de morts à travers l'Europe. Ces catastrophes, qui marquent fortement la conscience populaire, font planer la menace d'un châtiment immanent et suscitent le fanatisme religieux ainsi que les actes de repentance (**1**). Le Moyen Âge est dominé par la religion et la vie spirituelle. La quête sans relâche d'une existence qui soit conforme aux attentes divines entraîne des réformes au sein de l'Église et dans le mode de vie. Des théologiens comme saint Thomas d'Aquin s'appliquent à diffuser la scolastique, un enseignement rationnel qui vise à unifier la croyance et la connaissance en révisant les dogmes à la lumière des découvertes scientifiques. En réaction apparaît le mysticisme : les adeptes de ce courant, comme Hildegard de Bingen et Maître Eckart, privilégient la recherche intérieure individuelle, indépendante de l'Église. En outre, des mouvements laïcs tels que celui des Béguines tentent de concilier la vie quotidienne avec cette nouvelle forme de piété (*devotio moderna*). Les ordres mendiants créés au XIIIe s. cherchent à mettre en pratique l'idéal chrétien de la pauvreté. Après le déclin de la culture antique de la cité, les villes connaissent un formidable essor au haut Moyen Âge et attirent les populations défavorisées. Le commerce y est florissant ; l'environnement urbain est donc propice à l'enrichissement. Ces premiers centres voient l'émergence d'une « classe moyenne » qui acquiert rapidement de l'influence. En Flandre et en Italie, berceau de l'humanisme, se développe une nouvelle vision du monde qui s'épanouira à la Renaissance.

Les royaumes germaniques

IVe-VIIIe s.

Après la chute de l'Empire romain (p. 82), les tribus germaniques établissent des royaumes éphémères en Europe de l'Ouest et en Afrique du Nord. Les peuples ariens constituent une minorité régnante qui ne se mêle pas aux populations locales, généralement catholiques. Leur manque d'intégration nuit, dès le départ, à la structure et à l'organisation de ces royaumes germaniques. En outre, la mésentente qui règne entre les Vandales favorise l'expansionnisme des Byzantins et des Arabes. Seul le royaume franc résiste aux assauts de ces derniers (p. 112).

Genséric, fondateur d'un royaume vandale en Afrique du Nord.

1

REPÈRES

IVe s. Conversion des tribus germaniques à l'arianisme.

v. 375 La poussée des Huns entraîne des vagues migratoires (p. 94).

410 Sac de Rome par Alaric et fondation d'un royaume wisigoth dans le sud-ouest de la France.

v. 429 Sous l'égide de Genséric, fondation d'un royaume vandale en Afrique du Nord.

437 Destruction du premier royaume burgonde par les Huns.

476 Destitution du dernier empereur romain d'Occident, Romulus Augustule, par le chef germanique Odoacre.

486 Le roi des Francs Clovis vainc le dernier gouverneur romain de la Gaule.

489-493 Théodoric le Grand, roi des Ostrogoths, établit un royaume en Italie.

507 Les Wisigoths se retirent vers la péninsule Ibérique.

526 Mort de Théodoric le Grand.

534 Annexion du deuxième royaume burgonde par les Francs.

535 Les Byzantins conquièrent le royaume vandale.

552 Les Byzantins conquièrent l'Empire romain d'Orient.

568 Les Lombards, menés par leur roi Alboïn, s'installent en Italie.

711-714 Les Wisigoths sont vaincus par les Arabes (p. 140).

774 Charlemagne, roi des Francs, bat les Lombards dans le nord de l'Italie. Seules les principautés lombardes du Sud conservent leur indépendance.

Page 112

2

Ulfilas. Vers 370, l'évêque Ulfilas traduit la Bible en gotique et favorise ainsi la conversion des Goths au christianisme (**2**). C'est un adepte de l'arianisme, qui s'oppose donc au catholicisme. Les peuples barbares, majoritairement ariens, ne se mêlent pas aux populations catholiques des territoires qu'ils conquièrent, un manque de solidarité qui va affaiblir les royaumes germaniques.

Théodoric le Grand. Ce roi ostrogoth (**3**) grandit à la cour impériale de Constantinople. En tant qu'allié des Byzantins, il vainc Odoacre (p. 94) en Italie en 489-493 et fonde son propre royaume, avec Ravenne pour capitale (**1**). Pour faire contrepoids à l'Empire romain d'Orient, il conclut des alliances avec les autres royaumes germaniques par des mariages dynastiques.

3

4

Les Burgondes. Ces tribus, qui se déplacent en même temps que les Vandales, migrent de l'Europe de l'Est vers la région du Rhin. Elles y établissent un premier royaume, qui sera détruit en 437 par des mercenaires hunniques au service de Rome (**4**). Plus tard, elles fondent près du lac de Genève un deuxième empire que les Francs annexeront en 534. Les batailles entre les Burgondes et les Huns sont immortalisées par les épopées germaniques du Moyen Âge.

» **Les tribus germaniques :** pages 92-93 | **Les grandes migrations :** pages 94-95

1

Page 110

486 Victoire de Clovis Ier sur le dernier gouverneur romain de la Gaule, Syagrius.

v. 496 Baptême de Clovis Ier.

534 Les Francs annexent le deuxième royaume burgonde sur le Rhin.

614 L'« Edictum Chlotarii » (édit de Paris) accorde de nombreux privilèges à la noblesse.

732 Charles Martel bat les Arabes à Poitiers.

751 Le Carolingien Pépin le Bref remplace le dernier souverain mérovingien et se fait couronner par le pape.

754 Pépin défend Rome et offre les territoires conquis à la papauté, qui crée les États pontificaux (p. 136).

768-814 Règne de Charlemagne.

774 Charlemagne bat les Lombards dans le nord de l'Italie (p. 134).

782 Charlemagne fait tuer des milliers d'insurgés saxons.

800 Couronnement de Charlemagne à Rome.

843 Traité de Verdun et partition de l'Empire carolingien.

911 Extinction de la lignée des Carolingiens dans la partie orientale de l'empire.

987 Mort du dernier roi carolingien dans la partie occidentale de l'Empire.

Pages 114, 123

Le royaume franc

v^{e}-xe s.

Vers l'an 500, au temps de Clovis Ier, de la lignée des Mérovingiens, l'Europe de l'Ouest est dominée par les Francs. Les querelles de succession qui suivent le décès de Clovis en 511 affaiblissent sa dynastie au profit de la noblesse, qui voit son influence croître. Les conseillers carolingiens du palais prennent le contrôle du royaume, et le souverain mérovingien n'a plus qu'un rôle de représentation. En 751, les Carolingiens reprennent le titre de roi avec l'approbation du pape. Charlemagne, fils de Pépin le Bref, est même couronné empereur en 800. Il conquiert la Lombardie, la Saxe, la Bavière et le royaume des Avars, dans l'actuelle Hongrie. Mais ses héritiers se battent pour sa succession et contribuent à l'effritement de son empire.

Charlemagne à cheval (v. 870).

2

Clovis Ier. Vers 496, le Mérovingien Clovis Ier se fait baptiser par l'archevêque de Reims, Remi, selon le rite catholique (**2**). Contrairement aux autres rois germaniques, il encourage la classe régnante à se mêler aux populations locales dans les régions qu'il contrôle. Sa conquête du sud-ouest de la France et de l'Allemagne modernes pose les bases de l'extension du royaume franc.

Le couronnement de Charlemagne. Sous Pépin le Bref, les Francs sont considérés comme les alliés du pape contre les Lombards, en Italie (p. 134). Charlemagne suit la politique de son père et conquiert le royaume lombard en 774. En l'an 800, il est couronné empereur d'Occident par le pape Léon III (**3**). L'empereur byzantin, héritier de l'Empire romain, ne reconnaîtra le nouvel empire qu'en 812.

Charlemagne

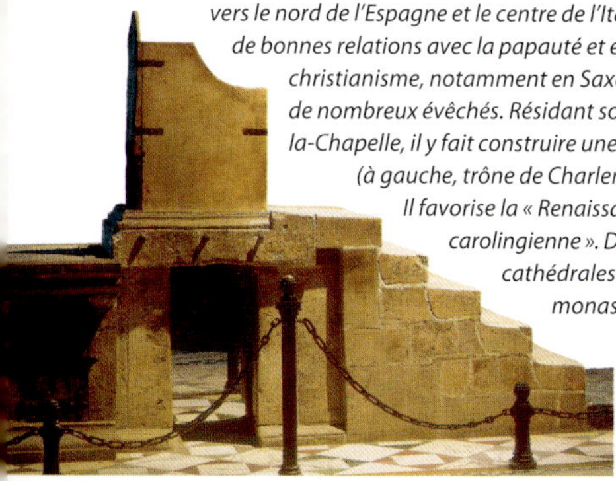

Charlemagne étend les frontières de son empire de l'Elbe et du moyen Danube vers le nord de l'Espagne et le centre de l'Italie. Il entretient de bonnes relations avec la papauté et encourage le christianisme, notamment en Saxe, où il fonde de nombreux évêchés. Résidant souvent à Aix-la-Chapelle, il y fait construire une cathédrale (à gauche, trône de Charlemagne). Il favorise la « Renaissance carolingienne ». Des écoles-cathédrales ou écoles-monastères sont créées dans l'empire sur le modèle de l'école du palais installée à Aix et transmettent la culture médiévale, qui conjugue les cultures antique, germanique et chrétienne.

La France et l'Allemagne. Le petit-fils de Charlemagne divise l'Empire carolingien (**1**) en trois par le traité de Verdun (**4**) en 843. Les luttes intestines et les partitions successives, l'invasion des Normands et des peuples venus de Hongrie, ainsi que l'établissement de nouvelles dynasties au Xe s., contribuent à la chute de l'empire. La France actuelle est issue de la partie occidentale de l'empire, l'Allemagne de la partie orientale. La frontière franco-allemande se dessine à ce moment. La Lotharingie, royaume de Lothaire II, s'étendant de la mer du Nord à l'Italie, donnera son nom à la Lorraine.

Page 112

911 Mort du dernier souverain carolingien. Conrad Ier devient roi de Germanie.

919 Henri Ier l'Oiseleur lui succède.

921 Traité entre Henri Ier et Charles III confirmant l'indépendance de la partie orientale et de la partie occidentale de l'empire.

925 Conquête de la Lorraine.

936-973 Règne d'Otton Ier le Grand.

951 Otton Ier mène une première campagne en Italie puis épouse Adélaïde, veuve du roi des Lombards (p. 135).

955 Victoire d'Otton Ier au Lechfeld contre les Hongrois.

962 Couronnement d'Otton Ier à Rome.

973-983 Règne d'Otton II.

983 Soulèvement des Slaves.

983-1002 Règne d'Otton III.

1014-1024 Règne d'Henri II le Saint.

Page 117

Le Saint Empire romain germanique : les Ottoniens

911-1024

La couronne du Saint Empire.

Après le décès du dernier roi carolingien, la noblesse germanique installe les siens comme rois de Germanie. En 919, l'avènement d'Henri Ier, duc de Saxe, porte au pouvoir la lignée des Ottoniens. Sous leur règne, la Saxe et des résidences comme Quedlinburg (**1**) deviennent le centre politique de l'empire. Otton Ier affirme sa domination sur l'Italie en 951. En 962, il est couronné par le pape, ce qui marque la fondation du Saint Empire romain germanique. Dès lors, il porte le titre d'empereur germanique, qu'il transmettra aux rois de sa lignée. Comme ses successeurs, il tente de réaliser l'unité politique en contrant la résistance de la puissante noblesse germanique.

1

Otton Ier le Grand. Il soumet les Bohémiens en 950, puis les Hongrois en 955 lors de la bataille du Lechfeld (**2**). Pour assurer la sécurité de la frontière orientale du Saint Empire et contrer les Slaves, il favorise l'institution d'évêchés et crée une nouvelle province frontalière. Il tient en respect la très puissante noblesse en s'appuyant sur l'Église, à laquelle il concède des privilèges.

2

La princesse Théophano

En 972, la princesse byzantine Théophano, épouse d'Otton II, arrive à la cour impériale avec sa suite composée d'artistes et d'érudits de Constantinople. Elle favorise l'influence de la culture et des coutumes byzantines, comme le culte de saint Nicolas. Après le décès prématuré de son époux, Théophano défend les intérêts successoraux de son plus jeune fils Otton III, épaulée par sa belle-mère Adélaïde et par sa belle-sœur Mathilde, abbesse à Quedlinburg. Jusqu'à sa mort en 991, elle assure la régence pour le compte de son fils. Ce relief en ivoire (à gauche) montre Otton II, Théophano et Otton III se prosternant aux pieds du Christ.

3

La *renovatio imperii*. Le jeune Otton III (**3**), devenu majeur en l'an 995 (p. 144), poursuit la politique de son grand-père. Il soutient la création des évêchés de Gniezno, en Pologne, et de Gran, en Hongrie. Des mariages dynastiques sont conclus entre les princesses impériales ottoniennes et les rois de Pologne et de Hongrie, afin de consolider l'influence germanique dans ces deux pays. Otton III ne connaît pas le même succès en Italie, mais il réussit, en 996, à faire élire pape son cousin Bruno. Malgré ses plans visant la reconstruction de l'Empire romain (*renovatio imperii*), la noblesse romaine se soulève contre lui et expulse le souverain pontife qu'il a installé en 999. Otton III décède en 1002 des suites du paludisme.

» **L'Église et l'empire :** pages 116-117 | **La politique italienne et la monarchie germanique :** pages 134-137

Le Saint Empire romain germanique : les Saliens et les Hohenstaufen

1024-1268

La cathédrale de Spire, en Allemagne (1030-1061).

Conrad II, de la lignée des Saliens, est élu empereur en 1024. Comme les Ottoniens auxquels ils sont apparentés, les Saliens tentent d'intervenir dans la marche de l'Église. Ils influencent aussi le choix de papes enclins aux réformes (p. 134) et soucieux de remédier aux problèmes internes à l'institution. Les empereurs gagnent ainsi le droit de nommer les évêques, ce qui accroît leur emprise sur le pouvoir spirituel. Cette situation aboutit à la querelle des Investitures, qui oppose les pouvoirs spirituel et temporel. Le conflit est ranimé sous le règne des Hohenstaufen, à partir de 1138. Ces derniers tentent d'établir une monarchie héréditaire contre le vœu des princes impériaux, soutenus par la papauté. Les Hohenstaufen finissent par perdre le pouvoir, malgré la victoire de Frédéric Ier Barberousse sur Henri le Lion et celle de son petit-fils Frédéric II sur Otton IV, fils d'Henri, en 1214.

Pièce frappée à l'effigie de Conrad II.

1

Canossa. Excommunié par le pape Grégoire VII, Henri IV (**1**) se rend à Canossa, en Italie, pour faire lever la sentence. Le souverain pontife le fait attendre trois jours dans la neige en guise de pénitence avant d'accorder son pardon. Plus tard, Henri nomme un antipape et fait exiler Grégoire VII (**2**).

2

3

4

Henri le Lion. Henri refuse une aide militaire et politique à Frédéric Ier Barberousse (**3**), qui fait appel à lui lors d'une campagne en Italie. Cet affront vaut à Henri d'être jugé, dépossédé de ses terres et exilé en Angleterre, patrie de son épouse Mathilde (**4**), dont il ne reviendra qu'en 1185.

La légende de Barberousse

L'empereur Frédéric Ier Barberousse participe aux croisades (p. 155). En 1190, alors qu'il est en route pour la Terre sainte, il se noie dans des conditions mystérieuses dans le Selef, en Asie Mineure. Une légende affirme qu'il est encore en vie à Kyffhaueser, dans le Harz, et qu'il régnera à nouveau un jour.

Page 114

1024-1125 Règne des Saliens.

1056-1105/1106 Henri IV, roi de Germanie puis empereur.

1077 Repentance d'Henri à Canossa.

1122 Le concordat de Worms, entre l'empereur et le pape, met fin à la querelle des Investitures.

1152-1190 Règne de Frédéric Ier Barberousse.

1180 Procès d'Henri le Lion, de la lignée des Guelfes.

1198 Élection de deux rois rivaux, Philippe de Souabe, de la lignée des Hohenstaufen, et le Guelfe Otton IV.

1208 Otton IV assassine Philippe de Souabe.

1212 Frédéric II couronné roi de Sicile à Mayence.

1214 Bataille de Bouvines. La France et les Hohenstaufen s'unissent pour vaincre Otton IV et les Anglais (p. 123).

1250 Mort de Frédéric II.

1254-1273 Grand Interrègne entre les Hohenstaufen et les Habsbourg.

1268 Exécution de Conradin, le dernier Hohenstaufen légitime, à Naples (p. 137).

Page 119

L'empereur Frédéric II, Merveille du monde

L'empereur Frédéric II de Hohenstaufen grandit en Sicile, territoire qu'il a hérité de sa mère en 1198 (p. 135-137). Il a l'ambition de créer un royaume qui engloberait l'Italie et l'Europe centrale. Les papes, qui voient en lui une menace, l'excommunient plusieurs fois et l'accusent d'hérésie. Frédéric est très instruit, il maîtrise neuf langues et favorise le développement des sciences et des arts. Il écrit même un ouvrage sur la fauconnerie. Ses contemporains le surnomment « Stupor mundi », littéralement « Merveille du monde ».

Les Hohenstaufen en Italie : pages 135-137 | **Les papes réformateurs :** pages 136-137

Le Saint Empire à la fin du Moyen Âge

1254-1519

La victoire de Louis IV de Bavière sur Frédéric le Beau de Habsbourg en 132.

Après l'extinction de la lignée des Hohenstaufen, le Saint Empire est dirigé par des souverains fantoches de 1254 à 1273. Mais, une fois élu, Rodolphe Ier de Habsbourg restaure la puissance impériale et tente d'imposer la domination de sa famille. Les maisons de Wittelsbach et de Luxembourg suivent son exemple pour faire contrepoids aux princes Électeurs en raison de l'absence d'un pouvoir central fort. Le roi Henri VII de Luxembourg proclame son fils roi de Bohême en 1310, puis se déplace à Rome en 1312 pour son couronnement (le premier depuis celui de Frédéric II). Le roi Louis IV de Bavière, un Wittelsbach, ceint la couronne en 1314, puis étend son emprise territoriale jusqu'aux Pays-Bas. Les Habsbourg retrouvent le pouvoir en 1438 avec l'avènement au trône d'Albert II, qui succède à Sigismond de Luxembourg. Ils régneront sur le Saint Empire jusqu'à sa chute, en 1806.

La dynastie des Habsbourg. En 1273, lorsqu'ils élisent le comte Rodolphe de Habsbourg (**2**), les princes germaniques ont le sentiment de porter au pouvoir un souverain de peu d'envergure. Or, Rodolphe, ancien partisan des Hohenstaufen, manifeste son intention d'imposer l'autorité de sa famille. Sa loyauté envers Frédéric II lui a valu l'attribution de terres. En 1282, il concède à ses fils les duchés d'Autriche et de Styrie, qui deviennent les sièges du pouvoir des Habsbourg. Rodolphe ne réussit pas à ramener la paix en Allemagne, bien qu'il s'attaque aux « barons voleurs » (**1**).

3

La Bulle d'or. L'empereur Charles IV de Luxembourg, également roi de Bohême, fait de sa résidence à Prague le siège temporaire du Saint Empire. Avec la Bulle d'or (**4**) de 1356, il pose de nouvelles règles pour l'élection des rois, désormais choisis librement par les princes Électeurs (**3**) et les archevêques, sans l'intervention du pape. Le roi élu est investi des prérogatives et des droits attachés à la personne de l'empereur germanique. Ainsi, les princes Électeurs voient grandir leur influence au sein du gouvernement et croître leurs privilèges. Ils en font une démonstration en 1400 lors du renversement de Venceslas, le fils de Charles, au profit de son frère Sigismond.

4

Page 117

1254-1273 Grand Interrègne.

1273-1291 Règne de Rodolphe Ier de Habsbourg.

1278-1282 Rodolphe Ier s'empare des duchés d'Autriche et de Styrie.

1308-1313 Règne d'Henri VII de Luxembourg.

1314-1347 Règne de Louis IV de Bavière. Frédéric le Beau de Habsbourg conteste le trône.

1347-1378 Règne de Charles IV de Luxembourg.

1356 Bulle d'or.

1400 Les princes Électeurs renversent Venceslas, de la lignée des Luxembourg.

1410-1437 Règne de Sigismond de Luxembourg.

1414-1418 Concile de Constance.

1438-1439 Règne d'Albert II.

1440-1493 Règne de Frédéric III d'Autriche.

1493-1519 Règne de Maximilien Ier. Les mariages dynastiques des Habsbourg assurent leur domination sur l'Europe (p. 127, 224).

Page 186

5

6

Le concile de Constance. Lors du concile de Constance, l'empereur Sigismond, de la lignée des Luxembourg (**6**), met fin au grand schisme d'Occident en se portant garant de l'unité de l'Église. Martin V (**5**) est élu pape unique par le concile en 1417. Son élection met fin au schisme qui durait depuis 1378 et avait vu régner jusqu'à trois papes en même temps (p. 125 et 136).

Le concile de Trente : page 188

Page 92

1291 « Pacte perpétuel » : l'alliance de trois cantons signe l'acte de naissance de la confédération.

1315 Victoire des trois cantons contre les Habsbourg lors de la bataille de Morgarten.

1476-1477 Défaite du duc de Bourgogne Charles le Téméraire (p. 126).

1515 Défaits par les Français à Marignan, les Suisses adoptent la neutralité.

1648 Traités de Westphalie (p. 190). La Suisse se détache du Saint Empire.

1798 Invasion de Napoléon. Proclamation de la République helvétique (jusqu'en 1803).

1803 Acte de médiation entre les partisans du fédéralisme traditionnel et du centralisme moderne.

1847 Création du Sonderbund, ligue séparatiste. Guerre civile.

1848 Formation de la Confédération helvétique.

Page 354

La Suisse

1291-1848

La bataille de Morgarten (1315).

Profitant du déclin des Hohenstaufen (p. 116), les Habsbourg prennent le duché de Souabe. L'alliance de trois cantons formée en 1291 défend les abords du lac de Genève (**1**) contre les attaques des Habsbourg et du comte de Savoie, et repousse aussi les assauts du duc de Bourgogne. Au fil du temps, un plus grand nombre de cantons adhèrent au « pacte perpétuel », formant ainsi une organisation politique souple et hétérogène. La Suisse acquiert son indépendance à la faveur des traités de Westphalie de 1648, et conserve son autonomie jusqu'à l'invasion napoléonienne de 1798. Elle recouvre sa liberté en 1815, mais doit alors faire face à une guerre civile qui ne fait que des blessés. La Constitution fédérale adoptée en 1847 est encore en vigueur dans le pays.

1

Le serment du Rütli. En 1291, les trois cantons de Schwyz, d'Uri et d'Unterwald signent le « pacte perpétuel ». Liés par le serment du Rütli, ils promettent de défendre ensemble leur liberté (**2**). D'autres villes, comme Berne et Zurich, adhèrent à la confédération en 1353. Bien que les cantons conservent chacun leur souveraineté, ils sont liés par un système complexe de contrats et de relations de dépendance. La Confédération helvétique est formée en 1848.

2

Guillaume Tell. Cette figure mythique de l'indépendance de la Suisse naît au XVe s. D'après la légende, le bailli Gessler, de la dynastie des Habsbourg, l'aurait contraint à transpercer d'une flèche une pomme posée sur la tête de son fils (**3**). Plus tard, Guillaume se serait vengé de cet affront en tuant le tyran. Il aurait ainsi encouragé la résistance des Suisses contre les Habsbourg et leur expulsion de l'actuelle Confédération helvétique aux XIVe et XVe s. Le siège de la dynastie dans l'actuel canton d'Argovie est perdu à cette occasion, en 1415.

3

Les gardes suisses

Réputés pour leur pugnacité et leur efficacité, les Suisses servent comme mercenaires dans plusieurs armées européennes jusqu'au début du XIXe s. Ces recrutements constituent pour la jeunesse des perspectives d'avenir plus prometteuses que celles que leur réservent les régions montagneuses et pauvres de leur pays natal. Il n'existe plus aujourd'hui que le corps des gardes suisses, qui servent le pape au Vatican. Leurs uniformes, dessinés au XVIe s. par Michel-Ange, sont aux couleurs des Médicis (p. 213).

La France pendant le haut Moyen Âge

843-1214

Les murs d'enceinte de la ville fortifiée de Carcassonne.

Alors qu'ils ne sont encore que ducs de Paris, les Capétiens exercent une grande influence dans la partie occidentale de l'Empire carolingien (p. 113). Les premiers rois de cette lignée jouissent d'abord d'un pouvoir limité aux territoires entourant Paris. Les comtes et les ducs, comme ceux de Bourgogne et d'Aquitaine, sont leurs vassaux, mais possèdent des terres plus vastes et peuvent rivaliser avec la Couronne. Le Sud, avec ses particularités culturelles, reste indépendant. Les rois anglais, également ducs de Normandie et comtes d'Anjou (p. 129), convoitent le trône de France. Ils étendent leur influence à la faveur de guerres et de mariages mais sont défaits en 1214.

Les Capétiens. Le prestige des Capétiens grandit avec leur victoire contre les envahisseurs normands (p. 142). Hugues Capet est couronné roi (**1**) en 987, après l'extinction de la dynastie carolingienne dans la partie occidentale de l'empire. Depuis leur siège en Île-de-France, les Capétiens finissent par contrôler toute la France malgré la résistance des puissances étrangères et de la noblesse locale. Ils établissent une monarchie héréditaire qui perdurera jusqu'en 1848.

1

2

Aliénor d'Aquitaine. Après avoir divorcé du roi de France en 1152, Aliénor d'Aquitaine (**2**), la plus riche héritière de son temps, épouse le futur roi d'Angleterre, qui prend ainsi le contrôle de tout le sud-ouest de la France.

Page 112

843 Partition de l'Empire carolingien en trois royaumes au traité de Verdun (p. 113).

v. 880 Invasion des Vikings et des Normands (p. 142).

911 Les Normands s'emparent de la Normandie par le traité de Saint-Clair-sur-Epte.

987 Extinction de la lignée des Carolingiens dans la partie occidentale de l'Empire carolingien. Hugues Ier Capet est élu roi.

1137-1180 Règne de Louis VII.

1151 Décès de l'abbé Suger, conseiller de Louis VII.

1152 Divorce d'Aliénor d'Aquitaine et de Louis VII. Aliénor épouse Henri II Plantagenêt, futur roi d'Angleterre.

1180-1223 Règne de Philippe II Auguste.

1204 Philippe II prive le roi d'Angleterre Jean sans Terre de la plupart de ses possessions françaises (à l'exception de l'Aquitaine).

1208-1229 Croisade des albigeois dans le sud-ouest de la France.

1214 Bataille de Bouvines. Philippe II vainc le roi Jean sans Terre et l'empereur germanique Otton IV.

Page 124

3

La croisade dite des albigeois. La religion des albigeois, ou cathares, se répand sous les auspices de la noblesse d'Albi, dans le sud de la France. Mais, en 1198, les albigeois sont accusés d'hérésie par le pape Innocent III. Les rois de France trouvent là un prétexte pour limiter l'influence des régions méridionales et mènent des croisades à compter de 1209. Les cathares sont persécutés (**3**) jusqu'en 1229.

La bataille de Bouvines. Allié des Hohenstaufen, Philippe II de France vainc l'empereur germanique Otton IV et le roi d'Angleterre Jean sans Terre en 1214 (**4**). Sa victoire scelle le sort des Guelfes (p. 117), mais marque la perte de toutes les possessions anglaises en France.

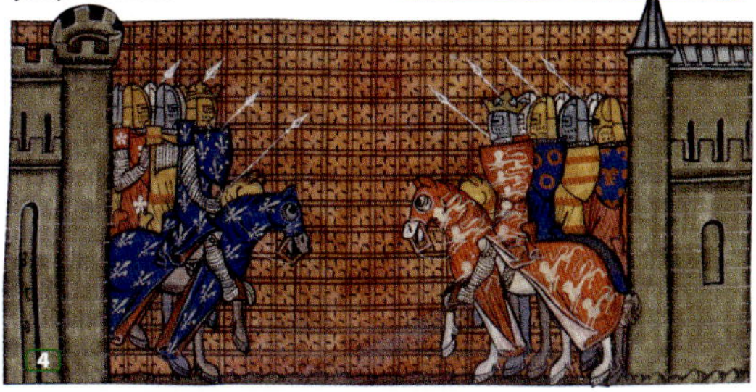
4

Page 123

La France

1226-1270 Règne de Louis IX (Saint Louis), petit-fils de Philippe II.

1285-1314 Règne de Philippe IV, dit le Bel.

1301 Conflits résultant de projets de taxation du clergé.

1309 Clément V transfère le siège de la papauté en Avignon.

1312 Dissolution de l'ordre des Templiers par Philippe le Bel.

1328 Mort de Charles IV. Philippe VI de Valois et Édouard III d'Angleterre prétendent au trône de France.

1337-1453 Guerre de Cent Ans, qui dévaste la majeure partie de l'Europe continentale.

1346 Bataille de Crécy.

1356 Bataille de Poitiers.

1380-1422 Règne de Charles VI.

1422-1461 Règne de Charles VII.

1429 Jeanne d'Arc délivre Orléans.

1431 Jeanne d'Arc est jugée pour hérésie et brûlée vive.

1477 Les Habsbourg (p. 126), qui occupent la Bourgogne, défient les rois de France.

1498-1515 Règne de Louis XII.

1499 La France occupe Milan et Naples.

Page 196

La France à la fin du Moyen Âge

1226-1515

Statue équestre de Jeanne d'Arc.

Le roi Saint Louis, qui se distingue pendant les croisades, reprend le contrôle du sud de la France tandis que son oncle Philippe le Bel œuvre à consolider le pouvoir de la monarchie française. À l'extinction de la branche aînée des Capétiens, les Valois accèdent au trône. À la fin de la guerre de Cent Ans, en 1453, les nouveaux souverains ont quasiment réussi à bouter les Anglais hors de France. Malgré les lourdes pertes subies par la population française, le pays s'impose après une période de reconstruction comme l'une des principales puissances européennes. Louis XII, détenteur de titres héréditaires en Italie, y intervient militairement. Les Habsbourg, qui règnent à l'est, deviennent les principaux rivaux de la monarchie française pour la suprématie en Europe.

5

La guerre de Cent Ans

Les rois anglais de la lignée des Plantagenêts, également ducs de Normandie et comtes d'Anjou (p. 129), sont les vassaux les plus menaçants des rois de France. La guerre de Cent Ans éclate lorsque Édouard III réclame la couronne de France au décès de Charles IV, en 1328. Les Valois subissent d'abord de nombreuses défaites, puis finissent par reconquérir une grande partie de la France en 1453 avec l'aide de Philippe de Bourgogne. Alors que l'Angleterre s'enlise dans la guerre des Deux-Roses (p. 131), la France s'impose comme un État unifié, doté d'un pouvoir central fort. Mais les guerres et la peste ont décimé près de la moitié de la population.

Les papes en Avignon. En 1309, Philippe IV le Bel (**2**) fait élire pape l'un de ses amis, le Français Clément V, qui transfère le siège pontifical de Rome en Avignon (**1**). À la demande du roi, le nouveau souverain pontife procède en 1312 à la dissolution du riche et puissant ordre des Templiers. Les grands maîtres sont accusés d'hérésie, torturés et voués au bûcher en 1314 (**4**). La fortune des Templiers revient à la couronne de France. Le siège de la papauté revient à Rome en 1378.

Jeanne d'Arc. Fille d'une famille de paysans, Jeanne d'Arc se dit investie par Dieu de la mission de sauver la France, menacée par l'Angleterre. La jeune femme rejoint l'armée, qu'elle mène à la victoire à Orléans en 1429. Elle poursuit la guerre contre la volonté de Charles VII. Trahie, elle est capturée, accusée d'hérésie et brûlée vive à Rouen (**3**) en 1431.

1337 *Philippe VI annexe l'Aquitaine, alors possession anglaise.*
1346 *Défaite des Français à Crécy (**5**).*
1360 *Traité de Brétigny : la France perd Calais et le sud-ouest du pays.*
v. 1369 *Les Français reprennent le contrôle d'une grande partie du pays.*
1415 *Victoire des Anglais à Azincourt. Ils occupent le nord de la France.*
1420 *Traité de Troyes : Charles VI fait d'Henri V d'Angleterre son héritier. Le dauphin Charles VII s'enfuit.*
1422 *Mort du roi de France Charles VI et du roi d'Angleterre Henri V.*
1429 *Jeanne d'Arc délivre Orléans.*
1431 *Exécution de Jeanne d'Arc par les Anglais.*
1435 *Traité d'Arras : réconciliation de Charles VII avec le duc de Bourgogne* *(p. 127)**.*
v. 1453 *Charles VII expulse les Anglais, sauf de Calais. Le roi doit reconstruire la France affaiblie (**6**, mercenaires pillant le pays).*

Page 112

La Bourgogne et les Pays-Bas

843 Traité de Verdun (p. 113) : partition de l'Empire carolingien et de la Bourgogne entre les fils de Louis le Pieux.

956 Le duché de Bourgogne tombe sous le joug des Capétiens (p. 122).

1364 La maison de Valois s'empare de la Bourgogne.

1369 Par son mariage, le duc Philippe le Hardi hérite de la Flandre, du Brabant et d'autres régions des Pays-Bas.

1404-1419 Règne du duc Jean sans Peur. Il est assassiné par un partisan du Dauphin.

1419-1467 Règne de Philippe le Bon.

1467-1477 Règne de Charles le Téméraire.

1476 Défaite de Charles le Téméraire contre les Lorrains et les Suisses à Grandson et à Morat.

1477 Charles le Téméraire est vaincu à la bataille de Nancy. Sa fille Marie épouse le futur Maximilien Ier d'Autriche (p. 186).

Page 208

La Bourgogne et les Pays-Bas

IXe-XVe s.

La Dame à la licorne, *tapisserie (XVe s.)*.

Dès 1363, les ducs de Bourgogne instaurent une structure politique puissante qui relève, en théorie, de l'autorité des rois de France ou d'Allemagne. Par le jeu des héritages et des alliances dynastiques, ils étendent leur influence sur les cités hollandaises de Bruges et de Gand (**1**), qui doivent leur richesse au travail prospère du textile et au commerce. Philippe le Bon conquiert les Pays-Bas, auparavant soumis au Saint Empire. Charles le Téméraire tente d'agrandir son territoire en prenant la Lorraine, mais il enregistre en 1476 (p. 120) de cuisantes défaites à Grandson et à Morat contre une armée levée conjointement par les Suisses et les Lorrains. Les Habsbourg d'Autriche préservent ainsi leur héritage de la convoitise des rois de France.

1

L'unification. En tant que duc de Bourgogne, Jean sans Peur tire parti de la guerre civile suscitée par la succession de Charles VI, atteint de démence, pour éliminer son rival Louis d'Orléans (**2**). Alors que le conflit se prolonge, il s'allie avec les Anglais. Pendant la guerre de Cent Ans, il est assassiné par les partisans du futur Charles VII. Il faut attendre 1435 pour que son fils, le duc Philippe le Bon, se réconcilie avec Charles VII à la faveur du traité d'Arras, qui prévoit leur alliance contre les Anglais. Charles procède ainsi à l'unification du pays, désormais soumis à un souverain unique et doté d'une seule armée. Il reprend Paris et la Normandie, forçant les Anglais à se replier sur Calais jusqu'en 1558.

2

L'automne du Moyen Âge

Grâce à la production textile et au commerce international, la Bourgogne et les Pays-Bas s'imposent comme les plus importantes puissances économiques et culturelles de l'Europe du haut Moyen Âge. Les ducs de Bourgogne entretiennent une cour fastueuse en leurs résidences de Dijon et de Bruxelles. Leur cérémonial, leur culture aristocratique ainsi que leur mode de vie inspirent toute l'Europe. Généreux mécènes, protecteurs des arts, ils favorisent la transition vers la Renaissance, à laquelle préludent les œuvres du peintre Jan Van Eyck. Les ducs préservent aussi la culture chevaleresque médiévale. Philippe le Bon fonde en 1430 l'ordre de la Toison d'or, qui rassemble des aristocrates (ci-contre, Charles le Téméraire entouré des chevaliers) et s'inscrit dans la pure tradition de la chevalerie.

L'héritage bourguignon. Après le décès de Charles le Téméraire en 1477, la Bourgogne et les Pays-Bas reviennent à sa fille unique, Marie de Bourgogne, qui épouse Maximilien de Habsbourg, futur empereur d'Autriche. Après le décès de Marie, en 1482, Maximilien réclame pour ses enfants (**4**) l'héritage de son épouse et doit défendre ses possessions contre Louis XI (**3**). Le duché de Bourgogne revient à la couronne française.

3

4

Page 94

L'Angleterre

v. 450 Les Angles, les Saxons et les Jutes occupent les îles Britanniques, où ils établissent sept royaumes.

à partir de 597 Christianisation des Anglo-Saxons par saint Augustin de Canterbury.

793 Les Vikings (p. 142) attaquent le monastère de Lindisfarne.

v. 866 Invasion des Danois, arrivés par la Tamise.

871-899 Règne d'Alfred le Grand de Wessex, qui vainc les Danois.

1016-1042 Règne des rois du Danemark sur l'Angleterre.

1016-1035 Règne de Knud le Grand (p. 143).

1042-1066 Règne d'Édouard le Confesseur.

1066 Guillaume le Conquérant, duc de Normandie, vainc le roi Harold II lors de la bataille d'Hastings.

1135 Mort du roi Henri Ier. Une guerre civile s'ensuit.

1154-1189 Règne d'Henri II Plantagenêt.

1189-1199 Règne de Richard Ier Cœur de Lion.

Page 130

L'Angleterre au Moyen Âge

ve-xiie s.

Dès le ve s., les Angles, les Jutes et les Saxons occupent l'Angleterre. Ces tribus germaniques, qui se mêlent pour former le peuple anglo-saxon, marginalisent les Bretons de souche, qu'ils cantonnent dans des régions comme le pays de Galles ou la Cornouailles. Ils fondent sept royaumes, dont celui du Wessex, qui joue un rôle clef dans l'histoire du pays en repoussant les envahisseurs danois au ixe s. et en unifiant le royaume au xe s. En 1066, Guillaume Ier débarque de Normandie et revendique la couronne d'Angleterre. Après une longue querelle de succession, la dynastie des Normands est supplantée en 1154 par la maison des Plantagenêts. Des conflits avec la France naissent au sujet des possessions anglaises outre-Manche (p. 122).

Casque anglo-saxon.

1

2

Alfred le Grand. Alfred de Wessex bat les Danois à Eddington en 878 (**2**, scène du film *Alfred le Grand*, 1969) et reprend Londres en 885. Cependant, à la fin du xe s., les Danois redoublent leurs assauts. Les Anglo-Saxons tentent d'acheter la paix par le paiement d'un tribut, appelé *danegeld* (**1**, pièces anglaises).

Guillaume le Conquérant. En 1066, Guillaume, duc de Normandie, s'empare du trône d'Angleterre après avoir vaincu le roi anglo-saxon élu, Harold II de Wessex, à Hastings (**3**, détail de la tapisserie de Bayeux). Il introduit le système féodal en vigueur sur le continent, privant les nobles anglo-saxons de leur pouvoir et distribuant leurs terres à ses partisans français. L'Angleterre tombe ainsi sous le joug des Normands.

Henri II Plantagenêt. Duc de Normandie, comte d'Anjou et duc d'Aquitaine par son mariage avec Aliénor, il accède au trône d'Angleterre en 1154. Il entreprend d'unifier le droit et pose ainsi les bases de la Common Law. Il édicte des lois qui limitent le pouvoir du clergé et augmentent celui du roi. Thomas Becket (**5**), archevêque de Canterbury qui s'oppose à Henri, sera assassiné par des chevaliers du roi. Henri, excommunié pour ce meurtre, se rachète en appelant à la troisième croisade (**4,** Henri fait pénitence sur la tombe de Thomas Becket).

Richard Cœur de Lion. Avide de pouvoir, Richard Ier Cœur de Lion (**7**) s'allie avec sa mère Aliénor contre son père Henri II. Il participe à la troisième croisade (p. 155) peu après son couronnement en 1189. Sur le chemin du retour, il traverse l'Autriche déguisé en moine (**6**), en raison des mauvaises relations qu'il entretient avec le duc d'Autriche. Il est reconnu et fait prisonnier en 1192 près de Vienne. L'énorme rançon exigée mène l'Angleterre, alors sous la régence de son frère Jean sans Terre, au bord de la faillite. Richard est libéré en 1194.

La Tour de Londres, siège de la couronne anglaise, édifiée au XIe s. sous Guillaume le Conquérant.

Page 128

L'Angleterre

1199-1216 Règne de Jean sans Terre.

1214 Bataille de Bouvines.

1215 Signature de la Grande Charte.

1258-1264/1265 Guerre des Barons. Le roi doit réunir le premier Parlement.

1327-1377 Règne d'Édouard III.

1337-1453 Guerre de Cent Ans.

1377-1399 Règne de Richard II.

1399 Assassinat de Richard II par Henri IV de Lancastre.

1413-1422 Règne d'Henri V.

1422-1461 puis 1470-1471 Règne d'Henri VI.

1455-1485 Guerre des Deux-Roses.

1461 Édouard IV, de la maison d'York, usurpe le trône.

1483-1485 Règne de Richard III.

1485-1603 Lignée des Tudors.

Page 202

L'Angleterre à la fin du Moyen Âge

XIIIe-XVe s.

Les conflits avec les rois de France provoqués par les possessions anglaises d'outre-Manche culminent au moment de la guerre de Cent Ans. La guerre affaiblit la position de la monarchie anglaise, qui se voit contrainte d'accroître le pouvoir politique des nobles et du clergé, puis, à la fin du XIIIe s., celui du peuple. Le Parlement devient rapidement l'organe de représentation de l'aristocratie. Les nobles se divisent en plusieurs partis, qui soutiennent les différentes lignées prétendant au trône. La querelle relative à la succession des Plantagenêts déclenche en 1455 la guerre des Deux-Roses entre les Yorks et les Lancastres.

1

La Grande Charte. Après la défaite de Jean sans Terre lors de la bataille de Bouvines, en 1214 (p. 123), la noblesse anglaise s'unit pour obliger le roi (**2**) à contresigner la Grande Charte (**1**), qui garantit des droits et des libertés à la noblesse et au clergé. Ce document pose les fondements du droit anglais.

2

3

4

Robin des bois

Le règne de Jean sans Terre est marqué par des hausses d'impôts, des guerres et des révoltes. C'est à cette époque que naît la légende de Robin des bois. De famille noble, Robin de Locksley s'installe dans la forêt de Sherwood, d'où il combat les shérifs locaux et redistribue aux pauvres le butin qu'il amasse.

La guerre de Cent Ans. En 1328, le roi Édouard III (**3**), descendant des Capétiens, fait valoir ses droits au trône de France. Ses revendications vont déclencher la guerre de Cent Ans. Son fils, le Prince Noir, puis Henri V, enregistrent de nombreuses victoires (**4**). Mais les Anglais doivent adopter une politique défensive dès 1429. En 1453, ils ont perdu la plupart de leurs possessions en France.

La guerre des Deux-Roses. Ce conflit entre les maisons d'York et de Lancastre est ainsi nommé d'après les armoiries des deux familles rivales. Richard III d'York (**6**) fait assassiner ses neveux (**5**), les fils d'Édouard IV, pour s'emparer du trône. Mais

5

6

il est vaincu en 1485, lors de la bataille de Bosworth, par Henri Tudor, un neveu d'Henri VI , qui fait valoir ses droits d'héritier de la maison de Lancastre (p. 202).

» La guerre de Cent Ans : pages 124-125

L'Irlande et l'Écosse

Ve-XVIe s.

Ancien berceau de la culture chrétienne, l'Irlande est formée de plusieurs royaumes qui tombent sous le joug des Anglais dès 1169. Ces derniers tirent profit de la mésentente qui règne entre les communautés pour conforter leur emprise sur le pays. En Écosse, les clans, en particulier ceux des Highlands, conservent leur influence malgré la formation au IXe s. d'un royaume unifié dont la capitale est l'actuelle Édimbourg (**1**, le château). Unis, les Écossais réussissent à contrer les assauts des Anglais. Au même moment, le pays adopte les modèles administratif et religieux de l'Angleterre.

La tour circulaire de l'abbaye de Clonmacnoise, en Irlande (XIIe s.)

La croix irlandaise (XIIe s.).

autonomes. La conquête du pays par les Anglais commence au XIIe s. À partir du XVIe s., les immigrants anglais protestants sont envoyés en Irlande (**3**), notamment en Ulster. Aujourd'hui encore, la politique irlandaise est marquée par les conflits religieux (p. 364).

La religion. Saint Patrick (**2**) œuvre à la christianisation de l'Irlande au Ve s. Il développe un christianisme spécifiquement irlandais, avec des monastères

Les Stuarts. Après les Bruce, les Stuarts accèdent au trône d'Écosse. Ils mettent alors à profit l'implication des Anglais dans la guerre de Cent Ans et le conflit des Deux-Roses pour proclamer leur indépendance, aidés en cela par la France (**4**).

Cœur vaillant. Sous l'égide de William Wallace (**5**), dit Cœur vaillant, les Écossais repoussent l'invasion anglaise à la bataille de Sterling en 1297. Par la suite, Wallace, trahi par les siens, tombe entre les mains des Anglais, qui le font exécuter. Robert Bruce prend la tête du mouvement écossais pour l'indépendance et ceint la couronne d'Écosse en 1306.

Page 95

Ve s. Saint Patrick convertit l'Irlande au christianisme.

v. 850 Kenneth Ier MacAlpin réunit les Pictes et les Scots.

1040 Macbeth usurpe le trône d'Écosse.

1057 Malcolm III Canmore vainc Macbeth.

1169 Début de la conquête de l'Irlande par les Anglais.

1214-1286 Âge d'or de l'Écosse, sous Alexandre II et Alexandre III.

1286 Extinction de la dynastie des Canmore. Querelle de succession entre les Bruce et les Balliol.

1292-1296 Protectorat anglais sur l'Écosse.

1297 William Wallace bat les Anglais à la bataille de Sterling.

1306-1371 Dynastie des Bruce.

1314 Robert Ier Bruce vainc les Anglais à Bannockburn.

v. 1371 Dynastie des Stuarts.

1541 Henri VIII d'Angleterre ceint la couronne d'Irlande. Les protestants s'installent en Irlande.

Page 202

Les Stuarts : pages 204-205

Page 82

568 Les Lombards, menés par le roi Alboïn, occupent l'Italie et en chassent les Byzantins.

IXᵉ s. Les Arabes attaquent le sud de l'Italie et occupent la Sicile (jusqu'au XIᵉ s.).

754 Alliance entre le roi de France Pépin le Bref et le pape Étienne II contre les Lombards.

774 Charlemagne bat les Lombards dans le nord de l'Italie.

875 Mort du dernier roi carolingien d'Italie.

951 Première campagne d'Otton Iᵉʳ le Grand en Italie. Mariage d'Otton avec Adélaïde de Lombardie, veuve du roi d'Italie Lothaire.

XIᵉ s. Règne des Normands en Italie du Sud.

1130 Couronnement de Roger II de Sicile par le pape.

1176 Victoire de la Ligue lombarde sur Frédéric Barberousse à Legnano.

1194-1250 Règne des Hohenstaufen en Sicile.

Page 136

L'Italie : les Lombards et les Normands

VIᵉ-XIIIᵉ s.

La couronne royale des Lombards.

Au VIᵉ s., les Lombards (**2**) établissent leur royaume dans le nord de l'Italie. Plusieurs principautés lombardes voient aussi le jour dans le Sud, mais elles tombent sous le joug des Normands dès le XIᵉ s. Les Français, alliés aux papes, combattent les Normands jusqu'à ce que Charlemagne marche sur Pavie (**1**), capitale de la Lombardie, soumette le royaume en 774 (p. 112) et se fasse couronner empereur. À l'extinction de la lignée des Carolingiens, au IXᵉ s., alors que les princes et les petits États veulent affirmer leur autonomie, les chefs de différentes familles convoitent le trône d'Italie. En 951, Otton Iᵉʳ le Grand (p. 114) envahit le pays : il impose la souveraineté des rois et des empereurs germaniques.

1

2

3

attribuent le trône en 1130. La culture sicilienne porte la marque des Byzantins et des Arabes, mais aussi celle des Normands ainsi que celle des Hohenstaufen, qui leur succèdent (**4**, manteau de couronnement du roi Roger II de Sicile, XIIe s.).

4

La Sicile. L'île relève de l'Empire byzantin jusqu'au IXe s., quand elle est prise par les Arabes musulmans (**3**, conquête de Messine). Elle est ensuite occupée par les Normands (p. 148) au XIe s. Les papes favorisent ces derniers par rapport aux empereurs germaniques et leur

5

Les rois germaniques. Otton Ier le Grand (**5**) ceint la couronne d'Italie en 951, mais son règne et celui de ses successeurs sont contestés. Les concessions faites pour amadouer la noblesse et les différents États affaiblissent la monarchie. Les riches provinces du nord de l'Italie s'allient en 1167 pour former la Ligue lombarde, qui conteste les impôts décrétés par les rois et empereurs germaniques. Cette alliance vainc l'empereur Frédéric de Hohenstaufen, dit Barberousse, lors de la bataille de Legnano (**6**).

6

L'Italie

Page 134

v. 1050-1122 Querelle des Investitures entre l'empereur et le pape (p. 116).

1075 Bulle « Dictatus papae » : le pape Grégoire VII affirme la primauté du pouvoir spirituel sur le temporel.

1077 L'empereur Henri IV se soumet au pape (p. 116).

1198-1216 Règne du pape Innocent III.

1198-1250 Règne de Frédéric II, de la lignée des Hohenstaufen.

1215 Quatrième concile du Latran. Suprématie des papes. Inquisition des hérétiques et discrimination des juifs.

1268 Exécution de Conradin, le dernier Hohenstaufen légitime, par Charles d'Anjou à Naples.

1282 Des soulèvements chassent les Anjou de Sicile , Pierre III d'Aragon occupe l'île.

1294-1303 Bulle « Unam sanctam » : le souverain pontife Boniface VIII formule la suprématie de l'Église.

1309 Transfert du siège de la papauté en Avignon (France).

1378-1417 Grand schisme d'Occident.

Pages 139, 212

L'Italie des papes et des empereurs

XIe-XVe s.

Au XIe s., la papauté tire profit de son autorité spirituelle pour influencer la vie politique et connaît son apogée à la fin du XIIIe s. Menacée en Italie par les revendications des Hohenstaufen qui soutiennent l'empereur, elle prend le parti des guelfes, leurs opposants (p. 116-117). Les deux factions s'affrontent dans le conflit dit des guelfes et des gibelins. L'influence des Hohenstaufen s'effrite, mais les dissensions ont affaibli la papauté. Sur l'insistance de la couronne de France, les papes s'installent en Avignon (p. 125). Après la nomination d'un anti-pape à Rome en 1378, la chrétienté est divisée jusqu'en 1417 : c'est le grand schisme d'Occident.

Le castel del Monte, château de Frédéric II de Hohenstaufen dans le sud de l'Italie.

4

La papauté au Moyen Âge

*Les papes (**5**) justifient leur autorité sur Rome et sur les États pontificaux par la « donation de Constantin », un faux document datant du IXe s. selon lequel l'empereur éponyme (**4**) aurait légué l'essentiel de l'Empire romain d'Occident à la papauté. Celle-ci réclame également la préséance sur les princes séculiers.*

5

1

Frédéric II. Le royaume normand de Sicile échoit à l'empereur Frédéric II de Hohenstaufen (**1**) (p. 117) en 1198. À l'époque, il est mineur et orphelin, et la régence est assurée par le pape Innocent III, qui tire profit de la situation pour saper l'influence politique des Hohenstaufen en Italie. À sa majorité, Frédéric II prend le pouvoir et doit faire face, durant tout son règne, à l'opposition de la papauté. Trouvant la Sicile plus à son goût que le nord de l'empire, il y installe le siège du pouvoir.

L'extinction de la lignée des Hohenstaufen. Pour mettre un terme à l'influence des Hohenstaufen, le pape couronne en Sicile Charles Ier d'Anjou (**3**), frère du roi de France. Charles bat Conradin, petit-fils de l'empereur Frédéric II, et le fait exécuter en 1268 (**2**). Des révoltes chassent la maison d'Anjou. Elle sera remplacée par des rois français puis espagnols jusqu'en 1860.

2

3

452 Le pape Léon Ier protège Rome contre les Huns.
756 « Donation de Pépin » et fondation des États pontificaux.

6

IXe s. *Fabrication de la « donation de Constantin ».*
1054 *Grand schisme d'Orient.*
1378-1417 *Grand schisme d'Occident.*
XVe-XVIe s. *Les papes transforment les États pontificaux en une principauté.*
v. 1517 *Les réformes créent un schisme au sein de l'Église (p. 186).*
1545-1563 *Le concile de Trente (**6**) rétablit l'autorité du Pape. Début de la contre-Réforme (Réforme catholique) (p. 212).*
1870 *Le royaume d'Italie annexe les États pontificaux (p. 297).*
1929 *Les accords du Latran confirment l'autorité et l'autonomie de la papauté (**7**).*

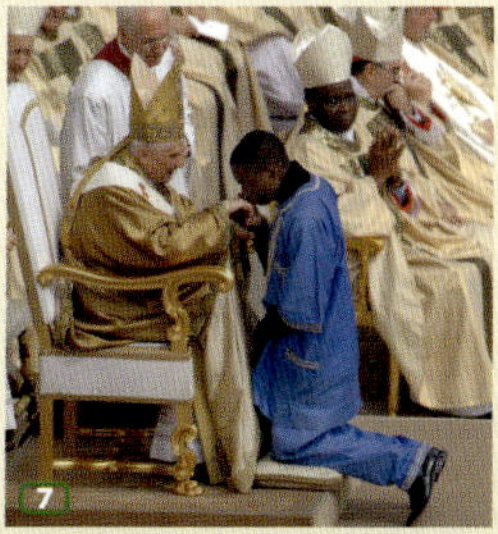
7

L'Italie : « signori » et « condottieri »

XIᵉ-XVᵉ s.

Le condottiere *Gattamelata.*

Au XIIIᵉ s., les guerres entre les guelfes et les gibelins prennent une autre tournure. De nombreux « seigneurs des villes » *(les signori)* tentent de combler la vacance du pouvoir dans le nord de l'Italie. Les tours fortifiées (**1**, San Gimignano) sont les témoins des âpres batailles qu'ils se livrent pour s'arroger des titres et des terres transmissibles par dévolution successorale. Dans le cadre de ces conflits, ils emploient des chefs mercenaires, les *condottieri*.

Les débuts du capitalisme. Le capitalisme se développe dans les villes du nord de l'Italie, fortement impliquées dans le commerce. De nombreux termes utilisés dans le monde de la finance rappellent que les banquiers et les commerçants italiens (**2**) ont diffusé ce système en Europe. Leur puissance financière fait naître chez eux des ambitions politiques et un désir d'indépendance. Ainsi, de nombreuses cités-États italiennes refusent de payer les impôts réclamés par des puissances étrangères.

Les cités-États. Sous l'influence des guelfes, la république de Florence, qui soutient la papauté, doit se soumettre à des *signori* voisins, comme ceux de Pise. Ces derniers fondent un État au centre de l'Italie. Leur rivalité avec les gibelins de Sienne (**3**), soutenus par les empereurs, déclenche des guerres (**4**) qui vont se poursuivre jusqu'au XVIe s.

Marco Polo

Le Vénitien Marco Polo conduit une expédition en Chine en 1271. Il y aurait noué des liens d'amitié avec le souverain mongol Kubilay Khan, dont il aurait sillonné le vaste royaume. À son retour en Italie en 1295, Marco Polo fait rédiger ses Mémoires, Le Livre des merveilles. *Mais la véracité de ses récits fantastiques est contestée ; certains historiens doutent même que Marco Polo ait effectivement visité la Chine.*

Les républiques maritimes. Les républiques de Venise et de Gênes, gouvernées par des doges, s'imposent pendant les croisades comme de grandes puissances maritimes. Sous l'égide du doge Enrico Dandolo, Venise (**5**) réussit à prendre Constantinople. Cette conquête lui permet de contrôler plusieurs comptoirs commerciaux en Méditerranée.

Page 136

XIe s. Pise et Gênes rivalisent pour la suprématie sur la Méditerranée.

1176 La Ligue lombarde vainc Frédéric Barberousse lors de la bataille de Legnano (p. 135).

XIIe-XIIIe s. Ascension de Florence.

1204 Lors de la quatrième croisade, les croisés, menés par les Vénitiens, prennent Constantinople.

v. 1215 Querelles de succession à Florence.

1277 À Milan, Visconti, chef des gibelins, s'oppose aux guelfes.

1378-1381 Victoire de Venise sur Gênes lors de la guerre de Chioggia.

1394 Attribution d'un duché aux vicomtes de Milan.

1406 Pise se soumet à Florence.

1450 Le *condottiere* Francesco Sforza s'empare du duché de Milan.

1489 Venise conquiert Chypre.

Page 214

»» **Florence et Venise :** pages 214-215

L'Espagne et le Portugal

711-1492

Lorsque les Arabes musulmans conquièrent l'Empire wisigoth en 711-714, seul le nord de la péninsule Ibérique demeure chrétien. La Reconquête démarre dès la chute du calife omeyyade, au XIe s. Pendant des siècles, les rois du Portugal, de Castille et d'Aragon repoussent progressivement leurs ennemis musulmans vers le sud. Le mariage d'Isabelle Ire de Castille et de Ferdinand II d'Aragon unifie le pays. Ils achèvent la Reconquête avec la prise de Grenade en 1492.

L'Alcazar de Ségovie, en Espagne, résidence royale depuis le XIVe s.

REPÈRES

711-714 Prise de l'Empire wisigoth par les Arabes (p. 94).

718 Le Wisigoth Pélage élu roi des Asturies.

824 Inigo Arista devient roi de Navarre.

1009-1031 Guerre civile et chute du califat des Omeyyades. Début de la Reconquête.

1035 La Castille et l'Aragon se séparent de la Navarre.

1038 Réunion du León et de la Castille.

1099 Mort de Rodrigo Díaz de Vivar, surnommé le Cid. Il avait commandé les armées aussi bien chrétiennes que musulmanes et défendu Valence contre les musulmans.

1139 Le Portugal proclame son indépendance.

1469 Mariage d'Isabelle Ire de Castille et de Ferdinand II d'Aragon (p. 217).

1492 Fin de la Reconquête avec la prise de Grenade.

Pages 216, 220

Musulmans et chrétiens

La culture musulmane influence largement les chrétiens. Ainsi, les travaux des auteurs de l'Antiquité ont été transmis à l'Europe occidentale par le biais de traductions arabes. Les musulmans font connaître le jeu d'échecs dans la péninsule Ibérique et le reste de l'Europe. Leurs systèmes d'irrigation permettent aux terres arides du sud de l'Espagne de devenir des terres arables fertiles et prospères.

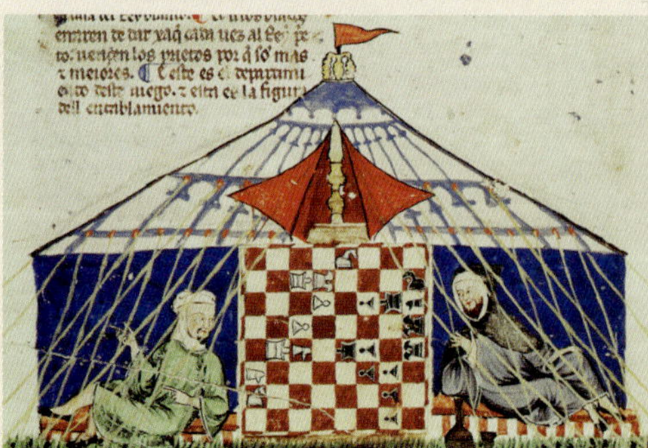

La résistance dans le Nord. En 718, le Wisigoth Pélage (**1**) est choisi pour mener le combat contre les Arabes dans le nord de l'Espagne. Il fonde le royaume des Asturies, qui prendra plus tard le nom de León. Alors que les Basques s'opposent aux Arabes, ils doivent aussi repousser les assauts du roi des Francs Charlemagne. Ils font d'Inigo Arista le premier roi de Navarre en 824. Les royaumes de Castille et d'Aragon sont séparés de la Navarre en 1035.

1

2

La Reconquête. La reconquête chrétienne de la péninsule Ibérique commence au XIe s., au moment de la chute de l'autorité musulmane. Il arrive cependant que les souverains chrétiens et musulmans concluent des alliances et se battent du même côté. Alphonse Ier du Portugal s'affranchit ensuite de la Castille et se proclame roi. En 1139, il vainc les musulmans en prenant Lisbonne (**2**), qui deviendra plus tard la capitale du Portugal.

La christianisation. La cohabitation presque pacifique des religions sous le règne des musulmans s'achève avec la victoire des chrétiens. Après 1492, les juifs et les convertis sont expulsés d'Espagne et du Portugal. Dans un premier temps, les mosquées sont transformées en églises (**4**) ; plus tard, les musulmans et les juifs, ainsi que ceux qui ont été convertis par la force, sont surveillés et poursuivis par les tribunaux de l'Inquisition (**3**).

3

4

» **Fin de la Reconquête et unification de l'Espagne :** page 216

Église norvégienne en bois.

Soldats suédois à cheval ou à skis.

Les Vikings. Appelés Normands en Europe de l'Ouest, Vikings au nord et Varègues en Europe de l'Est, les Scandinaves voyagent le long des côtes européennes dans leurs drakkars (**1**) et remontent fleuves et rivières jusqu'à l'intérieur des terres. Dans un premier temps, ils se livrent à des pillages. Plus tard, ils s'adonnent au commerce (**2**) ou s'installent comme petits propriétaires terriens.
Leurs visées colonisatrices les conduisent en Angleterre (p. 128) en Irlande, en Normandie (p. 122) et en Russie (p. 147), où ils fondent des empires.

Le nord de l'Europe

IXe-XVe s.

Les Scandinaves, qui ne constituent pas une unité politique ou ethnique, naviguent le long des côtes européennes au VIIIe s. en tant que pirates ou guerriers, puis plus tard comme marchands. Aux IXe et Xe s., ils installent les trois royaumes de Danemark, de Norvège et de Suède, où le christianisme joue un rôle majeur. Les rois manifestent des velléités expansionnistes, mais des défaites comme celles infligées par la Ligue hanséatique leur font prendre conscience des limites de leur pouvoir. Menés par le Danemark, les trois royaumes scandinaves sont réunis au sein de l'Union de Kalmar en 1397.

1

2

3

'émigration. Poussés par a soif d'aventures et le désir de 'enrichir, les Vikings sont aussi entés de prendre la mer pour des raisons politiques ou du fait du manque de ressources de leur pays natal. Ils découvrent la côte de l'Amérique du Nord (**3**) vers l'an 1000, sous la houlette de Leiv Eriksson.

4

Knud le Grand. En 1016, Knud vainc le roi d'Angleterre et épouse sa veuve, Emma de Normandie, après s'être converti au christianisme (**4**). Son royaume de la mer du Nord (Danemark et Norvège) s'effrite à son décès, en 1035. Lui succèdent sur le trône d'Angleterre ses deux fils puis Édouard le Confesseur, né du premier mariage d'Emma. Guillaume le Conquérant (p. 129) devient roi d'Angleterre en 1066.

a Ligue hanséatique. Au XIIIe s., des villes marchandes comme übeck, Hambourg et Dantzig orment la Ligue hanséatique pour assurer ensemble la gestion des leurs comptoirs commerciaux en Europe et a défense de leurs navires (**5**) contre les attaques des pirates, mais aussi pour négocier de meilleures concessions avec les puissances voisines – en recourant parfois à la force armée. La Ligue décline lorsque les voies du commerce se développent dans l'Atlantique.

REPÈRES

v. 870 Royaume de Norvège.

v. 940 Royaume du Danemark.

v. 980 Royaume de Suède.

Xe-XIe s. Christianisation forcée.

1016-1035 Règne de Knud le Grand, roi d'Angleterre. Il hérite du Danemark en 1019 et prend la Norvège en 1028.

XIIe s. Prise de la Finlande par les Suédois.

XIIIe s. Constitution de la Ligue hanséatique.

1227 Victoire de la Ligue hanséatique et des princes de l'Allemagne du Nord sur Valdemar II, roi du Danemark, à Bornhöved.

1261-1262 Les Norvégiens prennent le Groenland et l'Islande.

1370 Le traité de Stralsund met fin à la guerre hanséatique.

1397 La reine Marguerite réunit le Danemark, la Norvège et la Suède au sein de l'Union de Kalmar.

Page 222

5

REPÈRES

IXe s. Les Přemysl font de la Bohême un État unifié, qui deviendra un royaume en 1198.

v. 900 Naissance de la Hongrie.

966 Baptême de Mieszko Ier de Pologne (dynastie des Piast).

1001 Étienne Ier de Hongrie accède au trône.

1222 La Bulle d'or protège la noblesse et le clergé en Hongrie.

1024 Couronnement de Boleslas Ier en Pologne.

1310-1437 Les Luxembourg règnent sur la Bohême – puis sur la Hongrie à partir de 1382 (p. 118-119).

1437-1457 Présence des Habsbourg en Bohême et en Pologne (p. 118).

1374 Pacte de Koszyce, qui garantit les droits de la noblesse polonaise.

1386 Ladislas II Jagellon devient roi de Pologne.

1410 Bataille de Tannenberg.

1415 Exécution de Jan Hus.

1458-1471 Règne de Georges de Podĕbrady en Bohême.

1458-1490 Règne de Mathias Corvin en Hongrie.

1471-1526 Règne des Jagellon en Bohême puis en Hongrie.

Page 224

Le pont Charles de Prague, construit par l'empereur Charles IV de Luxembourg.

L'Europe de l'Est

IXe-XVe s.

La Bohême devient un État au IXe s., la Hongrie et la Pologne au Xe s. et la Lituanie au XIVe s. Le développement de ces entités coïncide avec la christianisation de la région. Le pouvoir des rois repose sur le soutien de l'aristocratie et du clergé, qui se voient gratifier de nombreux privilèges en échange de leur adhésion à la politique expansionniste de la monarchie ainsi qu'aux alliances dynastiques qu'elle conclut.
Les Luxembourg réunissent la Hongrie et la Bohême ; les Jagellon feront de même avec la Pologne et la Lituanie.

1

La Hongrie. À partir de 900, les Hongrois s'installent dans la région du Danube. Dès qu'ils réussissent à contrer leurs attaques, les souverains germaniques favorisent le développement des différents États (p. 115). Étienne Ier, de la lignée des Árpád, se convertit au christianisme et se fait baptiser (**1**). Il épouse une princesse germanique et ceint la couronne de Hongrie en 1001. La christianisation concourt à la stabilité de l'État.

Tannenberg. La Pologne et la Lituanie s'allient pour vaincre l'ordre des Chevaliers teutoniques lors de la bataille de Tannenberg, en 1410 (**2**). Après d'autres conflits, l'Ordre cède des territoires et reconnaît la souveraineté polonaise. Sous le règne des Jagellon, l'alliance de la Pologne et de Lituanie s'étend de la mer Baltique à la mer Noire. Mais le régime sera troublé par l'influence croissante de la noblesse.

Jan Hus. Le réformateur de la Bohême, accusé d'hérésie, est envoyé au bûcher en 1415 (**3**) à l'issue du concile de Constance. Ses partisans, les hussites, se dressent contre la Couronne. Le conflit dégénère en guerre civile jusqu'en 1433 (**4,** enclos mobile fortifié des hussites).

» **Les Chevaliers teutoniques :** page 155

La Russie

IXe-XVe s.

La couronne de Vladimir II Monomaque

La Rus' de Kiev, premier royaume de Russie, est fondée au IXe s. par la dynastie des Riourikides. Elle subit l'influence culturelle et religieuse de Byzance (p. 148). À partir de 1054, le royaume est déchiré par les velléités de divers prétendants. Tirant parti de la situation, les Mongols (p. 167) conquièrent la région au XIIIe s. Les princes de Moscou s'allient à ces derniers pour asseoir leur position et assurer leur ascension. Au XVe s., ils réussissent à réunir différentes petites principautés russes qui, ensemble, se libèrent du joug mongol en 1480. Après deux siècles d'isolement, la Russie s'ouvre à l'Occident et s'impose comme une grande puissance européenne.

Novgorod. Ancien comptoir commercial des Varègues, la ville (**1**) devient au Moyen Âge le centre économique de la Russie : la Ligue hanséatique (p. 143) y a des intérêts. À partir de 1136, l'administration de Novgorod relève des citoyens, qui s'en remettent cependant aux Riourikides sur le plan militaire. Le plus important membre de cette dynastie, Alexandre Nevski, vainc les Suédois en 1240 sur les bords de la Neva, puis les Chevaliers teutoniques en 1242 au lac Peïpous. En 1478, Novgorod est soumise à l'autorité de Moscou.

1

La Rus' de Kiev. À partir du VIIIe s., les Vikings scandinaves, appelés Varègues (p. 142), s'installent dans l'actuelle Russie comme immigrants ou marchands et s'allient avec les Slaves locaux. En 862, le Varègue Riourik est fait prince de Novgorod (**2**) ; son descendant Oleg fait de Kiev sa nouvelle capitale en 882.

2

Le christianisme. En raison des liens commerciaux étroits établis entre Byzance et la Russie via la mer Noire, la culture russe est marquée par des traits byzantins (**3**, Sainte-Sophie de Novgorod). Au Xe s., le christianisme gagne le pays, qui demeure jusqu'en 1598 sous le contrôle des patriarches de Constantinople.

3

4

Page 143

862-1598 Règne de la dynastie des Riourikides.

882 Prise de Kiev par Oleg.

988 Conversion du grand-prince Vladimir Ier le Grand.

1019-1054 Règne de Iaroslav le Sage. Âge d'or de la Russie.

v. 1054 Partitions et querelles de succession.

1223-1237 Conquête des principautés russes par les Mongols.

1236-1263 Règne d'Alexandre Nevski, prince de Novgorod, fait grand-prince par les Mongols en 1252.

1325 Conquête de Kiev par les Lituaniens.

1325-1340 Règne d'Ivan Kalita, prince puis grand-prince de Moscou après 1328. Essor de Moscou.

1380 Victoire du grand-prince de Moscou Dimitri Donskoï contre les Mongols à Koulikovo.

1462-1505 Ivan III le Grand grand-prince de Moscou. Unification de la Russie. En 1478, premier titre de tsar.

1480 Reconnaissance de l'indépendance de la Russie par les Mongols.

v. 1487 Guerres frontalières avec l'union lituano-polonaise.

Page 226

Les Mongols. Les princes de Moscou, qui manifestent de grandes compétences dans l'exercice du pouvoir, se voient attribuer le titre de « grand-prince » en 1328. Ils s'affranchissent de l'autorité de leurs suzerains dès qu'ils sont investis du pouvoir, et battent les armées mongoles en 1380 à Koulikovo (**4**).

» **Les Mongols :** pages 166-167

Page 84

867-1057 Dynastie macédonienne.

976-1025 Règne de Basile II le Bulgaroctone, qui conquiert la Bulgarie.

1054 Grand schisme. Conflit entre le pape de Rome et les patriarches de Constantinople.

1071 Bataille de Manzikert. Les Seldjoukides conquièrent une importante partie de l'Asie Mineure (p. 164).

1081-1185 Dynastie des Comnènes.

1185-1204 Dynastie des Anges. Querelles de succession.

1204 Quatrième croisade, avec la prise de Constantinople. Établissement de divers États grecs et latins à Byzance.

1204-1258 Dynastie des Lascaris de Nicée.

1204-1261 Empereurs latins à Constantinople.

1204-1461 Empire de Trébizonde.

1258-1453 Dynastie des Paléologues.

1261 Michel VIII Paléologue reprend Constantinople.

1453 Les Ottomans conquièrent Constantinople.

1461 Les Ottomans occupent Trébizonde.

Page 230

L'Empire byzantin

867-1453

Constantin IV, pièce d'or byzantine frappée en 945.

L'Empire byzantin retrouve sa suprématie sous le règne des Macédoniens aux xe et xie s., mais il doit ensuite adopter une politique défensive. La recherche d'alliances pour repousser les assauts des Seldjoukides déclenche les croisades (p. 152). Les Byzantins réclament une nouvelle fois l'aide des villes commerçantes italiennes pour chasser les Normands du sud de l'Italie (p. 135). L'impuissance des Byzantins est manifeste en 1204, lors de la prise de Constantinople par les croisés et les Vénitiens. Les Paléologues rétablissent l'empire en 1261, mais perdent de leur pouvoir à la faveur de l'affirmation de celui des Ottomans (p. 230).

Des privilèges commerciaux. À partir du xie s., Byzance accorde des privilèges à des cités-États telles que Gênes et Venise. À Constantinople, les Génois occupent Péra, un quartier fortifié de la ville (**1,** partie haute, en vert sur la carte), qu'ils administrent eux-mêmes. Les Italiens constituent ainsi un État dans l'État.

2

Le « tueur de Bulgares ». L'empereur Basile II (**2**) conquiert l'ouest de la Bulgarie. Après sa victoire en 1014, il ordonne que l'on rende aveugles les 14 000 prisonniers, ce qui lui vaut son surnom de Bulgaroctone.

Grenades contenant le feu grégeois utilisées pour défendre Constantinople (xve s. apr. J.-C.).

La quatrième croisade. Sous l'influence de Venise (p. 139), les croisés interviennent dans la querelle de succession qui agite Byzance et prennent la ville de Constantinople en 1204 (**3**). La cité est pillée et le royaume est partagé.

3

» **La chute de Constantinople en 1453 :** pages 230-231

Le sud-est de l'Europe

VIIIe-XVe s.

Le déclin progressif de l'Empire romain d'Orient, au VIIIe-IXe s., coïncide avec l'émergence de petits États éphémères dans le sud-est de l'Europe. Seuls les Bulgares et les Serbes parviennent à s'imposer dans les Balkans. La région, zone d'influence majeure et base militaire stratégique, est très convoitée par les puissances voisines, notamment par l'Empire ottoman, qui domine une grande partie de l'Europe au XVIe s.

Les Bulgares. Vers 680, les Bulgares établissent le premier empire du bas Danube. Boris Ier christianise la région en 865 (**2**, chapelle orthodoxe d'Ohrid, capitale du patriarcat bulgare au Moyen Âge, dans l'actuelle Macédoine). Simon le Grand se proclame tsar en 913. En 1014, les Byzantins (p. 149) annexent ce premier royaume, mais leur déclin au XIIe s. permet à Pierre et Jean Asen de proclamer l'indépendance de la Bulgarie. Leur frère, Kalojan Asen (**1**), est couronné roi par Innocent III. Mais, en 1242, il se soumet aux khans de Mongolie. À partir de 1396, la Bulgarie est gouvernée par les Ottomans.

Jean V Étienne Sisman, l'un des derniers tsars bulgares du Moyen Âge.

Kosovo Polje, le « champ des Merles ». En 1167, sous le règne des Némanjides, le royaume de Serbie englobe une grande partie des Balkans, mais il s'effrite en 1371 en plusieurs principautés. Lors de la bataille du « champ des Merles » (**3**), en 1389, les Serbes sont vaincus par les Ottomans. En 1459, ces derniers chassent le prince serbe du pouvoir.

3

5

Dracula. Le prince roumain Vlad III Dracul Ţepeş dit l'Empaleur (**4**), voïvode de Valachie, s'oppose aux Ottomans en 1461 et 1462 et fait cruellement exécuter ses adversaires (**5**). Il inspire de son vivant la légende du vampire Dracula. Il mourra la tête tranchée.

4

Les chevaliers de Saint-Jean-de-Jérusalem. Après la conquête de Constantinople par les croisés en 1204 (p. 149), la Grèce voit l'émergence de plusieurs petits États inspirés de ceux d'Europe de l'Ouest, qui tombent peu à peu sous le joug des Ottomans. L'ordre de Saint-Jean, fondé au XIe s. (p. 155), est chassé de Terre sainte en 1291. Les chevaliers s'installent à Rhodes, qu'ils doivent défendre contre les Ottomans (**6**) jusqu'en 1530. Ils se fixent ensuite sur l'île de Malte et prennent le nom de chevaliers de Malte.

6

Page 84

v. 680 Émergence du premier Empire bulgare.

1014 Conquête de la Bulgarie par les Byzantins (p. 149).

1102 Réunion de la Croatie et de la Hongrie.

1167-1371 Royaume serbe des Némanjides.

1187-1396 Deuxième Empire bulgare.

1219 Fondation d'une Église serbe orthodoxe indépendante.

XIVe s. Émergence des principautés de Moldavie et de Valachie (actuelle Roumanie).

v. 1331 Le Serbe Étienne Douchan s'empare de régions de Grèce et de Bulgarie.

1386 Les princes roumains reconnaissent la suzeraineté ottomane (jusqu'en 1878).

1389 Les Serbes sont battus au « champ des Merles ».

1443-1468 Georges Castriota, dit Skanderbeg, mène les Albanais contre les Ottomans.

1458 Conquête d'Athènes par les Ottomans.

1530 Les Ottomans chassent de Rhodes les chevaliers de Saint-Jean-de-Jérusalem.

Page 306

L'essor des Ottomans : pages 230-231

Le Proche-Orient et l'Europe

Page 68

1071 Victoire des Seldjoukides sur les Byzantins à la bataille de Manzikert. Prise de la Syrie, de la Palestine et d'une grande partie de l'Asie Mineure par les Seldjoukides (p. 164).

1095 L'empereur byzantin Alexis Ier Comnène demande l'aide du pape.

1095 Concile de Clermont. Le pape Urbain II appelle à la croisade.

1096 Croisade populaire menée par le moine Pierre l'Ermite. Les croisés sont balayés par les Bulgares, puis par les Seldjoukides.

1096-1099 Première croisade, menée par Godefroi de Bouillon.

1097 Victoire des croisés sur les Seldjoukides à la bataille de Dorylée, en Anatolie.

v. 1098 Établissement des comtés d'Édesse et de Tripoli, et de la principauté d'Antioche.

1099 Conquête de Jérusalem, Godefroi de Bouillon est choisi comme souverain et prend le titre d'« avoué du Saint-Sépulcre ».

1100 Baudouin de Bologne est le premier roi de Jérusalem.

1144 Reconquête d'Édesse par les musulmans.

Page 154

Les croisés

XIe-XIIe s.

Chevalier partant pour la croisade.

Aux Xe et XIe s., la vie religieuse connaît de profonds changements, avec la réforme de l'Église (p. 136), l'avènement des papes réformateurs et l'établissement de nouveaux ordres. Cette période de troubles connaît son apogée en 1095, lorsque les Byzantins demandent de l'aide pour repousser les attaques des Seldjoukides (p. 148). Pour gagner le salut de leur âme, mais aussi par appât du gain, les chevaliers marchent vers l'est contre les musulmans. En 1099, à l'issue d'une campagne sanglante, les croisés prennent Jérusalem, aux mains des Arabes depuis le VIIe s. L'Orient voit l'émergence de petits États féodaux. D'autres croisades ont lieu pour défendre les États croisés de Syrie et de Palestine.

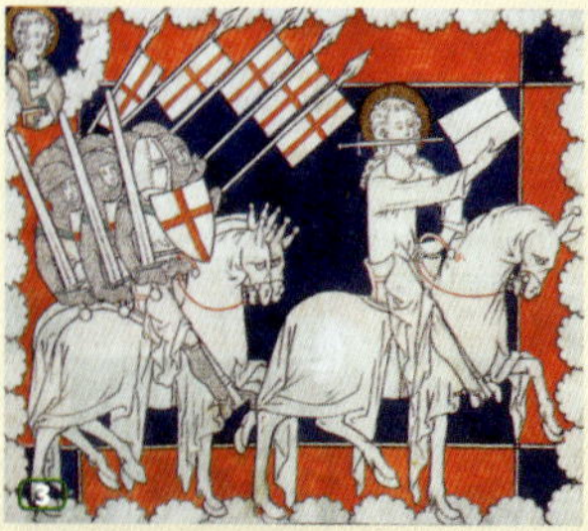

3

Les croisades

*Dernières manifestations de la chevalerie européenne, les croisades sont marquées par l'émergence d'associations plus ou moins importantes qui rassemblent des croisés (**3**) et font la guerre en Terre sainte ou en Europe. Les campagnes les plus importantes et les plus décisives sont menées par les grands souverains de l'époque.*

4

'origine des croisades. À artir de 1071, les Seldjoukides 'imposent comme une grande uissance moyen-orientale ui menace l'existence de 'Empire byzantin et la sécurité es voies de pèlerinage vers la erre sainte. En 1095, le pape **2**, prêchant à Clermont) appelle la croisade pour la libération e Jérusalem, promettant a rémission des péchés. De ombreux princes, chevaliers et aysans répondent à son appel.

La chute de Jérusalem. En 1097, les croisés atteignent la ville de Constantinople, où ils font serment d'allégeance à l'empereur byzantin. Après avoir enregistré de nombreuses victoires contre les Seldjoukides, ils prennent Jérusalem (**1**) en 1099 sous le commandement de Godefroi de Bouillon. Les croisés pillent la ville et massacrent les habitants. En outre, au lieu de restituer les terres conquises à l'empire, ils établissent au sein du royaume plusieurs petits États et font de Jérusalem un centre politique et spirituel.

1096-1099 *Première croisade (Godefroi de Bouillon, Baudouin de Bologne).*
1147-1149 *Deuxième croisade (Louis VII, Conrad III de Hohenstaufen).*
1189-1192 *Troisième croisade (Frédéric Barberousse, Philippe Auguste, Richard Cœur de Lion).*
1202-1204 *Quatrième croisade (Enrico Dandolo, doge de Venise).*
1208-1244 *Croisade dite des albigeois, en France (**4**) (p. 123).*
1217-1221 *Cinquième croisade (André II de Hongrie).*
v. 1226-1231 *Les Chevaliers teutoniques christianisent la Prusse et la région baltique.*
1228-1229 *Sixième croisade (Frédéric II de Hohenstaufen).*
1248-1254 *Septième croisade (Saint Louis).*
1270 *Huitième croisade (Saint Louis).*
à partir de 1309 *Les chevaliers de Saint-Jean (**5**), basés à Rhodes puis à Malte, combattent les musulmans.*

La fin des croisades

XIIe-XVe s.

Le Krach des chevaliers de Saint-Jean, en Syrie.

Les souverains des États croisés ont un pouvoir extrêmement limité, ce qui permet aux ordres de chevalerie – formés au XIIe s. pour protéger les pèlerins et soigner les malades – de s'imposer par leur puissance à la fois militaire et financière, et grâce aux privilèges qui leur sont accordés. Au XIIe s., les croisés combattent les Ayyubides, qui ont eux-mêmes ruiné la suprématie des Seldjoukides au Moyen-Orient. Les Mamelouks, successeurs des Ayyubides, ne réussiront à chasser définitivement les croisés de Palestine qu'à la fin du XIIIe s.

Page 152

XIe-XVe s. Reconquête en Espagne et au Portugal (p. 140).

1147-1149 Deuxième croisade.

1187 Victoire de Saladin à Hattin. Conquête de Jérusalem.

1189-1192 Troisième croisade.

1202-1204 Quatrième croisade. Chute de Constantinople (p. 148).

1208-1244 Croisade des albigeois en France (p. 123).

1212 Croisade des enfants.

1226/1231-1525 Les Chevaliers teutoniques fondent un État en Prusse.

1244 Reconquête de Jérusalem par les musulmans.

1270 Huitième croisade.

1291 Expulsion des chrétiens de la Palestine.

1309-1798 Installation des chevaliers de Saint-Jean-de-Jérusalem à Rhodes puis à Malte.

Page 156

Le Moyen Orient et l'Europe

Bernard de Clairvaux. Alors que les musulmans reprennent certains territoires en 1144, le moine Bernard de Clairvaux appelle à la deuxième croisade (**1**). Ses sermons sont entendus à travers toute l'Europe. Il soutient la Reconquête et les croisades contre les non-chrétiens, aussi bien dans le nord de l'Europe que contre les hérétiques albigeois dans le sud de la France.

1

2

La croisade des enfants. En 1212, des milliers de jeunes du sud de la France partent en Terre sainte entraînés par des fanatiques religieux (**2**). Arrivés à Gênes, ils sont vendus comme esclaves, le plus souvent à des musulmans d'Afrique du Nord.

3

Une succession de pertes. Après la reconquête de Jérusalem par les musulmans sous l'égide de Saladin (**4**), la troisième croisade s'achève de façon peu glorieuse. Frédéric Barberousse meurt noyé en 1190 alors qu'il se rend en Terre sainte (p. 117), et une dispute éclate entre Philippe Auguste et Richard Cœur de Lion (**3**). À son retour en France, Philippe se lance à l'assaut des terres de Richard, qui est fait prisonnier en Autriche (p. 129). Jérusalem reste sous le joug musulman.

4

5

Les ordres de chevalerie. Chassés de Terre sainte, les ordres de chevalerie se tournent vers l'Europe. L'ordre des Templiers (**5**) fait les frais des intérêts de la monarchie française en 1312 (p. 125). Les chevaliers de Saint-Jean poursuivent le combat contre les musulmans en Méditerranée. Les Chevaliers teutoniques établissent en Prusse un État dont la capitale est Marienburg (**6**) (p. 193).

6

» **Seldjoukides, Ayyubides et Mamelouks :** pages 164-165

Page 68

1096 Début des croisades.
XIIᵉ s. Premiers pogroms et émigration des juifs en Europe de l'Est.
1215 Le quatrième concile du Latran édicte le port d'une tenue spéciale pour les Juifs.
1290 Expulsion des Juifs d'Angleterre.
v. 1333 Les souverains de Pologne-Lituanie font appel aux commerçants juifs.
1347 Épidémie de peste en Europe. Deuxième vague de pogroms.
1394 Expulsion des juifs de France.
v. 1492 Expulsion des juifs d'Espagne et du Portugal.
v. 1511 L'humaniste allemand Johannes Reuchlin s'impose comme le défenseur et le porte-parole des juifs.
1542 Le réformateur Martin Luther écrit sur « les juifs et leurs mensonges ».
XVIIIᵉ s. Siècle des Lumières. Ère des Lumières juive, ou Haskala.
1776 Déclaration des droits de Virginie : les juifs sont citoyens américains à part entière.
1791 Égalité des droits pour les juifs de France.

Page 410

Le judaïsme en Europe

à partir du XIᵉ s.

Les juifs s'installent en Europe dès la période romaine. À la fin du XIᵉ s., dans le climat religieux conflictuel qui prélude aux croisades, ils font l'objet de discriminations et de persécutions, quand ils ne sont pas chassés des lieux où ils se sont installés. Ces mesures sont souvent dictées par des raisons économiques. Il faut attendre la période des Lumières, voire une époque plus avancée du XVIIIᵉ s., pour que les juifs jouissent des mêmes droits civiques que les autres citoyens européens et américains.

Costume traditionnel.

1

Les ashkénazes. Contrairement aux séfarades de la péninsule Ibérique, qui, à l'époque de la domination musulmane, sont pleinement intégrés, les ashkénazes, juifs d'Europe centrale et d'Europe de l'Est (**1**), doivent faire face à l'animosité de leurs concitoyens. Ils ont leur propre culture, dont est issu le yiddish.

5

Judaïsme et sionisme

*Au cours du Moyen Âge chrétien, les juifs sont tolérés en tant que minorité sociale, mais ils servent souvent de boucs émissaires. Jusqu'au XIXᵉ s., ils jouissent dans la plupart des pays d'un statut social correct. L'antisémitisme moderne est issu de l'antijudaïsme traditionnel, fondé sur la religion. Ce courant atteint son apogée au XXᵉ s. avec l'exécution massive des juifs par le régime nazi. Les sionistes, au sein d'un mouvement initié par le Hongrois Theodor Herzl (**6**), se battent pour l'établissement d'un État juif dès le XIXᵉ s. et créent l'État d'Israël en 1948.*

6

.es pogroms. La première roisade de 1096 est marquée lans plusieurs cités par des ıttaques contre les juifs, accusés d'être les « assassins du Christ ». Des histoires circulent depuis le Moyen Âge sur de prétendus meurtres rituels perpétrés par des juifs (**2**) sur des enfants chrétiens : elles servent de prétexte à de sanglantes vengeances (**3**).

.'émancipation. .e philosophe ıif Moses Mendelssohn **4**), mort en 786, est un eprésentant lu mouvement les Lumières en Allemagne. Ce courant prône notamment la tolérance eligieuse et milite pour que es juifs jouissent des mêmes lroits que les autres itoyens.

4

Le Ghetto, quartier juif de Venise

En 1516, le gouvernement de Venise décide de loger les juifs de la cité, pour la plupart exilés d'Espagne et du Portugal (p. 141), dans le quartier de Ghetto (déformation de getto, qui signifie « fonderie » en italien). Ils y jouissent néanmoins d'une certaine liberté : ils peuvent construire des synagogues, se livrer à des activités commerciales et installer leurs propres entreprises. C'est bien plus tard que le terme « ghetto » sera associé à la persécution et à l'exclusion.

'. 1010-931 av. J.-C. *Royaume l'Israël : David (**5**) et Salomon.*
;87-539 av. J.-C. *Période dite le la Captivité de Babylone.*
'0 apr. J.-C. *Les Romains détruisent érusalem. Début de la diaspora.*
VIIIe s. *Début de l'émancipation les juifs.*
Depuis 1882 *Immigration en Palestine.*
1896 *Theodor Herzl fonde le sionisme.*
1917 *La déclaration Balfour engage la création d'un État juif.*
1933-1945 *Génocide des juifs européens par les nazis (**7**, camp de concentration d'Auschwitz-Birkenau) (p. 410).*
1948 *Création de l'État d'Israël (**8**).*
1982 *Massacres de Sabra et Chatila.*

Pages 68, 89

v. 610 Mahomet reçoit de l'archange Gabriel la mission de propager l'islam.

622 Émigration à Médine. Début de l'hégire.

630 Mahomet conquiert La Mecque, sa ville natale, débarrasse la Kaba (édifice situé au centre de la Grande Mosquée) des idoles et en fait un sanctuaire de l'islam.

juin 632 Mort de Mahomet.

632-634 Abu Bakr, premier calife. Expansion de l'islam au Yémen.

634-644 Umar, deuxième calife. Il organise l'État islamique.

635-637 Premières campagnes victorieuses des islamistes en Afrique du Nord, en Palestine et en Perse.

644-656 Othman, troisième calife.

v. 653 Première version officielle du Coran.

656-661 Ali, premier imam des chiites, quatrième calife.

657 Rébellion des gouverneurs syriens de la lignée des Muawiyya. Dissidence des kharidjites.

661 Assassinat d'Ali par les kharidjites.

Page 160

1

Mahomet et les premiers califes

610-661

Au VIIe s., en Arabie, le prophète Mahomet prône un monothéisme austère et la foi en un Dieu unique, Allah, ce qui suscite l'hostilité des notables de La Mecque, sa ville natale (**1**). Avec ses partisans, il émigre à Médine en 622. Commence alors une ère que l'on nomme l'hégire. Lorsqu'il s'éteint sans désigner de successeur, la communauté des croyants *(umma)* choisit quatre représentants pour prendre le relais. Pendant cette période dite des « quatre califes légitimes », l'islam connaît un schisme, les sunnites, majoritaires, reconnaissant les califes, alors que les chiites, minoritaires, tiennent Ali, gendre du Prophète, pour seul successeur légitime.

3

L'expansion de l'islam

*La fulgurante expansion de l'islam dans la décennie qui suit le début de l'hégire (**3**) est considérée par les musulmans comme la « preuve historique » que les enseignements du Prophète traduisaient bien la volonté de Dieu. De fait, la dynastie des Omeyyades, au pouvoir aux VIIe et VIIIe s., règne sur un royaume s'étendant de l'Espagne à l'ouest jusqu'au Pakistan à l'est. Le dernier empire islamique est l'Empire ottoman, qui s'éteint en 1922 avec l'abolition du califat.*

4

2

Mahomet

Mahomet (ici avec Fatima, Ali et ses petits-enfants Hassan et Hussein) se considère comme le dernier représentant d'une lignée de prophètes (allant de Abraham à Jésus) chargés de raviver les doctrines et la croyance en un Dieu unique (Allah) révélées en premier lieu à Abraham. De Médine, il organise une communauté religieuse et s'attache à mettre sur pied une structure politique efficace.

a tragédie de Kerbala. a minorité chiite ne reconnaît omme successeurs légitimes 'u Prophète que son gendre ,li, et ses descendants, les nams. Leur mouvement prend naissance au moment du martyre de Hussein, le petit-fils de Mahomet, tué à Kerbala (**2**) en 680. En effet, les citoyens de Kufa, en basse Mésopotamie, persuadent Hussein de se soulever contre la domination de la dynastie des Omeyyades, mais l'abandonnent ensuite. Hussein et son clan sont surpris dans le désert par les troupes du calife omeyyade et tués.

622 *Début de l'hégire.*
632 *Mort de Mahomet.*
632-661 *Les « quatre califes légitimes ».*
61-1258 *Omeyyades t Abbassides.*
11-1492 *Emprise e l'islam en Espagne.*
v. 800 *Période des sous-dynasties.*
1258 *Bagdad est envahie par les Mongols. Fin de l'islam classique.*
1300-1924 *Sultanat des Ottomans en Turquie, dans les Balkans et au Moyen-Orient (**4**, sultan).*
1501-1736 *Séfévides en Perse.*
1517 *Les souverains ottomans prennent le titre de calife.*
1526-1857 *Grands Moghols en Inde.*
1932 *Création de l'Arabie Saoudite.*
1979 *Révolution en Iran : Khomeyni (**5**).*
Années 1990 *Montée de l'islamisme radical (**6**).*

6

Page 158

661-680 Règne du calife Muawiyya, qui siège à Damas.

680 Martyre de Hussein, troisième imam des chiites, à Kerbala.

685-705 Règne du calife Abd al-Malik.

705-715 Règne du calife al-Walid.

711 Conquête de l'Espagne et du Pakistan par les armées islamiques.

749-750 Les Omeyyades sont remplacés par les Abbassides.

754-775 Règne du calife al-Mansur, qui s'installe à Bagdad.

786-809 Règne du calife Harun al-Rashid.

813-833 Règne du calife al-Mamun. Essor de la philosophie islamique.

836-892 Résidence des califes à Samarra.

xie s. Début de la collaboration avec les dynasties de militaires turcs.

1180-1225 An-Nasir restaure le pouvoir des califes.

1258 Prise de Bagdad par les Mongols.

Page 163

Les Omeyyades et les Abbassides

661-1258

Les Omeyyades, première dynastie de califes, accèdent au pouvoir en 661. Ils étendent l'empire islamique depuis Damas (**1**, la Grande Mosquée) et créent des institutions pérennes. Des califes comme Abd al-Malik mènent des campagnes de colonisation, suivies, après 700, d'une vague de conquêtes vers l'est et vers l'ouest. En 749-750, les Omeyyades sont renversés par les Abbassides, qui règnent de Bagdad à Samarra et donnent à l'islam des traits de la culture persane. L'expansion de l'islam favorise aussi l'essor des sciences. À partir du xie s., les Abbassides collaboren avec les dynasties militaires turques, comme les Seldjoukides, auxquelles ils délèguent du pouvoir. Le califat est détruit lorsque Bagdad est conquise par les Mongols.

Charles Martel combattant les Arabe

Le Dôme du Rocher à Jérusalem. En 691-692, le calife Abd al-Malik fait construire le Dôme du Rocher à Jérusalem, pour magnifier la ville dont il veut faire la capitale de l'empire. Le Dôme est situé sur le mont du Temple, d'où Mahomet serait parti pour son voyage céleste. Après La Mecque et Médine, Jérusalem est la troisième ville sainte des musulmans, ce qui constitue encore une source de conflits avec les juifs et les chrétiens.

1

2

La bataille de Poitiers (2). Après avoir conquis une grande partie de l'Espagne, les Arabes marchent vers le sud de la France, qu'ils ne tardent pas à occuper. Mais, en 732, ils sont repoussés par Charles Martel à la bataille de Poitiers. Saluée comme la « victoire de l'Occident », elle n'empêche pas les Arabes de poursuivre leurs incursions en terre française. Charlemagne, petit-fils de Charles Martel, attaque l'Espagne et fonde la « Marca hispánica » (frontière d'Espagne).

Les sciences et l'islam

À partir du VIIIe s., le monde islamique connaît un grand essor dans le domaine des arts, des sciences et de l'érudition. Des penseurs de grand talent comme Avicenne (Ibn Sina, ci-contre) et Averroès (Ibn Ruchd) traduisent les philosophes grecs et enrichissent ainsi leurs propres enseignements. Grâce à eux, le monde occidental connaît les penseurs grecs.

larun al-Rachid (3). Le élèbre Harun al-Rachid les contes des *Mille t Une Nuits* loit l'efficace dministration de on empire à une amille de vizirs, es Barmécides, qu'il envoie en 803, inquiet le leur puissance. À son décès, es fils s'opposent dans une uerelle de succession dont Al-Mamun sort victorieux en 813.

3

Samarra. Après 836, les califes abbassides s'installent à Samarra, où ils font construire la Grande Mosquée, le plus important lieu de culte de l'époque, capable d'accueillir près de 150 000 fidèles. Le minaret en spirale (**4**) est unique en son genre ; il aurait été inspiré par les tours babyloniennes (ziggourats).

4

L'Espagne et l'Afrique du Nord

711-1574

La cour des Lions, au centre du palais de l'Alhambra de Grenade, en Espagne.

En 711, les armées islamiques conquièrent l'Espagne. La région est gouvernée par des émirs (appelés califes à partir de 929) de la dynastie des Omeyyades, qui siègent à Cordoue. La chute du califat en 1031 entraîne l'émergence de plusieurs principautés, les *taifas*, soutenues par les dynasties berbères des Almohades et des Almoravides, qui, au XIe s., tentent de s'opposer à l'avancée vers le sud des rois chrétiens d'Espagne. Les Nasrides de Grenade sont les derniers à se rendre. De 909 à 1171, les Fatimides (chiites) essaiment en Afrique du Nord. Au XIIIe s., les Mérinides occupent le Maroc et les Hafsides la Tunisie.

La Grande Mosquée de Cordoue. La construction de la Grande Mosquée, centre cultuel des musulmans d'Espagne, commence pendant le règne du premier émir espagnol, Abd al-Rahman Ier. Ses descendants embelliront l'œuvre d'un enchevêtrement de nefs et de travées soutenu par 800 colonnes de marbre (**1**). Plus tard, Charles Quint en interdit la destruction, mais décide d'y aménager une église. La Grande Mosquée demeure l'un des symboles de l'islam médiéval.

1

La mosquée Al-Azhar. Sous l'égide des Fatimides, d'obédience chiite, Le Caire s'impose comme un centre de la culture islamique. La mosquée Al-Azhar (**2**) est construite entre 970 et 972, et les bâtiments de l'université qui lui sont attachés, bastion sunnite depuis 1171, remontent à 998. Elle devient rapidement l'une des institutions phares du monde islamique. Initialement vouée à la théologie et au droit, elle abrite aujourd'hui de nombreuses facultés.

2

3

Ils deviennent rapidement dépendants des royaumes chrétiens, auxquels ils doivent payer un tribut. En janvier 1492, les Rois Catholiques mettent fin à leur autorité et les contraignent à se replier à Grenade.

Grenade. Les Nasrides, qui fondent en 1232 en Andalousie le dernier royaume islamique d'Espagne, établissent leur résidence dans le somptueux palais de l'Alhambra (**4**). Le dernier souverain maure, Boabdil, doit rendre Grenade sans se battre (**3**) avant d'être exilé au Maroc. L'expulsion systématique des musulmans démarre peu de temps après.

4

Page 160

711 Conquête de l'Espagne par Al-Tariq.

756-788 L'Omeyyade Abd al-Rahman Ier fonde l'émirat de Cordoue.

789-985 Idrisides au Maroc.

909-1171 Califat chiite des Fatimides en Afrique du Nord.

912-961 Règne d'Abd al-Rahman III, calife en 929.

961-976 Califat d'Al-Hakam II.

978-1002 Règne d'Al-Mansur en Espagne.

1031 Chute du califat de Cordoue. Émergence des *taifas*.

1061-1147 Almoravides en Espagne et en Afrique du Nord.

1147-1269 Almohades en Espagne et en Afrique du Nord.

1229-1574 Hafsides en Tunisie et en Algérie.

1232-1492 Émirat des Nasrides à Grenade.

1269-1465 Dynastie des Mérinides au Maroc.

1574 Conquête de l'Afrique du Nord (à l'exception du Maroc) par les Ottomans.

Page 164

L'Espagne au Moyen Âge : pages 140-141

Page 160

v. 800 Effritement du califat abbasside. Les dynasties locales proclament leur indépendance.

819-999/1005 Règne des Samanides en Transoxiane. Résidence à Boukhara.

909-1171 Califat chiite des Fatimides en Égypte et en Tunisie (p. 162).

977-1186 Règne des Ghaznévides en Asie centrale, en Perse et en Afghanistan.

998-1130 Règne de Mahmud de Ghazni. Il conquiert un immense empire et soumet les souverains du nord de l'Inde.

1055-1157 Les Grands Seldjoukides protègent officiellement le califat et contrôlent les territoires de l'Est soumis à l'islam.

1157-1231 Les souverains du Khawarezm accèdent au trône en tant qu'héritiers des Seldjoukides et conquièrent de vastes territoires en Asie.

1171-1193 Règne de Saladin. Guerres contre les croisés.

1171-1250/1260 Règne des Ayyubides en Palestine et en Égypte.

1187 Saladin s'empare de Jérusalem au nom de l'islam.

1250/1260-1517 Les Mamelouks, esclaves militaires, renversent les Ayyubides et s'emparent du pouvoir.

1260-1277 Règne du sultan Baybars. Il reprend de nombreux territoires aux croisés.

1291 Chute du dernier bastion des croisés à Acre.

1517 Le sultan ottoman Selim Ier vainc les Mamelouks et prend le titre de calife.

Page 230

Le Moyen-Orient et l'Asie centrale

v. 800-1517

Mausolée samanide à Boukhara.

Le vaste empire des Abbassides (p. 160) s'effrite à partir du IXe s. De nombreuses petites dynasties locales proclament leur indépendance, en particulier à l'est du califat. En Asie, Mahmud de Ghazni conquiert un immense empire, tandis que les Turcs Seldjoukides occupent l'Asie centrale et le Moyen-Orient, où ils établissent une structure administrative très efficace. Après 1100, la dynastie des Ayyubides et la dynastie militaire des Mamelouks combattent les croisés, que les sultans Saladin puis Baybars finissent par chasser de Palestine. Dès lors, Saladin incarne l'idéal de la chevalerie islamique et de la justice.

1

Les Ghaznévides. Mahmud de Ghazni est l'un des plus grands conquérants de l'islam. Après avoir mené plusieurs campagnes, il s'empare du nord de l'Inde en 1024. Il fait construire de luxueux palais ainsi que la colonne de la Victoire (**1**) à Ghazni. Il s'entoure d'érudits et charge le poète Fidursi de rédiger le *Livre des rois persans*, tandis que le philosophe et mathématicien Al-Biruni écrit un *Livre sur l'Inde* qui jette un pont entre islam et hindouisme.

2

Les Seldjoukides. Ils assurent la promotion du courant sunnite, relativement austère, par l'implantation d'écoles (madrasas), d'une administration efficace et d'infrastructures publiques (**2**, le pont de Cobandede). Opposés aux Byzantins (**3**), ils les battent à la bataille de Manzikert sous la conduite du sultan Alp Arslan.

3

4

Saladin. Préférant la négociation au conflit armé, Saladin fait preuve d'humanité (**4**). Après sa victoire sur les croisés en 1187, il se montre ainsi clément à l'égard de la population de Jérusalem. Il permet aux chrétiens d'acheter leur liberté en mettant en gage leurs possessions, il libère de nombreux pauvres sans exiger de contrepartie et oblige les villes chrétiennes à accueillir les croyants.

Les Mamelouks. Les Ayyubides font appel aux Mamelouks, des miliciens d'origine slave, grecque ou turque, pour lutter contre les croisés et veiller à la stabilité politique du royaume. Les Mamelouks mènent d'abord une existence assez isolée de la population. Puis ils s'imposent en Égypte et en Syrie, où ils favorisent l'émergence d'une classe sociale supérieure. Ils se font les défenseurs de la foi et freinent l'avancée des Mongols. En 1517, ils installent des califes abbassides fantoches (**5**) sur le trône du Caire et légitiment leur pouvoir en leur attribuant des fonctions religieuses. Leur règne coïncide avec une période d'essor commercial.

5

L'Empire mongol

1206-1370

Le mausolée de Gengis Khan, en Mongolie intérieure.

Les conquêtes de Gengis Khan et de ses descendants directs entraînent un changement radical dans la structure de la région qui s'étend du Proche-Orient aux frontières de l'Europe. Les Mongols occupent la Chine au terme de plusieurs assauts, avant de s'attaquer à l'ancien monde islamique. Ils mènent aussi des campagnes en Europe de l'Est jusqu'en Silésie, avant d'atteindre le sud de la Russie. En 1260, ils sont freinés par les Mamelouks dans leur avancée vers l'Égypte. Après cette date, le royaume central des Mongols à Karakorum décline. Des fragments du khanat de la Horde d'or subsistent cependant autour de Kiev jusqu'en 1502. De nouveaux royaumes mongols éloignés les uns des autres apparaissent, notamment en Chine et en Perse.

Page 97

L'Eurasie

1206-1227 Règne de Gengis Khan.

1211-1216 Conquête du nord de la Chine par les Mongols.

à partir de 1218 Conquête du Khawarezm.

1227 Division de l'empire entre les héritiers de Gengis Khan.

1251-1259 Règne de Mangu Khan.

1256-1260 Hulagu Khan conquiert la Perse et l'Irak. Début du royaume des Ilkhans.

à partir de 1260 Kubilay Khan s'empare de la Chine.

1370 Début des campagnes de Tamerlan.

Page 168

Gengis Khan (mort en 1227)

En 1206, le chef d'une petite tribu réussit à imposer son autorité à tous les souverains mongols et s'arroge le titre de Gengis Khan. Après avoir conquis le nord de la Chine, il tire prétexte de la provocation des souverains du Khawarezm pour entamer une fulgurante campagne en direction de l'ouest. Il envahit des pays avec une redoutable efficacité, sa célérité n'ayant d'égal que sa brutalité. Les vaincus ont un choix restreint : ils acceptent leur défaite et adhèrent à son « union amicale », ou ils sont entièrement dévastés.

1

Des guerriers. Les succès remportés par les Mongols tiennent à leurs méthodes de combat et à leurs archers à cheval (**1**), qui constituent des unités très mobiles. Leurs yourtes (**2**) sont faciles à transporter. Les Mongols peuvent même dormir à cheval.

2

3

Les fils de Gengis Khan. À la mort de Gengis Khan, en 1227, son empire est divisé entre ses trois fils (**3**) ainsi qu'entre ses petits-fils (les enfants de son aîné, Djotchi, défunt). Plusieurs tribus, appelées *ulus*, se forment alors. Le troisième fils, Ogoday, succède à son père : il accède au trône et prend le titre de « khan suprême » (1229-1241). Après sa mort et la période troublée qui s'ensuit, la progression des Mongols vers l'Ouest est ralentie. Mais l'ère des conquêtes revit à l'époque de ses petits-fils, notamment quand le khan suprême Mangu, installé à Karakorum, envoie ses frères Kubilay et Hulagu à l'assaut de territoires au sud et à l'est. Les khans de la Horde d'or, qui règnent en Russie et en Europe de l'Est, proclament leur indépendance assez tôt.

Les Mongols en Europe. Après avoir littéralement rasé la Hongrie, les armées mongoles, sous la conduite de Batu Khan, attaquent la Silésie. À la tête d'une vaste armée, le duc Henri le Pieux les combat en avril 1241 à Legnica, où il subit une cuisante défaite et de lourdes pertes. Le duc Henri est tué et sa tête est exposée au bout d'une lance (**4**). Il faut attendre le décès du khan suprême Ogoday en 1241 pour que les Mongols battent en retraite vers l'est.

4

Page 166

L'Eurasie

1235-1241 Batu Khan conquiert la Russie et une partie de l'Europe de l'Est.

1241 Bataille de Legnica et mort d'Ogoday. Fin de l'expansion mongole en Occident.

1258 Conquête mongole de Bagdad.

1366 Prise de Samarkand par Tamerlan.

1370 Conquête du Khawarezm par Tamerlan. Fondation de l'empire.

1381 Conquête de l'Afghanistan et d'une partie de la Perse.

1393 Conquête de l'Iraq.

1398-1399 Invasion de l'Inde et conquête de Delhi.

1402 Bataille d'Ankara.

février 1405 Mort de Tamerlan. Chute de l'empire.

1407 Assassinat du premier héritier, Pir Muhammad.

1407-1447 Règne de Chah-Rokh.

1409-1449 Règne d'Ulugh-Beg à Samarkand. Essor du système éducatif.

1450-1469 Règne d'Abu Said.

1506 Le dernier souverain timuride est renversé.

1526 Baber conquiert Delhi et fonde l'Empire moghol.

Pages 236, 238

Les descendants de Gengis Khan et de Tamerlan

1235-1526

Après le décès de Gengis Khan, ses descendants règnent en Chine (dynastie Yuan), au Khawarezm (khans Jagatai), mais aussi sur le khanat de la Horde d'or, dans le sud de la Russie. La plupart se convertissent à l'islam et favorisent l'essor de la culture et de l'art islamiques. Dès son accession au pouvoir, Tamerlan unifie ces petites entités. D'une brutalité légendaire, il soumet de vastes territoires qu'il oblige à se rallier à son « union amicale ». Il réunit artistes et scientifiques à Samarkand, qui devient un grand centre culturel. Les Timurides, descendants de Tamerlan ne règnent que sur des fragments de l'empire, mais œuvrent à la promotion des arts et des sciences. Puis Baber, issu des Timurides, fonde l'Empire moghol.

La mosquée du Vendredi à Yazd (Iran) date de l'époque des Ilkhans.

La conquête de Bagdad. En 1256, Hulagu Khan conquiert la Perse et l'Irak. Sa campagne atteint son apogée avec le sac de Bagdad (**1**, extrait du *Livre des tribus*), qui met fin au dernier califat abbasside. Hulagu Khan se livre à de terribles massacres et ordonne la destruction d'objets d'art de valeur. Il fonde la dynastie des Ilkhans, et ses descendants règnent sur la Perse : convertis à l'islam, ils sont connus pour leur tolérance religieuse et pour la réalisation de nombreuses constructions d'envergure.

1

Kubilay Khan. À la suite de son frère Mangu, Kubilay (**2**) devient khan suprême en 1260. En 1279, il conquiert la Chine (**3**), où il fonde la dynastie des Yuan. Empereur mécène, il favorise largement l'instruction et les arts. L'européen Marco Polo est reçu à sa cour.

Tamerlan. Le Turcoman Tamerlan, dit Timur le Boiteux, tient son nom du fait qu'il est paralysé du côté droit. Son hémiplégie l'oblige à régner monté à cheval (**4**). Il est l'un des plus grands conquérants de l'Histoire. En 1402, il vainc le sultan Bayezid Ier à la bataille d'Ankara et le retient prisonnier dans une cage dorée (**5**) parce qu'il a refusé sa proposition d'alliance.

L'essor des sciences. Plusieurs descendants de Tamerlan favorisent l'essor des arts et de l'architecture. Son petit-fils Ulugh-Beg, un grand érudit, fait construire des madrasas (**6**, à Samarkand) et un observatoire équipé de télescopes qui lui permet d'observer les étoiles et de discuter de ses travaux avec des scientifiques.

L'Inde

Page 98

IVᵉ-VIIIᵉ s. Règne des Pallava dans le sud de l'Inde.

v. 550 Fin du royaume des Gupta dans le nord de l'Inde (p. 99).

VIᵉ-XIIᵉ s. Règne des Chalukya dans le centre de l'Inde.

VIIIᵉ s. Début des invasions musulmanes.

VIIIᵉ-XIᵉ s. Règne des Gurjara-Pratihara dans le nord de l'Inde.

IXᵉ-XIIᵉ s. Règne des Cola dans le sud de l'Inde.

1001-1024 Conquête du nord de l'Inde par Mahmud de Ghazni. Destruction des temples hindous.

1186-1206 Règne des Ghurides dans le nord de l'Inde.

1206 Qutb-ud-Din Aibak fonde le sultanat de Delhi.

1290-1320 Règne des Khalji à Delhi. Prise du Deccan, dans le centre du pays.

1320-1414 Règne des Tughluq à Delhi.

v. 1336 Création du royaume hindou du Vijayanagar (Karnataka).

1347 Sécession du sultanat de Bahmani.

1398-1399 Occupation de l'Inde par Tamerlan. Sac de Delhi.

1414-1451 Règne de la dynastie des Sayyid à Delhi.

1451-1526 Règne de la dynastie des Lodi à Delhi.

1498 Présence portugaise en Inde (p. 221).

1526 Victoire de Baber sur Ibrahim Lodi, sultan de Delhi. Fondation de l'Empire moghol.

Page 238

L'Inde

v. 500-v. 1500

L'Inde se compose de principautés qui se révèlent incapables de résister aux assauts constants des conquérants musulmans. Ces derniers commencent par investir le nord du sous-continent au XIᵉ s. et atteignent Delhi en 1206. Les souverains hindous ne se maintiennent au pouvoir que dans le Sud. La soumission de Delhi au XIVᵉ s. coïncide avec l'émergence du royaume du Vijayanagar, qui sera vaincu en 1565 par une alliance de principautés musulmanes. Ces dernières sont rapidement submergées par les invasions mogholes, comme Delhi l'a été peu avant.

Danseuse (Chalukya occidentaux, XIIᵉ s.).

Le temple de Mahabalipuram (Inde du Sud), construit sous la dynastie des Pallava (v. 700).

Le sultanat de Delhi. À la fin du VIIIe s., les armées musulmanes poursuivent leur progression vers le nord de l'Inde, qui est en partie investie par les Ghaznévides et les Ghurides (p. 164). Le général turc Qutb-ud-Din Aibak, ancien esclave militaire au service des Ghurides et fondateur de la dynastie des Aibak, crée le sultanat de Delhi (**1**, mosquée et « tour de la Victoire » construites sous le règne d'Aibak à Delhi), que les dynasties suivantes, pour la plupart d'origine turque, étendent vers le sud. L'effritement du pouvoir central au XIVe s. est hâtée par l'invasion des Moghols (p. 168) en 1398-1399. L'émergence du sultanat de Delhi est concomitante de la formation d'autres principautés musulmanes. Le dernier sultan de Delhi, Ibrahim Lodi, est vaincu par le Moghol Baber en 1526 (p. 238).

1

2

Le Vijayanagar. Le dernier royaume hindou d'importance est celui du Vijayanagar (« cité de la Victoire »), situé dans le sud de l'Inde (**2**, **3**). Son essor coïncide avec la chute du sultanat de Delhi. Jusqu'à sa prise en 1565, le Vijayanagar constitue un rempart hindou contre l'avancée des musulmans.

3

Page 102

La Chine

v. 220 Chute de la dynastie Han.
IIIe s. Période dite des « trois royaumes ».
IVe-VIe s. Partition de la Chine : les étrangers au nord, les dynasties locales au sud.
589-618 Unification de la Chine sous la dynastie Sui.
VIIe-VIIIe s. Essor du Tibet.
618-907 Dynastie des T'ang.
751 Les T'ang sont défaits par les Abbassides à Talas, dans l'actuel Kirghizistan.
755 Révolte d'An Lushan.
v. 845 Persécution des bouddhistes.
907-1125 Dynastie Liao dans le nord de la Chine.
960-1127 La dynastie Song du Nord unifie une grande partie de la Chine.
1115-1234 Règne de la dynastie Chin (Jurchen) dans le nord de la Chine.
1127-1279 Règne des Song du Sud.
1215 Prise du royaume Chin par les Mongols, menés par Gengis Khan (p. 166).
1271-1295 Expédition de Marco Polo (p. 139).
1279 Annexion des Song du Sud par les Mongols.
1368 Règne des Mongols.

Page 240

1

La Chine

v. 220-1368

Après la chute des Han, la Chine se divise en plusieurs petits royaumes indépendants. La dynastie T'ang restaure l'unité du pays au VIIe s., mais sombre ensuite à la faveur de conflits internes (**1**, révolte du général An Lushan). Pour régler le problème des royaumes établis dans le Nord par les nomades eurasiens, les Song s'allient aux Chin pour vaincre le royaume mongol des Liao. Mais, après la victoire, vers 1127 les Song sont relégués par les Chin dans le sud du pays. Les Song du Sud se rangent alors du côté des Mongols contre les Chin, mais sans tirer parti de la défaite de ces derniers puisqu'ils sont eux-mêmes vaincus par les Mongols en 1279.

Le fonctionnariat. Le pouvoir s'appuie sur des fonctionnaires (**2**) éduqués selon les enseignements de Confucius (p. 51) et sélectionnés, depuis le VIIe s., à l'issue d'un examen national écrit.

3

La dynastie T'ang. Elle opère une percée en Asie centrale afin de contrôler la route de la Soie (p. 103). L'influence des militaires, chargés de défendre les frontières, s'accroît et leur permet même de défier l'empereur. Ainsi, le général An Lushan se révolte contre Xuanzong (**3**) en 755. Les T'ang offrent des charges et des terres pour se faire des obligés dont ils assurent le soutien. À terme, leur politique sape le pouvoir central, mais l'organisation administrative et les lois restent en vigueur jusqu'au XXe s.

4

a dynastie Song. Moins nclins à s'en remettre aux ıilitaires que les T'ang, les ɔng (**4**, l'empereur Chao 'uang) privilégient une ureaucratie instruite, qui ɛhausse le niveau culturel de la société. Mais la supériorité militaire des nomades eurasiens, qu'ils tentent d'amadouer par le paiement de tributs et la conclusion d'alliances croisées, finit par avoir raison de leur autorité en 1279.

5

e Tibet. Aux VIIe et VIIIe s., le ibet connaît sa plus grande xpansion territoriale, alors u'il s'étend jusqu'à l'Inde et à la Chine. Le roi Songtsan Gampo (**5**) y introduit le bouddhisme pendant la première moitié du VIIe s. et fonde la capitale, Lhassa. Avec le soutien de la noblesse, le bouddhisme s'installe, ce qui assoit l'autorité royale.

L'Empire mongol : pages 166-168

Casque et masque d'acier d'un guerrier samouraï japonais du XIVe s.

Le Japon

v. 400-1573

Vers 400, la famille impériale, encore au pouvoir à ce jour, unifie les différentes communautés du centre du Japon au sein d'un royaume reposant sur la culture shintoïste (p. 50-51). Les empereurs s'inspirent pour gouverner du modèle chinois, mais, à partir du IXe s., ils dépendent de plus en plus de la noblesse. Le règne militaire des shoguns commence à la fin du XIIe s., après des querelles de succession prolongées entre factions nobles qui ont plongé le pays dans les affres d'une guerre civile.

Le Japon

REPÈRES

v. 400 Unification du Japon au sein du royaume des Yamato.

552 Propagation du bouddhisme par les missionnaires chinois.

VIIe s. Réformes de la Taika édictées par le prince régent Shotoku pour renforcer l'autorité impériale.

710-784 Résidence impériale à Nara.

781-806 Règne de l'empereur Kammu.

fin du VIIIe s. Campagne contre les Ainu dans le nord du Japon.

784 L'empereur Kammu transfère sa cour à Heian-kyo (actuelle Kyoto).

784-1185 Période Heian.

IXe s. Essor de la famille Fujiwara.

XIIe s. L'aristocratie s'enlise dans des guerres civiles.

1192-1333 Shogunat Kamakura.

à partir de 1203 Règne des Hojo.

1274-1281 Assauts des Mongols, repoussés (p. 166).

1333 L'empereur Go-Daigo prend le pouvoir, soutenu par la famille Ashikaga.

1338-1573 Shogunat Ashikaga.

Page 242

5

L'empire du Soleil-Levant

La dynastie Yamato, qui règne encore sur le Japon, se dit l'héritière de la déesse du Soleil Ameratsu. À ce titre, ils conjuguent pouvoir religieux et temporel. Les souverains ont un temps perdu de leur autorité au profit de nouvelles puissances, mais l'ont retrouvée au XIXe s. La monarchie reste en place malgré le rôle controversé d'Hirohito dans la Seconde Guerre mondiale.

6

1

2

Une aristocratie militaire. Au milieu du IXe s., ce sont quelques familles influentes comme les Fujiwara (**2**, la villa des Fujiwara à Kyoto) qui détiennent le pouvoir à la cour impériale. Elles sont supplantées au XIIe s. par une nouvelle forme de féodalité. C'est dans ces conditions qu'émerge la classe des samouraïs, au moment de la prise du nord du Japon.

3

Les shoguns. La famille Minamoto (**3**, Minamoto Yoshitsune), qui relève de l'aristocratie militaire du Japon, supplante les autres puissantes familles du pays pendant la guerre civile (**1**), puis elle oblige l'empereur à légitimer son pouvoir en 1192 et à prendre le titre héréditaire de « shogun » (commandant en chef impérial). Des shoguns de diverses dynasties règnent sur le Japon avec de courtes interruptions.

L'apport de la Chine. La Chine influence le Japon sur le plan culturel. Des missionnaires propagent le bouddhisme (**4**) dès le VIe s., tandis que l'écriture, l'architecture et l'artisanat subissent également l'influence chinoise.

4

7

v. 600 av. J.-C. *Fondation du Japon selon la légende.*

v. 400 apr. J.-C. *Unification du Japon au sein du royaume des Yamato.*

710-784 *Période de Nara (**5**, pagode à Nara).*

784-1185 *Période Heian.*

1192-1333 *Shogunat Kamakura (**6**, le shogun Minamoto Yoritomo).*

1338-1573 *Shogunat Ashikaga.*

1573-1603 *Période des Trois Royaumes : Oda Nobunaga, Toyotomi Hideyoshi et Tokugawa Ieyasu.*

1603-1868 *Shogunat Tokugawa.*

1867-1912 *Mutsuhito empereur (Meiji) (**7**).*

1926-1989 *Hirohito empereur (Showa) (**8**).*

1947 *Monarchie constitutionnelle.*

8

REPÈRES

IVᵉ-Vᵉ s. Fondation par les Chams du royaume du Champa dans le sud du Viêt Nam.

VIIᵉ s. Fondation par les Thaïs du royaume du Nan Zhao dans le sud-ouest de la Chine.

VIIᵉ-XIᵉ s. Royaume de Srivijaya à Sumatra.

VIIIᵉ-IXᵉ s. Les Sailendra à Java.

VIIIᵉ-XVᵉ s. Règne khmer à Angkor (actuel Cambodge).

IXᵉ s. Fondation du royaume de Pagan par les Birmans au Myanmar.

Xᵉ s. Émergence du royaume vietnamien du Dai Viêt.

XIIIᵉ-XIVᵉ s. Royaume de Sukhothai (actuelle Thaïlande).

1253 Destruction du Nan Zhao par les Mongols.

1287 Destruction du royaume de Pagan par les Mongols.

XIIIᵉ-XVIᵉ s. Royaume hindou de Majapahit à Java.

1350-1767 Royaume d'Ayuthaya (actuelle Thaïlande).

1414-1511 Sultanat de Malacca (actuelle Malaisie).

1431 Angkor prise par les Thaïs.

v. 1471 Victoire des Vietnamiens sur les Chams.

Page 244

Le Sud-Est asiatique

IVᵉ-XVᵉ s.

Le souverain khmer Jayavarman VII (XIIᵉ-XIIIᵉ s.).

Les Khmers partagent le pouvoir en Asie du Sud-Est avec les Birmans et les Chams jusqu'à ce que la percée des Mongols change la situation à la fin du XIIIᵉ s. (p. 166). Le royaume birman de Pagan est détruit et s'effrite en plusieurs petits États. Les Thaïs, relégués au sud par les envahisseurs, dominent alors au détriment des Khmers. Arrivent ensuite les Vietnamiens, qui se distinguent en repoussant les assauts des Mongols et en soumettant les Chams. Différents royaumes voient le jour dans l'archipel indonésien, les plus importants étant Srivijaya et Majapahit. L'expansion de l'islam dans la région commence au XIVᵉ s. Le sultanat de Malacca s'impose comme la plus grande puissance économique du Sud-Est asiatique jusqu'à l'arrivée des Européens.

Le temple de Borobudur à Java, en Indonésie (VIIIᵉ s., dynastie des Sailendra).

1

es Khmers. Les royaumes
ımers subissent une forte
ıfluence indienne. Angkor,
ındée vers 900 (**1**), est la capitale
un vaste empire jusqu'au XVe s.

À l'issue de victorieuses campagnes militaires (**2**), les Khmers soumettent leurs voisins de la Thaïlande et du Viêt Nam actuels.

2

3

Les Thaïs. Ayant été chassés du Yunnan par les Mongols, les Thaïs fondent le royaume de Sukhothai (**3**, moine bouddhiste en prière devant une statue du Bouddha à Sukhothai), au cœur de l'actuelle Thaïlande, en 1238. Ils tirent profit de la destruction du royaume birman de Pagan et de l'effritement progressif du royaume khmer d'Angkor pour étendre leurs frontières vers le sud. Les souverains de Sukhothai sont contraints de céder un de leurs États vassaux aux princes thaïs d'Ayuthaya (p. 244) pendant la seconde moitié du XIVe s.

ali. L'Indonésie est sous forte
ıfluence indienne, sur les plans
ılturel et religieux, jusqu'à ce
ue des commerçants arabes
ropagent l'islam à partir du
Ve s. Seul le royaume insulaire
e Bali demeure hindouiste
, palais à Bali, XVIIe s.).

4

La France en Indochine : page 321

Page 105

ve s. Fondation de l'empire du Ghana (actuelle Mauritanie).

xe-xie s. Dynastie des Zagwe en Éthiopie.

v. 1000 Expansion de l'islam.

v. 1000 Développement de la culture swahili sur la côte est.

1076 Destruction du Ghana par les Almoravides (p. 162).

xiie-xve s. Apogée du Zimbabwe.

jusqu'au xiiie s. Domination d'Ife et des Yorubas.

xiiie-xve s. Royaume du Mali.

1268-1974 Dynastie des Salomonides en Abyssinie (Éthiopie).

1312-1337 Règne de Mansa Moussa au Mali.

à partir du xve s. Royaume du Bénin dans le golfe de Guinée.

xve s. Essor de l'Empire songhaï (p. 246).

xve s. Arrivée des Portugais.

Page 246

L'Afrique au sud du Sahara

ve-xve s.

Tête d'oni, souvera de la cité d'Ife.

De nombreux royaumes voient le jour dans le sud du Sahara, qui vit du commerce caravanier. Les contacts avec l'Afrique du Nord favorisent l'expansion de l'islam. Mais les chrétiens des hauts plateaux en Éthiopie, ou des peuples comme les Yorubas, préservent leur religion. La culture africano-arabe des Swahilis (p. 247) se développe sur la côte est, où les cités-États ont des échanges avec des pays comme la Chine. Le royaume du Zimbabwe affirme sa toute-puissance.

Le Grand Zimbabwe. La cité du Grand Zimbabwe (**1**), ceinte de murs, abrite des dizaines de milliers d'habitants. C'est la capitale des Shonas, une tribu bantoue qui émerge dans le sud-est de l'Afrique au xiie s. Les Shonas exportent des minerais et de l'or. Des écrits attestent leurs échanges avec la Chine.

1

2

L'Éthiopie. Les souverains chrétiens, qui perpétuent la tradition du royaume d'Aksoum (p. 105), se retirent à partir du VIIIe s. sur les hauts plateaux de l'Éthiopie pour échapper aux attaques des musulmans. La dynastie des Zagwe, installée à Lalibela (**2**), est supplantée en 1268 par celle des Salomonides. Des contacts sont renoués avec d'autres puissances chrétiennes au XVIe s. grâce aux Portugais, qui soutiennent la guerre contre les musulmans.

3

Mansa Moussa. Souverain du Mali, un pays alors très prospère, il favorise l'essor de la culture et de l'éducation islamiques (**4**, mosquée de Djenné). En 1324, il entreprend un pèlerinage à La Mecque (**3**, pèlerins en route vers la Mecque) accompagné de quelque 60 000 personnes. Il distribue tant d'or au cours du voyage que cela génère en Égypte une inflation qui va désorganiser le marché local pendant des décennies.

4

5

Les Yorubas. Les populations des régions qui bordent le golfe de Guinée ne sont pas touchées par l'expansion de l'islam. Parmi elles, les Yorubas vivent dans des cités-États dirigées par des rois élus appelés *obas* (**5**). Le Bénin s'étend au XIVe s. au point de s'imposer comme la cité-État la plus puissante de la région. Au XVe s., il s'enrichit grâce au commerce des esclaves avec les Européens, jusqu'à ce que les Yorubas eux-mêmes soient victimes des négriers.

Le commerce des esclaves : page 323

L'Amérique

jusqu'au xve s.

Tête d'un colosse de pierre représentant un dieu olmèque.

Les premiers occupants s'installent en Amérique du Nord à la fin de la période glaciaire, à la faveur d'une langue de terre qui rattache alors ce continent à l'Asie. Au IIIe s. av. J.-C., tandis que des civilisations avancées fleurissent en Orient, des communautés très hiérarchisées voient le jour en Amérique centrale et en Amérique du Sud. Les pyramides de Caral (2700 av. J.-C.), dans l'actuel Pérou, en sont une preuve. On doit aux Olmèques des environs du golfe du Mexique les premières formes d'écriture et les premiers calendriers. Plusieurs civilisations se développent, s'effondrent et revivent avant l'arrivée des Européens au début du XVIe s.

L'Amérique du Nord. Les Indiens s'organisent selon des structures très diverses. Les groupes sédentaires, comme les grandes cités de la culture mississippienne qui abritent jusqu'à 50 000 personnes, développent l'agriculture. Dans les Grandes Plaines, les tribus de chasseurs suivent les troupeaux de bisons (**2**). Les céramiques et les sculptures sur bois, dont celles des totems (**1**), sont de précieux témoignages sur leur vie quotidienne.

1

2

3

Teotihuacán. De nombreux temples ornés de peintures, ainsi que des pyramides datant de l'époque du Christ, attestent l'importance de Teotihuacán (**3**), une cité-État qui domine les hauts plateaux du Mexique. Sa population atteint jusqu'à 200 000 personnes et elle entretient des relations commerciales avec toute l'Amérique centrale.

Les Mayas. En Amérique centrale, la période classique de la civilisation est issue de la réunion de cités-États (**4**, ruines de Tikal) gouvernées par des princes-prêtres (**5**). Les Mayas sont mathématiciens et architectes de grand talent. Pour des raisons inconnues, les centres traditionnels s'effacent vers 900 devant les cités post-classiques, situées plus au nord.

REPÈRES

v. 13 000 ans av. J.-C. Immigration en provenance du nord.

v. 2700 av. J.-C. Pyramides de Caral (actuel Pérou).

v. 1500-400 av. J.-C. Civilisation olmèque en Amérique centrale.

1000-300 av. J.-C. Apogée de la culture de Chavín (actuel Pérou).

IIIe s. av. J.-C.-IXe s. apr. J.-C. Civilisations des Nazcas et des Mochicas au Pérou.

v. 200 apr. J.-C. Apogée de la culture anasazi, qui précède celle des Indiens Pueblos.

IIIe-VIIe s. Culture de Teotihuacán (Mexique).

300-900 Période classique de la civilisation maya (Mexique).

VIIIe s. Culture mississippienne.

v. 900 Période postclassique de la civilisation maya.

Xe-XIIe s. Civilisation toltèque en Amérique centrale.

Xe-XVe s. Règne des Chimús sur la côte du Pérou.

Page 249

4

5

Les Mayas : page 248

De la Renaissance aux Lumières

XVIe-XVIIIe s.

En Europe, la transition du Moyen Âge à l'ère moderne se caractérise par de profonds changements sociaux et culturels. La découverte du Nouveau Monde prélude au développement d'un vaste réseau commercial entre les pays européens et leurs colonies. Quant à la Réforme, elle entraîne un schisme au sein de la communauté chrétienne et met fin au monopole du catholicisme. Les idées humanistes progressent, offrant une vision du monde où l'homme est la valeur suprême. Alors que les souverains absolutistes renforcent leur pouvoir, la classe moyenne s'impose comme un élément de poids au sein de la société. Le siècle des Lumières est aussi propice au développement de l'étude des sciences naturelles et sociales. Parallèlement, de vastes empires comme ceux des Ottomans au Moyen-Orient, des Séfévides en Iran, des Moghols en Inde et des Mandchous en Chine atteignent leur apogée.

Louis XIV en chef militaire victorieux.

Les débuts du modernisme : la quête de nouveaux horizons

Malgré la survenue d'événements décisifs, comme la découverte du Nouveau Monde en 1492 et le début de la Réforme en 1517, la transition du Moyen Âge vers l'ère moderne en Europe ne se fait que progressivement. Vers la fin du Moyen Âge, des artistes et savants comme Dante et Pétrarque développent une vision humaniste du monde, faisant de l'homme, par opposition à Dieu ou à la religion, la valeur suprême. Cette philosophie nouvelle prend le pas sur les conceptions traditionnelles de l'individu et du cosmos en vigueur au Moyen Âge (**2**, illustration de la rupture avec le monde médiéval). Pour mieux préciser et affirmer leurs idées nouvelles, les humanistes s'appuient notamment sur les auteurs de l'Antiquité, une époque où le polythéisme prévalait sur le monothéisme. La critique de l'Église atteint son paroxysme en 1517 avec la Réforme initiée par l'Allemand Martin Luther, qui conteste la légitimité de l'institution catholique en tant qu'autorité religieuse suprême. Les avancées scientifiques – notamment l'élaboration du principe de gravité par Isaac Newton – amènent à remettre en question les anciennes croyances et révolutionnent le mode d'acquisition des connaissances. La redécouverte de l'Antiquité favorise l'expression des idéaux classiques dans le domaine artistique. Soucieuses d'étendre leur territoire et leur pouvoir, les puissances européennes financent des expéditions chargées de découvrir des terres et des voies maritimes nouvelles.

1

Au début du XVIIe s., les philosophes des Lumières, comme René Descartes (**1**), John Locke et Gottfried Wilhelm Leibniz, mettent au point des méthodes de raisonnement libres de toute connotation religieuse. Pour eux, la raison est la mesure de toute chose et doit donc intervenir dans tous les aspects de la vie.

Au XVIIIe s., ce même courant de pensée conteste les modes de gouvernement, mettant en avant les principes d'égalité et de communauté. Des penseurs comme Montesquieu et Voltaire prônent non seulement la liberté en matières religieuse et scientifique, mais aussi une analyse critique de l'équilibre des forces politiques.

Au début de l'ère moderne, la plupart des pays européens, inspirés par le modèle français, adoptent le régime absolutiste, dans lequel tous les pouvoirs relèvent

2

de l'autorité du monarque et non de la volonté du peuple. Cependant, de nombreux souverains, dont Frédéric le Grand en Prusse ou la Grande Catherine en Russie, sont inspirés par la philosophie des Lumières. Ces despotes éclairés, qui exercent un pouvoir absolu, veillent à limiter autant que possible l'influence de la noblesse et de l'Église. Mais ils favorisent l'émergence d'une classe moyenne et la formation de cercles humanistes, et soutiennent les réformateurs et les savants se réclamant des Lumières.

L'Allemagne

Page 119

1493-1519 Règne de Maximilien Ier et accession au pouvoir des Habsbourg (p. 126, 224). Rivalité avec la France pour la suprématie en Europe.

1517 Publication des 95 thèses de Martin Luther.

1519 Charles Quint, petit-fils de Maximilien Ier, roi d'Espagne (p. 216), devient empereur germanique.

1520 Luther rompt avec l'Église catholique.

1520 Luther écrit à la noblesse chrétienne de la nation germanique, l'invitant à soutenir la Réforme. Fin du célibat des moines.

1521 L'empereur Charles Quint promulgue l'édit de Worms, qui prononce l'hérésie de Luther.

1524-1526 Guerre des Paysans.

1526 Ferdinand Ier, frère de l'empereur Charles Quint, hérite de la Bohême et de la Hongrie. Guerre contre les Ottomans (p. 230).

1529 « Protestation » des princes et des États contre la condamnation des thèses de Luther à la diète de Spire.

1530 Confession d'Augsbourg.

1531 Formation de la ligue de Smalkalde.

Page 188

Le Saint Empire : la Réforme

1517-1531

1

Au sein même de l'Église se font entendre des appels à la réforme, visant à mettre davantage l'accent sur la Bible et réprouvant le matérialisme de la papauté. En 1517, le moine et théologien allemand Martin Luther stigmatise l'Église catholique, et notamment le profit qu'elle tire de la vente d'indulgences. Ses 95 thèses (**1**) critiquent les manquements de l'Église, et plus particulièrement ceux du pape. Face à Martin Luther, Rome choisit l'affrontement, sans mesurer la puissance de l'adversaire, ni bien connaître la situation politique allemande. Comme tous les opposants qui l'ont précédé, Luther est taxé d'hérésie pour avoir refusé de rétracter ses thèses devant la diète de Worms. Il est cependant soutenu par les puissants princes germaniques, qui cherchent à conforter leur pouvoir au sein de leurs territoires au détriment de l'Église. Leur appui, ainsi que celui du peuple, contribue à l'expansion de la Réforme tout autant qu'à celle d'une esquisse d'unité allemande.

La diète de Worms. En 1521, Martin Luther défend ses 95 thèses à la diète de Worms, devant l'empereur Charles Quint et les représentants de l'Église (**2**). Il refuse de se rétracter : lui-même et ses partisans sont donc taxés d'hérésie. L'Électeur Frédéric le Sage de Saxe lui offre asile en son château de la Wartburg.

2

Martin Luther (1483-1546)

Pour le moine et théologien Martin Luther, de Wittenberg, le salut de l'âme n'est possible que par la grâce de Dieu et non par des réalisations personnelles ou par l'achat d'indulgences. Après sa rupture avec Rome, il trouve refuge au château de la Wartburg, où il demeure jusqu'en 1522. C'est à cette période qu'il traduit le Nouveau Testament en allemand. En 1525, il épouse une religieuse défroquée, Katharina von Bora, qui lui donne six enfants. Pendant la guerre des Paysans, il condamne les actions des paysans et leurs idées sociales révolutionnaires. Convaincu de la nature divine de l'autorité des souverains, il tient toute révolte contre eux comme une attaque contre Dieu.

Thomas Müntzer. S'il se rallie aux critiques émises par Luther à l'égard de la papauté et du clergé, Thomas Müntzer (**3**) va plus loin en condamnant également la noblesse. Ce prédicateur expose aux paysans de Thuringe ses idées sur l'injustice sociale. Il mène l'armée des paysans en 1525 lors de la bataille de Frankenhausen. Après la défaite, Müntzer est décapité.

a guerre des Paysans. Au début du XVe s., s paysans veulent échapper au paiement des xes que leur imposent la noblesse et le clergé. eur soulèvement, encouragé par la Réforme, e mue en révolte en 1524. Ils procèdent à destruction de nombreux manoirs (**4**) : monastères. Réprimé en 1525-1526, ce oulèvement fait près de 100 000 morts chez s paysans.

La Confession d'Augsbourg. À la diète d'Augsbourg, en 1530, les princes protestants présentent la Confession d'Augsbourg (*Confessio augustana*) (**5**). Ce document rédigé par Philip Melanchthon, adepte de Luther, résume les thèses de ce dernier. Charles Quint et les princes catholiques rejettent la Confession en réitérant leur condamnation de Luther et de ses enseignements. Peu après, en 1531, les princes protestants forment la ligue de Smalkalde pour revendiquer la liberté religieuse.

Charles Quint : pages 216-217

L'Allemagne

Page 186

1531 Ferdinand Ier couronné roi de Rome. Création de la ligue de Smalkalde.

1536 Luther rédige les articles de Smalkalde.

1540-1541 Fondation de l'ordre des Jésuites.

1545 Convocation du concile de Trente.

1546-1547 Guerres de la ligue de Smalkalde.

1548 Proclamation par Charles Quint de l'Intérim d'Augsbourg.

1551-1552 La guerre des Princes contre Charles Quint est soutenue par la France.

1555 Paix d'Augsbourg et fin de la Réforme.

1556 Abdication de Charles Quint.

1559 L'Électeur palatin Frédéric III le Pieux se convertit au calvinisme.

1607 Occupation de la ville protestante de Donauwörth par le duc Maximilien Ier de Bavière, qui y rétablit le catholicisme.

1608/1609 Union évangélique et Ligue catholique. Tractations entre les protagonistes de la guerre de Trente Ans.

1609-1614 Guerre de succession de Juliers-Clèves.

Page 191

Le Saint Empire : protestants et catholiques

1531-1614

1

Pour Charles Quint (**1**), la Réforme constitue un danger non seulement pour la stabilité de l'Église, mais aussi pour celle de son empire, qui repose sur le ralliement des sujets à une religion unique. Convaincu de la nécessité de changements au sein de l'Église, il persuade le pape de convoquer le concile de Trente en 1545. Les princes protestants refusent d'y participer. Les guerres de la ligue de Smalkalde qui s'ensuivent voient d'abord la victoire de Charles Quint, mais ce sont finalement les princes protestants qui l'emportent grâce au soutien de la France, rivale des Habsbourg. Charles Quint abdique à la suite de la paix d'Augsbourg de 1555, qui garantit aux princes la liberté religieuse. Le répit n'est que de courte durée, d'autres mouvements de réforme, comme celui des calvinistes, entraînant d'autres guerres de religion. Les catholiques comme les protestants recherchent des alliés à l'étranger.

6

La Réforme en Europe

*Certains réformateurs discutent divers points de détail : les Suisses Zwingli (**7**) et Calvin (**8**), notamment, sont en désaccord avec Luther en ce qui concerne la communion. Le calvinisme, avec la doctrine de la prédestination, représente le courant le plus éloigné des thèses de Luther. Alors que le luthéranisme gagne tout le Saint Empire, la Scandinavie et les États baltes, le calvinisme fait souche en France, aux Pays-Bas, en Écosse et dans les colonies.*

7

2

La Contre-Réforme. L'ordre des Jésuites s'impose comme l'initiateur de la Contre-Réforme (p. 212). Pierre Canisius (**4**) prêche en Allemagne en 1534. À partir de 1597, la Bavière devient un bastion catholique sous l'égide de Maximilien Ier (**3**). Éduqué chez les Jésuites, ce dernier force les protestants de la région à se convertir.

paix d'Augsbourg. Les guerres de la ue de Smalkalde (**2**) font rage en 1546 1547, et se prolongent par la guerre des inces qui dure jusqu'en 1551-1552. La ix d'Augsbourg de 1555 voit la victoire des inces protestants. Le traité permet à chaque ince de choisir la religion de son territoire *ujus regio, ejus religio*).

3

4

5

La guerre de succession du duché de Juliers-Clèves. Au décès du dernier duc (catholique) de Juliers-Clèves, en 1609, la succession (**5**) oppose les princes de Neubourg et de Brandebourg. Tous deux se convertissent, le premier au catholicisme pour s'assurer le soutien de l'Espagne et des Wittelsbach, le second au calvinisme pour s'attirer les faveurs des Hollandais. En 1614, les princes s'accordent sur un partage (traité de Xanten).

8

1517 *Publication des 95 thèses de Martin Luther (**6**) (p. 186).*

1529 *Controverse relative à la communion entre Luther et Zwingli.*

1530 Confessio augustana *(Confession d'Augsbourg) des luthériens (p. 187).*

1531/1534 *Henri VIII rompt avec Rome et se proclame chef de l'église d'Angleterre (p. 202).*

1536-1541 *Jean Calvin à Genève.*

1555 *Paix d'Augsbourg.*

1559 *Les calvinistes de France (dits huguenots) tiennent leur premier synode national à Paris (p. 196).*

1560 *Le réformateur John Knox (**9**) rédige la* Confessio Scotica *(Confession écossaise) des calvinistes écossais.*

9

La guerre de Trente Ans

1618-1648

Troupes suédoises et impériales s'affrontent à la bataille de Breitenfeld (163

La guerre de Trente Ans éclate en 1618, à la suite du conflit de succession à la couronne de Bohême, attisé par l'hostilité grandissante entre les protestants et les catholiques (p. 188). Ces affrontements impliquent les principales puissances européennes, les alliances se formant au gré des relations familiales, des appartenances religieuses et des calculs politiques : l'Espagne, catholique, se range aux côtés de l'empereur, la Suède soutient les protestants, la France, catholique, soutient des protestants pour contrer les Habsbourg. De vastes régions d'Allemagne sont dévastées. En 1648 est signée la paix de Westphalie.

Une guerre dévastatrice. La guerre de Trente Ans est dévastatrice pour la majorité de la population, même si certains, comme le chef des armées impériales Wallenstein, tirent profit de la situation pour s'enrichir à titre personnel par l'acquisition de terres et la vente d'armes. Les soldats ne touchent leur solde que très irrégulièrement. Ils compensent en pillant les territoires occupé La torture, les assassinats (**1**) et les viols sont légion. À la fin de la guerre, la population de certaines régions de l'empire est décimée à hauteur de 70 %

1

La défenestration de Prague. Les membres de la noblesse de Bohême, surtout les protestants, contestent l'autorité des Habsbourg, au pouvoir depuis 1526 (p. 224). Ils réclament davantage de liberté et le droit de vote. La situation s'aggrave en 1618, avec la défenestration de deux gouverneurs habsbourgeois et d'un de leurs domestiques depuis le château de Prague (**2**). L'année suivante, l'Électeur palatin protestant Frédéric V devient roi de Bohême. Il est vaincu par les soldats de la Ligue catholique en 1620.

Page 188

1618 Défenestration de Prague.

1620 Défaite de Frédéric V, Électeur palatin et roi de Bohême, lors de la bataille de la Montagne blanche.

1623 Maximilien Ier de Bavière devient Électeur palatin (p. 189).

v. 1629 Tilly et Wallenstein mènent leurs troupes en Allemagne.

1631 Victoire du roi Gustave II Adolphe de Suède à la bataille de Breitenfeld.

1632 Défaite de Gustave II Adolphe à la bataille de Lützen.

1634 Assassinat de Wallenstein.

v. 1635 La France encourage les protestants à poursuivre la guerre.

1648 Paix de Westphalie.

Page 192

Wallenstein. Le Bohémien Albrecht von Wallenstein (**3**), commandant en chef des armées impériales, mène les troupes de l'empereur aux côtés du comte de Tilly. Il tire profit de ses campagnes victorieuses pour agrandir ses propriétés personnelles. Son attitude suscite des jalousies. Il est assassiné en 1634 (**4**).

Gustave Adolphe. Après la victoire des troupes impériales dans le nord de l'Allemagne, le roi de Suède Gustave II Adolphe (**6**) s'engage aux côtés des protestants. En 1632, les Suédois vainquent les catholiques à la bataille de Lützen (**5**). Gustave Adolphe trouve la mort lors des combats.

» **Gustave Adolphe de Suède :** page 222

Page 191

L'Allemagne

1640-1688 Règne de Frédéric Guillaume, Électeur de Brandebourg et duc de Prusse, dit le Grand Électeur.

1648 Paix de Westphalie : scission des Pays-Bas et de la Suisse de l'empire (p. 120 et 210). La Suède conquiert l'ouest de la Poméranie, la France occupant les territoires de l'Ouest.

1658-1705 Règne de l'empereur Léopold Ier.

1675 Bataille de Fehrbellin : l'armée prussienne vainc la Suède et occupe la Poméranie.

1679-1681 Occupation par la France de certaines régions d'Allemagne.

1683 Siège de Vienne par les Ottomans.

1685 Installation des huguenots en Prusse et au Brandebourg à la faveur de l'édit de tolérance de Potsdam.

1688-1697 Guerre de la Grande Alliance (p. 200). Expulsion de la France du Palatinat.

v. 1697 Reprise de territoires autrichiens en Hongrie sous la conduite d'Eugène de Savoie.

1699 Paix de Karlowitz : l'Autriche s'empare de toute la Hongrie.

Page 195

Le Saint Empire au XVIIe s.

1648-1700

Après la conclusion de la paix de Westphalie en 1648, le Saint Empire n'est plus qu'une alliance de divers États souverains gouvernés par les princes-Électeurs. Les Habsbourg d'Autriche étendent leur emprise territoriale à la faveur de campagnes militaires. Ils prennent ainsi le contrôle de la Bohême pendant la guerre de Trente Ans. Leur victoire sur les Ottomans, après le siège de Vienne de 1683, leur rapporte la Hongrie. Les princes-Électeurs de Bavière et de Brandebourg-Prusse sont également de puissants souverains. La France, animée de velléités expansionnistes, tire profit de la faiblesse du pouvoir central de l'empire, réduit à l'association d'une multitude de petites principautés.

Léopold Ier en costume de théâtre.

La paix de Westphalie. La guerre de Trente Ans (p. 190) prend fin avec la signature du traité de paix de Westphalie (**1**). Celui-ci prévoit qu'aucun État ne peut intervenir dans les affaires religieuses d'un autre. Les protestants et les catholiques conservent les terres conquises, tandis que la Suisse et les Pays-Bas proclament leur indépendance du Saint Empire. Les principales bénéficiaires de la situation sont la France et la Suède, qui assoient leur statut de grandes puissances. Le Saint Empire n'a plus à sa tête qu'un souverain affaibli, à l'autorité symbolique.

1

La chasse aux sorcières

Depuis la fin du Moyen Âge, les procès en sorcellerie se généralisent en Europe. Les femmes sont plus particulièrement visées et servent de boucs émissaires, à qui on fait porter la responsabilité de maux comme les épidémies de peste ou toute autre catastrophe naturelle. Accusées de s'allier avec le diable et de se livrer à la magie noire, elles sont jugées, torturées, généralement « déclarées coupables » puis brûlées en public.

Le Grand Électeur. Frédéric Guillaume de Brandebourg (**2**), dit le Grand Électeur, hérite en 1618 du duché de Prusse, formé en 1525 à partir de terres conquises par les Chevaliers teutoniques (p. 155). Après les ravages de la guerre de Trente Ans, Frédéric Guillaume lance la reconstruction. L'édit de tolérance de Potsdam (p. 198), en 1685, attire les huguenots chassés de France, ainsi que de la main-d'œuvre spécialisée.

2

3

Les Ottomans. Les hostilités entre les Habsbourg et les Ottomans commencent en 1526 au sujet de la Hongrie (p. 224). Le conflit atteint son apogée avec le siège de Vienne par les Turcs en 1683. Vaincus lors de la bataille de Kahlenberg (**3**), les Ottomans sont chassés de Hongrie en 1699 par l'armée des Habsbourg, menée par le prince Eugène de Savoie (**4**).

4

Les Ottomans : pages 230-233 | **L'expansionnisme français :** pages 198-200

Le Saint Empire au XVIIIe s.

1697-1806

Au XVIIIe s., l'Autriche et la Prusse s'imposent comme les puissances dominantes au sein du Saint Empire. Le roi Frédéric II de Prusse (**1**) hérite de son père Frédéric-Guillaume Ier, le Roi-Sergent, une immense armée qui lui permet d'agrandir son emprise territoriale, notamment par l'annexion de la Silésie, prise à l'Autriche. En 1740, au décès de Charles VI, dernier empereur Habsbourg, Marie-Thérèse accède au trône. Son fils Joseph II entreprend de nombreuses réformes inspirées de la philosophie des Lumières. Cependant, l'ordre établi ne peut résister à la pression révolutionnaire ni à l'expansion napoléonienne. L'année 1806 marque la chute du Saint Empire.

1

2

Auguste le Fort. La corruption de la noblesse (p. 224) entraîne en 1697 l'élection d'Auguste, Électeur de Saxe (**2**), comme roi de Pologne. Celui-ci se convertit au catholicisme afin d'accéder au trône. Ses ambitions politiques et le train de vie de sa cour (**3**, le palais Zwinger, à Dresde) affaiblissent les finances de la Saxe, déclenchant une série de conflits.

3

4

Marie-Thérèse. Destituée du trône de Silésie, Marie-Thérèse (**4**) maintient ses droits sur l'empire des Habsbourg. En 1745, son époux François Ier de Lorraine est élu empereur germanique. Elle mène de vastes réformes économiques et administratives, et conclut pour ses enfants des mariages dynastiques avec diverses familles royales, notamment avec les Bourbons en la personne de Marie-Antoinette.

5

Joseph II. Après le décès de Marie-Thérèse, sa mère, en 1780, Joseph II (**5**) accède au pouvoir et règne en despote éclairé. Espérant unifier son empire, il impose des réformes libérales qui s'avèrent trop radicales. Par ailleurs, il fait de nombreuses concessions, espérant par là s'attacher certains groupes d'influence. Il intervient notamment dans le domaine religieux, pour abolir les pèlerinages et les cloîtres. Ses mesures sont contestées.

Page 192

1697-1763 Union personnelle entre la Saxe et la Pologne.

1701-1713/1714 Guerre de la Succession d'Espagne (p. 218).

1701 Frédéric III accède au trône sous le nom de Frédéric Ier de Prusse.

1711-1740 Charles VI empereur.

1713-1740 Règne de Frédéric-Guillaume Ier sur la Prusse et le Brandebourg.

1714-1837 Union personnelle entre le Hanovre et la Grande-Bretagne (p. 206).

1740-1780 Règne de Marie-Thérèse en Autriche.

1740-1748 Guerre de la Succession d'Autriche et annexion de la Silésie.

1745 François Stéphane de Lorraine devient empereur d'Autriche sous le nom de François Ier. Règne de la dynastie des Habsbourg-Lorraine (jusqu'en 1806/1918).

1756-1763 Guerre de Sept Ans. Conflit entre l'Autriche et la Prusse (p. 255).

1806 Chute du Saint Empire (p. 271).

Page 196

rédéric II. Les guerres menées ar Frédéric II imposent la Prusse omme une grande puissance (**7**, célébration de la victoire lors de la guerre de la Succession d'Autriche, 1745). Frédéric se distingue par son goût artistique (**6**, palais de Sans-Souci) et par son intérêt pour la philosophie.

6

7

Le conflit austro-hongrois : page 284

Le château de Chambord, dans le Val de Loire, construit par François Ier.

Page 195

La France

1515-1547 Règne de François Ier.

1525 François Ier est battu à Pavie par l'empereur Charles Quint (p. 214), un Habsbourg.

1526 Alliance entre François Ier et le pape Clément VII, de la famille Médicis.

1546 Première communauté protestante de France (p. 188).

1547-1559 Règne du roi Henri II, de la dynastie des Valois.

1551-1552 La guerre des Princes voit la victoire des princes germaniques, épaulés par la France, contre l'empereur Charles Quint.

1559 Traité de paix du Cateau-Cambrésis. Henri II reconnaît la souveraineté des Habsbourg en Italie.

1559 Premier Synode des huguenots à Paris.

1572 Mariage d'Henri de Bourbon avec Marguerite de Valois. Saint-Barthélemy.

1589 Mort de Catherine de Médicis et d'Henri III. Extinction de la maison de Valois.

1589/1594-1610 Henri de Navarre devient roi sous le nom d'Henri IV.

1598 Édit de Nantes.

Page 198

La France au XVIe s.

1515-1610

Les rois de France de la maison de Valois œuvrent pour affaiblir les Habsbourg (p. 216), qui contrôlent les territoires limitrophes du Saint Empire – Pays-Bas Bourgogne, Espagne et nord de l'Italie. François Ier (1 et Henri II réussissent à saper l'autorité des Habsbourg avec l'aide des protestants d'Allemagne (p. 188), sans pour autant les vaincre sur le plan militaire. Le trône de France est quant à lui menacé par les huguenots, frange protestante de la noblesse française (p. 189). Catherine de Médicis, veuve d'Henri II, tente d'attiser les conflits entre les diverses factions pour préserver son autorité. Les prétention des Bourbons huguenots au trône de France la conduisent à marier sa fille Marguerite avec Henri de Navarre, de la lignée des Bourbons. Dans le même temps, elle conspire avec les Guises, de confession catholique, pour faire assassiner le chef des huguenots. Après le massacre de la Saint-Barthélemy, une guerre civile éclate, qui ne prendra fin qu'avec la promulgation de l'édit de Nantes en 1598.

1

'atherine de Médicis. Pour contrer les Iabsbourg, le pape Clément VII (p. 212) organise e mariage de sa nièce Catherine de Médicis ıvec Henri II, roi de France (**2**, monument unéraire). Après le décès d'Henri en 1559, :atherine assume la régence. Son influence n tant que reine mère ne faiblit pas pendant es règnes successifs de ses fils. Sa mort en 1589 st suivie de près par l'assassinat de son troisième ils, le roi Henri III. Ce dernier s'éteignant sans aisser d'héritier, la couronne revient à Henri le Navarre.

2

3

La Saint-Barthélemy. Après l'attentat manqué contre Gaspard de Coligny, chef militaire des huguenots, Catherine de Médicis et le duc de Guise craignent les réactions de ces derniers. De manière préventive, ils font massacrer (**3**), au cours de la nuit de la Saint-Barthélemy en 1572, des milliers de huguenots, venus à Paris à l'occasion du mariage d'Henri de Bourbon et de Marguerite de Valois.

'édit de Nantes. Pendant les guerres de Religion qui agitent a France, le protestant Henri le Navarre succède à Henri III t ceint la couronne en 1589. on autorité n'est cependant as reconnue par la catholique spagne. Pour mettre fin à la guerre civile qui fait rage, il se onvertit au catholicisme en 593 ; l'année suivante, il est acré roi de France sous le nom l'Henri IV. Il reconnaît les droits les protestants de France par édit de Nantes (**4**) en 1598. 'rès apprécié de ses sujets, Ienri IV est assassiné en 1610 ar un catholique fanatique.

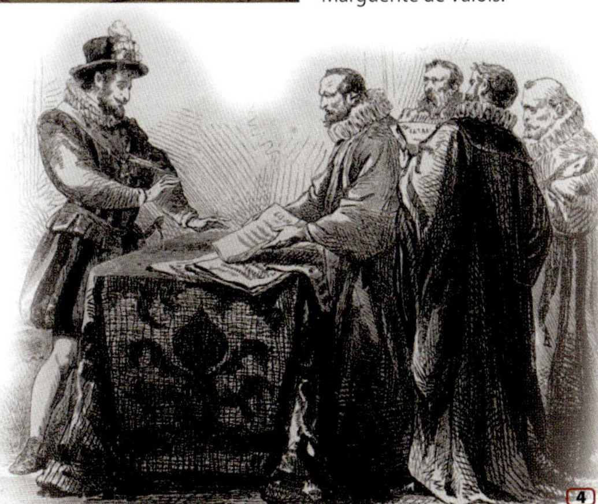

4

» **Les Habsbourg :** pages 208-209

Page 196

1610-1643 Règne de Louis XIII.

1618-1648 Guerre de Trente Ans.

1624-1642 Le cardinal de Richelieu est le dirigeant de fait de la France.

1628 Prise de La Rochelle, dernière place forte des huguenots.

1631 Alliance de la France et de la Suède contre les Habsbourg pendant la guerre de Trente Ans.

1643 Règne de Louis XIV.

1643-1661 Régence du cardinal Mazarin.

1648 Paix de Westphalie.

1648-1653 Fronde des princes.

1659 Traité des Pyrénées, par lequel l'Espagne concède des territoires à la France.

1661 Début de la construction du château de Versailles.

1679-1681 Annexion de territoires germaniques de l'Alsace.

1685 Révocation de l'édit de Nantes et exil de quelque 200 000 huguenots.

1688-1697 Guerre de la Grande Alliance (p. 200). Expulsion de la France des territoires germaniques occupés.

Page 200

La France au XVIIe s.

1610-1697

1

La France connaît deux régences successives, celles des cardinaux de Richelieu et Mazarin. Ceux-ci tirent profit de l'implication des Habsbourg dans la guerre de Trente Ans (p. 190) ainsi que du déclin de l'Empire espagnol pour imposer la domination française en Europe. Sur le plan des affaires intérieures, ils abolissent les privilèges de la noblesse. Après le décès de Mazarin, en 1661, Louis XIV (**1**) règne en monarque absolu. Grâce à ses campagnes militaires et à la gestion rigoureuse des affaires par Mazarin puis Colbert, le Roi-Soleil fait de la France la principale puissance européenne au long d'un règne de 54 ans. Le palais de Versailles, symbole du rayonnement de la culture et du style français, suscite l'admiration de toute l'Europe.

Le cardinal de Richelieu (3). Il assure la régence pour le compte de Louis XIII et, plus tard, pour son fils Louis XIV. Il abolit les privilèges de la noblesse et révoque l'édit de Nantes (p. 197). Il lève une campagne militaire contre les huguenots (**2**, avec le roi au siège de La Rochelle, 1628) mais, dans le même temps, soutient les princes protestants de l'empire germanique contre les Habsbourg.

2

3

Le cardinal Mazarin. À la mort du cardinal de Richelieu, et sur la recommandation de celui-ci, le cardinal Mazarin (**4**) accède au pouvoir en 1643 en tant que principal ministre d'État. Il mate la Fronde des princes (**5**, manifestants au Louvre à Paris) et réprime toute opposition. Il s'agit du dernier soulèvement de l'aristocratie ; celle-ci sera ensuite soumise au roi et à la cour et n'aura plus qu'un rôle de représentation.

Le palais de Versailles

En 1661, Louis XIV entreprend la construction d'une nouvelle résidence royale, à Versailles. Le château devient le symbole de la puissance de la monarchie française. La magnificence de son architecture, de sa décoration, de ses jardins, ainsi que de la vie de la cour, stupéfie l'Europe.

Louis XIV (1638-1715)

À partir de 1661, Louis XIV règne en monarque absolu. Mais il s'entoure de ministres talentueux auxquels il confie la gestion des affaires du pays. Colbert, son ministre des Finances, favorise le développement du commerce et de l'industrie, tandis que Louvois, ministre de la Guerre, assure les conquêtes de la France. Le Roi-Soleil a l'un des règnes les plus brillants de l'histoire de France.

» **Les guerres de Louis XIV :** page 200

La France

Page 198

1697 Traités de Ryswick ; la France est expulsée de la Lorraine et du Palatinat.

1701-1713/1714 Guerre de la Succession d'Espagne (p. 218).

1713 Accession des Bourbons au trône d'Espagne après le traité d'Utrecht.

1715-1774 Règne de Louis XV.

1715-1723 Régence de Philippe II, duc d'Orléans.

1723-1743 Régence du cardinal Fleury.

1745-1764 Influence de la marquise de Pompadour.

1756 Alliance avec l'Autriche. Fin du conflit avec les Habsbourg.

1756-1763 Guerre de Sept Ans. La France perd ses colonies du Nouveau Monde au profit de la Grande-Bretagne.

1774-1792 Règne de Louis XVI.

1789 Début de la Révolution française.

Page 264

La France au XVIIIe s.

1697-1789

La couronne de Louis XV.

Les guerres de Louis XIV, qui se concluent avec la guerre de la Succession d'Espagne (**1**, bataille de Malplaquet, 1709), laissent la France exsangue. Les caisses de l'État sont quasiment vides lors de l'accession au trône de Louis XV. Le règne de ce dernier est fortement influencé par le cardinal Fleury puis par la marquise de Pompadour, qui pousse à la conclusion d'une alliance entre la France et l'Autriche mettant fin au conflit avec les Habsbourg. En 1763, à l'issue de la guerre de Sept Ans, la France perd ses colonies du Nouveau Monde au profit des Anglais (p. 255). Les guerres et le train de vie de la cour grèvent le budget de l'État. Le mécontentement du peuple, accablé par l'impôt, est de plus en plus vif. La monarchie absolue des Bourbons prend fin avec la Révolution française.

1

Les guerres. La France mène la guerre contre toute l'Europe (la Grande Alliance). Alors que Louis XIV est chassé du Palatinat en 1697, ses armées battant en retraite saccagent les villes qui se trouvent sur son passage (**2**, la destruction d'Heidelberg).

2

La marquise de Pompadour. Issue de la bourgeoisie, Jeanne-Antoinette Poisson (**3**) devient la maîtresse en titre du roi Louis XV. Faite marquise en 1745, elle influence la politique de la France jusqu'à sa mort en 1764. Elle accorde sa protection à nombre de scientifiques et d'artistes. Sur le plan politique, elle œuvre à la conclusion de l'alliance entre la France et l'Autriche pendant la guerre de Sept Ans. La défaite grève considérablement les finances de la France et lui vaut de perdre ses plus importantes colonies (**4**, Québec).

Voltaire et les Lumières

Les philosophes des Lumières, comme Montesquieu et Rousseau, critiquent l'absolutisme et l'intolérance religieuse de l'État, et veulent accorder davantage de pouvoir au peuple. Voltaire admire particulièrement le système parlementaire anglais.

La crise financière. Le somptueux train de vie de la monarchie, notamment celui de la reine Marie-Antoinette (**5**), mène inexorablement la France à la faillite. Louis XVI tente de réformer l'imposition afin d'alléger la pression fiscale pesant sur les paysans et les bourgeois (**6**, caricature d'un paysan portant sur son dos la noblesse et le clergé). Son initiative est contrecarrée par la noblesse et le clergé.

» **La guerre de Sept Ans :** page 255

Page 200

1485 Fin de la guerre des Deux-Roses (p. 131). Règne des Tudors (jusqu'en 1603).

1509-1547 Règne d'Henri VIII.

1534 Rupture de l'Église d'Angleterre avec Rome.

1541 Henri VIII d'Angleterre est roi d'Irlande. Émigration des protestants en Irlande (p. 133).

1542-1567/1568 Règne de Marie Stuart en Écosse.

1553-1558 Règne de Marie Ire, dite Marie la Sanglante, et retour de l'Angleterre au catholicisme.

1558-1603 Règne d'Élisabeth Ire.

1560 John Knox, réformateur écossais et partisan de Calvin, rédige la *Confessio Scotica* (p. 189).

1564 Publication des Trente-Neuf Articles d'Elizabeth Ire qui rétablit l'Église anglicane.

1567-1568 John Knox et la noblesse protestante d'Écosse détrônent Marie Stuart, qui fuit en Angleterre.

1584 Première colonie anglaise d'Amérique du Nord (la Virginie) fondée par Walter Raleigh.

1587 Élisabeth Ire ordonne l'exécution de Marie Ire d'Écosse (p. 204).

1600 Fondation de la Compagnie anglaise des Indes orientales.

Page 205

L'Angleterre, l'Écosse et l'Irlande au XVIe s.

1485-v. 1603

Les roses blanche et rouge des maisons d'York et de Lancastre.

Les Tudors accèdent au pouvoir en 1485 à l'issue de la guerre des Deux-Roses. Le roi Henri VIII et sa fille Élisabeth Ire s'imposent comme de puissants monarques. Après la rupture du roi Henri avec le Vatican et l'expansion de la Réforme, de violents conflits religieux secouent l'Europe. Les tentatives de Marie Ire, reine d'Angleterre, et de Marie Stuart, reine d'Écosse, pour restaurer le catholicisme sont contrées par une forte résistance, qui culmine avec la destitution de la seconde. L'exécution de Marie Stuart par Élisabeth Ire et le soutien de cette dernière aux rebelles néerlandais déclenchent la guerre avec l'Espagne catholique. Après la défaite de l'Armada espagnole, l'Angleterre s'impose comme la principale puissance européenne.

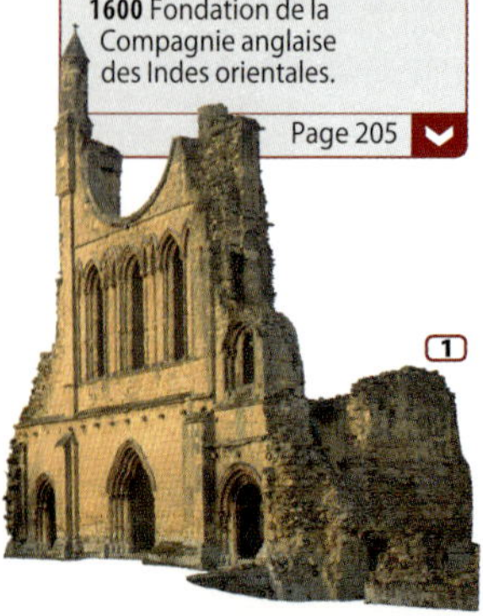

1

La Réforme en Angleterre. Le roi Henri VIII se marie six fois (**2**) et fait exécuter deux de ses épouses. Le refus du pape de consentir à son divorce d'avec sa première épouse entraîne la rupture de l'Angleterre avec la papauté à Rome. Se proclamant chef de l'Église d'Angleterre (qui deviendra l'Église anglicane) en 1534, Henri confisque les biens de l'Église catholique (**1**, ruines d'un couvent du Yorkshire), qu'il s'approprie ou donne aux nobles qui le soutiennent.

2

3

Le retour au catholicisme. Marie Ire (**4**), fille aînée d'Henri VIII, tente de revenir sur la politique religieuse de son père et de rétablir l'Église catholique en Angleterre. Les violentes persécutions (**3**) des protestants et de ses opposants lui valent le surnom de Marie la Sanglante.

4

Élisabeth Ire Tudor, la « reine vierge » (1533-1603)

En 1558, la fille d'Anne Boleyn et d'Henri VIII accède au trône sous le nom d'Élisabeth Ire. Son règne est marqué par une économie florissante, due au développement du commerce maritime, mais aussi par un formidable essor culturel (elle est fortement influencée par la Renaissance). Pour écarter les influences étrangères, elle renonce à se marier, ce qui lui vaut le surnom de « reine vierge ».

5

L'Angleterre, puissance maritime. En 1558, les Espagnols attaquent l'Angleterre avec leur Armada (**6**), flotte de grande envergure qui, bien que supérieure en nombre, sera cependant anéantie par les troupes anglaises. À l'issue de cette bataille, l'Angleterre s'impose comme la nouvelle puissance maritime en Europe. De manière non officielle, la reine Élisabeth fait capturer les bâtiments espagnols par des corsaires, comme Francis Drake (**5**), et confisque leur chargement en or et en argent.

6

L'Angleterre, l'Écosse et l'Irlande au XVIIe s.

1603-1707

Charles Ier Stuart sous trois angles, par Van Dyck.

Au décès d'Élisabeth Ire, en 1603, la couronne d'Angleterre passe à Jacques VI d'Angleterre, le fils protestant de Marie Stuart. Les tentatives de certains Stuarts, notamment Charles Ier et Jacques II, d'établir une monarchie absolutiste à la française (p. 198) échouent et conduisent à la guerre civile en 1642. En 1648, Charles Ier est destitué et la Glorieuse Révolution de 1688-1689 institue une monarchie constitutionnelle. Les îles Britanniques sont agitées par des troubles et des luttes pour le pouvoir opposant les Anglais, les Écossais et les Irlandais, ainsi que par des conflits religieux entre catholiques, anglicans et puritains (protestants radicaux). Le Parlement promulgue en 1701 l'Acte d'établissement, qui écarte les catholiques de la couronne anglaise et s'arroge le droit de nommer les successeurs au trône d'Angleterre. C'est ainsi que l'Électeur de Hanovre, protestant germanique, accède au pouvoir.

Les Stuarts. La catholique Marie Stuart (**2**), reine d'Écosse, prétend au trône d'Angleterre de par sa parenté avec les Tudors. Elle conteste la légitimité d'Élisabeth Ire (p. 202), qu'elle considère comme la fille illégitime d'Henri VIII. Élisabeth Ire la fait emprisonner en 1568, puis exécuter en 1587. Son fils Jacques VI puis Jacques Ier, qui accède au trône, réunit l'Angleterre et l'Écosse en 1603. Les tentatives de Charles Ier, fils de Jacques, d'établir une monarchie absolutiste déclenchent en 1642 une guerre civile qui oppose la couronne et le Parlement, dont les troupes sont menées par Cromwell. Arrêté en 1648, Charles Ier est jugé et exécuté (**1**) un an plus tard à Londres.

2

1

a République nglaise. En 648, Oliver romwell nstaure une épublique (**3**, 'arlement présidé ar Cromwell) baptisée ommonwealth. Il dissout e Parlement, qui ne correspond as à ses vœux, et prend en 653 le titre de lord-protecteur. égnant comme un monarque, il engage contre les Hollandais une guerre victorieuse. Sa politique puritaine suscite une opposition croissante en raison des interdits qu'elle impose, comme ceux des théâtres et des concerts. En 1660, deux ans après sa mort, Charles II, revenu d'exil, est couronné roi d'Angleterre.

3

La Glorieuse Révolution. Pendant la Glorieuse Révolution de 1688-1689, le roi catholique Jacques II est écarté du trône. Le Parlement, l'armée et la bourgeoisie offrent la couronne à Guillaume III d'Orange (**4**) (p. 211), son gendre protestant, à la condition qu'il accepte la Déclaration des droits (Bill of Rights) établissant une monarchie constitutionnelle.

4

Page 202

1603 Jacques VI Stuart, roi d'Écosse, ceint la couronne d'Angleterre sous le nom de Jacques Ier.

1625-1648 Règne de Charles Ier.

1642-1648/1649 Guerre civile opposant le Parlement et la couronne.

1649 Exécution de Charles Ier.

1649/1653-1658 Règne de Cromwell, lord-protecteur.

1652-1654 Bataille navale contre les Pays-Bas.

1660 Restauration des Stuarts.

1685-1688 Jacques II se reconvertit au catholicisme.

1688-1689 Glorieuse Révolution et Bill of Rights.

1688-1702 Règne de Guillaume III d'Orange.

1690 Bataille de la Boyne.

1701 L'Acte d'établissement écarte les catholiques de l'accession au trône.

1707 L'Angleterre et l'Écosse s'unissent dans le Royaume-Uni de Grande-Bretagne.

Page 206

'Irlande. À partir du XVIe s., les ois d'Angleterre encouragent installation des protestants nglais (p. 133) en Irlande, dans e but de contrer les catholiques landais. Sous le règne des tuarts, de 1649 à 1651, les landais voient leurs terres onfisquées par Cromwell et edistribuées aux immigrants nglais. Pendant la Glorieuse Révolution, les Irlandais outiennent Jacques II, qui autionne la persécution des rotestants (**5**). Ils seront vaincus ar Guillaume III d'Orange à a bataille de la Boyne en 1690.

5

Page 205

1701-1713/1714 Guerre de la Succession d'Espagne (p. 218).

1714-1901 Règne de la dynastie des Hanovre.

1721-1742 Robert Walpole Premier ministre.

1746 Bataille de Culloden.

1756-1763 Guerre de Sept Ans. La France concède à l'Angleterre ses colonies nord-américaines et indiennes (p. 254).

1756/1757-1761 William Pitt, Premier ministre pendant la guerre de Sept Ans.

1760-1820 Règne de George III.

1775-1783 Guerre de l'Indépendance américaine (p. 256).

1783-1801/1804-1806 William Pitt, dit le Second Pitt, Premier ministre.

1784 Prise de contrôle de la Compagnie anglaise des Indes orientales par le gouvernement.

1793 Participation de la Grande-Bretagne à la Coalition. Guerre contre la France (p. 266).

1798 Révolte en Irlande.

1801 Réunion de la Grande-Bretagne et de l'Irlande pour former le Royaume-Uni.

1811 Règne de George IV (p. 290).

Page 290

L'Angleterre et l'Irlande au XVIIIe s.

1701-1811/1820

1

Après son accession au trône d'Angleterre en 1714 sous le nom de George Ier (**1**), l'Électeur de Hanovre crée une union personnelle entre la Grande-Bretagne et Hanovre. Sous la dynastie des Hanovre, le pouvoir du Parlement croît régulièrement jusqu'à la création d'un poste de Premier ministre. Aidé de sa marine (**2**), la Grande-Bretagne, tentant de maintenir un équilibre en Europe, participe à la guerre de Sept Ans, à la guerre de la Succession d'Espagne, ainsi qu'aux guerres de la Coalition.

2

Marlborough. Duc de Marlborough depuis 1702, John Churchill (**4**) est un chef militaire valeureux. L'Angleterre lui doit sa victoire dans la guerre de la Succession d'Espagne. Churchill reçoit en récompense des terres à Blenheim, où il fait construire un palais de style baroque (**3**).

4

3

5

La bataille de Culloden. Pendant leur exil, les Stuarts œuvrent pour récupérer la couronne d'Angleterre. Le petit-fils de Jacques II, Charles Édouard Stuart, surnommé Bonnie Prince Charlie (**5**) débarque en Écosse en 1745. Avec ses partisans des Highlands, il marche sur Londres. Ses premiers succès sèment la panique à la cour, mais il est finalement contraint de battre en retraite. Après sa cuisante défaite lors de la bataille de Culloden en 1746 et la répression de la révolte qui s'ensuit, il s'enfuit à Paris.

6
Le Pitt sans envergure », le Second Pitt
evant le Parlement (caricature 1792).

Le Premier ministre. Les premiers rois de la dynastie des Hanovre confient l'autorité politique au Premier ministre Robert Walpole et à son parti libéral des whigs. George III (**7**), qui voudrait davantage de pouvoir, soutient plutôt les tories conservateurs, adversaires des whigs. Sa mauvaise gestion du conflit colonial aux États-Unis fait dégénérer la situation et déclenche la guerre de l'Indépendance américaine. En 1783, George III nomme au poste de Premier ministre William Pitt le Jeune (**6**), qui redresse les finances du pays, grevées par la guerre contre les États-Unis. À partir de 1788,

7

la monarchie est affaiblie par les accès de folie du roi, de plus en plus fréquents. En 1793, l'Angleterre déclare la guerre à la France pour contrer sa politique expansionniste.

Londres, capitale du monde

Après la terrible épidémie de peste de 1665-1666 et le grand incendie qui ravage Londres en 1666, la ville est reconstruite avec magnificence. S'imposant comme la plus moderne et la plus riche des métropoles de l'époque, elle est aussi le centre colonial de l'Empire britannique. Malgré sa défaite dans la guerre de l'Indépendance américaine, la Grande-Bretagne étend son emprise territoriale au XVIIe s. au détriment de la France. À la fin du XVIIe s., Londres devient l'un des centres financiers les plus importants du monde.

› **La guerre de l'Indépendance américaine :** pages 256-257

Page 126

Les Pays-Bas

1477 Les Pays-Bas reviennent aux Habsbourg.

1506-1555/1556 Charles Quint, roi d'Espagne, à la tête des Pays-Bas.

1523 Premières exécutions de protestants, taxés d'hérésie.

1555/1556-1598 Philippe II, roi d'Espagne, dirige les Pays-Bas.

1566 Fondation de l'Église calviniste du nord des Pays-Bas à la suite du synode d'Anvers.

1567-1573 Règne du duc d'Albe sur les Pays-Bas.

1568 Exécution d'Egmont et de Hoorn, chefs de l'opposition. Début de la guerre d'Indépendance (jusqu'en 1648).

1572 Guillaume Ier d'Orange s'engage dans le conflit contre l'Espagne.

1576 Pacification de Gand. Révolte de toutes les provinces des Pays-Bas.

1578-1585 Alexandre Farnèse, gouverneur espagnol des Pays-Bas, conquiert les provinces méridionales (les Pays-Bas espagnols).

1579 Scission au sein du mouvement révolutionnaire entre catholiques (Union d'Arras) et calvinistes (Union d'Utrecht).

1581 L'Union d'Utrecht proclame l'indépendance de la République des Provinces-Unies.

1584 Assassinat de Guillaume d'Orange.

1585-1625 Règne de Maurice d'Orange.

1609-1621 Cessez-le-feu.

1648 Traités de paix de La Haye et de Westphalie (p. 192) garantissant l'indépendance des provinces septentrionales.

Page 210

Les Pays-Bas au XVIe s.

1477-1648

Les Pays-Bas contribuent grandement à la prospérité économique et à l'essor culturel de l'Europe du XVIe s. La plupart des provinces et des villes du pays sont administrées par des autorités locales fermement opposées aux revendications des Habsbourg, au pouvoir depuis 1477. Outre ces troubles politiques, les Pays-Bas connaissent des conflits opposant protestants et catholiques. En 1581, les provinces du Nord, majoritairement protestantes, proclament leur indépendance et prennent les armes sous le commandement des princes d'Orange-Nassau. Le Sud, à forte majorité catholique, demeure sous le contrôle des Habsbourg espagnols. Par le traité de Westphalie de 1648, l'Espagne et le Saint Empire reconnaissent l'indépendance du nord des Pays-Bas.

Guillaume Ier d'Orange.

Le règne des Habsbourg. Marie de Valois (**1**), fille du dernier duc de Bourgogne et héritière des Pays-Bas, épouse l'empereur Maximilien Ier (p. 127) de la dynastie de Habsbourg, en 1477. Les Habsbourg tentent de consolider leur emprise sur les provinces septentrionales, très prospères en raison du commerce international et de l'industrie du textile. Ils sont contrés par la noblesse et par les villes concernées.

guerre d'Indépendance. L'empereur Charles
iint règne sur les Pays-Bas à partir de 1506.
1523, il tente de mettre un frein à la diffusion
la Réforme (p. 188). Les protestants, qui
sident pour la plupart dans les provinces
ptentrionales, s'opposent à lui et s'allient pour
vendiquer la liberté religieuse. Ils contestent le
oit des Espagnols à restreindre leurs droits en
matière et s'élèvent contre la pression fiscale
ujours croissante. En 1555-1556, Charles Quint
nfie l'administration des Pays-Bas à son fils
ilippe II, roi d'Espagne (**2**).

2

3

La guerre d'Indépendance des Pays-Bas. À partir de 1542, les conflits religieux qui agitent les Pays-Bas s'intensifient, alors que les calvinistes radicaux s'attaquent aux fresques saintes dans les églises catholiques (**3**). Sur ordre du roi Philippe II, fervent catholique, le duc d'Albe, gouverneur espagnol des Pays-Bas, réprime férocement ce soulèvement (**4**). Il fait

4

procéder à l'exécution des chefs de l'opposition, le comte d'Egmont et le comte de Hoorn, déclenchant en 1568 la guerre qui aboutira à l'indépendance des Pays-Bas.

Guillaume d'Orange (1533-1584)

En tant que descendant de la dynastie des Nassau, Guillaume Ier d'Orange jouit de l'estime des rois Charles Quint et Philippe II d'Espagne. Cependant, son attachement au maintien des privilèges et à la liberté religieuse le conduit à soutenir le mouvement d'indépendance. En 1572, il enregistre de nombreuses victoires en prenant les villes occupées par les Espagnols. Il est assassiné par un catholique fanatique en 1584.

Les Pays-Bas

Page 208

1648-1672 Première période sans gouverneur.

1652-1654/1664-1667 Batailles navales contre l'Angleterre.

1672-1678/1688-1697/1701-1713 Guerres contre la France.

1672 Assassinat de Jean de Witt, pensionnaire des Provinces-Unies.

1672-1702 Règne de Guillaume III d'Orange, roi d'Angleterre, à partir de 1688/1689 (p. 205).

1701-1713/1714 Guerre de la Succession d'Espagne (p. 218). L'Autriche contrôle les Pays-Bas espagnols.

1702-1747 Deuxième période sans gouverneur.

1747 Règne de Guillaume IV d'Orange.

1786-1787 Révolte des « Patriotes » contre Guillaume V d'Orange.

1795 Occupation des Pays-Bas par la France, proclamation de la République batave (jusqu'en 1806).

Page 294

Les Pays-Bas aux XVIIe et XVIIIe s.

1648-1795

Alors que les provinces méridionales des Pays-Bas demeurent sous la coupe des Habsbourg espagnol les sept provinces septentrionales (Zélande, Utrech Gueldre, Over-Yssel, Groningue et Frise) forment la République des Provinces-Unies, qui ne tarde pas à s'imposer comme la plus grande puissance maritim et coloniale de l'époque. Des troubles internes naissent des conflits opposant les gouverneurs monarchistes de la dynastie des Orange-Nassau aux municipalités, qui maintiennent leur emprise e nommant des représentants dans chaque province ainsi qu'un « pensionnaire » ou chef de la républiqu Le mouvement des Patriotes, influencé par la philosophie des Lumières, voit le jour au XVIIIe s.

La puissance coloniale. Les Pays-Bas conquièrent les territoires occupés par les Espagnols et les Portugais, constituant ainsi un immense empire colonial en Amérique et en Asie du Sud-Est. Les émigrants hollandais, ou Boers, s'installent quant à eux en Afrique du Sud (p. 325). La Compagnie des Indes oriental est fondée en 1602 (**2**) alors que le commerce des esclaves est florissant (**1**). Les Pays-Bas sont ensuite surpassés par les Anglais, qui s'emparent de plusieurs anciennes colonies hollandaises, dont la Nouvelle-Amsterdam, rebaptisée New York.

1

2

3

Guillaume III d'Orange. En 1672, la France menace d'envahir les Pays-Bas, déclenchant un soulèvement qui aboutit à l'assassinat de Jean de Witt, pensionnaire des Provinces-Unies. Les Français sont repoussés par les Hollandais, menés par leur gouverneur général Guillaume III d'Orange (**3**). Pendant la Glorieuse Révolution de 1688-1689 (p. 205), Guillaume III accède au trône d'Angleterre en raison de sa parenté avec les Stuarts. La coalition des flottes anglaise et hollandaise met un frein à l'expansion française.

4

Les Patriotes. Influencés par les Lumières, les Patriotes (nom donné aux partisans des idées nouvelles pendant la Révolution française) se révoltent contre Guillaume V d'Orange en 1786. Accusé de ménager davantage les intérêts de sa parenté que ceux des Pays-Bas, il est destitué. Avec l'aide des Prussiens, il mate ce soulèvement (**4**, caricature de Guillaume V). Les Patriotes, nombreux à s'exiler en France, retournent au pays en 1795 avec les troupes françaises, pour proclamer la République batave.

5

6

Les Pays-Bas espagnols. En 1598, Philippe II transmet les provinces méridionales des Pays-Bas à sa fille Isabelle Claire Eugénie (**6**). Sous son règne, le pays vit une période de paix, dont l'aboutissement est l'armistice de 1609. La cour de Bruxelles (**5**) s'impose comme un centre culturel d'envergure.

L'Italie

Page 210

1458-1464 Pontificat de Pie II (Enea Silvio Piccolomini), humaniste et historien de la Renaissance.

1492-1503 Pontificat d'Alexandre VI (Rodrigo Borgia).

1506 Début de la reconstruction de Saint-Pierre de Rome, financée par la vente d'indulgences (p. 186).

1517 Début de la Réforme.

1523-1534 Pontificat de Clément VII (Jules de Médicis).

1527 Sac de Rome.

1534 Conflit entre Henri VIII d'Angleterre et l'Église.

1534-1549 Pontificat de Paul III (Alexandre Farnèse).

1545-1563 Concile de Trente.

1623-1644 Pontificat d'Urbain III (Maffeo Barberini). Rome devient la capitale de l'art baroque. Achèvement de Saint-Pierre de Rome.

1633 Procès de Galilée par le tribunal de l'Inquisition.

1773 Début du pontificat de Clément XIV. Démantèlement de l'ordre des jésuites sous la pression de la France, de l'Espagne et du Portugal.

1796/1798 Occupation de la cité du Vatican par la France. Exil du pape Pie VI en France.

Page 214

L'Italie des papes

v. 1450-1798

Au XVe s., Rome ne s'impose plus que comme une autorité locale ; elle n'est reconnue au niveau européen que grâce aux papes de l'époque baroque, et seulement à partir du moment où elle propage l'art de la Renaissance. Le népotisme conforte l'autorité pontificale, et la splendeur et le faste règnent au Vatican jusqu'à la Réforme. La Contre-Réforme ravive l'autorité spirituelle du pape, mais met en lumière le refus de l'institution de s'ouvrir aux idées modernes. L'influence des papes sur les États pontificaux commence à décliner à partir du XVIIIe s.

Vue de la coupole de la basilique Saint-Pierre de Rome.

La Contre-Réforme

*Le succès de la Réforme (p. 188) en 1517 montre la nécessité de changements au sein de l'Église. Certains dogmes sont revus lors du concile de Trente (**4**), qui demande aussi la constitution d'une fondation chargée de superviser les sermons des prêtres et des évêques au sein de leur diocèse. L'Inquisition et l'interdiction de certains ouvrages visent à réduire l'influence de la pensée radicale. L'ordre des jésuites, fondé par Ignace de Loyola (**3**), participe à la Contre-Réforme. En effet, par leur mission éducative et leur rôle de conseillers auprès de certains monarques, les Jésuites voient grandir leur influence, ce qui leur vaudra d'être critiqués à l'ère des Lumières.*

1

César Borgia

Fils naturel d'Alexandre VI, César Borgia est le prototype du seigneur de la Renaissance. Il élimine sans scrupules les opposants de son père, sans pour autant réussir à s'imposer. En 1504, il est banni par le nouveau souverain pontife.

Le sac de Rome. Après sa victoire sur la France, l'empereur Charles Quint ne peut payer ses mercenaires. Par mesure de rétorsion, ces derniers pillent la ville de Rome, résidence du pape Clément VII de Médicis, allié de la France (p. 197) pendant la guerre. Après cette humiliation, le pape (**1**) tente de s'attirer les faveurs de l'empereur en s'opposant au divorce d'Henri VIII et de Catherine d'Aragon, tante de Charles Quint, attitude qui entraîne en 1534 la rupture des relations entre le roi Henri et l'Église catholique.

Le népotisme. Le pape Paul III Farnèse (**2**) doit sa promotion aux relations de sa sœur avec le pape Alexandre VI Borgia. Choisi comme pape de transition en 1534, Paul III consolide son pouvoir, comme le faisaient la plupart des souverains pontifes de l'époque, grâce au népotisme. Il obtient le duché de Parme pour son fils naturel et veille à faire élire au cardinalat ses deux petits-fils.

2

4

1534 *Fondation de l'ordre des jésuites.*
1542 *Début de l'Inquisition, pour combattre l'hérésie.*
1545-1563 *Concile de Trente.*
1555-1590 *Les papes réformateurs (Paul IV, Pie V, Grégoire XIII, Sixte V).*
1590 *Nouvelle version officielle de la Bible catholique, pour répondre à la traduction de Luther (la Vulgate).*
à partir de 1595-1620 *Retour de l'Autriche et de la Bohême au catholicisme, expulsion des protestants.*
1607-1767 *Missions jésuites en Amérique latine.*
1622 *Création de la Propaganda Fide, congrégation chargée d'organiser l'activité missionnaire de l'Église.*

L'Italie

Page 212

1442 Début du règne des rois d'Espagne sur Naples et sur la Sicile (à partir de 1282).

1434 Début du règne des Médicis à Florence.

1450 Les Sforza deviennent ducs de Milan.

1499-1500 Prise de Gênes, Milan et Naples par les Français.

1525 Bataille de Pavie.

1535 Prise de Milan par les Habsbourg.

1545-1731 Les Farnèse grands-ducs de Parme (p. 213).

1569-1737 Les Médicis grands-ducs de Toscane.

1701-1713/1714 Guerre de la Succession d'Espagne (p. 218).

1720 Victor-Amadée II de Savoie devient roi de Sardaigne.

1731-1748 Prise de Parme par les Bourbons espagnols.

1735 Prise de Naples et de la Sicile par les Bourbons espagnols.

1737 Prise de la Toscane par les Habsbourg-Lorraine.

1796-1797 Conquête de l'Italie par Napoléon (p. 269). Fin du règne des doges à Gênes et à Venise.

Page 296

L'Italie des duchés et des républiques

v. 1450-v. 1800

La cathédrale de Florence.

Les rois de France et les Habsbourg se battent sans relâche pour s'emparer de l'Italie. Prises entre ces deux puissances, les cités-États italiennes ont fort à faire pour défendre leur indépendance. La famille Sforza perd le contrôle de Milan au profit des Habsbourg, tandis que les ducs de Savoie et les Médicis, de Florence, réussissent à se rétablir dans le nord et le centre de l'Italie. Les républiques maritimes de Gênes et de Venise s'imposent comme d'importants centres commerciaux. Divers duchés, comme ceux des Gonzague à Mantoue, des Farnèse à Parme et des Este à Ferrara, se distinguent par leur rayonnement culturel. Au XVIIIe s., nombre de ces duchés sont pris par les Bourbons et les Habsbourg.

1

Florence et les Médicis. Grâce à sa réussite financière et commerciale, la famille Médicis règne sur Florence au XVe s. (p. 139). Laurent le Magnifique (**1**) est un fervent promoteur de la Renaissance. À sa mort, en 1494, sa famille est écartée de Florence par Savonarole, qui y établit une théocratie. Renversé en 1498, celui-ci est accusé d'hérésie et condamné au bûcher (**2**). De retour en grâce en 1513, les Médicis sont élevés au rang de grands-ducs de Toscane en 1569. Ils le resteront jusqu'en 1737.

2

La France et les Habsbourg. L'Italie est le théâtre de leur rivalité pour la suprématie en Europe. Lors de la bataille de Pavie (**3**), en 1525, François Ier est fait prisonnier et se trouve contraint de rétrocéder ses territoires en Italie aux Habsbourg. Plus tard, il reviendra sur le traité de paix conclu avec ses adversaires, qu'il ne pourra cependant déloger de Milan et de l'Italie du Sud.

La Savoie. Les ducs de Savoie étendent leur emprise territoriale au nord-ouest de l'Italie, en contractant des alliances alternativement avec la France et avec les Habsbourg. Pendant la guerre de la Succession d'Espagne, ils acquièrent le royaume de Sardaigne (**4**, couronnement de Victor-Amédée II). À la fin du XIXe s., les cités-États italiennes sont prises par les Habsbourg et les Bourbons. Les ducs de Savoie, qui constituent la dernière dynastie italienne authentique, prennent la tête du mouvement d'indépendance au XIXe s. (p. 296).

ênes et Venise. Alors que les Ottomans 'imposent en Méditerranée et que les routes e commerce se déplacent vers l'Atlantique, es républiques maritimes de Venise et de Gênes entament leur déclin. Andrea Doria (**5**, représenté sous les traits de Neptune), amiral espagnol, met fin à la suprématie française à Gênes en 1528. L'influence des banquiers génois auprès de la couronne espagnole fait de la cité un centre commercial et culturel incontournable grâce à sa splendeur architecturale et à l'organisation de manifestations somptueuses (**6**).

» **Le conflit entre la France et les Habsbourg :** pages 196-198

L'Espagne

Page 140

1469 Isabelle Ire de Castille épouse Ferdinand II d'Aragon.

1492 Prise de Grenade pendant la Reconquête.

1492 Découverte de Colomb.

1516-1556 Règne de Charles Ier, qui prend le nom de Charles Quint en devenant empereur germanique en 1519.

1525 Victoire de Charles Quint sur la France lors de la bataille de Pavie (p. 215).

1551-1552 Défaite de Charles Quint (p. 188) contre les princes protestants de l'Empire germanique, soutenus par la France .

1556-1598 Règne de Philippe II.

1571 Bataille navale de Lépante contre les Ottomans (p. 232).

1580 Occupation du Portugal.

1581 Indépendance des Pays-Bas (p. 208).

1584 L'Espagne soutient les Français catholiques contre Henri IV (p. 197).

1588 Victoire anglaise contre l'Invincible Armada (p. 203).

Page 218

L'Espagne au XVIe s.

1469-1598

Le roi Philippe II.

Après la réunification du pays, les territoires contrôlés par l'Espagne s'étendent depuis certaines régions d'Italie jusqu'à ses colonies en Amérique. Au XVIe s., sous le règne de Charles Quint, elle impose sa suprématie en Bourgogne et aux Pays-Bas grâce aux territoires que possèdent les Habsbourg au sein du Saint Empire. Mais Charles Quint n'enregistre qu'un succès mitigé dans son entreprise d'établir une monarchie chrétienne universelle. Son fils Philippe II étend encore les territoires espagnols, notamment en occupant le Portugal en 1580. Sa dureté envers les protestants lui fait perdre le contrôle des Pays-Bas. Parallèlement ses assauts contre la France et l'Angleterre attisent les ardeurs des révolutionnaires.

L'empire colonial espagnol

Grâce aux richesses que lui rapportent ses colonies américaines (p. 252), l'Espagne finance son expansion européenne. Mais l'importation de métaux précieux finit par favoriser l'inflation. L'émigration, la défense et l'administration des colonies vident les caisses de l'État et portent le coup de grâce à la mère patrie.

Les Rois Catholiques. Le mariage d'Isabelle Ire de Castille (**1**) et de Ferdinand II d'Aragon (**2**) entraîne la réunion en 1469 de deux royaumes espagnols. À la faveur de la Reconquête de 1492, l'Espagne reprend le contrôle de Grenade et vainc le dernier souverain musulman de la péninsule Ibérique (p. 141). Les Rois Catholiques ordonnent alors la persécution des juifs et des musulmans. Cette politique nuit aux finances de l'Espagne, en favorisant le départ de communautés puissantes. Alors que Ferdinand étend son emprise sur l'ouest de la Méditerranée et le sud de l'Italie, Isabelle finance l'expédition de Christophe Colomb, qui rapportera à l'Espagne un vaste empire. Son petit-fils Charles Ier, également connu comme l'empereur Charles Quint, lui succède sur le trône en 1516 et hérite de territoires en Italie et dans l'Atlantique.

1

2

Charles Quint (3). Le souverain d'un « empire sur lequel le soleil ne se couche jamais » doit faire la guerre sur plusieurs fronts. Tout en tentant de conserver ses colonies du Nouveau Monde, il doit résister aux assauts des princes protestants du Saint Empire (p. 188), dont les terres sont enserrées par des territoires appartenant aux Habsbourg (p. 196). Incapable de mater la révolution, Charles abdique en faveur de son fils en 1556. Il meurt dans un monastère en 1558.

3

Philippe II. Alors que son père Charles Quint réside un peu partout dans son empire, Philippe II (**4**) choisit de gouverner depuis l'enceinte de sa cérémonieuse cour. Régnant d'une main ferme, il promulgue nombre de lois et ordonnances. Pour marquer son règne et sa foi ardente, il fait construire le monastère palatial de l'Escurial (**5**), au nord de Madrid, en 1563.

4

5

» **La conquête de l'Amérique du Sud par les Espagnols :** pages 248-250

Le roi Philippe III, fils de Philippe II.

L'Espagne aux XVIIe et XVIIIe s.

1598-1808

La suprématie de l'Espagne décline sous le règne des successeurs de Philippe II. Philippe III achève de grever les finances du pays en soutenant les catholiques pendant la guerre de Trente Ans. La mort de Charles II, le dernier Habsbourg espagnol, en 1701, déclenche une guerre de succession. Le territoire espagnol est divisé, la majeure partie revenant à Philippe V, petit-fils de Louis XIV, qui établit la dynastie des Bourbons espagnols. Le mariage de Philippe V avec Élisabeth Farnèse lui permet de gouverner Parme, Naples et la Sicile. Sous le règne de Charles III, l'Espagne vit une période de prospérité. La reine Marie-Louise et son ministre Godoy concluent une alliance avec la France qui n'empêchera pas Napoléon d'attaquer l'Espagne.

Page 216

L'Espagne

1598-1621 Règne de Philippe III.

1621-1665 Règne de Philippe IV.

1627 Faillite de l'État.

1659 Le traité des Pyrénées rapporte à la France des territoires espagnols ainsi que les Pays-Bas espagnols.

1660 Mariage de Louis XIV avec l'Espagnole Marie-Thérèse.

jusqu'en 1700 Règne de Charles II, de la dynastie des Habsbourg, en Espagne.

1701-1713/1714 Guerre de la Succession d'Espagne.

1700-1724/1746 Règne de Philippe V.

1704 Conquête de Gibraltar par les Anglais.

1731-1748 et 1735 Les Bourbons espagnols contrôlent Parme, Naples et la Sicile.

1759-1788 Règne de Charles III.

1767 Expulsion des jésuites.

1788-1808 Règne de Charles IV.

1805 Bataille de Trafalgar.

1808 Soulèvement populaire à Aranjuez. Abdication des Bourbons.

Page 298

1

La guerre de la Succession d'Espagne. Les Anglais jouent un rôle déterminant dans cette guerre. Ils œuvrent en effet pour protéger l'équilibre des forces en Europe en empêchant que l'Empire autrichien, les Habsbourg ou les rois de France n'héritent de la totalité de l'Empire espagnol. En effet, à l'issue de la guerre (**1**) en 1713-1714, l'empire est divisé.

2

Charles III. Charles III (**2**), couronné en 1759, apporte l'absolutisme éclairé en Espagne. Il restaure les finances de l'État et favorise la culture des terres laissées par les émigrants vers le Nouveau Monde. Il réforme l'éducation en mettant fin au monopole de l'Église en la matière. Il interdit les organisations politiques dans les territoires relevant de son autorité. Il abolit l'institution de l'Inquisition et confisque les biens de certains monastères, notamment celui de Saint-Jacques-de-Compostelle (**4**). En 1767, il fait expulser les jésuites, considérant qu'ils ne jouent qu'un rôle dérisoire. L'ordre des jésuites sera dissous par le pape en 1773 (p. 212).

3

L'Inquisition. L'Inquisition espagnole menée par l'Église vise la répression de l'hérésie et du radicalisme. Elle juge également tout opposant à l'organisation politique et sociale du pays, qui conteste de ce fait « l'ordre voulu par Dieu » (**3**). Ses tribunaux constituent une arme efficace pour faire régner la censure et freiner les élans progressistes.

4

odoy. Charles IV laisse la
estion des affaires de l'État à
n épouse la reine Marie-Louise
à son amant Manuel de Godoy
). En 1796, une alliance est
onclue avec la France, mais
s deux pays doivent s'incliner
evant les Anglais lors de la
ataille navale de Trafalgar en
805 (p. 271). Impopulaire, Godoy
st assassiné en 1808 lors d'un
oulèvement à Aranjuez. Pour
mpêcher l'Espagne de passer
l'ennemi, Napoléon oblige
s Bourbons à abdiquer et fait
i son frère Joseph.

5

La guerre des Espagnols contre Napoléon : page 271

Page 218

1383/1385-1580 Règne de la maison d'Aviz.

1418 Premières expéditions d'Henri le Navigateur.

1494 Traité de Tordesillas.

1495-1521 Période de prospérité sous le règne de Manuel Ier.

1497-1498 Découverte de la route des Indes par l'Afrique.

1500 Début de la colonisation du Brésil par le Portugal.

1578 Défaite de Sébastien Ier à Ksar el-Kebir (p. 234).

1580-1640 Avènement des Habsbourg espagnols.

1640 Avènement de la dynastie des Bragance.

1756 Le marquis de Pombal est nommé Premier ministre.

1759 Expulsion des Jésuites.

1777 Renvoi de Pombal par la reine Marie Ire.

1807 Invasion du Portugal par Napoléon.

Page 298

Le Portugal

1383-1807

Sous le règne des Aviz, le Portugal s'impose comme la plus grande puissance commerciale et maritime d'Europe. Après l'occupation espagnole, le pays se redresse aux XVIIe et XVIIIe s., et connaît un renouveau économique après la découverte de mines d'or et de diamants dans les colonies brésiliennes. Mais cette richesse est dépensée dans des constructions grandioses et pour entretenir le somptueux train de vie des classes supérieures. Le Premier ministre, le marquis de Pombal, impose des réformes visant à protéger l'activité économique. La monarchie portugaise fuit au Brésil à la suite de l'invasion française.

Marchands portugais au Japon.

1

2

Henri le Navigateur. Le prince Henri (**1**) finance des expéditions pour explorer les côtes africaines. En améliorant les techniques de construction navale (**2**) et de navigation, les Portugais posent les bases de ce qui deviendra la flotte la plus puissante du monde.

ie puissance coloniale. En 1498, Vasco de ıma (**3**) contourne l'Afrique et atteint les Indes, ıaugurant pour le Portugal, qui devient une ıissance coloniale, une période extrêmement ospère. Les Portugais établissent des comptoirs ır permettant de commercer avec l'actuelle donésie, la Chine et le Japon. Ils importent en rope des épices, de la porcelaine, des perles bien d'autres produits précieux. Les colonies ésiliennes du Portugal sont une précieuse ırce de matières premières. Lisbonne devient plaque tournante du trafic d'esclaves.

L'Espagne et le Portugal. Les deux pays ont toujours été liés par des mariages dynastiques. En 1580, faisant valoir ses droits à la succession, le roi Philippe II envahit le Portugal et entraîne le pays dans le conflit avec l'Angleterre et les Pays-Bas. Pendant l'occupation espagnole, les Hollandais supplantent l'hégémonie maritime des Portugais. En 1640, les Portugais se révoltent contre les rois d'Espagne (**4**) et confient la couronne à un parent éloigné des Aviz, le duc de Bragance, qui devient roi sous le nom de Jean IV.

Le tremblement de terre de Lisbonne en 1755

En 1755, un terrible tremblement de terre suivi d'un raz-de-marée détruit Lisbonne, la capitale du Portugal, faisant plus de 60 000 morts. La nouvelle de la catastrophe se répand rapidement dans toute l'Europe. Le marquis de Pombal y voit l'occasion d'initier de grands changements. Il fait reconstruire la ville, qui devient un modèle. Inspiré par la philosophie des Lumières, il procède à des réformes progressistes qui lui valent l'animosité du clergé et de la noblesse.

Les Portugais au Japon : page 242

1

L'Europe du Nord

Page 143

1448 Avènement de la dynastie des Oldenburg au Danemark et en Norvège.

1520 « Bain de sang de Stockholm » : Christian II de Danemark ordonne l'exécution des opposants suédois.

1523-1560 Règne de Gustave Ier Vasa en Suède.

1588-1648 Règne de Christian IV au Danemark. Il est vaincu lors de la guerre de Trente Ans et dans le conflit contre les Suédois.

1611-1632 Règne de Gustave II Adolphe en Suède.

1618-1648 Guerre de Trente Ans.

1632-1654 Règne de Christine de Suède.

1665 Absolutisme de Frédéric III au Danemark.

1697-1718 Règne de Charles XII en Suède.

1700-1721 Grande Guerre du Nord.

1719-1772 Période de paix en Suède.

1772 Exécution de Struensee au Danemark.

1771-1792 Règne de Gustave III en Suède.

Page 300

L'Europe du Nord

v. 1500-v. 1800

À partir de 1397, les royaumes de Danemark, de Norvège et de Suède sont réunis au sein de l'Union de Kalmar. En 1523, le roi de Suède, Gustave Ier Vasa, libère son pays de cette union dominée par le Danemark. Au XVIe s., la Scandinavie s'impose comme une pièce maîtresse dans l'expansion du luthéranisme. Le Danemark et la Suède s'engagent du côté des protestants dans la guerre de Trente Ans (p. 190), qui dure de 1618 à 1648. Alors que le Danemark est anéanti par le conflit, la Suède en sort renforcée. Sous le règne de Gustave II Adolphe (**1**), elle gagne des territoires au sein du Saint Empire et étend son emprise sur les États baltes. C'est d'ailleurs au sujet de ces États que la Suède et la Russie se battront au XVIIIe s. En fin de compte, la Suède sera obligée de rétrocéder ses possessions dans la Baltique et dans le sud de la Finlande. Sur le plan de la politique intérieure, la Scandinavie est agitée par la lutte constante entre le roi et la noblesse.

2

La dynastie des Vasa. Sous l'égide de Gustave Erickson, les Suédois quittent l'Union de Kalmar, dominée par les Danois (p. 142). Couronné en 1523 premier roi de Suède, Gustave entreprend de propager la Réforme à partir de 1527. Pendant la guerre de Trente Ans, son petit-fils Gustave II Adolphe soutient les protestants. La reine Christine Ire (**2**), aussi extravagante qu'autoritaire, est le dernier souverain de la dynastie des Vasa. Elle abdique en 1654, se convertit au catholicisme et se retire à Rome, où elle meurt en 1689. Une branche catholique de la dynastie des Vasa règne en Pologne et en Lituanie (p. 224-225) jusqu'en 1668.

3

La Grande Guerre du Nord. À partir de 1700, les pays nordiques se battent pour contrôler la Baltique. Charles XII de Suède vainc le tsar Pierre le Grand lors de la bataille de Narva (**3**). Puis les Russes défont les Suédois à Poltava. Charles fuit en Turquie, tandis que les Russes prennent possession des territoires suédois dans la Baltique. En 1718, le roi Charles est à nouveau vaincu, cette fois par les Norvégiens. Le traité de Nystad, qui met fin aux hostilités en 1721, oblige la Suède à rétrocéder des territoires.

e roi et la noblesse. Le chaos qui suit le décès le Charles XII bénéficie à la noblesse suédoise, qui n profite pour accroître son pouvoir de veto en 719. Il faut attendre le coup d'État du roi Gustave III n 1772 pour que le pays vive enfin une période de tabilité. Pour contrer le pouvoir et l'influence de a noblesse, Gustave III soutient la classe moyenne out en œuvrant à améliorer les conditions de vie les paysans. La popularité dont il jouit faiblit apidement après les lourdes pertes subies lors de a guerre contre la Russie. Épaulée par la bourgeoisie, a noblesse suédoise fait assassiner le roi lors d'un bal masqué (**4**) en 1792.

4

5

Struensee. Médecin personnel du roi Christian VII – qui souffre de troubles mentaux – et amant de la reine Caroline Mathilde, Johann Friedrich Struensee est très influent à la cour de Danemark, bien qu'il soit roturier. En 1771, il est officiellement nommé ministre et élevé au titre de comte. Inspiré par la philosophie des Lumières, il abolit la censure et la torture, puis allège les taxes pesant sur les fermiers. Logiquement, il se fait ainsi des ennemis parmi les nobles les plus conservateurs. Il est renversé et tué en 1772 (**5**, avant son exécution).

La couronne royale danoise.

» **La guerre de Trente Ans :** pages 190-191

Pages 144, 192, 194

1386-1572 Dynastie des Jagellon en Pologne-Lituanie.

1558-1490 Règne de Mathias Corvin.

1471/1490-1526 Règne des Jagellon en Bohême et en Hongrie.

1526 Bataille de Mohács. Prise de la Hongrie par les Ottomans.

v. 1526 Les Habsbourg réclament la Bohême et la Hongrie.

1618-1648 Guerre de Trente Ans.

1672-1696 Règne de Jean III Sobieski de Pologne.

1697-1733 Auguste le Grand de Saxe, roi de Pologne.

jusqu'en 1699 Expulsion des Autrichiens de Hongrie par les Ottomans (p. 192).

1733-1735/1738 Guerre de la Succession de la Pologne.

1764-1795 Règne de Stanislas II Poniatowski, dernier roi.

1772-1795 Partition de la Pologne.

Page 285

L'Europe de l'Est

v. 1500-v. 1800

Louis II de Bohême et de Hongrie.

Au moment de l'extinction de la dynastie polonaise des Jagellon, en 1572, le pouvoir du monarque élu est considérablement affaibli au profit de celui de la noblesse. Les guerres que se livrent ses voisins finissent par faire de la Pologne une région troublée. Cette période aboutit à la partition du royaume polonais en 1795. Les Habsbourg d'Autriche prennent le pouvoir en Bohême et en Hongrie à la suite des Jagellon. La noblesse de Bohême, y compris les minorités non catholiques, se dresse contre les nouveaux souverains et lutte pour son indépendance. Les Habsbourg finissent par s'imposer en Bohême à l'issue de la guerre de Trente Ans (p. 190). La Hongrie, qui a connu une certaine autonomie sous l'occupation ottomane, n'obtient que de rares concessions après la prise de pouvoir des Autrichiens à la fin du XVIIe s.

Les mariages dynastiques des Habsbourg. L'empereur Maximilien Ier, de la dynastie des Habsbourg, négocie le double mariage de ses petits-enfants avec les enfants du roi Ladislas II de Bohême et de Hongrie (**1**) en 1515. En 1526, le dernier roi Jagellon, Louis II, est vaincu par les Ottomans à la bataille de Mohács. Son beau-frère, l'empereur Ferdinand Ier, prend sa suite et étend son pouvoir sur la Bohême et certaines régions de Hongrie, le reste du pays étant aux mains des princes ottomans. De nombreux Hongrois protestants préfèrent le règne des Ottomans, plus tolérants sur le plan religieux que les Habsbourg, fervents catholiques.

2

La république des nobles. La Pologne ignore la monarchie héréditaire. Le roi y est élu par la noblesse, ce qui confère un grand pouvoir à l'aristocratie, chaque nouveau souverain concédant des privilèges aux nobles pour obtenir leur soutien. À partir de 1625, chaque noble dispose du *liberum veto*. Tandis que la monarchie peine à imposer un pouvoir central fort (**2**, conflits entre factions de la noblesse), les nobles gèrent leurs territoires de manière autonome.

3

e roi électeur. Les nations oisines ont toutes les raisons e favoriser l'affaiblissement e la Pologne. Tirant profit de on système électoral, elles chètent l'élection de leur andidat en faisant pression ur les électeurs. Le roi Jean III obieski, qui défait s Ottomans au iège de Vienne n 1683 (**3**, avec des prisonniers ottomans), meurt en 1697. Pour la première fois, les élections ne portent pas au pouvoir le fils du roi défunt. C'est le Grand Électeur Auguste de Saxe (p. 194) que les nobles choisissent comme roi de Pologne parmi dix-huit autres candidats soutenus par la Russie et l'Autriche.

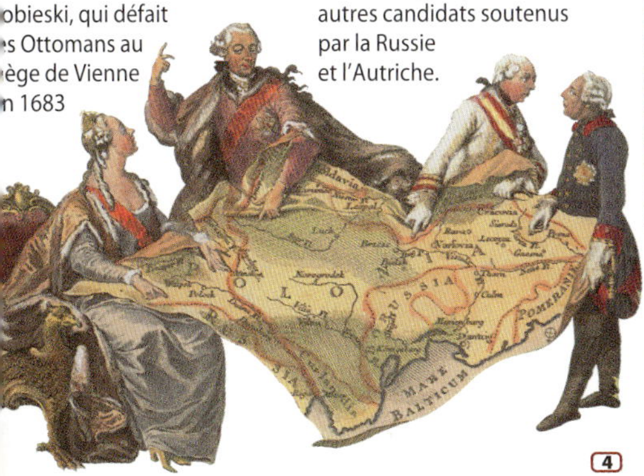

4

a partition de la Pologne. tanislas II Poniatowski procède des réformes destinées à onsolider son pouvoir ; il abolit insi le droit de veto dont dispose la noblesse. La Russie et la Prusse mettent un frein à ses projets, qui mécontentent l'aristocratie. L'escalade des conflits entraîne l'éclatement d'une guerre civile parmi les nobles, qui justifie l'intervention de puissances étrangères dans la politique intérieure du pays. À l'occasion de la première partition de la Pologne en 1772, la Russie, la Prusse et l'Autriche annexent de vastes portions de territoire (**4**). De nouveaux soulèvements populaires répondent à d'autres tentatives de réforme, qui entraînent deux nouvelles scissions en 1795.

La cathédrale Saint-Basile, construite par Ivan IV.

La Russie aux XVIe et XVIIe s.

v. 1500-1613

À la fin du XVIe s., les grands princes moscovites contrôlent toute la Russie (p. 146). Ils se considèrent comme les héritiers de l'Empire byzantin, tombé en 1453 sous le joug des Ottomans. Ivan IV, surnommé le Terrible, premier tsar de Russie de 1547 à 1584, travaille à consolider son pouvoir, tant à l'intérieur qu'à l'extérieur du pays, en menant une politique de terreur. À son décès, il lègue une Russie en crise, à la fois économiquement, socialement et politiquement, crise qui se termine par l'accession au trône des Romanov, en 1613.

Ivan IV le Terrible (1530-1584)

Ivan IV n'a que trois ans lorsqu'il hérite de la couronne de Russie au décès de son père. Son enfance est marquée par les luttes pour le pouvoir que se livrent les nobles (les boyards). Sa mère est empoisonnée et lui-même est retenu prisonnier. Une fois majeur, Ivan est couronné tsar. Il lance des réformes administratives dirigées contre la noblesse. Soutenu par l'Église, par le corps d'infanterie d'élite des Streltsy, ainsi que par la petite noblesse (qui gagne ses titres par le mérite), il persécute les boyards et confisque leurs terres. À partir de 1565, il fait régner la terreur en organisant l'Oprichniki (police secrète) dont la loyauté lui est assurée. Il détruit des États entiers, comme celui de Novgorod (p. 146), en 1570, qu'il accuse de trahison. Les morts se comptent par milliers et nombre de paysans rejoignent les rangs des Cosaques. Ses conquêtes à l'Est étendent son emprise territoriale en Asie centrale et en Asie du Nord. Les guerres incessantes, en particulier les conflits visant à prendre le contrôle de la Baltique, épuisent les populations. À son décès en 1584, Ivan le Terrible laisse une Russie dévastée.

.es Cosaques. Les guerriers et ›aysans armés (**1**) composant :es communautés cosaques ont employés comme nercenaires par les souverains le Pologne et de Russie. Menés par leur chef élu Yermak (**2**), ils sont mandatés par les Russes pour combattre les Mongols de Sibérie en 1582-1584. Les Mongols, vaincus, désertent leur territoire, qui est colonisé.

.'avènement des Romanov. .a dynastie des Riourikides 'éteint en 1598 avec la mort le Fiodor Ier. La Russie connaît ılors une période de querelles le succession qui enlisent le ›ays dans une guerre civile. La ›ologne soutient ses candidats, le roi de Pologne réclamant même le trône pour l'un de ses fils et occupant Moscou. En 1612, une révolte oblige les Polonais à battre en retraite. En 1613, les boyards font couronner tsar Michel Romanov (**3**), apparenté à la lignée des Riourikides.

Page 147

1462-1505 Le prince Ivan III le Grand de Moscou unifie la Russie et prend le titre de tsar.

1533-1584 Règne du tsar Ivan IV le Terrible.

1552-1556 Conquête des khanats de Kazan et d'Astrakhan.

1558-1583 Guerre contre la Pologne et la Suède pour le contrôle de la Baltique.

1570 Destruction de Novgorod.

1582-1584 Le chef cosaque Yermak conquiert la Sibérie.

1584-1598 Règne du tsar Fiodor Ier, le fils simple d'esprit d'Ivan le Terrible. Régence de Boris Godounov.

1598-1605 Boris Godounov devient tsar.

1598/1605-1613 Smuta, ou « période troublée ».

1610 Occupation de Moscou par la Pologne.

1612 Révolte contre la Pologne et libération de Moscou par Kouzma Minine.

1613 Le tsar Michel Ier établit la dynastie des Romanov (qui régnera jusqu'en 1917).

Page 228

» **Le règne du tsar Nicolas Romanov :** page 304

Page 227

1613-1917 Dynastie des Romanov.

1645-1676 Règne du tsar Alexis Ier.

1676/1689-1725 Règne du tsar Pierre Ier le Grand.

1700-1721 Grande Guerre du Nord (p. 223).

1703 Fondation de Saint-Pétersbourg.

1741-1762 Règne d'Élisabeth Ire.

1756-1763 Guerre de Sept Ans.

1762 Assassinat du tsar Pierre III.

1762-1796 Règne de la Grande Catherine (Catherine II).

1768-1774 Guerre contre l'Empire ottoman. La Russie gagne l'accès à la mer Noire.

1772-1795 Partition de la Pologne.

1783 Annexion de la Crimée et incursion dans le Caucase.

1801 Assassinat du tsar Paul Ier.

Page 303

La Russie aux XVIIe et XVIIIe s.

1613-1801

1

Les tsars de la dynastie des Romanov occidentalisent la Russie et étendent son influence dans le monde. Alexis Ier (**1**) limite les pouvoirs de la noblesse et de l'Église ; en 1667, il reconquiert en Ukraine d'anciens territoires russes tombés aux mains des Polonais, notamment l'ancienne capitale de Kiev. Son fils Pierre Ier le Grand poursuit l'expansion et la modernisation. Son règne est marqué par de nombreuses réformes et par l'annexion de certains territoires. La Russie fait la démonstration de sa puissance lors de la guerre de Sept Ans (p. 255). Alliée de l'Autriche, elle mène la Prusse au bord de l'effondrement. La politique d'expansion de la Grande Catherine étend les frontières de la Russie au détriment de la Pologne et de l'Empire ottoman.

Pierre Ier le Grand (1672-1725)

Après la mort d'Alexis Ier, une querelle de succession oppose ses deux fils issus de deux mariages. Pierre Ier s'empare du pouvoir en 1689, à la faveur d'un coup d'État. Le jeune tsar voyage en Europe de l'Ouest en 1697-1698 et se forme à la construction navale aux Pays-Bas. Pendant la Grande Guerre du Nord, la flotte et l'armée russes montrent leur efficacité en gagnant l'accès à la mer Baltique et en occupant certaines régions de la Finlande et des États baltes. Dans ces territoires nouvellement conquis, Pierre Ier fonde en 1703 la ville de Saint-Pétersbourg, dont il fait la capitale de la Russie. Modèle d'urbanisme, la cité est le symbole de l'occidentalisation du pays. Les enfants de Pierre Ier, également issus de deux lits différents, s'opposent constamment. Jusqu'au XIXe s., tout changement de souverain en Russie s'effectue dans un contexte plus ou moins troublé.

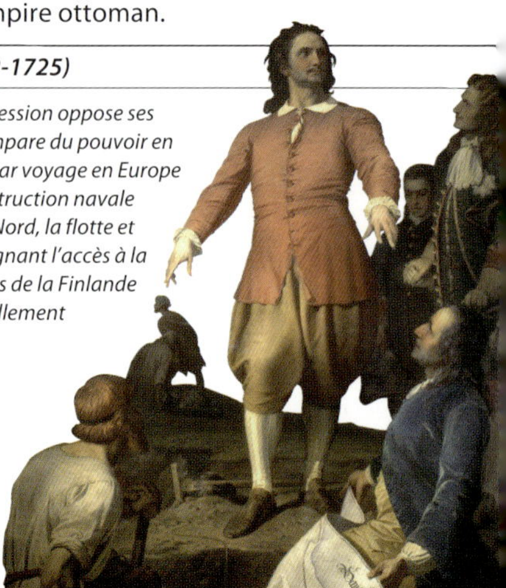

2

Les réformes. Les tsars de la dynastie des Romanov, notamment Pierre le Grand, veulent faire de la Russie un pays européen et moderne. La réorganisation du système éducatif accompagne une profonde réforme de l'État. Après la dissolution du Patriarcat, l'État s'arroge le contrôle de l'Église. La noblesse est réorganisée et le servage des paysans est reconnu officiellement. L'octroi de privilèges à des artisans et à des étrangers s'installant en Russie favorise l'essor du commerce et de l'industrie. L'occidentalisation du pays passe encore par de profonds changements dans les us et coutumes ; ainsi le port de longues barbes (**2**) est-il interdit.

La Grande Catherine. En 1762, Catherine (**4**) fait destituer son époux Pierre III et accède au trône de Russie. Elle étend les frontières du pays vers le sud et l'ouest à la faveur de guerres contre l'Empire ottoman (p. 232) et de la partition de la Pologne (p. 225). Comme nombre de souverains de son époque, elle ne cache pas ses aventures amoureuses. Plusieurs de ses amants exercent une réelle influence politique, notamment le prince Potemkine (**3**) ou le roi de Pologne, Stanislas II Poniatowski.

3 4

5

L'âge d'or. Voulant imiter à grands frais le mode de vie (**6**) de l'Europe de l'Ouest, les tsars aggravent la situation, déjà difficile, que vivent les serfs (**5**). Même la Grande Catherine, qui fréquente les penseurs se réclamant de la philosophie des Lumières, pousse le paradoxe jusqu'à offrir des milliers de serfs à ses nombreux amants et favoris. Elle force aussi au servage des paysans libres. Ces derniers rejoignent la révolte menée par le Cosaque Pougatchev, qui sera brutalement réprimée en 1773-1774.

6

» Les guerres contre l'Empire ottoman : pages 232-235

L'Empire ottoman

Pages 148, 164

v. 1300-1326 Règne d'Osman Ier.

1389 Victoire des Serbes lors de la bataille dite « du champ des Merles » (p. 151).

1402 Défaite de Bayezid Ier contre Tamerlan à Ankara.

XVe-XVIe s. Les princes roumains reconnaissent la souveraineté ottomane (jusqu'en 1878).

1451-1481 Règne de Mehmed II le Conquérant.

1453 Sac de Constantinople.

1475 Les khans de Crimée reconnaissent la souveraineté ottomane.

1512-1520 Règne de Selim Ier.

1514 Défaite des Perses lors de la bataille de Chaldiran.

1516-1517 Conquête de la Syrie et de l'Égypte. Création du titre de calife.

1520-1565 Règne de Soliman Ier le Magnifique.

1526 Bataille de Mohács (p. 224). Occupation de la Hongrie.

1529 Premier siège de Vienne.

1534 Conquête de la Mésopotamie.

Page 232

L'Empire ottoman jusqu'au XVIe s.

v. 1300-1565

1

Dès le XIVe s., les Ottomans, arrivant du nord-ouest de l'Anatolie, soumettent diverses régions d'Asie Mineure et des Balkans. À l'origine, ils servaient les Seldjoukides (p. 165), dont ils défendaient les frontières. Après avoir été vaincus par Tamerlan en 1402, les Ottomans, menés par le sultan Mehmed II (**1**), prennent Constantinople en 1453 et en font la capitale de l'empire. Au XVIe s., ils conquièrent le Proche-Orient et l'Afrique du Nord. Soliman Ier fait une incursion en Europe centrale, occupant la Hongrie et assiégeant Vienne. Impliqués dans la politique européenne, les Ottomans sont les alliés de la France contre les Habsbourg.

La tughra (signature officielle) du sultan Soliman Ier le Magnifique.

2

Constantinople. En 1453, le sultan Mehmed II assène le coup de grâce à l'Empire byzantin. Après un long siège, les Ottomans prennent la ville de Constantinople (**3**) alors que le dernier empereur succombe en défendant la cité. Après la conquête, Mehmed II s'emploie à rebâtir la ville qui, depuis des décennies, tombe en ruine et se dépeuple régulièrement. Si les principales églises sont converties en mosquées, les chrétiens ont l'autorisation de fonder leurs propres quartiers. Pendant l'âge d'or de l'Empire ottoman, Constantinople s'impose comme la plus vaste et la plus riche cité du monde.

3

4

Les Perses. La partie orientale de l'Empire ottoman est constamment agitée du fait de conflits avec des Séfévides (p. 236). Les Perses incitent leurs coreligionnaires chiites au sein de l'empire à se révolter contre les sultans sunnites. En 1514, Selim Ier vainc les Perses lors de la bataille de Chaldiran (**4**). Les Ottomans envahissent l'Azerbaïdjan, qui échappe à leur contrôle peu après. Les conflits avec les Perses à la frontière orientale perdurent jusqu'au XIXe s.

L'âge d'or. Soliman Ier (**6**), qui soumet la Hongrie, l'actuel Irak et l'Afrique du Nord, mène l'Empire ottoman à son apogée. À Constantinople, il confie à son architecte Sinan la réalisation de constructions d'envergure, comme la mosquée de Soliman (**2**). Son entreprise de modernisation des systèmes juridique et fiscal de l'empire lui vaut le surnom turc de Kanunî, signifiant « Législateur ».

6

Les janissaires. Fondé au XIVe s., le corps des janissaires constitue le noyau dur de l'armée ottomane. Ces soldats (**5**) sont le plus souvent des chrétiens des Balkans convertis à l'islam et qui voient dans l'enrôlement une opportunité de promotion, dans la mesure où les janissaires sont une troupe d'élite. Ils exercent une forte influence politique en raison de leur intervention lors des querelles de succession. Leur corps sera démantelé en 1826 (p. 308).

5

» L'Afrique du Nord sous le joug des Ottomans : page 235

Céramique d'Iznik aux motifs de rosaces et de fleurs (œillets et tulipes), Turquie.

L'Empire ottoman au XVIIIe s.

1566-1807

De nombreux sultans de la fin du XVIe et du XVIIe s. sont des souverains fantoches, dont se jouent les diverses factions politiques ou les janissaires. À l'époque, ce sont les grands vizirs qui déterminent et conduisent la politique étatique. Vers la fin du XVIIIe s., l'empire doit adopter une attitude défensive, d'abord contre l'Autriche, puis contre la Russie. Des provinces reculées d'Afrique du Nord et du Proche-Orient affirment progressivement leur autonomie. Malgré une apparente prospérité, les Ottomans se retrouvent rapidement à la traîne des avancées scientifiques et technologiques européennes. Les éléments conservateurs, en particulier les janissaires, résistent aux tentatives de réforme.

Page 230

1566-1579 Règne du grand vizir Mehmed Sököllü.

1570-1571 Conquête de Chypre.

1571 Bataille de Lépante.

1656-1676 Règne des grands vizirs Mehmed et Fazil Ahmed Köprülü.

1676-1683 Règne du grand vizir Kara Mustafa.

1683 Second siège de Vienne.

1699 Conquête de la Hongrie par les Autrichiens.

1703-1730 Règne du sultan Ahmed III. Ère dite des Tulipes.

1768-1774 Guerre contre la Russie. Perte de la Crimée.

1787-1792 Deuxième guerre contre la Russie.

1789-1807 Règne du sultan Selim III. Essais de réformes d'inspiration d'occidentale.

1807 Révolte des janissaires.

Page 308

1

Une puissance maritime. Après que les Ottomans ont chassé les Vénitiens de Chypre, une alliance est conclue entre Venise, l'Espagne et la papauté. Leurs flottes réunies l'emportent sur celle des Ottomans au large des côtes grecques lors de la bataille de Lépante (**1**), en 1571. La victoire des alliés est saluée par toute Europe ; mais il ne faut pas longtemps aux Ottomans pour reprendre le contrôle de l'est de la Méditerranée.

2

Le siège de Vienne. Comme en 1529, les Ottomans tentent en 1683 de prendre Vienne, capitale autrichienne des Habsbourg et porte d'entrée de l'Europe occidentale. Le grand vizir Kara Mustafa (**2**) assiège la ville, mais il est vaincu lors de la bataille de Kahlenberg (**3**) par la coalition des armées habsbourgeoise et polonaise (p. 193).

3

e harem. Le harem (**4**) est dirigé par la mère du ultan, qui exerce une réelle influence politique. usqu'au XVIIe s., pour éviter toute querelle le succession, les héritiers du trône font énéralement assassiner leurs frères. Plus tard, es derniers sont enfermés dans le palais, comme es femmes, et attendent l'occasion de prendre e pouvoir soit grâce aux intrigues de leur mère, oit en participant aux révoltes des janissaires.

4

5

L'ère des Tulipes. Objet de luxe exporté par la Turquie vers l'Occident, la tulipe devient l'emblème du sultan Ahmed III (**5**). Le règne de ce souverain se caractérise par le développement du commerce avec les pays européens et l'introduction de la technique de l'imprimerie en Turquie. À la même époque, l'art ottoman s'enrichit d'éléments baroques. Sur le plan international, les premières campagnes militaires d'Ahmed III contre les Russes sont fructueuses et obligent ces derniers à se retirer de la mer Noire. L'Empire ne connaît pas le même succès dans le conflit avec l'Autriche, à l'issue duquel il perd de vastes territoires. Lorsque Ahmed III évoque une éventuelle invasion de la Perse en 1730, les janissaires l'obligent à abdiquer.

» **L'Égypte sous les Ottomans :** page 310

L'Afrique du Nord

XVIe-XVIIIe s.

Ayant vaillamment résisté aux tentatives d'invasion des Espagnols et des Portugais après la *Reconquista* (p. 141), les chefs locaux d'Afrique du Nord doivent encore s'opposer aux assauts des Ottomans. Au XVIIe s., la dynastie des Alawites unifie le Maroc, qui connaît son apogée sous le règne de Moulay Ismaïl à partir de 1672. Les corsaires à la solde des Alawites sèment la terreur en Méditerranée et perturbent le commerce. Si ces pirates barbaresques finissent par reconnaître la souveraineté ottomane au XVIe s., ils reprennent leur liberté au XVIIIe s. Leurs attaques répétées contre les navires marchands entraînent des conflits avec les puissances coloniales européennes et les États-Unis au XIXe s.

Page 163

1492 Les musulmans expulsés d'Espagne et du Portugal s'installent en Afrique du Nord (p. 141).

1517 Conquête de l'Égypte par les Ottomans.

1519 Khayr al-Din, dit Barberousse, qui règne sur Alger, reconnaît la souveraineté ottomane.

1535 L'empereur Charles Quint (p. 217), roi d'Espagne, attaque l'Algérie et la Tunisie.

1554-1659 Dynastie des Sadiens au Maroc. Victoire des Sadiens sur les Songhaïs au Niger (p. 246).

1574 Conquête de la Tunisie par les Ottomans.

1666 Dynastie des Alawites au Maroc (encore au pouvoir à ce jour).

1672-1727 Règne de Moulay Ismaïl au Maroc.

1707 Dynastie des Husseinides en Tunisie (jusqu'en 1957).

1710 L'Algérie s'affranchit du joug des Ottomans.

1711-1835 Règne des Qaramanlis en Libye.

1784 Les États-Unis construisent une flotte pour contrer les pirates barbaresques.

1830 Conquête de l'Algérie par la France.

Pages 310, 322

Paysage du Maroc, avec les montagnes de l'Atlas à l'arrière-plan.

2

Les corsaires. Basés dans des villes côtières comme Alger et Tunis (**1**), les corsaires pillent les navires marchands en Méditerranée et en Atlantique. Les raids de Khayr al-Din, dit Barberousse (**3**), qui est officiellement à la solde de l'Empire ottoman, entraînent une riposte espagnole en 1535 (**2**, l'empereur Charles Quint libérant des prisonniers chrétiens à Tunis). Jusqu'au XIXe s., de nombreux pays paient les corsaires pour protéger leur flotte.

3

4

Le Maroc. Inspiré par le modèle ottoman, le souverain alawite Moulay Ismaïl instaure une administration centrale au Maroc dès 1672. Soutenu par son armée personnelle d'esclaves noirs, il met un terme au règne des chefs locaux et des chefs religieux. Il chasse les Européens de certaines de leurs

5

ases sur la côte marocaine
5, carte maritime de la
léditerranée) et ordonne
ı construction d'un immense
alais (**4**) à Meknès.

Pages 164, 168

1500 Fondation du khanat Ouzbek en Asie centrale par les Shaybanides.

1501-1524 Règne du chah Ismaïl Ier, fondateur de la dynastie des Séfévides.

1514 Victoire ottomane sur les Perses à Chaldiran (p. 231).

1587-1629 Règne du chah Abbas Ier le Grand.

1638 Conquête de l'Irak par les Ottomans.

1736 L'Afshar Nader Chah renverse le dernier souverain séfévide.

1747 Assassinat de Nader Chah. Partition de l'Empire perse. Les Afshars occupent le Nord-Est, les Kurdes le Sud et les Qadjars turkmènes le Nord-Ouest.

1747 Ahmed Chah Durrani fonde l'Afghanistan moderne.

1794-1796 Victoire des Qadjars sur les Zand et les Afshars.

1796-1925 Règne des Qadjars en Perse.

Page 313

La Perse et l'Asie centrale

v. 1500-v. 1800

Femme qadjar.

Au XVe s., les Timurides, poussés par des tribus turkmènes, doivent se replier dans l'ouest de l'Iran. Les Ouzbeks fondent les khanats d'Asie de l'Est et d'Asie centrale, qui se maintiennent jusqu'au XXe s. Les chefs de l'ordre soufi qui sont à l'origine de la dynastie des Séfévides établissent leur propre État dans la partie ouest de l'Iran vers la fin du XVIe s. En 1501, leur chef spirituel Ismaïl Ier s'arroge le titre de chah et travaille à étendre son empire. On doit à ses successeurs, notamment le chah Abbas Ier la création de la Perse moderne. Se distinguant de leurs voisins sunnites, les Séfévides adoptent le chiisme comme religion d'État (p. 159) et développen de ce fait un sentiment d'appartenance nationale. La chute de l'Empire séfévide au XVIIIe s. entraîne l'indépendance des Kurdes, des Afghans et des Turkmènes. Nonobstant l'expansionnisme de Nade Chah, de la dynastie des Afshars – dont les campagne vont jusqu'en Inde –, il faut attendre le règne des Qadjars en 1796 pour que la Perse soit gouvernée par un souverain unique.

Abbas Ier le Grand. Abbas Ier est l'un des plus importants souverains séfévides. En 1598, il établit sa résidence à Ispahan (**1**), dont il fait un modèle, et convie les chrétiens arméniens et géorgiens à s'installer dans sa nouvelle capitale. Ces immigrés, pour la plupart artisans et marchands, contribuent à la prospérité de la cité. Abbas organise une armée de métier inspirée du corps des janissaires (p. 231), puis reprend l'Irak aux Ottomans et certaines régions d'Asie centrale aux Ouzbeks. Il établit également des relations commerciales et diplomatiques avec les pays européens.

1

Les gouverneurs et chefs de tribu. Le très vaste Empire séfévide pâtit de l'absence d'un pouvoir centralisé. Les provinces qui le composent sont gouvernées par des princes (**2**) plus soucieux de leur intérêt personnel que de celui de la communauté. Du fait de leur puissance militaire, les Turkmènes nomades exercent un réel pouvoir politique. Leurs descendants, successeurs des Séfévides, fondent les dynasties des Afshars et des Qadjars. Les Kurdes et les Géorgiens, qui conservent leur autonomie, sont gouvernés par des princes vassaux.

e soufisme. Perse et khanats Asie centrale sont le berceau ı soufisme (**3**). Les adeptes de courant mystique de l'islam ercent une forte influence olitique. Comme les Séfévides chiites de Perse, les Naqshbandi sunnites constituent des groupes de pression qui contribuent à développer dans les divers khanats le sentiment d'une appartenance nationale.

es Ouzbeks. Les Ouzbeks, qui sont à l'origine es nomades turco-mongols des steppes, chassent s Timurides d'Asie centrale. Leurs chefs, les ıans de la dynastie des Shaybanides, s'adaptent pidement à la culture raffinée des villes ommerçantes , madrasa – université – à Boukhara). Des conflits internes et externes entraînent la chute du khanat au XVIIIe s. Les nouvelles dynasties qui prennent la suite établissent à Khiva, à Boukhara et au Kokand trois khanats indépendants, qui tombent sous la domination russe au XIXe s. Le dernier khan (**5**, Alim Khan de Boukhara) est renversé par les Soviétiques en 1920-1921.

Les Timurides : pages 168-169

Pages 168, 170

1526 Fondation de l'Empire moghol par Baber.

1556-1605 Règne d'Akbar le Grand.

1628-1658 Règne de Chah Djahan.

1658-1707 Règne d'Aurangzeb.

1674-1818 Empire hindou des Marathes, centre de l'Inde.

1675 Exécution du chef des Sikhs sur ordre d'Aurangzeb.

1738-1739 Offensive de Nader Chah de Perse. Sac de Delhi.

1756-1763 Guerre de Sept Ans (p. 255).

1757 Défaite française contre les Anglais lors de la bataille de Plassey, au Bengale.

1761 Victoire des Afghans sur les Marathes.

1775-1818 Soumission des Marathes aux Britanniques à l'issue de trois guerres.

1801 Empire sikh au Pendjab.

1803 Occupation de Delhi par les Anglais.

Page 314

L'Inde

1526-v. 1800

Décors du Tadj Mahall.

Après l'effritement du sultanat de Delhi (p. 171), Baber, un descendant de Timur Lang, fonde l'Empire moghol en 1526. Son petit-fils Akbar étend encore son territoire, se rendant maître de la région allant d l'Afghanistan au Bengale. L'Empire moghol atteint son apogée vers 1700 sous le règne d'Aurangzeb, qui l'affaiblit par sa politique d'islamisation forcée. Les princes hindous et les gouverneurs de province musulmans sont de plus en plus autonomes, tandis que les attaques des Perses et des Afghans réduisen l'Empire à Delhi et à ses environs. Tirant parti de ce déclin, les Marathes, fondateurs d'un royaume hindo dans le centre du pays, prennent le contrôle de la majeure partie de l'Inde. Les conflits entre souverain indiens favorisent l'intrusion dans les affaires du pay des puissances européennes, dont certaines ont établi des comptoirs sur les côtes depuis le XVIe s.

Le Tadj Mahall, hommage à un amour éternel

Le mausolée du Tadj Mahall, érigé sur ordre du souverain moghol Chah Djahan en hommage à son épouse préférée, Mumtaz Mahall, morte en couches en 1631, est un édifice de marbre blanc niché au cœur d'un parc somptueux. Le goût de Chah Djahan pour la magnificence, dont témoignent les palais et jardins qu'il fait construire, grève les finances de l'empire. Dès avant son décès, des querelles éclatent au sujet de sa succession.

n empire pluriculturel. ‹bar (**2**), le troisième souverain oghol, consolide son empire ı accordant les mêmes pouvoirs

2

1

aux princes hindous et à l'aristocratie tribale musulmane. Il instaure la liberté religieuse et favorise le commerce avec l'Europe. Ses réalisations architecturales (**1**, salle d'audience) mêlent des styles divers.

3

orthodoxie. Après le décès de Chah Djahan, son fils Aurangzeb) prend le pouvoir en 1658 à l'issue d'une succession l'opposant à ıs frères. Contrairement à ses ancêtres, Aurangzeb est un musulman rthodoxe, qui impose des taxes aux non-musulmans et ordonne destruction de leurs lieux de culte. Son intolérance entraîne une ·volte parmi les hindous et les sikhs. Les troubles amenuisent son ouvoir, ce qui permet à l'Empire marathe de dominer l'Inde au XVIIIe s.

4

Les Anglais. Les Portugais sont les premiers à débarquer en Inde en 1498 (p. 221), suivis par les Hollandais, les Français et les Anglais au XVIIe s. Au début, les Européens se contentent de créer des comptoirs sur les côtes, mais les choses changent avec la chute de l'Empire moghol au XVIIIe s. Les Anglais et les Français font des incursions à l'intérieur des terres. Après la guerre de Sept Ans, les Français doivent rétrocéder leurs colonies indiennes aux Anglais. Grâce à des alliances conclues avec des princes indiens rivaux, les Anglais (**4**, officiers de la Compagnie anglaise des Indes orientales) étendent leur domination.

La Chine

1368-v. 1800

Vase de l'époque Ming.

Alors qu'ils ont longtemps dominé la Chine, les Mongols (p. 166) sont boutés hors du pays par les Ming, qui prennent le pouvoir en 1368. Si cette dynastie doit constamment être sur la défensive, celle qui prend son relais en 1644 réussit à étendre le territoire du pays, surtout pendant le règne de l'empereur Qianlong. Ses frontières englobent alors de vastes régions d'Asie centrale ; la Mongolie et le Xinjiang sont annexés, le Tibet devient un protectorat ; des pays comme la Corée, le Viêt Nam et la Birmanie sont contraints de reconnaître la souveraineté chinoise. Si la vie culturelle est florissante sous le règne des Mandchous, la bureaucratie et le traditionalisme empêchent la mise en œuvre des réformes nécessaires. Au XVIIIe s., la pauvreté grandissante provoque un mouvement de rébellion. Les révoltes sont menées par des sociétés secrètes, tandis que les minorités ethniques doivent lutter contre l'infiltration de leurs communautés.

1

2

La dynastie des Ming. Zhu Yuanzhang (**2**), ancien moine bouddhiste, prend la tête d'une révolte qui libère le peuple chinois du joug mongol, et fonde la dynastie des Ming en 1368. À l'époque des Ming, la Chine vit une période de prospérité économique et de croissance démographique. Sous le règne de ses successeurs, le pouvoir central est affaibli par des luttes intestines à la cour de Pékin (**1**).

Les jésuites en Chine

Des missionnaires chrétiens débarquent en Chine au XVIe s., en même temps que les Portugais y établissent des comptoirs. Les jésuites sont admis à la cour impériale comme savants. Ils sont chargés d'une réforme calendaire en 1613. Le jésuite Schall von Bell assure la régence en 1651 pour le compte du nouvel empereur, encore mineur.

La dynastie mandchoue des Qing. Les Mandchous fondent un empire dans le nord de la Chine à la fin du XVIe s. En 1644, lorsque s'éteint la lignée Ming, Shizu (**4**) établit la dynastie Qing. Les Mandchous, qui gouvernent toute la Chine, connaissent leur apogée au XVIIIe s. avec Quianlong (**3**). La société mandchoue comprend une classe régnante restreinte, qui ne se mêle pas aux Chinois de souche. Mais les échanges culturels sont nombreux, comme l'atteste le choix de l'empereur mandchou de promouvoir la littérature chinoise et d'adopter le confucianisme.

4

Page 172

1368-1644 Dynastie des Ming.
1368-1398 Règne de l'empereur Zhu Yuanzhang.
XVe s. Expéditions de Zheng, chef des eunuques.
1421 Pékin devient capitale. Extension de la Grande Muraille.
1514 Arrivée des Portugais.
1616-1643 Consolidation du pouvoir des Mandchous. Dynastie des Qing.
1627-1637 En Corée, début de la domination mandchoue.
1643-1661 Règne de l'empereur Shizu.
1644 Prise de Pékin par les Mandchous.
1661-1722 Règne de l'empereur Kangxi. Conquête de Taïwan et de la Mongolie.
1689 Traité avec la Russie relativement aux frontières.
1720 Protectorat sur le Tibet.
1722-1735 Règne de l'empereur Yongzheng. Interdiction du christianisme.
1735-1796/1799 Règne de l'empereur Quianlong. Révolte des sociétés secrètes.
1793 La Grande-Bretagne négocie des avantages commerciaux.

Page 316

Le commerce avec l'Europe. Sous l'ère Ming, les expéditions maritimes sont relativement peu fréquentes. Au XVe s., les Chinois se concentrent plutôt sur le marché intérieur, stimulé par une démographie galopante. Hormis les contacts avec la Russie et quelques régions bordant la route de la Soie, les Chinois n'entretiennent que des liens épisodiques avec les puissances européennes. Les avantages commerciaux que demandent les Anglais leur sont refusés (**5**). Malgré cela, la Compagnie anglaise des Indes orientales importe également de l'opium en Chine au XIXe s.

5

Chute de la dynastie mandchoue : pages 316-317

Le Japon

1338-1867/1868

Le shogunat des Ashikaga s'affaiblit à la suite d'une querelle de succession. Pendant la guerre civile qui suit cette période troublée, les princes provinciaux, appelés daimyos, s'affrontent. Il faut attendre le règne des trois grands unificateurs, au milieu du XVIe s., pour que le Japon retrouve un pouvoir central fort. Après avoir soumis des territoires de plus en plus vastes, le dernier unificateur, Tokugaw leyasu, se proclame shogun en 1603. Sous le shogunat des Tokugawa, le Japon connaît une longue période de paix, qui dure jusqu'au XIXe s. Cette situation est le résultat d'une stricte politique isolationniste, qui maintient le Japon à l'écart du monde moderne et favorise l'immobilisme intérieu

Le chrysanthème, emblème du Japon

Page 174

1338-1573 Shogunat des Ashikaga.

1467-1477 Guerre d'Onin relative à la succession des Ashikaga. Affaiblissement du pouvoir central.

v. 1477-1573 Ère des daimyos. Guerre civile.

1573-1603 Ère des trois grands unificateurs Oda Nobunaga, Toyotomi Hideyoshi et Tokugawa Ieyasu.

1575 Victoire d'Oda Nobunaga à la bataille de Nagashino grâce à l'utilisation des armes à feu.

1592-1597 Invasion manquée de la Corée par Toyotomi Hideyoshi.

1600 Victoire de Tokugawa Ieyasu lors de la bataille de Sekigahara.

1603-1867/1868 Shogunat de Tokugawa. Période Edo.

1615 Conquête d'Osaka.

1639 Politique isolationniste.

1853-1854 Le Japon est contraint de s'ouvrir au commerce mondial.

Page 318

Les seigneurs de la guerre. À leur arrivée au Japon en 1543, les marchands portugais (**1**) amènent avec eux des missionnaires chrétiens, mais ils apportent aussi des armes à feu, dont l'introduction au Japon révolutionne l'art de la guerre. Oda Nobunaga, l'un des trois grands unificateurs, est le premier à les utiliser lors de la bataille de Nagashino, où il enregistre une victoire décisive. Il tolère le christianisme pour en faire un contre-pouvoir à l'influence grandissante des bouddhistes.

1

2

Les trois grands unificateurs. Le seigneur de la guerre Oda Nobunaga contrôle la majeure partie du Japon et met fin, en 1573, à la suprématie des shoguns Ashikaga. Il est assassiné en 1582. Toyotomi Hideyoshi prend alors le pouvoir. À sa mort, en 1598, et bien qu'il ait désigné son fils pour lui succéder, son allié Tokugawa Ieyasu s'empare du shogunat. En 1615, Ieyasu conquiert le château d'Osaka, dernier bastion des Toyotomi (**3**).

3

.e shogunat des Tokugawa. ılors qu'il porte déjà le titre de hogun décerné par l'empereur ·n 1603, Tokugawa Ieyasu 'impose de fait comme le ouverain du Japon après la onquête d'Osaka (**4**) en 1615. .e shogunat des Tokugawa se aractérise par un gouvernement nilitaire strict. Quoique soumis ı l'autorité de l'État et contraints ıu service militaire, les samouraïs **2**) sont autorisés à porter des ırmes. Les autres daimyos sont orivés de leur pouvoir.

4

5

La persécution des chrétiens. Afin de conforter leur autorité, les shoguns Tokugawa persécutent les chrétiens et leurs missionnaires (**5**) dont l'influence va croissant. Une politique isolationniste est appliquée dès 1639, autorisant le commerce avec les seuls Hollandais, qui doivent se contenter d'effectuer leurs transactions sur une île au large de Nagasaki. La paix et la forte consommation intérieure facilitent l'essor économique.

Page 176

1350-1767 Empire d'Ayuthia dans l'actuelle Thaïlande.

1428-1788 Règne de la dynastie Lê à Annam.

1486-1752 La dynastie Toungoo unifie la Birmanie.

XVIe s. Conquête de l'Empire Majapahit à Java par le sultanat de Mataram.

1511 Conquête du sultanat de Malacca en Malaisie par les Portugais.

1619 Occupation de Java par les Hollandais.

1753-1886 Règne des Konbaung en Birmanie.

1755 Partition du sultanat de Mataram par les Hollandais.

1767 Destruction de l'empire d'Ayuthia par les Birmans.

1782 Installation de la dynastie Chakri au Siam.

1802-1945 Règne de la dynastie Nguyên au Viêt Nam.

Page 320

L'Asie du Sud-Est

v. 1500-v. 1800

Tête de Bouddha (sculpture Ayuthia).

Dès le XVIe s., les marchands, missionnaires et conquérants européens sillonnent les empires d'Asie du Sud-Est. Les Français exercent une réelle influence au Viêt Nam et finissent par dominer la région vers la fin du XVIIIe s. Les Hollandais font de même en Indonésie. En Birmanie, pendant la seconde moitié du XVIIIe s., une nouvelle dynastie s'impose : celle des Konbaung, qui détruit l'empire d'Ayuthia et prend le pouvoir. Tandis que les Birmans doivent résister aux assauts des Anglais, la lignée des Chakri au Siam préserve son autonomie.

Le Siam (actuelle Thaïlande). L'empire d'Ayuthia au Siam s'effondre en 1767 après la destruction de sa capitale par les Birmans et échappe de peu à la domination de la Birmanie, qui doit au même moment faire face à l'offensive de la Chine. Après la chute de l'empire, plusieurs généraux tentent de s'emparer du pouvoir. En 1782, Phraya Chakri accède au trône sous le nom de Rama Ier et fait de Bangkok (**1**) la capitale.

1

2

3

'Indonésie. En 1511, les ortugais conquièrent le ultanat de Malacca, principale uissance maritime de l'Asie du ud-Est, mais ils en sont délogés ux XVIIe s. par les Hollandais (**3**), ui, en 1614, s'installent sur 'île de Java, gouvernée par le ultanat de Mataram. À partir de là, les Hollandais étendent progressivement leur emprise sur tout l'archipel indonésien (**2**). Fins stratèges, ils montent les chefs locaux les uns contre les autres, jusqu'à ce que ces derniers ne puissent plus faire autrement que de reconnaître la souveraineté européenne. En 1755, ils tirent prétexte de la querelle de succession opposant les sultanats de Surakarta et de Jogjakarta pour diviser le royaume de Mataram.

'histoire des empires vietnamiens. Influencée ar la culture et la politique de la Chine, la dynastie Lê accède au pouvoir en 1428 à Annam, dans l'actuel Viêt Nam. En 1471, elle a notablement agrandi son territoire et connaît un formidable essor culturel. Si les Lê demeurent les souverains en titre jusqu'en 1788, le pouvoir effectif est détenu dans le Nord par la famille Trinh et dans le Sud par la famille Nguyên, qui est aux affaires depuis le XVIe s. grâce au soutien des Européens. Avec l'aide des Français, Nguyên Anh (**4**), futur empereur Gia Long, sort victorieux de la guerre civile et fonde en 1802 l'empire du Viet Nâm. Il soumet toute la région alentour, notamment le Laos et le Cambodge. Cependant, malgré sa nouvelle puissance, il est incapable de s'affranchir de l'influence grandissante de la France.

4

5

Les Philippines. Après avoir bouclé une bonne partie de son tour du monde, l'explorateur Magellan est attaqué (**5**) et assassiné par les indigènes à son arrivée aux Philippines en 1521. Il faudra attendre 1671 pour que les Espagnols réussissent à soumettre la région, qu'ils renomment en l'honneur du roi Philippe II (p. 217). Les chefs locaux se convertissent au catholicisme pour préserver leurs privilèges. L'islam, qui s'est répandu en Indonésie aux XVe et XVIe s., n'a pas encore touché les Philippines. Seul le sultanat de Sulu, dans le Sud, refuse de se convertir.

L'Afrique

Page 178

v. 1400 Fondation du royaume du Bénin.

1464 Fondation de l'empire musulman des Songhaïs en haute Afrique, au Niger.

XVe s. Expéditions portugaises en Afrique et installation de comptoirs.

1491-1665 Des rois indigènes catholiques règnent sur le royaume du Kongo, sous le contrôle des Portugais.

1493-1528 Dynastie des Askias dans l'Empire songhaï.

1543 L'Éthiopie repousse les assauts des musulmans avec l'aide des Portugais. Arrivée des missionnaires jésuites.

1590-1591 Chute de l'Empire songhaï suite aux offensives marocaines et à la guerre civile.

1652 Fondation de la ville du Cap par les Hollandais.

1665 Conquête du royaume du Kongo par les Portugais.

XVIIe-XVIIIe s. Les souverains d'Oman repoussent les Portugais vers les côtes est africaines.

XVIIIe s. Chute du pouvoir impérial en Éthiopie.

Pages 322, 324

L'Afrique

v. 1500-v. 1800

Dès le XVe s., les Européens établissent des comptoirs sur les côtes africaines. Certains peuples, comme les Yorubas, tirent profit du trafic d'esclaves ; d'autres, comme ceux du royaume du Kongo, pâtissent de la présence européenne. Au XVIe s., les Songhaïs fondent le plus vaste empire de l'histoire de l'Afrique de l'Ouest. Au même moment, à l'est, les Éthiopiens ont fort à faire pour tout à la fois résister aux assauts des musulmans et contrer les intérêts des Européens, et ce, alors que l'empereur en place n'est plus qu'un jouet entre les mains des gouverneurs des provinces. Les marchands musulmans réussissent à reconquérir leurs comptoirs perdus de la côte est africaine.

Tête en bronze d'un oba (roi) yoruba du Bénin.

Les comptoirs européens. En route vers les Indes au XVe s., les Portugais établissent des comptoirs commerciaux le long des côtes africaines, qui gagnent en importance avec la demande croissante d'esclaves dans les colonies. Le Portugal sera imité dans son trafic d'esclaves par la France, l'Angleterre (**1**, château fort sur la Côte-de-l'Or) et les Pays-Bas, au XVIIe s.

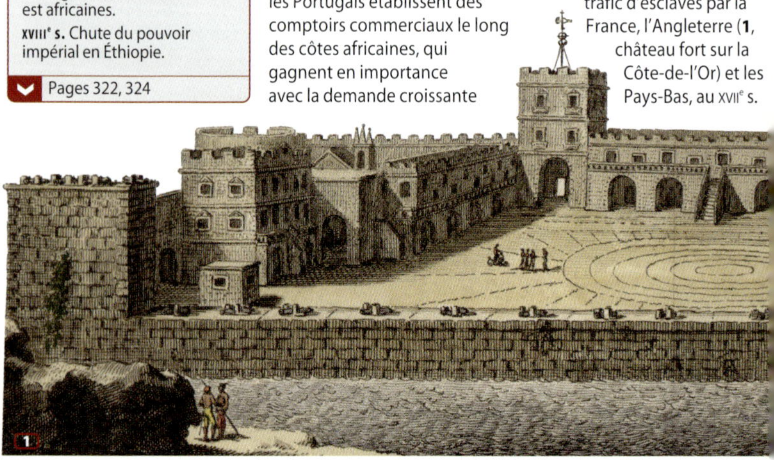

1

2

Les Songhaïs. Au milieu du XVe s., l'Empire malien (p. 178) tombe sous la domination des Songhaïs, qui s'imposent dès lors comme la plus grande puissance du Sahara. Mohammed (**2**, tombeau à Gao), de la dynastie des Askias, étend son territoire, qui inclut les régions allant de l'Atlantique au lac Tchad au début du XVIe s. La prospérité de l'empire est assurée par le commerce caravanier de l'or, du sel et des esclaves. Les souverains assurent la promotion de l'islam, considéré comme un facteur d'intégration. La guerre civile et une offensive marocaine mettent fin à l'empire en 1590-1591.

3

Le Kongo. Sous l'influence des Portugais (**3**, soldat), les souverains du royaume du Kongo se convertissent (**4**) au christianisme en 1491. L'un des princes est ordonné à Rome en 1522 et devient ainsi le premier évêque africain. Les Portugais conquièrent le Kongo lorsque les rois s'opposent au trafic d'esclaves.

4

Les Swahilis. Les villes portuaires situées le long des côtes africaines sont fortement influencées par les Arabes. La langue et la culture des Swahilis (de l'arabe *sahil*, signifiant « côte ») mêlent des éléments arabes et africains, et se propagent dans toute l'Afrique de l'Est. Les Swahilis prospèrent grâce au trafic d'esclaves (**5**), mais aussi au commerce de l'or et de l'ivoire avec des contrées aussi reculées que la Chine. Au XVIe s., la région est envahie par les Portugais, qui sont cependant repoussés aux XVIIe et XVIIIe s. par les sultans d'Oman, installés dans le sud de l'Arabie. Les Portugais ne se maintiendront qu'au Mozambique.

5

» Le trafic d'esclaves : page 323

Les Mayas et les Aztèques

jusqu'au XVIe s.

Le Nouvel Empire maya rassemble des cités-États autonomes gouvernées par les dynasties toltèques. Elles dominent les hauts plateaux du Mexique jusqu'à leur départ vers la péninsule du Yucatán, vers 900. Au XVe s., plusieurs révoltes contre les Toltèques entraînent l'effondrement politique des Mayas, mais cela ne les empêche pas de résister plusieurs années aux assauts des Espagnols. Au XVe s., les Aztèques (**1**) contrôlent au centre du pays un empire qui s'étend du golfe du Mexique à l'océan Pacifique. Il s'agit d'une confédération de cités-États dominée par les souverains de la capitale Tenochtitlán. Les Aztèques conduisent régulièrement des raids pour soumettre les territoires avoisinants. Ils récupèrent ainsi le butin et les prisonniers nécessaires au paiement des tributs et aux sacrifices qu'ils font à leurs dieux. Certains États comme Tlaxcala ou les cités des Mixtèques préservent leur autonomie. Ces entités, alliées des Espagnols, participent en 1519-1521 à la destruction de l'Empire aztèque.

1

2

Le Nouvel Empire maya. Le Nouvel Empire maya (p. 181) se réfère à la confédération de cités-États mayas situées pour la plupart dans la péninsule du Yucatán. Minées par les luttes pour le pouvoir qui les oppose, elles sont soumises à la domination de Chichén Itzá (**3**), puis du clergé nobiliaire de Mayapán (**2**). En 1441, une révolte met fin à l'unité politique entre les cités-États, facilitant la conquête espagnole.

3

Tenochtitlán. La grandiose capitale aztèque de Tenochtitlán (**5**) se trouvait sur le lieu de l'actuelle ville de Mexico. Construite sur une île du lac Texcoco, elle n'était accessible que par des chenaux. Peuplée de 200 000 personnes, elle avait en son centre un temple pyramidal voué à Huitzilopochtli, dieu du Soleil et de la Guerre. Des prisonniers (**4**) y étaient immolés : ce sacrifice garantissait le lever du soleil.

4

5

6

Cortés. L'Empire aztèque connaît sa plus grande emprise territoriale sous le règne de Moctezuma II. Cependant, sa politique expansionniste conduit de nombreuses peuplades indigènes à s'allier avec les Espagnols lorsqu'ils débarquent en 1519, menés par Hernán Cortés (**6**). Ce dernier, que Moctezuma prend pour un dieu et reçoit avec bienveillance, capture son hôte. Lorsque les Aztèques se soulèvent contre ces visiteurs indésirables, Moctezuma est assassiné et les Espagnols sont contraints de fuir. Avec l'aide d'autres indigènes, Cortés prend la cité en 1521. Le meurtre des derniers souverains aztèques entraîne la chute de Tenochtitlán.

Page 181

L'Amérique centrale

Xe s. Nouvel Empire maya.

v. 1000-1221 Domination de Chichén Itzá sur les Mayas.

XIIe s. Chute de l'Empire toltèque au centre du Mexique.

XIIIe s. Migration des Aztèques vers le centre du Mexique.

1221-1441 Emprise de Mayapán sur les Mayas (« Ligue de Mayapán »).

v. 1325 Fondation de Tenochtitlán par les Aztèques.

1428 Alliance des trois cités-États aztèques de Tenochtitlán, Texcoco et Tlacopán.

1441 Début du déclin politique du Nouvel Empire maya.

1502-1520 Règne de Moctezuma II.

1519 Hernán Cortés débarque au Mexique.

1520-1521 Conquête et destruction de Tenochtitlán par les Espagnols.

v. 1697 Début de la soumission des cités-États mayas aux Espagnols.

Page 252

La conquête espagnole : pages 252-253

Page 249

XIIIe s. Empire inca.

XVe s. Empire Chimú.

1471-1493 Règne de Topa Yupanqui.

v. 1471 Les Incas conquièrent l'Empire Chimú sur la côte Pacifique.

1527 Guerre civile et querelle de succession entre les frères Huascar et Atahualpa.

1531 Début de la conquête de l'Empire inca par les Espagnols, menés par Francisco Pizarro.

1532 Bataille de Cajamarca. Atahualpa est fait prisonnier et assassiné par Pizarro.

1533 Conquête de la vallée de Cuzco.

1572 Les Espagnols assassinent le dernier souverain inca.

1780-1781 Révolte menée par Tupac Amaru.

Page 252

Les Incas

jusqu'au XVIe s.

1

Les Incas d'Amérique du Sud (p. 180) sont issus de sociétés très avancées originaires de la vallée de Cuzco, dans l'actuel Pérou. Aux XVe et XVIe s., grâce à leurs succès militaires, les Incas étendent leur emprise territoriale dans toute la région des Andes et de la côte Pacifique. À l'époque, leur empire peut être considéré comme le plus vaste du monde. Il tient son nom de la première famille régnante, dont chaque souverain portait le nom de Sapay Inca (**1**) et était vénéré comme un dieu. En 1531, les Espagnols soumettent facilement les Incas, rendus vulnérables par la forte centralisation de leur empire.

Machu Picchu. Ce complexe palatial du XVe s. se situe en plein cœur d'une chaîne de montagnes, à 2 000 m d'altitude. Demeuré inconnu des Espagnols, le site (**2**) n'a été découvert qu'en 1911.

2

e culte du soleil. Au XVe s., les souverains incas igent le culte d'Inti, dieu du Soleil, en religion État. Eux-mêmes sont vénérés comme étant les s de cette divinité, ce qui conforte leur autorité ut en renforçant la croyance du peuple en Inti. s Incas observent avec précision la trajectoire u soleil avec les cadrans solaires (**4**, édifice ligieux) de leurs temples décorés or (**3**). Contrairement la plupart des peuples Amérique centrale, s Incas ne pratiquent qu'assez rarement des sacrifices humains. Une autre divinité majeure de leur panthéon est Pachamama, déesse de la Fertilité, assimilée de nos jours à la Vierge Marie.

3

4

5

L'Empire inca. L'Empire inca regroupe de nombreux peuples différents, et plus de 700 langues sont parlées sur son territoire. Un excellent réseau routier en relie les diverses cités, y compris celles des régions les plus reculées. Les Incas s'adaptent aux environnements hostiles, notamment en matière d'irrigation (**5**) sur des hauteurs arides. L'une des grandes singularités de cet empire est d'intégrer dans une organisation étatique originale la diversité socioculturelle des populations qui le composent.

a conquête. Dès avant arrivée des Espagnols menés ar Pizarro, l'Empire inca est ivisé par une querelle de uccession. Les Espagnols allient avec les peuples ominés par les Incas pour les oumettre rapidement. Après capture d'Atahualpa (**6**) n 1532, l'empire, qui n'a lus de chef, est paralysé.

6

› **La conquête espagnole :** pages 252-253

Page 250

1492 Christophe Colomb atteint l'Amérique.

1500 Les Portugais menés par Cabral débarquent au Brésil.

v. 1510 Début de l'importation d'esclaves noirs.

1519-1521 Hernán Cortés conquiert l'Empire aztèque (p. 248-249).

1531-1534 Francisco Pizarro conquiert l'Empire inca (p. 250-251).

1546 Fondation de Potosí.

1693 La découverte de l'or au Brésil entraîne l'occupation de l'intérieur des terres.

1767 L'Espagne met fin aux réserves indiennes. Soulèvement des indigènes.

1780-1781 Révolte menée par Tupac Amaru.

Pages 333, 334

L'Amérique centrale et l'Amérique du Sud

v. 1500-v. 1800

Les conquérants vainquent les empires précolombien grâce aux armes à feu et aux chevaux, jusque-là inconnus de ces peuples. La christianisation qui accompagne la colonisation est souvent superficielle Pour tenter de maintenir leur pouvoir, certaines élites indigènes pactisent avec la classe régnante européenne. Les guerres, l'exploitation économique les épidémies déciment la population locale, d'où le recours massif à l'importation d'esclaves depuis l'Afrique. Les colonies, gouvernées par des vice-rois, sont exploitées au seul bénéfice des puissances colonisatrices.

Christophe Colomb (1451-1506)

Le Génois Christophe Colomb recherche par l'Atlantique la route permettant de rallier les Indes. Son expédition, financée par les souverains espagnols (p. 216), atteint les Bahamas en 1492. Persuadé qu'il aborde une île située au large des Indes, Christophe Colomb baptise les indigènes « Indiens ». Après sa mort, on saura qu'il avait découvert un nouveau continent.

L'ère des grandes découvertes

La recherche de la route des Indes initie l'ère des grandes expéditions. Alors que les Portugais contournent l'Afrique, Colomb découvre l'Amérique en cherchant une nouvelle route. Les Européens colonisent de vastes étendues de ce nouveau continent. Le déplacement des voies maritimes depuis les mers intérieures vers l'Atlantique voit la perte en importance de villes commerciales comme Venise ou Lübeck. Le Portugal et l'Espagne, que l'aventure coloniale impose comme des puissances maritimes, sont ensuite surpassés dans ce domaine par la Hollande et l'Angleterre. Le commerce mondial, entretenu par les Européens, croît régulièrement.

1418 *Henri le Navigateur finance les premières expéditions navales.*
1487 *Bartholomeu Dias contourne l'Afrique du Sud.*
1492 *Colomb atteint les Amériques (**4**, carte représentant Colomb, Vespucci, Magellan et Pizarro).*
1494 *Traité de Tordesillas. Partage du monde entre Portugais et Espagnols.*
1497-1498 *John Cabot atteint le continent nord-américain.*
1497-1498 *Vasco de Gama en Inde.*
1499 *Amerigo Vespucci explore la côte est de l'Amérique du Sud.*

La christianisation. Sous couvert de mission évangélisatrice, les conquérants soumettent les indigènes en les obligeant à se convertir, n'hésitant pas à détruire leurs sites religieux et à procéder à des baptêmes forcés (**1**). D'autres missionnaires, qui ont à cœur de protéger les peuplades locales, œuvrent à interdire l'esclavage des Indiens. Aux XVIIe et XVIIIe s., les jésuites créent des réserves où ces derniers peuvent vivre et travailler de manière indépendante, à l'abri des marchands d'esclaves. Cette entrave aux intérêts de l'Espagne et du Portugal entraîne la dissolution de l'ordre en 1767.

esclavage. Dès le début du XVIe s., des esclaves ricains sont importés en Amérique (**3**) pour renforcer la main-d'œuvre indigène. Considérés comme plus vaillants et plus résistants aux maladies européennes, ils sont surtout employés sur les plantations. Le Brésil est le dernier pays de la région à abolir l'esclavage en 1888 (p. 334).

La « montagne riche ». Les Espagnols exploitent sans vergogne les peuples assujettis, comme l'attestent les dizaines de milliers de travailleurs de force qui trouvent la mort dans les mines d'argent de Cerro Rico (« montagne riche »), dans la cité de Potosí (**2**). Cette ville de l'actuelle Bolivie, située à quelque 4 000 m d'altitude, est alors l'une des villes les plus riches du monde.

Il subodore l'existence d'un continent jusque-là inconnu, qui sera plus tard appelé d'après son propre nom.
1500 *Cabral débarque au Brésil.*
1519-1521 *Première circumnavigation par Magellan (p. 245) ou plutôt par les survivants de son expédition.*
1534 *Premières expéditions de Jacques Cartier en Amérique du Nord.*
1577-1580 *Deuxième circumnavigation par Francis Drake (p. 203).*

Page 181

XVIe s. Les Espagnols étendent leurs possessions depuis l'Amérique centrale jusqu'à la Californie et à la Floride.

v. 1570 Les Iroquois fondent la ligue des Cinq Nations.

1584 Établissement d'une colonie britannique en Virginie.

1608 La France fonde la colonie du Québec.

1619 Arrivée des premiers esclaves noirs d'Afrique.

1620 Expédition du *Mayflower*. Fondation de Plymouth.

1625 Fondation par les Hollandais de la Nouvelle-Amsterdam (New York).

1630 Début de la Grande Migration des puritains.

1664 La Grande-Bretagne échange les Indes orientales contre New York avec les Hollandais.

1682 Les Français explorent la région du Mississippi.

1713 Les Anglais récupèrent les colonies françaises après la guerre de la Succession d'Espagne.

1718 La France fonde La Nouvelle-Orléans.

1754 Début de la guerre de Sept Ans.

1763 La France perd ses dernières colonies.

Page 257

L'Amérique du Nord

v. 1500-1763

L'Espagne, les Pays-Bas, l'Angleterre et la France fondent des colonies en Amérique du Nord, mais ce sont ces deux dernières puissances qui dominent la région à partir du XVIIe s. Les conflits entre la France et l'Angleterre atteignent leur paroxysme avec la guerre de Sept Ans, qui se déroule surtout sur le sol nord-américain. Après sa défaite de 1763, la France doit rétrocéder la plupart de ses possessions de l'hémisphère Nord aux Anglais, qui s'imposent comm la plus grande puissance coloniale en Amérique du Nord. Alors que les colonies de la Nouvelle-Angleterr sont principalement vouées au commerce, celles du Sud sont plutôt axées sur l'agriculture. La demande croissante de main-d'œuvre sur les plantations entraîne l'importation d'esclaves d'Afrique. L'arrivée massive d'immigrants blancs repousse les populations indigènes vers l'oues

Les premiers immigrants. Fuyant la persécution religieuse (p. 204), les Pères fondateurs puritains embarque pour le Nouveau Monde à bord du *Mayflower* (**1**) et débarquer en 1620 en Nouvelle-Angleterre. Ces premiers immigrants anglais en quête de liberté et de réussite influencer durablement la société américaine émergente. Au XIXe l'immigration sera dictée par des motifs plus économiques

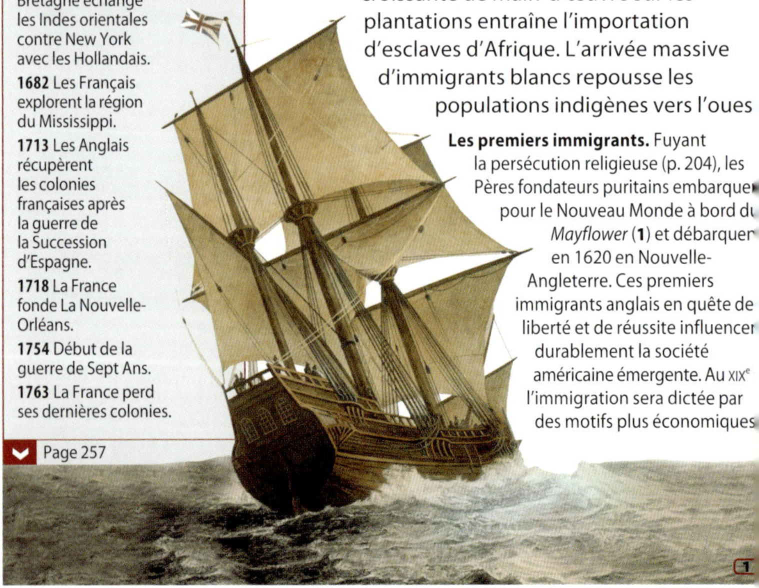

2

La Virginie. Le corsaire anglais sir Walter Raleigh établit la première colonie britannique en Amérique du Nord, la Virginie (**2**), en 1584. D'autres colonies seront ensuite fondées à l'initiative de personnes privées, de communautés religieuses ou de sociétés commerciales. Elles ont le plus souvent à leur tête des gouverneurs royaux, mais se dotent également de parlements autonomes inspirés de la tradition britannique.

es Iroquois. Organisés en onfédération (**3**), les Iroquois e livrent au commerce de a fourrure avec les Anglais. n raison de ces relations étroites avec les colonisateurs, les Iroquois seront chassés de leurs territoires à l'issue de la guerre de l'Indépendance américaine (p. 256).

3

.a guerre de Sept Ans. Pendant la guerre de Sept Ans, l'Angleterre t la France (**4**) s'affrontent pour la suprématie en Amérique du ord et dans les colonies. La Prusse participe au conflit du côté des nglais, alors que l'Autriche et l'Espagne sont alliées des Français. a guerre éclate à la fois en Europe centrale et dans les colonies l'Amérique du Nord. Par le traité de Paris de 1763, la France étrocède ses possessions à la Grande-Bretagne.

4

» **La France pendant la guerre de Sept Ans :** page 201

Les États-Unis

1763/1776-v. 1800

1

Les colonies d'Amérique du Nord sont exploitées au seul bénéfice de leur mère patrie, la Grande-Bretagne : elles fournissent aux Anglais les matières premières nécessaires à la manufacture de produits qui sont ensuite revendus aux colons. Privées d'opportunités de développement économique, les colonies se voient également refuser une représentation au Parlement britannique. Cependant, du fait de leur relative autonomie, ces territoires développent une identité commune. La guerre de Sept Ans entraîne l'augmentation des taxes imposées par l'Angleterre, mesure que les sujets américains trouvent excessive, surtout en l'absence de contrepartie politique. Les tensions s'aggravent et la recherche d'autonomie aboutit à la rédaction de la Déclaration d'indépendance de 1776 (**1**). Grâce à l'aide de la France, les États-Unis conquièrent leur indépendance.

George Washington (1732-1799)

Propriétaire de plantations en Virginie, George Washington doit son expérience militaire à son engagement pendant la guerre de Sept Ans. Membre du Parlement colonial et représentant de la Virginie au Congrès continental, il se voit confier le commandement de l'armée américaine en 1775. À la tête de puissantes troupes et aidé d'officiers européens, il contraint les Anglais à la capitulation lors de la bataille de Yorktown en 1781. Il devient le premier président des États-Unis en 1789 et œuvre pour maintenir l'unité des États fédérés.

ı Tea Party de Boston. ɔur protester contre les ɹrdes taxes qui leur sont ɔpliquées, plusieurs colons, ıbillés en Indiens, se lancent ı'abordage de navires anglais ıns le port de Boston (**2**) et ttent à la mer leur cargaison e thé. Les sanctions appliquées ır le gouvernement anglais ɔnt encore envenimer les relations avec ses sujets américains.

Benjamin Franklin. L'un des Pères fondateurs des États-Unis, Benjamin Franklin (**3**), est tout à la fois éditeur, naturaliste, philosophe et homme d'État. En 1778, alors qu'il est ambassadeur à Paris, il négocie une alliance entre les Américains et les Français. Membre du Congrès constitutionnel, il est l'un des auteurs et signataires de la Déclaration d'indépendance et de la Constitution des États-Unis.

ɛ́claration d'indépendance. e 4 juillet 1776, le Congrès (**4**) ɛunissant les délégués des 3 colonies décide de livrer une uerre pour s'affranchir de la ıtelle anglaise. Après la guerre, les États s'accordent sur une constitution en 1789. Ce texte est marqué par l'influence de la philosophie des Lumières et tire également les conséquences de la Glorieuse Révolution de 1688.

» **George Washington :** page 326

Page 254

v. 1765 Augmentation des taxes par la Grande-Bretagne.

1773 Tea Party de Boston. Boycott des produits anglais.

1774 Premier Congrès continental de Philadelphie.

1775-1789 Deuxième Congrès continental. Constitution d'une armée sous l'égide de George Washington.

1775-1783 Guerre de l'indépendance américaine.

1776 Déclaration d'indépendance.

1777 Défaite des Anglais à la bataille de Saratoga.

1778 Alliance entre les colonies et la France.

1779 Défaite des Iroquois, alliés des Anglais.

1781 Victoire des troupes françaises et américaines contre les Anglais à Yorktown.

1783 Traité de Paris. La Grande-Bretagne reconnaît l'indépendance des États-Unis.

1787 Constitution de Philadelphie.

1789-1797 George Washington, premier président des États-Unis.

Page 326

REPÈRES

v. 50 000-40 000 av. J.-C. Premières traces de peuplement en Australie.

Ier s. apr. J.-C. Les Polynésiens colonisent l'île de Pâques, les îles Tonga, Tahiti, Hawaii et la Nouvelle-Zélande.

1519-1521 Au cours de la première circumnavigation, Magellan atteint l'archipel de Polynésie.

1642-1644 Expéditions du Hollandais Abel Tasman.

1722 Les Hollandais débarquent sur l'île de Pâques.

1768-1779/1780 Expéditions de James Cook.

1788 Première colonie pénitentiaire anglaise en Australie. Fondation de Sydney.

1840 Traité entre les Maoris de Nouvelle-Zélande et les immigrants blancs.

1842-1880 Annexion du royaume de Tahiti par la France.

1898 Annexion de Hawaii par les États-Unis.

1899-1900 Le royaume du Tonga devient protectorat britannique.

Page 398

L'Océanie et l'Australie

jusqu'au XIXe s.

Tahitienne, peint par Gauguin.

Les différentes civilisations d'Océanie et d'Australie appartiennent généralement à la même famille linguistique, mais présentent aussi des similitudes sociales et culturelles. La société polynésienne, qui se caractérise par sa forte hiérarchisation, est gouvernée par des rois et des nobles. Navigateurs expérimentés, les Polynésiens colonisent de nombreuses îles du Pacifique (**1**). Certaines populations, comme les Aborigènes d'Australie, vivent dans l'isolement le plus total, ce qui explique qu'elles aient développé une culture très homogène. Ce n'est que relativement tard que ces cultures ont des contacts réguliers avec les Européens. La colonisation directe commence au XVIIIe s.

1

L'île de Pâques (2). Lorsque l'île est découverte par des explorateurs hollandais, le jour de Pâques de 1722, sa culture autrefois florissante – c'est la seule civilisation de la Polynésie à avoir développé une forme d'écriture – est déjà sur le déclin. Les habitants ont ruiné son équilibre écologique en détruisant les forêts. Les maladies importées par les Européens déciment la population. En 1862, les Péruviens contraignent les derniers survivants au travail forcé en Amérique du Sud.

es Aborigènes. Avant l'arrivée es Européens, les indigènes 'Australie sont des chasseurs-ueilleurs organisés en tribus t clans ayant à leur tête un onseil d'anciens. Leur culture st axée sur la mythologie, le culte des ancêtres et l'animisme – elle l'est encore à l'heure actuelle. Des peintures rupestres colorées (**3**), la musique, la danse et l'art de la narration font partie intégrante de leur quotidien. Cette culture

est largement niée par les Européens, qui les éliminent ou les chassent de leurs terres. Ils ne jouissent pleinement de leurs droits civiques que depuis les années 1960. Aujourd'hui encore, il existe quelque 250 tribus divisées en clans, avec autant de langues et dialectes.

James Cook (1728-1779)

Lors de ses expéditions, le capitaine anglais James Cook explore le Pacifique. Il recherche plus particulièrement un passage entre la Sibérie et l'Atlantique pour relier l'Antarctique et l'Arctique. Il découvre et explore des îles et des côtes jusque-là inconnues des Européens, notamment en Nouvelle-Zélande, en Australie, en Alaska et à Hawaii. Il est tué en 1779 en Polynésie par des indigènes.

Exploration, commerce et colonisation : pages 314-317

La période moderne

1789-1914

La Révolution française de 1789 est à l'origine d'idées nouvelles, véhiculées à travers l'Europe. Elle contribue à construire le paysage politique que nous connaissons aujourd'hui. La philosophie des révolutionnaires conteste les institutions qui ont structuré l'Europe politique, sociale et économique. Cette pensée progressiste marque un tournant vers la modernité. Puis la période post-révolutionnaire voit la radicalisation de ces idées. À partir du XIXe s. surgissent des désaccords idéologiques qui s'envenimeront au siècle suivant et entraîneront un conflit mondial. Dès le milieu du XIXe s., l'élan industriel donne naissance à une nouvelle classe ouvrière, le prolétariat urbain, qui se forge une place dans la nouvelle structure économique par le biais de syndicats. Après des décennies de stabilité, les puissances européennes rivalisent pour la suprématie sur le continent et œuvrent à étendre leurs empires. Ces conflits d'intérêts culminent avec la Première Guerre mondiale.

Allégorie des Trois Glorieuses, les journées révolutionnaires des 27, 28 et 29 juillet 1830.

L'industrialisation et l'impérialisme

En peu de temps, la Révolution française (1789-1799) entraîne un changement radical de l'ordre social en Europe. Avec le slogan « Liberté, Égalité, Fraternité », elle pose les bases de la pensée politique moderne, fondée sur les droits de l'homme et du citoyen. Napoléon Bonaparte prend le pouvoir en 1804 : il encourage les idéaux progressistes de la Révolution, mais supprime ses opposants politiques. Cette forme de dictature, exercée sous couvert de démocratie, entraîne la rébellion dans les colonies françaises, qui revendiquent le droit à l'autodétermination. Au XIXe s., le combat des Français pour la liberté influence l'Allemagne, l'Italie, l'Autriche et la Hongrie, et fait aussi naître des mouvements de même nature en Amérique latine et en Europe de l'Est. Alors que l'Europe demeure sous la coupe des anciennes monarchies (**2**, bal à la cour de Vienne), elle voit l'émergence, après 1815, d'une classe moyenne aisée qui doit sa fortune à la liberté du commerce. Désormais plus influente sur le plan politique, cette classe réclame davantage de libéralisme. Le XIXe s. est également le témoin de la révolution industrielle amorcée en Angleterre. Avec l'industrialisation naissent d'immenses empires économiques reposant sur la marche des usines. Les premiers bénéficiaires de cette situation sont la Grande-Bretagne et les États du nord de l'Amérique. Les contrées méridionales du jeune continent résistent à la tendance : leur économie dépend encore des plantations et de l'esclavage. Les écarts deviennent criants lors de la guerre de Sécession (1861-1865), qui voit la victoire des nordistes. L'Europe connaît une urbanisation croissante due à l'arrivée massive de travailleurs fuyant les campagnes. Cette nouvelle classe prolétarienne mène une existence misérable. Le travail dans les usines est dur et le patronat peu soucieux de ses ouvriers.

1

Des idéologies comme l'anarchisme et le socialisme théorisées dans le *Manifeste du parti communiste* de Karl Marx (1818-1883) (**1**) et Friedrich Engels (1820-1895) prônent la lutte des classes et trouvent une audience dans le milieu ouvrier. Les syndicats nouvellement créés militent pour l'amélioration des conditions de travail et pour l'instauration d'un régime de sécurité sociale en Europe. Au XIXe s., les puissances européennes rivalisent pour s'approprier des colonies en Afrique et en Asie. L'agressivité et l'exploitation résultant de

2

la politique impérialiste trouvent leur justification dans le racisme. L'Empire britannique s'impose comme une puissance dominante, tandis que la Russie, la France et l'Allemagne étendent leurs territoires. La situation dans les Balkans devient précaire et des mouvements nationalistes mettent à mal un pouvoir central affaibli. Les tensions en Europe, aggravées par l'assassinat du prince héritier de l'Empire austro-hongrois à Sarajevo, sont à l'origine de la Première Guerre mondiale.

Page 200

mai 1789 Convocation des États généraux.

20 juin 1789 Serment du Jeu de paume : le tiers état s'oppose à la dissolution de l'Assemblée nationale.

14 juillet 1789 Prise de la Bastille par les Parisiens.

26 août 1789 Déclaration des droits de l'homme et du citoyen en 17 articles.

5 octobre 1789 Marche des femmes sur Versailles pour réclamer du pain à la reine.

14 juillet 1790 Fête de la Fédération, en mémoire de la prise de la Bastille, sur le Champ-de-Mars.

20-21 juin 1791 Fuite de la famille royale, rattrapée à Varennes.

février 1792 Alliance entre l'Autriche et la Prusse contre la France.

20 avril 1792 La France déclare la guerre à l'Autriche.

septembre 1792 Massacres de septembre pour éliminer les ennemis de la Révolution, à l'instigation de Marat et de Danton.

novembre 1792 Les troupes révolutionnaires envahissent la Belgique et la région du Rhin.

Page 266

La Révolution française : la phase initiale

1789-1792

Révolutionnaire surnommée « soldat en jupons »

La Révolution française a des répercussions en France puis dans toute l'Europe. Influencés par la philosophie des Lumières, les révolutionnaires veulent obliger la monarchie à leur reconnaître des droits. Ils tentent d'inscrire dans la loi l'égalité de tous les citoyens, ce qui implique la reconnaissance des libertés individuelles et l'abolition des barrières sociales. L'incompétence de la monarchie et de la noblesse est manifeste devant la situation financière dramatique de la France. Le besoin de réorganisation se fait plus pressant, et la révolte du peuple affamé dans les villes prélude à la Révolution.

1

4

La Révolution française

*Les idées défendues par la Révolution française se répandent en Europe. Les aspirations aux libertés fondamentales, à l'autodétermination, à l'égalité devant la loi et aux droits de l'homme (**5**) trouvent un écho au sein de la société européenne. Ces motivations demeurent respectables, nonobstant le règne de la Terreur et les exécutions de la période post-révolutionnaire.*

2

L'Assemblée nationale. Le 20 juin 1789, les représentants du tiers état se réunissent pour empêcher le roi et la noblesse de dissoudre l'Assemblée nationale. Ensemble, ils prêtent le serment du Jeu de paume (**2**), qui prévoit de soumettre des revendications au roi, en promettant de ne pas se séparer tant que leurs demandes ne seront pas totalement satisfaites.

a prise de la Bastille. e 14 juillet 1789 (**3**, **4**), es Parisiens envahissent t détruisent la prison le la Bastille. L'endroit 'abrite que quelques risonniers, mais cette ction est symbolique arce qu'elle représente n défi à la monarchie bsolue. Deux jours lus tard, l'Assemblée ationale oblige le roi accepter la cocarde tricolore aux couleurs nationales (bleu, blanc, rouge), symbole de l'unité entre la monarchie et le peuple. C'est le début de la Révolution, qui cherche à imposer une société morale basée sur les idéaux de liberté, d'égalité et de fraternité (**1**).

3

6

14 juillet 1789 *Prise de la Bastille et début de la Révolution.*
26 août 1789 *Déclaration des droits de l'homme (**5**).*
1789-1791 *Politique républicaine modérée.*
1792 *Phase de durcissement, domination des clubs politiques. Guerre de la première coalition (**6**, sans-culottes).*
1792-1793 *Lutte pour le pouvoir entre Jacobins et Girondins. Victoire des Jacobins.*
1795-1799 *Période du Directoire.*
9 novembre 1799 *Prise de pouvoir par Napoléon (**7**) à la suite d'un coup d'État.*

7

La France

Page 264

1792-1793 Lutte de pouvoir entre les Girondins (modérés) et les Jacobins (radicaux).

21 janvier 1793 Exécution publique de Louis XVI.

3 mars 1793 Constitution du Tribunal révolutionnaire.

juin 1793 Renversement et exécution des Girondins.

16 octobre 1793 Exécution publique de Marie-Antoinette.

5 avril 1794 Début du règne de la Terreur.

avril-juillet 1794 Exécutions de Jacobins et constitution du Comité de salut public, présidé par Robespierre, Saint-Just et Couthon.

27-28 juillet 1794 Chute et exécution de Robespierre.

25 mai 1795 Abolition du Tribunal révolutionnaire.

août 1795 Directoire.

novembre 1799 Napoléon Premier consul.

Page 268

La phase de durcissement

Cocarde tricolore.

1792-1799

La fin de la période révolutionnaire voit la constitution de nombreux groupes politiques d'opposition. Les principaux sont les Girondins (plutôt modérés) et les Jacobins (plus radicaux), qui s'affrontent pour prendre le contrôle du mouvement. En 1793, après avoir renversé et fait exécuter les Girondins, les Jacobins s'emparent du pouvoir et instaurent le règne de la Terreur. En novembre 1799, Napoléon s'empare du pouvoir et s'arroge le titre de Premier consul.

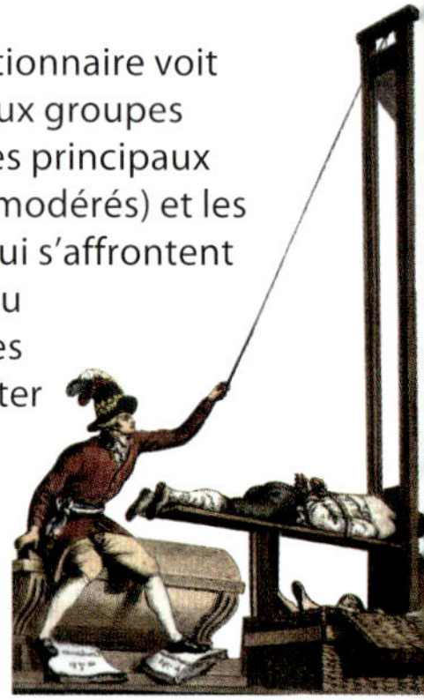

Exécution à la guillotine.

La guerre de la première coalition. Espérant restaurer la monarchie en France, l'empereur d'Autriche et le roi de Prusse s'allient pour combattre les révolutionnaires. Les Français sont victorieux de la coalition (**1**) en 1797.

2

La fin de la monarchie. Le mouvement révolutionnaire s'en prend rapidement au roi Louis XVI en personne. Après la mise au jour de sa correspondance avec la Prusse, il est accusé de haute trahison et guillotiné en public, à Paris, le 21 janvier 1793 (**2**). Cette action radicale rompt les liens entre les révolutionnaires et les monarchies voisines de la France.

3

Les Jacobins et les Girondins. Dès le milieu de l'année 1792, les Jacobins (d'après leur lieu de réunion, rue Saint-Jacob) et les Girondins (menés par des députés des bords de la Gironde) luttent violemment pour la maîtrise du pouvoir. Ainsi, le Jacobin Jean-Paul Marat, orateur très populaire, est assassiné en juillet 1793 par la Girondine Charlotte Corday (**3**).

4

Le règne de la Terreur. En 1794, la France vit pendant trois mois sous le régime de la Terreur avec la dictature du Jacobin Maximilien de Robespierre (**5**), qui fait supprimer ses opposants par le Comité de salut public et les tribunaux révolutionnaires (**4**). En juillet 1794, Robespierre et ses amis sont renversés et exécutés. La France est alors dirigée par d'anciens Jacobins qui instituent le Directoire. Bonaparte, alors général des armées, réprime une révolte royaliste. Cet événement marque le début de son ascension.

5

Page 266

9 novembre 1799 Napoléon Bonaparte devient Premier consul de France. Fin de la Révolution.

juin 1800 Victoire à Marengo contre les Autrichiens.

février 1801 Traité de Lunéville.

21 octobre 1804 Défaite de Napoléon à la bataille navale de Trafalgar contre la flotte anglaise.

2 décembre 1805 Victoire de Napoléon sur l'Autriche et la Russie à la bataille d'Austerlitz.

14 octobre 1806 Victoire de Napoléon à Iéna et à Auerstedt contre la Prusse.

1806 Napoléon impose le Blocus continental contre l'Angleterre.

février 1807 Bataille d'Eylau entre la Prusse et la France. La Prusse perd les territoires à l'est de l'Elbe.

mai 1809 Défaite de la France contre l'Autriche à la bataille d'Aspern-Essling.

juillet 1809 Victoire de la France contre les Autrichiens à la bataille de Wagram.

Page 270

L'ascension de Napoléon

1799-1809

1

L'ascension de Napoléon (**1**) commence alors qu'il assume le commandement militaire des armées révolutionnaires pendant la guerre de la première coalition. Son action décisive lors de la campagne d'Italie est à l'origine de la victoire française sur les armées autrichienne, prussienne, anglaise, espagnole et hollandaise. En 1799, Napoléon provoque la chute du Directoire, s'arroge le titre de Premier consul puis celui d'empereur. Il dit représenter les idées de la Révolution, mais sa politique s'apparente davantage à une dictature. Il confie à des proches des postes stratégiques dans les régions occupées. Après avoir démantelé le Saint Empire, Napoléon doit en 1803 affronter les Anglais, désormais ses principaux ennemis. Au sommet de la gloire, il soumet l'Autriche et la Prusse, ainsi que la Russie.

Napoléon Bonaparte (1769-1821)

Lieutenant d'artillerie en 1785, promu brigadier en 1793, puis impliqué dans la politique (aidé en cela par son mariage en 1796 avec Joséphine de Beauharnais, issue de la noblesse) et enfin empereur, Napoléon connaît une ascension fulgurante et l'un des plans de carrière les plus étonnants de la période moderne. Son génie militaire et stratégique ainsi que son sens du devoir forcent l'admiration. Malgré son extrémisme, il est vénéré par ses soldats. Il pèche cependant en surestimant les forces de ses troupes, exténuées par les guerres successives. En 1808, la répression des mouvements nationalistes dans les pays occupés et l'invasion manquée de la Russie entraînent la perte de près de la moitié de son armée. Sa défaite à Waterloo met un terme à sa suprématie.

2

Le 18 Brumaire. En octobre 1795, Napoléon réprime une révolte (**2**) dirigée contre la Convention, qui a succédé à l'Assemblée nationale. En 1796, mandaté par cette institution, il mène des campagnes militaires en Italie et en Égypte (p. 310). En 1799, il s'oppose au Directoire (p. 267), dont il provoque la chute à la faveur du coup d'État du 18 Brumaire. Il se proclame alors Premier consul.

apoléon empereur. apoléon s'emploie à accroître n pouvoir et son influence. épouse Joséphine de eauharnais (1763-1814), issue e la noblesse, et la couronne npératrice en 1804 à Paris, n présence du pape Pie VII (**3**). our conforter son autorité, confie aux membres de sa mille et à ses partisans des nctions stratégiques dans s régions occupées.

3

4

Le règne de Napoléon. Le 21 mars 1804, Napoléon fait appliquer le Code civil (**5**) en France et dans les régions occupées. Ce recueil législatif, qui traduit l'esprit de la Révolution française, modernise le droit en Europe. Il garantit l'égalité de tous devant la loi, les libertés fondamentales et le droit de propriété. Mais Napoléon fait exécuter ses opposants (**4**) et réprime les élans nationalistes dans toutes les régions occupées.

5

Page 268

L'Europe

1810 Dans la région du Tyrol, Andreas Hofer organise un soulèvement contre l'occupation française.

1812 Napoléon envahit la Russie et occupe Moscou.

hiver 1812-1813 Retraite de Russie : les pertes sont énormes pour l'armée française.

octobre 1813 Bataille des Nations à Leipzig : défaite de Napoléon, qui se retire de l'Allemagne (p. 272).

31 mars 1814 Les alliés occupent Paris. Ils obligent Napoléon à abdiquer et à s'exiler sur l'île d'Elbe.

mars-juin 1815 Cent-Jours.

juin 1815 Ultime défaite de Napoléon à la bataille de Waterloo, suivie de son exil.

5 mai 1821 Mort de Napoléon sur l'île de Sainte-Hélène.

Page 273

La chute de Napoléon

1810-1821

En 1812, Napoléon (**1**) a conquis la plus grande partie de l'Europe. Après la dissolution du Saint Empire avec la Confédération du Rhin (p. 272), aucune nation ne semble pouvoir contenir les visées expansionnistes de la France. Le déclin de Napoléon commence avec l'invasion de la Russie et l'occupation de Moscou. Les troupes françaises sont contraintes de battre en retraite à l'approche de l'hiver. À la bataille des Nations, Napoléon est vaincu par la Russie, la Prusse et l'Autriche. Il est ensuite exilé à l'île d'Elbe.

1

Le triomphe de Napoléon. Les victoires militaires et les traités permettent à Napoléon (**2**, à Berlin) d'étendre son influence en Europe. La Prusse doit céder ses territoires à l'est de l'Elbe après ses défaites en 1805 et 1806.

2

3

La bataille navale de Trafalgar. Napoléon enregistre sa première grande défaite en octobre 1805 à la bataille de Trafalgar (**3**). Le renfort apporté par les Espagnols à la flotte française dans la Méditerranée ne suffit pas pour venir à bout des Anglais. En effet, sous la houlette de l'amiral Nelson, ces derniers imposent leur maîtrise des mers. Mais Napoléon se remet de cette déconvenue et sort victorieux de la guerre de la troisième coalition à Austerlitz.

4

5

apoléon et Saint Empire. apoléon fait onstituer la onfédération u Rhin, qui réunit 6 États du sud : de l'ouest de Allemagne. En écompense de leur lliance avec la France, la avière et le Wurtemberg deviennent des oyaumes. En 1806, François II (**4**) est contraint abdiquer, ce qui marque la fin du Saint Empire après 800 ans d'existence (**5**, caricature « Napoléon fait cuire les rois »). Cette dissolution conforte la puissance militaire et l'autorité politique de Napoléon.

6

L'Espagne. Alors qu'il occupe l'Espagne, Napoléon destitue les Bourbons et confie la couronne à son frère Joseph (1768-1844). En 1808, une révolte entraîne des émeutes qui font des milliers de morts. Les troupes françaises exercent une répression féroce (**6**). L'Espagne réussit à se libérer de Napoléon avec l'aide de la flotte anglaise. Cette défaite, qui montre aux autres nations qu'il est possible de se rebeller contre l'occupation française, est à l'origine du déclin de l'empereur.

Les guerres napoléoniennes et le congrès de Vienne

1806-1820

La Croix de fer prussienne.

En juillet 1806, 16 États germaniques se détachent du Saint Empire et constituent la Confédération du Rhin, qui s'allie avec la France. Cet événement sonne le glas de l'empire germanique. Pressé par Napoléon, l'empereur François II abdique et prend le titre d'empereur d'Autriche. Malgré cette consolidation de l'Empire de Napoléon, les pays occupés commencent à se rebeller contre l'occupation française. Les armées nationales composées de soldats de métier et les milices locales s'allient contre les envahisseurs. La Confédération du Rhin rejoint la coalition de la Prusse et de la Russie, déclenchant ainsi les guerres de libération – les guerres napoléoniennes. Le traité de Paris, qui entérine la défaite de Napoléon, restaure les frontières de la France et rend le trône à Louis XVIII.

1

Les guerres napoléoniennes. Après l'incendie de Moscou (**1**) et la retraite de Russie en 1812, Napoléon est impliqué en 1813 dans la bataille des Nations à Leipzig. Il est définitivement vaincu par l'alliance formée entre l'Autriche, la Russie et la Prusse (**2**) À son retour à Paris, il est destitué et contraint à l'exil sur l'île d'Elbe.

2

e congrès de Vienne. Sous
 présidence de Metternich (**3**),
hancelier autrichien, le congrès
e Vienne réorganise l'Europe.
a France doit
e retirer des
ones occupées,
ındis que la
ussie, la Prusse
: l'Autriche
largissent
urs frontières
1, caricature).
'Acte constitutif
de la Confédération confie
à l'Autriche et à la Prusse
le contrôle des États
germaniques.

a bataille de Waterloo. En
ıars 1815, Napoléon s'enfuit
e l'île d'Elbe et reprend le
ouvoir en France pour une
ourte période connue sous le
om de Cent-Jours. Les alliés
réagissent très
vite et
le défient en Belgique, à la
bataille de Waterloo (**6**), en juin
1815. L'armée de Napoléon
est vaincue par les troupes
prussiennes et anglaises du
maréchal Blücher (1742-1819)
et du duc de Wellington (1769-
1852) (**5**). L'empereur déchu est
alors exilé à Sainte-Hélène
jusqu'à sa mort en 1821. Le roi
Louis XVIII, qui a fui la France
pendant les Cent-Jours,
reprend son règne.

Pages 195, 270

juin 1806 Confédération du Rhin.

6 août 1806 Abdication de l'empereur François II. Démantèlement du Saint Empire romain germanique.

juillet 1807 Traité de Tilsit entre la France et la Prusse, par lequel cette dernière perd tous ses territoires à l'est de l'Elbe.

30 décembre 1812 Convention de Tauroggen. Neutralité de la Prusse lors de la défaite des Russes contre Napoléon.

février 1813 Traité de Kalisz. Alliance entre la Prusse et la Russie contre Napoléon.

27 mars 1813 Déclaration de guerre de la Russie et de la Prusse à la France. Début des guerres napoléoniennes.

16-19 octobre 1813 Bataille des Nations à Leipzig.

31 mars 1814 Les alliés occupent Paris et destituent Napoléon.

septembre 1814-juin 1815 Congrès de Vienne.

9 juin 1815 Signature de l'Acte constitutif de la Confédération par les États germaniques.

mai 1820 Acte final de la Confédération.

Pages 276, 287

REPÈRES

1764 Invention de la machine à filer par James Hargreaves.

1765 Invention de la machine à vapeur par James Watt.

1785 Début de la révolution industrielle.

1786 Première usine consruite à Manchester.

1796 Premier haut-fourneau en Allemagne.

1822 Invention du premier métier à tisser mécanique.

1830 Inauguration de la première voie de chemin de fer en Angleterre. Révolution de mars en France.

1834 Création de l'Union douanière allemande.

1837 Premier télégramme en morse. August Borsig construit à Berlin son usine de machines et de locomotives.

1844 Révolte des tisserands.

1848 Révolution en Allemagne, en Autriche et en France. Marx et Engels rédigent le *Manifeste du parti communiste*.

Page 278

Une usine au XIXe s.

La révolution industrielle en Europe

1764-1848

Les inventions technologiques et d'autres avancées scientifiques bouleversent le monde du travail et entraînent de très importants changements sur le plan social. Les vestiges de la féodalité succombent devant le capitalisme. Pendant cette période de profonds bouleversements, qui suscite chez les bourgeois des villes des velléités démocratiques, les monarques et les riches propriétaires terriens s'accrochent à l'ordre établi. La situation favorise le radicalisme, qui éclate au XIXe s. alors que le prolétariat s'organise et adhère au socialisme ou au communisme. La paupérisation des cités industrielles oblige à envisager l'instauration d'un système de sécurité sociale.

Train sur la première voie de chemin de fer, en Angleterre.

a période Biedermeier. a bourgeoisie se caractérise ar sa loyauté envers l'autorité t par son aspiration à une vie anquille (**1**). Sceptique quant ux changements qui marquent e XIXe s., elle garde ses distances vec le prolétariat, qui s'immisce e plus en plus dans le domaine olitique. L'intelligentsia se onsidère comme la gardienne e la culture et des valeurs aditionnelles.

1

Karl Marx, philosophe et économiste allemand

Karl Marx (1818-1883) et Friedrich Engels (1820-1895) se lient d'amitié à Paris. Ils pensent que « les philosophes n'ont fait qu'interpréter le monde… ce qui importe, c'est de le transformer » (Marx, Thèses sur Feuerbach*). Ils aspirent à ériger le socialisme, considéré comme une utopie romantique, en une science. Ils sont convaincus que le capitalisme enrichit les industriels et maintient la classe ouvrière dans la pauvreté. Pour eux, la prise de conscience du pouvoir des prolétaires, le renversement de la bourgeoisie et la nationalisation des moyens de production permettant aux ouvriers de participer aux profits devraient marquer la naissance d'une société ayant à cœur non pas l'intérêt particulier de quelques-uns, mais les besoins de la masse. Ensemble, ils rédigent le* Manifeste du parti communiste *(1848).*

2

a misère du peuple. Les jeunes nfants eux-mêmes subissent usqu'à dix heures de travail ar jour dans les mines (**2**) ou evant des métiers à tisser, ouvent dans des conditions épouvantables. Alors que la situation des travailleurs dans les mines est connue de tous, en particulier en Angleterre, les réformes sont insuffisantes ou inexistantes, et les révoltes sont brutalement réprimées. L'ouvrage de Friedrich Engels *La Situation de la classe laborieuse en Angleterre*, paru en 1845, fait connaître à l'Europe la misère des travailleurs anglais.

» **Les bouleversements sociaux :** pages 262-263

Page 273

1814-1815 Congrès de Vienne (p. 272).

1815 Union de l'Autriche, de la Prusse et de la Russie au sein de la Sainte-Alliance.

1815 Création de la Confédération germanique. Création des associations d'étudiants germaniques.

1817 Festival de Wartburg. Rencontres d'associations d'étudiants patriotes.

1819 Décrets de Carlsbad : interdiction des associations d'étudiants, censure de la presse.

20 juillet 1820 Adoption de la Constitution de la Confédération germanique.

1830 Révolution de juillet à Paris et déclenchement de mouvements démocratiques dans des États germaniques.

mai 1832 Festival d'Hambach, alliance des factions libérales.

1833 Sac du commissariat de Francfort.

1837 Abolition de la Constitution libérale du royaume de Hanovre et expulsion de l'université des « sept de Göttingen ».

1844 Révolte des tisserands à Schlesien.

1848 Révolution de mars.

Page 281

Les États allemands : la restauration et la révolution de mars

1814-1848

La Confédération germanique, à laquelle se rallient les principautés et les cités libres en 1815, tente de réprimer les mouvements nationalistes, en partie soutenus par les démocrates libéraux. Sur le plan international, la Sainte-Alliance mène une politique conservatrice. En revanche, des associations étudiantes prônant des idées libérales attirent l'attention des autorités chargées par le prince Metternich (**1**) d'espionner d'éventuelles activités révolutionnaires dans les universités. Le refus de nombreux souverains d'évoluer vers une monarchie constitutionnelle et leur incapacité à comprendre l'origine des troubles de février entraînent le déclenchement de la révolution de mars 1848.

1

La censure de la presse. L'étroitesse d'esprit des censeurs de Metternich suscite l'hilarité des poètes et des caricaturistes (**2**, « Le club des penseurs »). Parmi ceux qui s'élèvent contre la restriction de la liberté d'expression, le poète Georg Büchner émet cette célèbre formule : « Paix aux chaumières, guerre aux palais ! »

2

3

Les réformes de Stein-Hardenberg. Des hommes d'État prussiens comme le prince Hardenberg et le baron von Stein (**3**, avec le général von Scharnhorst) ont pris conscience, dès avant les guerres de Libération (p. 272), de la nécessité de réformer la politique, l'administration et l'armée, et diffusent leurs idées malgré la réticence du roi Frédéric-Guillaume III. Contrecarrés par des factions conservatrices, Stein et Hardenberg se retirent de la scène après la défaite de Napoléon en 1815.

e Festival d'Hambach. Plus le 30 000 personnes réunies au hâteau d'Hambach (**5**) en 1832 ous les couleurs germaniques noir, rouge, or) réclament la berté de la presse ainsi que a formation d'une Allemagne onstitutionnelle, libre, unie t démocratique. Les princes llemands prennent des nesures à l'encontre des organisateurs de la nanifestation, qui ont condamnés ou exilés.

4

Les « sept de Göttingen ». Lorsque le roi réactionnaire Ernest-Auguste Ier de Hanovre abolit la Constitution libérale après sa prise de pouvoir en 1837, il déclenche les protestations de certains enseignants à l'université de Göttingen, dont les frères Grimm (**4**). Ces professeurs sont renvoyés de l'institution et trois d'entre eux sont condamnés à l'exil.

5

Page 274

1848 Interdiction de la « campagne des banquets », série de réunions politiques.

février 1848 Révolution en France.

mars 1848 Soulèvements en Autriche (Vienne), en Hongrie et en Italie.

mars 1848 Émeutes à Berlin.

mai 1848 Élection de l'Assemblée nationale prussienne et de l'Assemblée nationale allemande en l'église Saint-Paul de Francfort.

juin 1848 Révolte des ouvriers à Paris. Révolte de la Pentecôte à Prague.

novembre 1848 Proclamation de la IIe République en France.

décembre 1848 Dissolution de l'Assemblée nationale prussienne.

1848-1849 Révolte populaire au Schleswig-Holstein en vue du rattachement à l'Allemagne.

février 1849 Proclamation de la République de Rome.

mars 1849 Choix de Frédéric-Guillaume IV de Prusse par le Parlement de Saint-Paul comme empereur germanique. Il refuse la couronne.

juin 1849 Les troupes du Wurtemberg dispersent l'Assemblée de Francfort.

Page 340

La révolution en Europe

1848-1849

En 1848, une vague révolutionnaire née en France balaie l'Europe et suscite des crises politiques qui touchent essentiellement la monarchie du Danube. Elle donne naissance aux prémices d'une unité nationale en Italie ; en revanche, l'Allemagne, qui avance timidement sur la voie de la démocratie, revient vite en arrière. En France aussi, la République fait long feu. Les divergences entre les forces démocratiques, desservies par leur manque d'expérience politique, constituent à cet égard un facteur décisif.

Le sac du siège du gouvernement à Paris par les contestataires.

3

La révolution en Europe

Après la guerre des Paysans, la Révolution française est le premier mouvement européen qui a des répercussions à long terme. La révolution de 1848, qui s'élève contre les factions réactionnaires, prône l'unité nationale en Allemagne et en Italie, mais échoue dans ses aspirations démocratiques. La révolution russe d'octobre 1917 est à l'origine d'une division en Europe et campe le décor pour les révoltes de la fin de la Première Guerre mondiale. En 1989-1991, la chute du bloc de l'Est sera appelée « révolution pacifique ».

4

Les émeutes de 1848 à Berlin. Le peuple fonde de nombreux espoirs sur Frédéric-Guillaume IV de Prusse, enclin à accepter davantage de libéralisme même s'il refuse de promulguer la loi constitutionnelle en Prusse. Mais, alors qu'il annonce ses intentions à la foule massée devant le palais à Berlin, sa garde ouvre le feu. Des émeutes éclatent (**1**), faisant 300 morts. Les révolutionnaires obligent le roi à leur rendre hommage au cours de leurs funérailles.

.e Parlement de Saint-Paul. 'Assemblée nationale (**2**) e réunit en l'église Saint-Paul le Francfort, en 1848, pour ooser les fondements d'une Constitution libérale pour ıne Allemagne unifiée. ses membres sont partagés entre les influences libérales et adicales. Les princes allemands et les militaires manifestent leur dédain envers le Parlement. Aucun prince ne souhaitant s'engager réellement, la éunion du Parlement aboutit a un échec.

1524-1526 *Guerre des Paysans et mouvements sociaux en Allemagne et en Autriche (p. 186).*
1789-1794/1799 *Révolution française (**3**) et destitution des Bourbons (p. 264).*
1830 *Révolution de Juillet en France et dans des États allemands.*
1848-1849 *Révoltes en France (**4**), en Autriche, en Hongrie et en Italie. En Allemagne, la révolution de mars entraîne la première convention constitutionnelle démocratique.*
1917 *Révolutions populaires de février et d'octobre sous l'égide de Lénine (**5**) en Russie (ex-URSS). Chute du tsar (p. 378).*
1918/1919 *Révolutions et fin de la monarchie en Allemagne et en Autriche-Hongrie.*
1989-1991 *« Révolutions pacifiques » en Pologne, en Allemagne de l'Est, en Tchécoslovaquie, en Bulgarie et en Union soviétique. Chute du régime communiste (p. 422).*

Otto von Bismarck, le chancelier de fer

En tant que Premier ministre, Bismarck consolide la position de la Prusse (à partir de 1862) comme puissance dominante en Allemagne au prix de l'exclusion de l'Autriche (guerres de 1864-1871). En 1871, Guillaume Ier de Prusse devient empereur d'Allemagne. Bismarck va assumer les fonctions de chancelier jusqu'en 1890. Il impose un gouvernement central fort par le biais de lois socialistes et du Kulturkampf *(1871-1887). Il tente de freiner la montée des socialistes avec des dispositions conformes à leurs idées (à partir de 1883) et s'astreint à unir la force ouvrière dans le pays, mais il ne peut contrer l'ascension des démocrates sociaux. En politique étrangère, il cherche l'équilibre entre les puissances européennes.*

Les États allemands : l'Autriche et la Prusse

1848-1871

L'année 1848 voit la chute du tout-puissant chancelier Metternich et l'abdication de l'empereur Ferdinand Ier, qui se révèle incapable de gouverner. La politique de restauration de Metternich, qui structure l'Europe, laisse l'Autriche à la traîne du modernisme. Quant à la Prusse, elle tente, après une phase de consolidation interne, d'appliquer diverses réformes pour se placer en tête des États allemands. Elle adhère après les années 1860 à la « solution Petite Allemagne », unification de l'Allemagne sans l'Autriche, de manière à éviter le tourbillon des conflits nationaux qui affligent la monarchie du Danube (p. 284). Les alliances et la guerre de Prusse, sous le commandement de Bismarck, conduisent à la chute de la Confédération germanique en 1866 et à la fondation de l'Empire allemand en 1871, avec pour empereur le roi de Prusse Guillaume Ier.

La bataille de Königgrätz. Alors que l'armée prussienne, menée par le général von Moltke (**1**), a vaincu les Autrichiens en 1866, Bismarck fait un pas décisif vers la « solution Petite Allemagne », qui exclut l'Autriche de l'alliance. Bismarck réussit à convaincre les princes allemands de la nécessité future de constituer un État unifié qui serait sous l'égide de la Prusse, un principe qui devient effectif en 1871.

2

Page 276

1848 Abdication de l'empereur Ferdinand Ier sous la pression des révolutionnaires : son neveu François-Joseph Ier devient empereur d'Autriche.

1861 Guillaume Ier devient roi de Prusse.

1862 Bismarck devient le Premier ministre de la Prusse.

1864 L'attaque des tranchées de Dybböl par les troupes prussiennes joue un rôle décisif dans la guerre germano-danoise.

1866 Victoire des Prussiens sur les Autrichiens et les Saxons à Königgrätz. Dissolution de la Confédération germanique.

juillet 1870 La dépêche d'Ems est à l'origine de la guerre entre la France et la Prusse.

septembre 1870 Victoire des troupes allemandes contre les Français à la bataille de Sedan.

1871 Guillaume Ier proclamé empereur à Versailles. Fondation de l'Empire (Reich) allemand. Bismarck en devient le chancelier.

Page 282

es duchés de Schleswig t de Holstein. Les conflits ationalistes opposant les anois et les populations ermanisantes du Schleswig-olstein, autrefois alliées u Danemark, éclatent. Peu vant, en 1848-1850, le vœu u Schleswig-Holstein de e rallier à l'Allemagne avait ussi déclenché un conflit, nais ce rattachement n'avait pas eu lieu, l'Assemblée nationale de Francfort lui ayant refusé son soutien (p. 279).
Le roi Christian IX tente, avec l'aide des Danois germanisants du Schleswig, de s'emparer des duchés de Schleswig et de Holstein au nom du Danemark. Mais celui-ci, privé du soutien de la Suède et de la Russie, est vaincu à Dybböl en avril 1864 (**2**) et perd ces deux territoires.

La proclamation de l'empereur. Après la victoire de la Prusse sur la France, Guillaume Ier est proclamé empereur d'Allemagne dans la galerie des Glaces de Versailles (**3**). Cet événement marque le succès de Bismarck, qui voulait unifier l'Allemagne sous l'égide de la Prusse, et confère à l'empire un rôle clé dans les luttes entre les puissances européennes.

3

L'Allemagne et Napoléon : page 287

Le Reich allemand

1871-1914

Les premières années du Reich sont le témoin d'un formidable essor économique et technologique. La participation de la classe ouvrière, en majorité socialiste, à la vie politique devient cruciale et, à partir de 1883, détermine la politique législative de Bismarck. La réconciliation avec l'Autriche, la Russie et la Grande-Bretagne après la prise de pouvoir de Guillaume II (**1**, **2**) en 1888, favorisée par la politique coloniale allemande et par sa flotte militaire, est très précaire. L'alliance entre la France, la Grande-Bretagne et la Russie contraint l'Allemagne à se rapprocher de l'Autriche-Hongrie. Les tensions entre la Russie et les puissances de l'Europe de l'Est et de l'Europe centrale sont à l'origine de la Première Guerre mondiale.

1

Page 281

1871 Formation du Reich.

1873 Ligue des trois empereurs (**2**) avec l'Autriche et la Russie.

1878-1890 Lois socialistes : refus de la démocratie sociale.

1879 Double-Alliance avec l'Autriche.

1883-1889 Lois socialistes.

1887 Traité de réassurance avec la Russie (échu en 1890).

1888 Année dite « des trois empereurs ». Mort de Guillaume Ier et de Frédéric III. Guillaume II devient empereur.

1890 Démission de Bismarck.

1896 L'engagement de l'Allemagne en Afrique est à l'origine de tensions avec la Grande-Bretagne.

1898 Début du programme naval allemand.

1904 Entente entre la Grande-Bretagne et la France (puis avec la Russie en 1907).

1905 Première crise du Maroc : l'Allemagne intervient contre l'expansion française au Maroc.

1911 Deuxième crise du Maroc.

1914 L'Allemagne déclare la guerre à la Russie.

Page 346

2

Le *Kulturkampf*. Bismarck généralise le contrôle des écoles, y compris les institutions confessionnelles, impose un examen national pour tous les membres du clergé impliqués dans l'enseignement et refuse de soutenir l'Église catholique. Les évêques contestataires sont arrêtés ou exilés. Les tensions ne cessent que par l'entremise du pape Léon XIII (**3**, caricature, Bismarck et Léon XIII).

3

4

a chute de Bismarck. Pour :tablir librement sa politique en :tant débarrassé de l'influence e Bismarck, Guillaume II :nvoie le chancelier impérial n 1890 (**4**, caricature). Peu près, on découvre qu'il a la lus grande difficulté à gérer s affaires étrangères.

Les lois socialistes. Maîtrisant dès le début les querelles de suprématie, August Bebel (**5**) réussit à faire du SPD (Parti social-démocrate) le principal mouvement d'opposition au Parlement allemand. Il est emprisonné plusieurs fois comme agitateur, mais les lois socialistes confortent sa position. Bebel s'oppose à une révolution violente, préférant privilégier l'action des syndicats professionnels et celle de la coopération socialiste internationale.

5

Un chantier naval de grande envergure. Guillaume II considère que l'Allemagne a droit à sa « place au soleil » dans les colonies et doit s'investir dans d'autres régions. En 1898, ce souverain autoritaire et impulsif initie un chantier naval d'envergure sous l'égide de l'amiral Alfred von Tirpitz. L'Allemagne s'impose en peu de temps comme la deuxième puissance maritime (**6**) après la Grande-Bretagne, qui se sent menacée dans sa suprématie. La stratégie de Tirpitz, qui comptait sur l'importance de la flotte allemande pour dissuader la Grande-Bretagne d'entrer en guerre, se révèle un échec.

6

Le colonialisme : page 322

L'Autriche-Hongrie

1848-1914

Prenant la suite de Ferdinand Ier en 1848, le jeune empereur François-Joseph Ier (**1**) va régner pendant 68 ans. Il renforce l'autorité de la Couronne avant de négocier un compromis avec la Hongrie, après la perte de l'Italie en 1867. Il imprègne la double monarchie d'Autriche-Hongrie de paternalisme, de sens du devoir, mais aussi d'un libéralisme intellectuel qui permet à Vienne de s'imposer comme une métropole culturelle. Les relations tendues avec les Slaves (on parle alors de la poudrière des Balkans) échappent à sa compréhension. L'héritier de la couronne, l'archiduc François-Ferdinand, qui veut leur accorder des droits plus étendus, est assassiné après la crise des Balkans de 1912-1913 : l'événement déclenche la Première Guerre mondiale.

L'austro-slavisme. Même la Bohème et la Hongrie réclament davantage de pouvoir au sein de la monarch du Danube, ainsi que des droits spéciaux pour leurs institutions nationales, au cours de l'année 1848. La Hongrie proclame son indépendance et adopte une Constitution spécial Les Autrichiens réprime toute forme de révolte (2 L'austro-slavisme est le mouvement nationaliste slave qui se développe au XIXe s. en Autriche-Hongrie.

3

a double monarchie. Après perte de sa suprématie en llemagne (p. 280), l'Autriche ente d'harmoniser ses relations vec la Hongrie, où les élans nationalistes sont exacerbés. En 1867, l'empereur François-Joseph est couronné roi de Hongrie à Budapest (**3**). À cette occasion, il remet en vigueur la Constitution de 1848, qui avait été suspendue.

Page 195

1848-1916 Règne de l'empereur François-Joseph Ier.

1866 Défaite de l'Autriche contre la Prusse à Königgrätz (p. 280).

1867 Compromis avec la Hongrie. Fondation de la double monarchie.

à partir des années 1870 Magyarisation des mouvements indépendantistes slaves du Sud.

1879 Double-Alliance : pacte avec le Reich allemand.

années 1880-1890 Prémices du conflit linguistique au sein de la monarchie.

1908 Annexion de la Bosnie-Herzégovine, qui provoque la crise des Balkans.

28 juin 1914 Assassinat de l'archiduc François-Ferdinand, héritier de la couronne austro-hongroise, par un nationaliste serbe à Sarajevo (p. 340).

juillet 1914 L'Autriche-Hongrie déclare la guerre à la Serbie.

Pages 352, 376

4

a Double-Alliance. L'Allemagne et l'Autriche-longrie signent en 1879 le traité de la Double-lliance, qui lie les deux entités jusqu'à la remière Guerre mondiale (**4**, Guillaume Ier et rançois-Joseph Ier avec Bismarck et Andrassy).

Sissi

Éprise de liberté, l'impératrice Élisabeth, surnommée Sissi, se retire de la vie publique. Elle ne se montrera ensuite officiellement qu'une seule fois, lorsqu'elle militera pour un compromis avec la Hongrie. Elle est assassinée par un anarchiste à Genève, en 1898.

Le début de la Première Guerre mondiale : pages 340-341

La France jusqu'en 1870

1814-1870

Allégorie de la révolution de juillet 1830.

La restauration des Bourbons suscite des controverses qui culminent avec les représailles du roi Charles X. La révolution de juillet 1830 se conclut par la transmission de la couronne à Louis-Philippe, qui n'est pas enclin à la démocratie. En 1848, la monarchie est renversée et la IIe République est proclamée. Cette période est marquée par l'influence de Louis Napoléon, qui se proclame empereur en 1852. Les activités de Napoléon III en Europe, en Amérique et en Afrique visent à consolider la position de la France, mais entraînent des crises politiques. Les problèmes internes ne sont pas résolus et la guerre contre l'Allemagne est déclarée en 1870. Les troupes, menées par l'empereur et le maréchal de Mac-Mahon se font battre à Sedan, ce qui entraîne la chute de Napoléon III.

1

Un roi impopulaire. En tant que prince héritier et chef des ultraroyalistes, Charles X s'impose comme la force qui sous-tend les mesures réactionnaires prises par les Bourbons après leur restauration. Contrairement à son frère Louis XVIII (**2**), plus prudent, il se prononce en faveur de la doctrine absolutiste de droit divin. Ses décrets limitant la liberté de la presse et le droit de vote déclenchent la révolution de juillet, qui voit l'accession au trône de son cousin Louis-Philippe. Charles doit abdiquer au début du mois d'août, avant de s'exiler en Angleterre (**1**).

2

3

ː roi citoyen. La révolution
ː juillet 1830 (**3**) renverse le
gime des Bourbons et voit
vènement du roi citoyen,
uis-Philippe (**4**), considéré
mme un libéral et sur lequel le
uple fonde de grands espoirs.
ais, comme ses prédécesseurs,
ne traite pas les problèmes
ciaux, source de troubles
litiques et économiques.
ucieux des intérêts des classes
ipérieures, il ne peut faire
pliquer les réformes qu'il
dicte. La révolution de 1848
entraîne sa destitution et son exil.

4

5

L'Empire. Louis Napoléon (**5**) prend le pouvoir en 1851 à la faveur d'un coup d'État.
ː proclamant empereur, sous
nom de Napoléon III, il veut
imposer de la même façon
ue son oncle et se lance dans de grandes aventures politiques. Son intérêt pour la recherche scientifique permet à Paris de s'imposer sous son règne comme une métropole mondiale en la matière. En 1870, il est impliqué dans la guerre contre l'Allemagne. Après les soulèvements à Paris, il est contraint à l'abdication et à l'exil.

L'Europe sous Napoléon : pages 272-273

Page 273

1814 Abdication de Napoléon. Restauration des Bourbons, Louis XVIII devient roi. Adoption de la Charte constitutionnelle de Napoléon.

1815 Fin des Cent-Jours avec la bataille de Waterloo.

1818 Congrès d'Aix-la-Chapelle : la France rejoint la Sainte-Alliance.

1824 Avènement de Charles X.

1830 Les décrets pris par Charles X sont à l'origine de la révolution de juillet. Abdication et exil de Charles X.

1830-1848 Règne de Louis-Philippe d'Orléans.

1831 et 1834 Révolte des canuts à Lyon.

1836-1840 Tentative de coup d'État du prince Louis Napoléon Bonaparte.

1848 Révolution de février. Fuite du roi. Proclamation de la IIe République. Louis Napoléon devient président.

1851 Coup d'État de Louis Napoléon.

2 décembre 1852 Louis Napoléon devient l'empereur Napoléon III.

1853-1856 Napoléon III attaque la Russie lors de la guerre de Crimée (p. 303).

1859-1860 Napoléon III attaque l'Autriche en Italie. La France annexe Nice et la Savoie.

1861-1867 La France combat pour Maximilien au Mexique (p. 334).

1870-1871 Guerre franco-allemande.

septembre 1870 Bataille de Sedan. Napoléon III est vaincu et fait prisonnier.

septembre 1870 Révolution à Paris. Destitution de l'empereur, proclamation de la IIIe République.

Page 288

La France

Page 287

1870 Proclamation de la IIIe République.

1870-1871 Insurrection de la Commune de Paris.

1871 Annexion de l'Alsace-Lorraine par l'Allemagne.

1873 Fin de l'occupation allemande en France.

1875 Lois constitutionnelles. La France devient une république parlementaire.

1880-1882 Divergences culturelles portant sur l'Éducation nationale.

1881-1882 La France instaure des protectorats coloniaux en Tunisie et au Maroc.

1889 Exposition universelle à Paris.

1892-1893 Scandale de Panamá.

1894-1906 Affaire Dreyfus.

1898 Manifestations des anticléricaux radicaux.

1904 « Entente cordiale » avec la Grande-Bretagne.

1905 Socialistes et radicaux décident de la séparation de l'Église et de l'État.

1907 Triple Entente avec la Grande-Bretagne et la Russie.

1913-1920 Présidence de Raymond Poincaré.

1914 Assassinat de Jean Jaurès.

Page 356

La France jusqu'à la Grande Guerre

1870-1914

Peu après la défaite de l'armée française à Sedan, la IIIe République est proclamée. Elle doit d'abord négocier avec les occupants allemands, puis réprimer l'insurrection de la Commune socialiste. Les années qui suivent voient l'ascension de politiciens de renom, mais leur mandat est de courte durée en raison de l'absence de majorité parlementaire stable. L'affaire Dreyfus révèle une profonde fracture sociale. À partir de 1898, les radicaux anticléricaux et les socialistes exercent leur influence et imposent une stricte sécularisation. La militarisation de l'Allemagne atteint son apogée en 1914.

La tour Eiffel, inaugurée à l'occasion de l'Exposition universelle de 1889.

1

La bataille de Sedan. La France se sent menacée par la militarisation de l'Allemagne. La forte spéculation relative au choix d'un prétendant au trône des Hohenzollern la met en mauvaise posture. Tirant prétexte de la provocation française, Bismarck décide qu'une guerre contre l'ennemi héréditaire serait considérée comme inévitable et aurait le soutien de la population. Les troupes allemandes annexent l'Alsace-Lorraine et infligent une cuisante défaite à la France lors de la bataille de Sedan (**1**).

2

a Commune de Paris. Après la chute de Paris, s partis radicaux de gauche prennent le pouvoir n mars 1871 et instaurent la Commune de aris. Les militants socialistes et communistes rennent en otage de riches citoyens, s'opposent olemment aux forces républicaines (**3**) et vont squ'à incendier le bâtiment de l'Hôtel de Ville (**2**). insurrection, qui est brutalement réprimée n mai, est la première tentative des Français instaurer une sorte de souveraineté consulaire spirée par le communisme.

3

L'affaire Dreyfus

Le capitaine Alfred Dreyfus, de confession juive, est accusé d'espionnage pour le compte des Allemands et condamné à la réclusion à perpétuité en 1894. Grâce à la prise de position d'Émile Zola en sa faveur et au soutien populaire, son procès est révisé et il est réhabilité en 1906. L'affaire révèle l'antisémitisme français.

4 Le nouveau Président de la République M. RAYMOND POINCARÉ

a revanche. Le président Raymond Poincaré (**4**), ationaliste convaincu, perçoit le danger que présente la forte militarisation de l'Allemagne ous Guillaume II. Il tente d'isoler ce pays en esserrant ses alliances avec la Grande-Bretagne t la Russie, puis se prononce en faveur de la uerre contre l'Allemagne. À la fin du conflit, en 1919, il insiste pour que le traité de Versailles, déjà sévère à l'égard des vaincus, prévoie le paiement de dommages de guerre par l'Allemagne. En 1923, en tant que Premier ministre et ministre des Affaires étrangères, il autorise l'occupation de la Ruhr en compensation de l'indemnité due par les Allemands (p. 357).

Le communisme : page 275

La Grande-Bretagne

Page 206

1811 George IV assume la régence de son père George III, atteint de troubles mentaux.

1815 Corn Laws, ou lois sur le blé : protectionnisme contre les importations de céréales.

1819 Massacre d'ouvriers manifestants, dit « massacre de Peterloo ».

1819 Interdiction du travail des enfants dans les usines textiles.

1820-1830 Règne de George IV.

1824 Reconnaissance du droit de grève.

1828-1830 Le duc de Wellington est Premier ministre.

1829 Le Relief Bill prévoit l'émanicipation des catholiques.

1830-1837 Règne de Guillaume IV.

1832 Le Reform Bill (loi de réforme) prévoit la modernisation du suffrage et l'accroissement des pouvoirs du Parlement.

1834 Nouvelle loi des pauvres (Poor Law Amendment Act) qui remanie, en le durcissant, le régime d'aide aux indigents.

1835 Le Municipal Corporations Act prévoit l'élection de conseils municipaux.

1837 Mort de Guillaume IV : fin de l'union personnelle entre Grande-Bretagne et Hanovre.

1837-1901 Règne de Victoria Ire.

1840 Mariage de Victoria avec Albert de Saxe-Cobourg-Gotha.

1846 Chute de sir Robert Peel et scission au sein du Parti conservateur.

1851 Exposition universelle de Londres.

1854-1856 Guerre de Crimée (p. 303) aux côtés de la Turquie.

1861 Mort du prince consort Albert : Victoria prend le deuil et se retire de la vie publique.

Page 293

La Grande-Bretagne

1811-1861

Sous le règne des fils de George III, le Parlement peut se consacrer aux réformes et prend de nombreuses lois en ce sens. Les hommes d'État au pouvoir, qui ont une vue à long terme des choses, comprennent la nécessité d'étendre l'influence de l'empire sur les plans politique et économique. Des partis modernes se forment. Des dissensions naissent sur des sujets épineux tels que le libre-échange. Le problème commun des nations industrielles repose sur la pauvreté des travailleurs. Les réformes, relativement lentes, sont initiées par les chartistes et leurs successeurs. La reine Victoria et le prince Albert œuvrent inlassablement, leur vie durant, pour soutenir ce mouvement et améliorer les conditions de vie des ouvriers.

Travail des enfants dans une mine de charbon en Angleterre.

La guerre des Deux-Roses

La guerre des Deux-Roses désigne une série de conflits entre les familles royales. Dans la maison de Hanovre, la mésentente règne entre George III et l'aîné de ses neuf fils, qui mènent tous une vie fastueuse. Le prince régent, futur roi George IV, perd le soutien de son épouse Caroline de Brunswick en raison de sa prise de position dans la guerre des Deux-Roses. Ils sont connus en Europe pour leurs amours et leurs querelles publiques, qui affaiblissent la monarchie et ternissent sa réputation.

La monarchie et le Parlement. Le héros de Waterloo (p. 273), Arthur Wellesley, duc de Wellington (**1**), assume les fonctions de Premier ministre de 1828 à 1830. En 1829, il met un terme à la discrimination officielle dont sont l'objet les catholiques en promulguant le Roman Catholic Relief Bill. Il est membre du Parti conservateur, constitué à cette époque mais victime d'une scission un an plus tard, en 1846, à la faveur de l'adhésion de sir Robert Peel, ministre de l'Intérieur, qui suggère en 1815 d'exonérer de droits de douane les importations de blé. La monarchie s'efforce de collaborer avec le Parlement, qui voit ses pouvoirs accrus à partir de 1811. Les leaders politiques comprennent l'intérêt de tirer profit des dissensions que connaît la maison royale.

Les chartistes. En 1837, des travailleurs londoniens regroupés en une association présentent devant le Parlement la « Charte du peuple » et réclament le suffrage universel (**2**). Les parlementaires ignorent leurs revendications et emprisonnent le leader des chartistes après que celui-ci a appelé à une grève générale en 1839. Le mouvement contestataire se renfonce avec le soutien d'intellectuels issus de la classe moyenne.

» **La révolution industrielle :** pages 274-275

La Grande-Bretagne : l'impérialisme colonial

1867-1914

L'ère victorienne se caractérise par le sentiment que l'Empire britannique est investi d'une mission civilisatrice. Les gouvernements de Disraeli, Gladstone et Salisbury imposent des réformes qui renforcent l'autonomie des grandes villes industrielles et le rôle de la Grande-Bretagne dans des pays comme l'Inde, l'Égypte, le Soudan, et plus tard l'Afrique du Sud. La bourgeoisie est consciente de l'intérêt des syndicats ouvriers pour contrer la montée de l'extrémisme. Entre 1855 et 1910, d'anciennes colonies (Canada, Australie, Nouvelle-Zélande et Union sud-africaine) deviennent des dominions autonomes, qui demeurent membres du Commonwealth tout en restant relativement indépendants. Sous le règne d'Édouard VII, les relations avec l'Empire germanique se détériorent. En 1904, la Grande-Bretagne conclut une alliance avec la France et la Russie.

La reine Victoria

La reine Victoria (1819-1901) préside aux destinées de l'Angleterre pendant près de 64 ans. L'ère victorienne se caractérise par sa prospérité économique, par son impérialisme croissant et par le mode de vie conservateur, presque prude, observé par la reine et son époux le prince Albert. Par les mariages de ses neuf enfants, Victoria devient la « grand-mère de l'Europe ». Ainsi, l'empereur allemand Guillaume II est l'un de ses petits-fils (p. 282). En 1876, elle prend le titre d'impératrice des Indes.

L'Irlande. De 1845 à 1849, une pénurie de pommes de terre entraîne une famine qui affecte l'Irlande. Au lieu d'envoyer de l'aide, le Premier ministre anglais dépêche sur place des soldats chargés de réprimer les révoltes. La situation favorise l'émigration (**1**), notamment vers les États-Unis. À ce jour, le statut de l'Irlande agite encore la Grande-Bretagne (p. 364).

2

L'Exposition universelle.
Elle a lieu à Londres en 1851. Elle montre que la Grande-Bretagne est riche d'une grande diversité culturelle et vit un formidable essor technologique, comme l'attestent les forêts de palmiers sous serre ou le Crystal Palace de Hyde Park (**2**). Les colonies britanniques sont représentées et leur exotisme fait l'admiration des visiteurs.

'Empire britannique.
.e Premier ministre Benjamin)israeli (**3**) domine la ›olitique anglaise à la fin lu XIXe s. Il impose des ›rincipes démocratiques ux conservateurs :t entreprend des éformes, comme le 'arliament Reform Act le 1867. En 1875, il ıcquiert une grande ›artie des actions du canal le Suez, ouvert depuis 1869, :t assure la promotion le l'impérialisme. :'est sur ses conseils que la reine Victoria prend le titre d'impératrice des Indes.

3

Les suffragettes

Les premières associations réclamant l'égalité politique des femmes voient le jour dès le XIXe s. en Europe. En Angleterre, les féministes, appelées suffragettes (du mot latin signifiant « droit de vote »), organisent des marches de protestation et des manifestations. Leurs actions inquiètent les conservateurs et les réactionnaires.

Page 290

1867 Deuxième Reform Bill (Disraeli) : nouvelle répartition des sièges au Parlement en faveur des villes industrielles.

1868-1902 Changements de gouvernements et de Premiers ministres : Benjamin Disraeli (tory), William Gladstone (libéral) et Robert Cecil, marquis de Salisbury (conservateur).

1868 Première conférence des syndicats à Manchester.

1870 La scolarité est rendue obligatoire.

1876 La reine Victoria prend le titre d'impératrice des Indes.

1882 L'Égypte devient un protectorat britannique.

1884 Troisième Reform Bill, réaménageant le droit de vote.

1887 Premières conférences coloniales à Londres.

1889 Grève des dockers de Londres.

1900 Création du Parti travailliste.

1901-1910 Règne d'Édouard VII.

1904 Signature de l'Entente cordiale avec la France.

1910-1936 Règne de George V.

Page 360

Page 210

1815-1830 Royaume uni des Pays-Bas. Guillaume Ier, roi des Pays-Bas et grand-duc du Luxembourg.

1830 Soulèvement populaire et révolution de septembre à Bruxelles. La Belgique proclame son indépendance.

1831 La Belgique se dote d'une Constitution libérale.

1831-1865 Règne de Léopold Ier, roi des Belges.

1839 Reconnaissance de l'indépendance de la Belgique par les Pays-Bas.

1840-1849 Règne de Guillaume II, roi des Pays-Bas et grand-duc du Luxembourg.

1848 Réformes constitutionnelles instituées par les libéraux aux Pays-Bas.

1849-1890 Règne de Guillaume III, roi des Pays-Bas et grand-duc du Luxembourg.

1865-1909 Règne de Léopold II, roi des Belges.

Page 295

Les Pays-Bas, le Luxembourg et la Belgique

1815-1914

L'essor économique des années 1880.

En 1815, les Pays-Bas connaissent un formidable essor économique. La Belgique, qui leur avait été dévolue par le Congrès de Vienne, proclame son indépendance en 1830. Sous le règne de Léopold II, le pays se livre à une exploitation brutale du Congo. En 1890, c'est au tour du Luxembourg de s'affranchir de la tutelle des Pays-Bas. Les trois pays cherchent à limiter l'influence de la monarchie et, sur le plan des affaires étrangères, jouent la diplomatie entre les superpuissances. La méthode fait ses preuves, mais n'empêchera pas l'occupation de la Belgique par les Allemands en 1914.

La Belgique. Le pays acquiert son indépendance à l'issue de la révolution de septembre 1830. En 1839, les puissances européennes garantissent sa neutralité. Léopold Ier (**1**, lors de son couronnement au Palais royal de Bruxelles, le 4 juin 1831) restaure la confiance du peuple à l'égard de la maison royale grâce à l'excellente gestion de sa politique intérieure.

1

2

Les Pays-Bas. Guillaume Ier (**2**) favorise l'essor de l'industrie et du commerce. Son indifférence à l'égard de la communauté catholique et francophone de la partie méridionale du royaume conduit les Belges à se révolter ›n 1830 (**3**). Les privilèges dont il jouit et ses ›itiques à l'égard du Parlement sont à l'origine 'une crise qui le contraint à abdiquer en 1840.

3

'accession au trône.
'accession des femmes au ›ône des Pays-Bas commence ›vec la reine Wilhelmine (**4**) en 890. Mais comme les femmes ›e peuvent régner au ›uxembourg, cet événement ›ntraîne la scission du grand-›uché et de la Hollande. Wilhelmine met un terme aux conflits qui opposaient ses ancêtres au Parlement. Pendant son règne, elle fait démocratiser toutes les institutions politiques. Sa popularité renforce le statut de la monarchie. En 1948, elle abdique en faveur de sa fille Juliana.

4

Page 294

1867 La France veut racheter le Luxembourg aux Pays-Bas.

1868 Constitution du Luxembourg.

1881-1885 Exploration et conquête du Congo par Léopold II.

1885 Conférence du Congo, qui confirme que le pays est bien la propriété personnelle de Léopold II.

1890-1948 Wilhelmine, reine des Pays-Bas. Le Luxembourg devient un duché autonome sous Adolphe de Nassau (1905).

1905-1912 Guillaume IV devient grand-duc du Luxembourg.

1908 Léopold II doit céder le Congo à la Belgique.

1909-1934 Règne d'Albert Ier.

1912 Après un changement régissant l'accession au trône sous le règne de Guillaume IV, Marie-Adélaïde devient grande-duchesse du Luxembourg (jusqu'en 1919).

1914 Prétextant une entorse à sa neutralité, l'Allemagne envahit la Belgique.

Page 366

L'Italie

Page 214

1815 Début de la restauration des anciens royaumes italiens.

février 1849 Proclamation de la République à Rome.

1859 Bataille de Solferino.

mai 1860 Expédition des Mille avec Garibaldi.

1861 Victor-Emmanuel II de Savoie, premier roi d'Italie.

1870 Occupation et annexion des États pontificaux.

1871 Rome capitale de l'Italie.

1878 Mort de Victor-Emmanuel II, début du règne de Humbert Ier.

1892 Fondation du premier Parti socialiste (PSI).

à partir de 1892 Giovanni Giolitti effectue cinq mandats en tant que Premier ministre.

1894-1896 Tentative manquée d'occupation de l'Abyssinie.

1900 Assassinat d'Humbert Ier.

1911 Occupation de Tripoli.

1911-1912 Guerre contre l'Empire ottoman.

Page 368

L'unification de l'Italie

1815-1912

Le congrès de Vienne prévoit la restauration des anciens royaumes d'Italie et des États pontificaux. Plusieurs factions nationalistes protestent contre le rétablissement de la situation antérieure aux invasions napoléoniennes et initient, en 1848-1849, un mouvement d'unification nationale appelé Risorgimento (« Renaissance »), basé à Rome et mené par Cavour et Garibaldi. Après avoir échoué, ces derniers réussissent à chasser les Autrichiens de l'Italie du Nord et à démanteler les royaumes de Sicile et de Naples. L'unification de l'Italie est proclamée sous le règne de la maison de Savoie, en 1861. Le pape refuse l'annexion des États pontificaux, qui se fait par la force en 1870. Sous le Premier ministre Giolitti, la République de Rome devient laïque et s'oriente vers des réformes sociales. Mais le fossé se creuse entre le Nord, industrialisé, et le Sud, d'une grande pauvreté. L'Italie s'engage dans des expéditions coloniales douteuses en Abyssinie et en Libye.

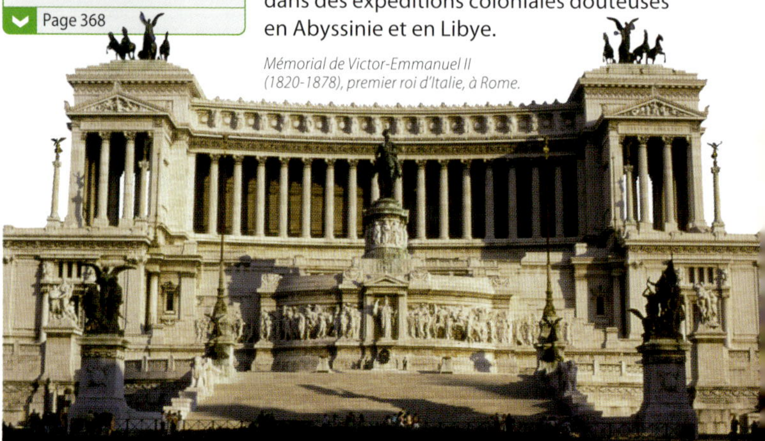

Mémorial de Victor-Emmanuel II (1820-1878), premier roi d'Italie, à Rome.

1

Giuseppe Garibaldi. Depuis les années 1830, Garibaldi (**2**) s'impose comme un ardent défenseur de l'unification de l'Italie. Il appuie la République de Rome en 1849 et s'enfuit aux États-Unis après sa défaite. En 1859, il combat les Autrichiens et, en 1860, à la tête d'un millier de volontaires (expédition des Mille, **1**), il conquiert le royaume de Sicile. À partir de 1862, il tente d'intégrer les États pontificaux à l'Italie réunifiée.

2

Camillo Benso di Cavour. L'un des leaders du mouvement d'unification nationale, Cavour, devient ensuite Premier ministre de l'Italie unifiée (**4**). Sa finesse diplomatique le fait s'allier aux Français pour chasser les Autrichiens de l'Italie du Nord ; ces derniers sont vaincus à la bataille de Solferino (1859) (**3**). L'Italie est unifiée en 1860-1861, mais elle n'englobe pas les États vénitiens et pontificaux. Cavour tente d'engager avec le souverain pontife une négociation amiable qui échoue.

3

4

Pie IX, le « prisonnier du Vatican »

De toute l'histoire de la papauté, Pie IX est le souverain pontife qui a régné le plus longtemps (1846-1878). Libéral au moment de sa prise de fonctions, il penche vers le conservatisme après la révolution de 1849. Il s'oppose à l'unification de l'Italie et aux tentatives de laïciser le pouvoir dans le centre du pays. En 1870, les troupes nationales occupent les États pontificaux, à l'exception du Vatican, et les annexent au royaume d'Italie. Jusqu'en 1929, les papes se considèrent comme prisonniers du Vatican et rejettent toute association avec le gouvernement.

» Le Congrès de Vienne : page 272

Pages 218, 220

1813-1833 Régime de Ferdinand VII d'Espagne.

1822 Indépendance du Brésil.

1826-1828, 1834-1853 Règne de Marie II au Portugal.

1828-1834 Règne de Miguel au Portugal. Guerres miguélistes.

1833-1839 Guerre carliste.

1833-1868 Reine Isabelle II d'Espagne.

1846-1847 Révolte au Portugal.

1870-1873 Règne d'Amédée Ier de Savoie en Espagne.

1872-1886 Deuxième Guerre carliste.

1873-1874 Première République en Espagne.

1874 Restauration des Bourbons.

1886 Alphonse XIII devient roi d'Espagne (destitué en 1931).

1892 Banqueroute du Portugal.

1895-1898 Deuxième révolte cubaine. Guerre hispano-américaine.

1908 Meurtres de Charles Ier et de Louis-Philippe du Portugal.

1909 Grève à Barcelone.

1910 Destitution de Manuel II. Le Portugal devient une république.

Page 370

L'Espagne et le Portugal

1813-1910

À la suite du congrès de Vienne de 1815, la péninsule Ibérique est à nouveau sous la coupe des autorités absolutistes et cléricales. La mainmise des grands propriétaires terriens sur l'économie empêche le développement de celle-ci. En Espagne comme au Portugal, les tentatives d'industrialisation sont compromises par l'éclatement de guerres civiles, notamment de guerres miguélistes ou carlistes. Les deux pays souffrent encore des luttes opposant les démocrates libéraux aux catholiques conservateurs. L'indépendance du Brésil, colonie portugaise, prive la mère patrie de sa plus importante source de revenus, et elle doit affronter des temps très durs. En Espagne, le pouvoir central est affaibli par des troubles internes et par des mouvements régionalistes. La restauration de la dynastie des Bourbons n'empêche pas la prospérité des factions radicales socialistes et anarchistes, qui ont de plus en plus recours à des méthodes terroristes. Le Portugal est acculé à la faillite. En 1911, un coup d'État des factions démocratiques renverse la monarchie.

Navires de commerce américains dans le port de Lisbonne.

es guerres carlistes. es conservateurs et le clergé rotestent contre l'accession u trône d'Isabelle II (**1**) en 1833. Les carlistes, qui plaident pour un successeur mâle, soutiennent don Carlos, l'oncle d'Isabelle. Celui-ci s'empare de vastes régions (**2**) en Espagne, mais il est vaincu en 1839. Cependant, le soutien des Basques et des Catalans, auxquels on promet l'autonomie culturelle, donne la victoire aux carlistes. En 1868, Isabelle est destituée à la faveur d'un putsch. Puis, entre 1872 et 1886, le pays est ravagé par des guerres civiles qui contribuent à faire chuter la monarchie régnante en 1873. En 1874, Alphonse III, fils d'Isabelle, est couronné.

1

2

La révolte cubaine

La colonie espagnole de Cuba comprend surtout des plantations de canne à sucre, qui prospèrent grâce à l'esclavage. La réticence des Espagnols à abandonner ce mode d'exploitation est à l'origine de la première révolte des créoles, entre 1868 et 1878. Ce conflit meurtrier prend fin en 1880 alors que les Espagnols abolissent l'esclavage. Une deuxième révolte, soutenue par les Américains, éclate en 1895. À l'issue de la guerre contre les États-Unis, l'Espagne renonce à Cuba, qui devient une République en 1901.

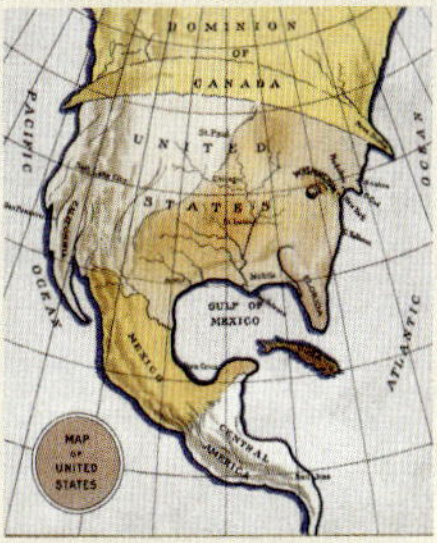

a fin de la monarchie au ortugal. Après le coup d'État le 1911, le Portugal est le remier pays européen qui bolit la monarchie. Pendant occupation par les troupes le Napoléon, une grande partie le la famille régnante fuit u Brésil, où elle continue de égner. Miguel, de tendance plutôt conservatrice, s'empare du trône et garde le pouvoir jusqu'à l'éclatement des guerres miguélistes. Les révoltes conduisent le pays à la faillite en 1892. Le roi Charles Ier est assassiné en 1908, tandis que le roi Manuel II est exilé en 1911 (**3**) après la proclamation de la république.

3

» **L'Espagne sous Napoléon :** page 271

Page 222

1814 Paix de Kiel : le Danemark doit céder Helgoland et la Norvège à la Suède.

1815 Autonomie de la Norvège.

1818 Bernadotte devient roi sous le nom de Charles XIV (ou Charles-Jean).

1844 Mort de Bernadotte. Oscar Ier devient roi de Suède.

1848-1850 Première guerre germano-danoise.

1849 Le Danemark devient une monarchie constitutionnelle.

1859-1872 Règne de Charles XV, roi de Suède.

1863-1906 Règne de Christian IX au Danemark.

1864 Seconde guerre germano-danoise. Le Danemark perd le Schleswig et le Holstein.

1865 Constitution en Suède.

1872-1907 Règne d'Oscar Ier en Suède.

Page 301

La Scandinavie

1814-1917

Christian IX du Danemark.

La Suède tire profit de sa victoire dans les guerres napoléoniennes et prend le contrôle de la Norvège, qui conserve son propre gouvernement. Le Danemark, qui avait soutenu Napoléon, est défavorisé. Quant à la Finlande, elle relève de la tutelle de la Russie. La Suède ainsi que le Danemark connaissent un grand essor économique et une situation politique stable qui favorisent le libéralisme social. Au XIXe s., la Norvège et la Finlande font un pas vers l'indépendance politique, qui les mène à une autonomie totale, respectivement en 1905 et en 1917. L'émergence d'une identité culturelle scandinave en Europe du Nord affaiblit l'influence allemande dans la région. Pendant la Première Guerre mondiale, les pays scandinaves observent la plus stricte neutralité.

Quoique faisant partie de la Russie à partir de 1809, la Finlande conserve son autonomie politique et culturelle (le Sénat, à Helsinki).

ne nouvelle ynastie. endant les uerres napo- oniennes . 272), an-Baptiste rnadotte (**1**), aréchal de France, t adopté en 1810 par le i de Suède. Héritier de la uronne, Bernadotte combat Napoléon au côté des alliés en 1813. En 1818, il accède au trône sous le nom de Charles XIV (ou Charles-Jean). Sous son règne, la Suède est prospère. Il mène une politique pacifiste et conservatrice respectueuse de la Constitution.

1

s forces démocratiques. ors que le Danemark se dote 1849, d'une Constitution que le roi Oscar Ier de Suède océde à des réformes érales, les Parlements des ays scandinaves voient croître ur puissance. Rejoignant s factions modérées, les cialistes et les ouvriers (**2**) ndent des partis politiques, notamment en Suède. Après s'être heurté aux démocrates ruraux, le roi Christian IV du Danemark fait appel en 1901 aux partis de gauche pour constituer un gouvernement. Les forces démocrates sont soucieuses du bien-être social. Elles œuvrent à débarrasser la culture scandinave de l'influence allemande.

2

Page 300

1873 La Suède renonce au gouvernement de la Norvège.

1889 Organisation des socialistes et des travailleurs en Suède.

1898 Suffrage universel en Norvège.

1899 Manifeste de février.

août 1905 La Norvège vote la sécession d'avec la Suède.

novembre 1905 Déclaration d'indépendance. Les grandes puissances garantissent l'intégrité de la Norvège, où Charles de Danemark est élu roi sous le nom d'Haakon VII.

1906-1912 Règne de Frédéric VIII de Danemark.

1906 La Finlande est le premier grand pays européen à accorder le droit de vote aux femmes.

1907-1950 Règne de Gustave V en Suède.

1909 Suffrage universel en Suède.

1912-1947 Règne de Christian X de Danemark.

1914-1918 Neutralité des pays scandinaves pendant la Première Guerre mondiale.

1917 République autonome de Finlande.

Page 372

3

aakon VII de Norvège. La orvège est gouvernée par le anemark pendant des siècles, ant de passer en 1814 sous tutelle des Suédois. Au cours des années 1870, un important mouvement de gauche naît et réclame l'autonomie politique. Les Norvégiens se séparent de la Suède en 1905 et le prince Charles de Danemark devient roi : il prend le nom d'Haakon VII (**3**), par référence au dernier roi indépendant de Norvège au XIVe s.

Les guerres napoléoniennes : pages 270-273

La Russie jusqu'à la guerre de Crimée

1801-1856

Le tsar Nicolas Ier.

Couronné tsar en 1801, Alexandre Ier est d'abord un allié puis un farouche adversaire de Napoléon (p. 272). Figure principale de la conservatrice Sainte-Alliance, il œuvre à préserver la monarchie en Europe. Sur le plan interne, il évite de céder au libéralisme social et d'évoluer vers une monarchie constitutionnelle. Sous Nicolas Ier, la Russie s'impose comme la gardienne de l'ordre établi et commence à réprimer les mouvement de libération. L'hostilité des tsars aux réformes conduit à l'échec des premières tentatives d'industrialisation. L'expansionnisme russe est contré par les autres puissances européennes à l'occasion de la guerre de Crimée.

La Sainte-Alliance. En tant qu'opposant de Napoléon, le tsar Alexandre Ier fonde la Sainte-Alliance pour préserver les valeurs chrétiennes en Europe. Après une réunion des trois monarques (**1**, **2**) en 1814, Alexandre officialise en 1815 l'alliance avec l'empereur François Ier d'Autriche et le roi Frédéric-Guillaume III de Prusse. Puis les Bourbons les rejoignent. La Sainte-Alliance devient ensuite un rempart réactionnaire sous le règne de Nicolas Ier, frère d'Alexandre.

1

2

es décembristes. Déçus par
tsar Alexandre Ier, qui ne fait
as les réformes promises,
es intellectuels et des officiers
révoltent en décembre 1825
rs du couronnement de
icolas Ier. Mais des dissensions
aissent entre les rebelles et nuisent à l'instauration d'une monarchie constitutionnelle. Le tsar prend des mesures draconiennes contre les décembristes. Des leaders du mouvement sont exécutés (**3**) et d'autres exilés en Sibérie.

3

4

e nationalisme polonais.
n 1830, les forces nationalistes
olonaises tentent en vain (**5**)
e se dégager de la Russie,
ui domine le pays depuis
congrès de Vienne (**4**, le Prométhée polonais et l'aigle, symbole de la Russie tsariste).

6

5

La guerre de Crimée.
La Sainte-Alliance est dissoute au moment où éclate la guerre de Crimée. Le tsar Nicolas Ier occupe ce pays afin de se garantir un accès à la Méditerranée. Pour contrer l'expansionnisme russe, les Ottomans s'allient aux Anglais et aux Français. Ensemble, ils attaquent la flotte russe à Sébastopol (**6**, prise du fort de Malakoff) en 1855. Le nouveau tsar, Alexandre II, met fin à cette guerre calamiteuse en 1856.

Page 228

1801 Alexandre Ier devient tsar.
1807 Traité de Tilsit.
1812 Campagne de Russie contre Napoléon.
1813 Guerre contre la Perse.
septembre 1815 Fondation de la Sainte-Alliance.
décembre 1825 Mort d'Alexandre Ier. Son frère Nicolas Ier lui succède.
décembre 1825 Révolte des décembristes (ou décabristes).
1826 Institution d'une police secrète politique.
1826-1828 Guerre contre la Perse.
1828-1829 Guerre contre la Turquie à propos des principautés du Danube.
1830-1831 Insurrection polonaise.
1848 Comité de censure contre les élans révolutionnaires.
1849 Révolution en Hongrie.
1853-1856 Guerre de Crimée.
octobre 1854-septembre 1855 Siège de Sébastopol.
mars 1855 Mort de Nicolas Ier. Alexandre II devient tsar.
mars 1856 Traité de Paris. Neutralisation de la mer Noire et indépendance des principautés du Danube.

Page 304

Les guerres napoléoniennes : pages 272-273

Page 303

1861 Abolition du servage.
1863 Insurrection en Pologne.
1864 Annexion du Caucase et de la Transcaucasie.
1868 Conquête de Samarkand et de Boukhara.
1873 Ligue des Trois Empereurs avec l'Autriche et l'Allemagne.
1877-1878 Huitième guerre russo-turque.
1881 Assassinat d'Alexandre II. Alexandre III lui succède.
1891 Alliance secrète avec la France (ratifiée en 1893).
1894 Mort d'Alexandre III. Nicolas II devient tsar.
1904-1905 Guerre russo-japonaise.
janvier 1905 « Dimanche sanglant ».
1905-1906 Premier Parlement russe (Douma).
1907-1912 Deuxième, troisième et quatrième Doumas.
1914 Guerre contre l'Allemagne.

Page 378

La Russie

1861-1914

Après avoir mis fin à la guerre de Crimée en 1865, Alexandre II s'attache à étendre les frontières de la Russie en Asie. S'il abolit le servage, il maintient dans le pays un régime autocratique. Des mouvements anarchistes s'opposent au tsar et ne sont pas étrangers à l'assassinat de plusieurs personnalités politiques dans les années 1880. Après le règne très sévère d'Alexandre III, Nicolas II, plus libéral, entreprend des réformes et crée des conseils parlementaires. Cependant, la révolution de 1905 conforte les socialistes. La guerre livrée contre l'Allemagne en 1914 contribue à l'impopularité du tsar.

Caricature du tsar Nicolas II pendant la révolution russe.

L'entrée de la Russie dans l'ère moderne

Lucides, les politiciens russes du XIXe s. prennent conscience du retard de la Russie sur le plan industriel. Dans les années 1850, des ingénieurs formés en Occident implantent les premières usines modernes dans leur pays. Entre 1891 et 1904, ils posent les lignes du Transsibérien, qui relie les deux extrémités de l'empire. Le projet est censé promouvoir l'unité nationale et aider les régions orientales, relativement arriérées.

Alexandre II. Surnommé le tsar émancipateur, Alexandre II (**2**) fait abolir le servage en 1861 et instaure un système de redistribution des terres aux paysans. Mais, à côté des réformes sociales qu'il entreprend, il maintient l'autocratie tsariste. Il est tué par des anarchistes en 1881 (**1**).

Alexandre III. Les attaques fréquentes des anarchistes amènent le tsar à prendre des mesures d'une grande sévérité. Alexandre III (**3**) abolit les réformes édictées par son père et réprime toute forme de libéralisme. En 1891, il contracte une alliance secrète avec la France pour contrer les Empires centraux. Sa politique de russification est à l'origine de violents pogroms juifs (**4**) dès les années 1880. Il durcit la censure et envoie en Sibérie des centaines de sympathisants socialistes et démocrates.

e dimanche sanglant de aint-Pétersbourg. Après ı défaite de la Russie contre Japon (**6**) en 1904-1905, les aysans et les ouvriers russes ivent dans des conditions épouvantables. Le 22 janvier 1905, 200 000 personnes manifestent devant le palais d'Hiver. Perdant son sang-froid, le tsar ordonne à ses troupes de tirer sur la foule (**5**). Les morts se comptent par centaines. Au mois de mai suivant, le tsar dissout la Douma. De telles initiatives favorisent la montée du communisme, qui appelle au renversement de la monarchie.

» **La naissance du communisme :** page 275

Page 285

Les Balkans

1821 Révolte des Grecs conduite par Alexandre Ypsilanti.

1827-1828 Bataille de Navarin et autonomie de la Grèce.

1827-1831 Ioánnis Kapodistrias, premier président de la Grèce.

1833-1862 Otton de Bavière devient roi de Grèce.

1863-1913 Guillaume-Georges de Danemark devient roi de Grèce (Georges Ier).

1868-1889 Le prince Milan Ier Obrenovic devient roi de Serbie.

1879-1886 Règne d'Alexandre Ier de Bulgarie.

1885-1886 Chute d'Alexandre Ier de Bulgarie à l'issue de la guerre entre Serbes et Bulgares.

1887-1918 Règne de Ferdinand Ier (maison de Saxe-Cobourg-Gotha), tsar en 1908.

1889-1903 Règne d'Alexandre Ier Obrenovic en Serbie.

1903-1921 Règne de Pierre Ier Karadjordjevic en Serbie.

1908-1909 L'Autriche annexe la Bosnie-Herzégovine.

octobre 1912 Guerre balkanique.

mai 1913 Traité de Londres.

juin 1913 Deuxième guerre balkanique.

août 1913 Traité de Bucarest.

1914 Assassinat de François-Ferdinand.

Page 382

Les Balkans

1821-1914

Les conflits entre les Grecs et les Ottomans en 1821 sonnent le glas de l'hégémonie ottomane en Europe de l'Est. Les États balkaniques, à peine créés, luttent contre les Russes et les Autrichiens pour préserver leur autonomie. Les guerres des Balkans en 1912-1913 et l'assassinat de François-Ferdinand, héritier de la couronne austro-hongroise, à Sarajevo en 1914 sont à l'origine de la guerre.

Le vieux pont de Mostar.

2

1

La guerre d'indépendance de la Grèce. Le nationalisme grec est soutenu en Europe par des intellectuels comme lord Byron (**1**). La violence des Ottomans envers les civils (**2**, massacre de Scio, 1822) suscite des protestations internationales.

4

La poudrière des Balkans

En raison des guerres d'indépendance, les Balkans connaissent une situation difficile qui se complique au gré des conflits et des alliances. L'intervention des grandes puissances, notamment la Russie et la Turquie, désireuses d'asseoir leur suprématie sur la région, rend celle-ci ingouvernable pendant de longues périodes au XIXe s. La complexité politique des Balkans explique l'instabilité qui y règne et qui est à l'origine des guerres balkaniques de 1912-1913, prélude de la Première Guerre mondiale.

5

Le Monténégro, une entité indépendante

Occupée par la Turquie depuis le XVIe s., la région du Monténégro acquiert peu à peu son autonomie. En 1697, Danilo Petrovic-Njegos fonde la charge héréditaire des princes-évêques laïques (vladika). *L'un de ses successeurs, Danilo Ier, fait du Monténégro une principauté héréditaire en 1852. En 1860, Nicolas Ier Petrovic-Njegos accède au trône. Il soutient une révolution contre la domination ottomane en Herzégovine et combat les Turcs dès 1876. Le Monténégro acquiert son autonomie sous la protection des Russes en 1878 et devient un royaume en 1910. Il s'allie avec la Serbie pendant les guerres balkaniques et pendant la Première Guerre mondiale. Nicolas Ier est contraint d'abdiquer en 1918, lorsque le Monténégro intègre la Yougoslavie.*

.e congrès de Berlin. En juin et uillet 1878, l'Autriche-Hongrie, a Grande-Bretagne, la France, Italie, la Russie ainsi que les mpires allemand et ottoman e rencontrent (**3**), sous l'égide le Bismarck, pour discuter les tensions dans les Balkans t des moyens de contrer expansionnisme russe sur a mer Noire. Ils proclament indépendance du nord de a Bulgarie et de la Roumélie rientale. La Roumanie obtient les régions de la Bessarabie. .a Serbie et le Monténégro leviennent indépendants.

3

821-1828 *Guerre l'indépendance de la Grèce.*
859 *Fondation des rincipautés unies de Moldavie et de Valachie.*
878 *Congrès de Berlin. olution à la crise alkanique.*
912-1913 *Guerres des Balkans. La Turquie se retire les territoires perdus* (**4**).
uin 1914 *Assassinat le l'archiduc François-Ferdinand à Sarajevo* (**5**).
1918 *Formation de la Yougoslavie à partir de six Républiques.*

6

1934 *Meurtre d'Alexandre Ier de Yougoslavie.*
1941-1944 *Occupation de la Serbie par les Allemands et les Italiens.*
1941-1945 *Guerre civile en Yougoslavie.*
1946-1947 *Restauration de la Yougoslavie sous l'égide de Tito.*
1980 *Mort de Tito.*
1990 *Démantèlement de la Yougoslavie.*
1991-1995 *Guerre civile et épuration ethnique dans la plupart des républiques de Yougoslavie.*
juillet 1995 *Massacre de 8 000 musulmans bosniaques* (**6**) *à Srebrenica.*
novembre 1995 *Accords de paix de Dayton.*
2001 *Arrestation de Milosevic.*

L'Empire ottoman

1808-1914

Le sultan Abdülhamid II.

S'étendant de la péninsule des Balkans aux pays arabes du Maghreb, à la Syrie et à la Palestine, l'Empire ottoman se révèle de plus en plus difficile à gouverner. La période Tanzimat voit la délocalisation du pouvoir central après que les provinces ont acquis leur indépendance et que les élites traditionnelles ont été privées de leur pouvoir en 1808. L'Empire ottoman a besoin de moderniser ses institutions, notamment son armée et son administration. Prenant exemple sur l'Occident, les sultans tentent de procéder à des réformes en luttant pour maintenir leur autorité. Leurs échecs sont à l'origine, en 1876, de la naissance du mouvement nationaliste Jeunes-Turcs, qui réclame un remaniement complet de l'organisation de l'empire. En 1908, les Jeunes-Turcs renversent le sultan et prennent le pouvoir. Ils se rangent du côté des Empires centraux en 1914.

L'Empire ottoman

Page 232

1808-1839 Règne du sultan réformateur Mahmud II.

1826 Démantèlement du corps des janissaires après leur révolte.

1830 Indépendance de la Grèce et occupation de l'Algérie par la France.

1839-1861 Règne du sultan Abdülmecid Ier.

1839-1876 Période Tanzimat, avec des réformes inspirées du modèle occidental.

1861-1876 Règne du sultan Abdülaziz.

1875 Faillite nationale.

mai-août 1876 Règne du sultan Mourad V.

1876-1909 Règne du sultan Abdülhamid II.

1878 Congrès de Berlin.

1881 La Tunisie devient un protectorat français.

1895-1896 Soulèvement et exécutions en Arménie.

1903 Début de la construction de la voie de chemin de fer de Bagdad.

1908-1918 Prise de pouvoir des Jeunes-Turcs.

1909 Destitution d'Abdülhamid II. Mehmed V devient sultan.

1912-1913 Guerres des Balkans. Perte des territoires turcs en Europe.

Page 384

Les janissaires. Fondé au XIVe s., ce corps d'élite de l'armée turque constitue dès ce moment un État dans l'État, s'opposant aux réformes proposées par le pouvoir, qui s'inspirent des avancées technologiques de l'Occident. Prenant la tête de mouvements dissidents, les janissaires assassinent les sultans Selim III et Mustafa IV. En juillet 1808, Mahmud II accède au trône. Il s'attache alors à réorganiser l'armée en profondeur, allant jusqu'à employer des conseillers militaires occidentaux. Après un ultime soulèvement des janissaires (**1**), il procède à la dissolution de l'ordre en 1826.

1

La fin du règne du sultan

Au cours du XIXe s., la culture ottomane subit l'influence occidentale. La construction du palais Dolmabahce Sarayi à Istanbul mêle les styles oriental et occidental. Le sultan Abdülaziz dépense des sommes folles pour la confection de nouveaux uniformes et la mise en place d'installations sophistiquées. Ses extravagances sont l'objet de critiques de plus en plus vives et favorisent la montée du nationalisme parmi les minorités ethniques et religieuses.

La démocratisation. Alors qu'il accède au trône en 1876, Abdülhamid II consent à la formation du premier Parlement turc (**2,** 1877). Pendant son règne, ce sultan œuvre à monter les uns contre les autres les différents groupes ethniques. L'absence de réformes efficaces et la faiblesse politique de l'empire favorisent la montée du mouvement des Jeunes-Turcs, qui renverse le sultan en 1909.

2

3

Les Jeunes-Turcs. Fondé en 1876, ce mouvement réclame avec force la modernisation des institutions selon le modèle occidental. Alors que le nationalisme monte chez les militaires, les unités turques basées à Thessalonique créent en 1907 le Comité pour l'unité et le progrès. Sous le commandement du général Enver Pacha (**3**), les Jeunes-Turcs s'emparent du pouvoir en 1908. À peine un an plus tard, ils renversent le sultan Abdülhamid II (**4**) qu'ils remplacent par son frère, plus malléable. Les Jeunes-Turcs rétablissent la Constitution et le Parlement et, gouvernant par Mehmed V interposé, tentent d'instaurer des réformes, notamment dans le système scolaire et le clergé, et de promouvoir l'industrie. La politique d'épuration ethnique fait environ 1,5 million de morts chez les Arméniens et les Assyriens en 1914 et 1915. Pendant la Première Guerre mondiale, les Turcs s'allient avec les Empires centraux, une association qui va sonner le glas de leur suprématie.

4

L'Égypte

Page 234

1798 Arrivée de Napoléon en Égypte. Méhémet-Ali devient gouverneur de l'Égypte.

1811 Méhémet-Ali met fin à l'aristocratie des Mamelouks.

1820 Conquête du Soudan par l'Égypte.

1848-1854 Règne d'Abbas Ier, pacha d'Égypte.

1854-1863 Règne de Saïd Pacha en Égypte.

1859-1869 Canal de Suez.

1863-1879 Règne d'Ismaël Pacha.

1879-1892 Règne du khédive Toufik.

1881-1885 Soulèvement des Mahdis et participation de la Grande-Bretagne à l'occupation du Soudan.

1882 Prise de contrôle des Anglais en Égypte.

1888 Convention de Constantinople relative au canal de Suez.

1892-1914 Abbas II Hilmi, khédive d'Égypte. Révoltes nationalistes.

1898 Bataille d'Omdurman.

1914 Destitution d'Abbas Hilmi par les Anglais. L'Égypte devient protectorat britannique.

Pages 324, 402

L'Égypte

1798-1914

1

La campagne d'Égypte de Napoléon, en 1798, attire l'attention des puissances européennes sur la région. Officier de l'Empire ottoman, alors en pleine déliquescence, Méhémet-Ali devient gouverneur de l'Égypte, qu'il rend autonome en annihilant la noblesse mamelouke. Influencée par les puissances européennes, notamment la Grande-Bretagne, l'Égypte construit le canal de Suez, important lieu stratégique. Ce canal, comme d'autres projets de modernisation, endette considérablement les khédives égyptiens. En 1882, cet endettement massif permet aux Anglais de prendre le contrôle de presque tout le pays, qui devient un protectorat britannique en 1914. La Grande-Bretagne veille à réprimer le nationalisme montant. Au Soudan, la rébellion des Mahdis permet à ces derniers de s'affranchir du joug égyptien. Les Mahdis règnent jusqu'à leur défaite, en 1898, à Omdurman, après l'invasion des forces britanniques et égyptiennes.

2

Napoléon en Égypte. Pour écarter les Anglais des côtes méditerranéennes, Napoléon débarque en Égypte en 1798. Il vainc les Mamelouks (**1**) lors de la bataille des Pyramides (**2**). L'Égypte devient ensuite un vaste champ d'exploration archéologique. Les trésors ramenés en Europe après la campagne napoléonienne lancent la mode de l'art oriental.

3

Méhémet-Ali. À partir de 1798, Méhémet-Ali (**3**) proclame l'indépendance de l'Égypte, qu'il libère de la tutelle ottomane, et en devient le gouverneur. En 1811, il combat les chefs des Mamelouks afin d'asseoir son autorité. Il se retourne contre son fils Ibrahim Pacha (**3**, derrière) bien que celui-ci ait apporté son soutien au sultan ottoman contre les rebelles grecs. La flotte égyptienne est détruite en 1827 à la bataille de Navarin (**4**). En 1841, Méhémet-Ali obtient le droit de fonder une dynastie héréditaire en Égypte.

4

Le canal de Suez

Le canal reliant la Méditerranée et la mer Rouge est construit sous le règne de Saïd Pacha en 1854. La Compagnie du canal de Suez mène à bien ce chantier entre 1859 et 1869 sous l'égide du Français Ferdinand de Lesseps. En 1875, les Anglais acquièrent la majorité des parts dans l'affaire qui, du fait du fort endettement de l'Égypte, tombe

en 1882 sous le contrôle des Anglais. La convention de Constantinople prévoit le droit pour tous les navires d'emprunter le canal, un droit maintenu après sa nationalisation par l'Égypte en 1956. Entre 1967 et 1975, le canal sera fermé à la navigation à cause des guerres israélo-arabes.

L'occupation anglaise. En raison de leurs réalisations architecturales d'envergure, les khédives égyptiens dépendent de plus en plus des prêts qui leur sont consentis par des organismes européens, ce qui accroît l'influence européenne dans la région. Les Anglais finissent par prendre le contrôle du canal de Suez puis de toute l'Égypte entre 1882 et 1892. Le souverain fantoche Abbas II Hilmi, qui soutient les indépendantistes et la propagande antibritannique (**5**), est destitué par la Grande-Bretagne en 1914.

5

La Perse et l'Afghanistan

1796-1925

Asker Khan, ambassadeur de Perse en France.

À partir de 1796, la Perse est dirigée par les chahs Qadjars, mais, au XIXe s., elle tombe, comme l'Afghanistan, sous le joug des Anglais et des Russes. Interférant dans la politique des deux pays, ces grandes puissances leur demandent des concessions économiques. La modernisation de la Perse, inspirée du modèle occidental, suscite au sein de la population un ressentiment à l'égard des Européens. Les démocrates et les mollahs chiites s'allient pour réclamer un Parlement en 1906. En même temps, les leaders afghans tentent de réduire l'influence des Européens, mais ils finissent en 1879 par accéder à leurs requêtes. Ces arrangements permettent à la Grande-Bretagne et à la Russie de rallier l'Inde en toute sécurité.

L'occupation russe. Entre 1868 et 1876, l'Empire russe occupe les territoires à l'est de la Caspienne et poursuit son avancée en Perse (**1**). Dès le départ, les chahs Qadjars sont pris en étau entre la Grande-Bretagne et la Russie, qui rivalisent pour la suprématie. Ces deux pays s'assurent la dépendance des chahs en leur consentant des prêts toujours plus importants, une politique qui favorise la montée des nationalistes en Perse.

1

2

La Perse après 1848. En accédant au pouvoir en 1848, le chah Nasir ad-Din (**3**) procède à une série de réformes économiques libérales. Ses successeurs sont des souverains de peu d'envergure. En 1908, des gisements de pétrole sont découverts dans le golfe Persique, puis la première raffinerie voit le jour (**2**). Les Anglais veulent contrôler cette production et acquièrent la majorité des parts de la Compagnie pétrolière anglo-perse. Ils tentent d'occuper la zone neutre, ce qui suscite la montée du nationalisme.

3

4

5

L'Afghanistan, enjeu des grandes puissances. Le conflit entre la Russie et la Grande-Bretagne est moins perceptible en Perse qu'en Afghanistan, qui se situe aux confins de ces deux vastes empires (**5**). Après la conquête de Kaboul (**4**) en 1879, les Anglais occupent l'Afghanistan et contrôlent le pays par l'intermédiaire de souverains fantoches. Cependant, dans les régions montagneuses, les princes locaux conservent leur autonomie. En 1907, la Russie et la Grande-Bretagne reconnaissent l'indépendance de l'Afghanistan.

Page 236

1796 Fondation de la dynastie des Qadjars.

1797-1834 Règne de Fath Ali Chah en Perse.

1818 Fin du règne des Dorrani en Afghanistan.

1826 Dynastie des Barakzai en Afghanistan (jusqu'en 1973).

1838-1842 Première guerre anglo-afghane.

1848-1896 Nasir ad-Din, chah de Perse.

1878-1880 Deuxième guerre anglo-afghane.

1879 Traité de Gandamak. L'Afghanistan cède la passe de Khyber et d'autres territoires à la Grande-Bretagne.

1890 Conflit avec la Perse en raison du monopole des Anglais sur le tabac.

1893 Le traité de Durand établit une frontière entre l'Afghanistan et les Indes britanniques.

1896 Assassinat de Nasir ad-Din.

1906 Premier Parlement de Perse.

1907 Traité de Saint-Pétersbourg.

1909-1925 Règne d'Ahmed Mirza, dernier chah de Perse de la dynastie des Qadjars.

Page 388

Page 238

1775-1818 Conflit entre les Anglais et les Marathes.

1857-1858 Révolte des cipayes dans le nord de l'Inde.

1858 Destitution du dernier empereur moghol et prise de contrôle total de l'Angleterre. Fin de la Compagnie des Indes.

1877 La reine Victoria Ire devient impératrice des Indes.

1880-1884 Gouvernement du vice-roi lord Ripon.

1885 Formation du parti du Congrès.

1898-1905 Gouvernement du vice-roi lord Curzon.

1905 Révolte au Bengale.

1906 Formation de l'Indian Muslim League (Ligue musulmane de l'Inde) à Dacca.

1909 Réforme constitutionnelle pour réprimer le nationalisme.

1911 Delhi devient capitale de l'Inde à la place de Calcutta.

1913 Prix Nobel de littérature à Rabindranath Tagore.

Page 390

L'Inde

1775-1913

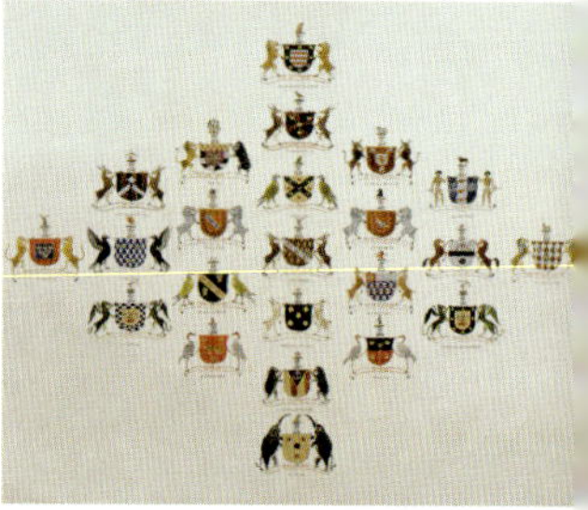

Emblème des rajas, rois ou princes indiens.

Tirant profit de la faiblesse du dernier empereur moghol et de la défaite des princes à Maratha, les Anglais étendent leur pouvoir en Inde dès 1775 par le biais de la Compagnie des Indes orientales. La révolte des cipayes en 1857-1858 fait éclater les dissensions entre les Indiens au sujet de l'occupation anglaise et suscite l'inquiétude des Britanniques. Ces derniers destituent alors le chah, démantèlent la Compagnie et contrôlent le pays. L'Inde étant considérée comme le « joyau » des colonies anglaises, la reine Victoria prend le titre d'impératrice des Indes en 1877. L'émergence d'une élite indienne coïncide avec la fondation du parti du Congrès, qui travaille à l'indépendance de l'Inde, une perspective que les Anglais envisagent avec hostilité.

La ville de Delhi vers 1850.

1

2

La révolte des cipayes. En 1857, les cipayes (soldats indiens) se révoltent contre l'occupation anglaise en Inde. Les rebelles (**1**) prennent Delhi et Lucknow pendant une brève période, mais ils sont vite vaincus par les troupes anglaises. Leurs leaders sont exécutés (**2**).

Rabindranath Tagore, promoteur de la culture indienne

Avec le célèbre Gandhi, l'écrivain et philosophe Tagore (1861-1941) est celui qui s'emploie le plus à faire reconnaître la culture indienne à l'égale des cultures occidentales. Ses écrits prêchent la tolérance et la non-violence, mettant l'accent sur l'égalité de toutes les religions. En 1901, il fonde à Shantiniketan une école sur l'ancien modèle de l'ashram, qui contribue à propager ses idées. Tagore reçoit le prix Nobel de littérature en 1913. Il honore Gandhi du surnom de « Mahatma » ou « grande âme » en 1915. Ses œuvres littéraires influencent considérablement la culture et la littérature indiennes.

3

L'impératrice des Indes. Après une longue réflexion, la reine Victoria consent à accepter le titre d'impératrice des Indes en 1877. Son successeur, le roi George V (**3**), l'adopte dès son accession au trône. Le titre traduit bien l'influence de l'Angleterre en Inde après le renversement du dernier Moghol en 1857. Le sous-continent devient alors le centre du colonialisme britannique. Après l'indépendance de l'Inde et la proclamation de la république en 1950, le roi George VI renonce au titre d'empereur des Indes.

La Chine
Page 241

1807-1833 Révoltes au Tibet, au Turkestan et à Yao.
1840-1842 Première guerre de l'Opium.
1842 Traité de Nankin.
1851-1864 Mort de plus de 20 millions de Chinois pendant la révolte des Taiping.
1853-1878 Nombreuses révoltes, dont celles des musulmans au Yunnan.
1856-1860 Deuxième guerre de l'Opium.
1861-1875 Empereur Tongzhi.
1861-1887 et 1898-1908 Règne de l'impératrice Cixi.
1875-1908 Empereur Guangxu.
1881 Premier chemin de fer en Chine.
1894-1895 Défaite de la Chine contre le Japon.
1898 Réforme des Cent Jours.
1900 Révolte des Boxers et intervention militaire des puissances étrangères.
1901 Protocole des Boxers.
1903-1907 Réformes sur le plan national.
1908-1912 Règne du dernier empereur, Puyi.
1911-1912 Révolution en Chine.
1912 Sun Yat-sen devient le premier président de la République de Chine.
1912 Destitution du dernier empereur.
1912 Yuan Shikai devient président de la république.

Page 392

La fin de la Chine impériale

v. 1807-1912

Les révoltes de groupes ethniques et religieux affaiblissent la Chine et sont à l'origine du déclin du pouvoir impérial au XIXe s. Le pays pâtit encore de l'ouverture forcée de ses ports par les Anglais en vertu du traité de Nankin. Alors que d'autres puissances européennes emboîtent le pas à la Grande-Bretagne, la cour impériale s'enferme dans une politique rigide et isolationniste. Les réformes initiées par l'empereur Guangxu en 1898 sont contrées par la cour, tandis que Cixi assigne le souverain à résidence. La cour impériale s'allie ensuite avec la société secrète des Boxers, dont la révolte contre les influences étrangères se traduira par une présence accrue des Européens en Chine à la suite du protocole des Boxers. La Chine devient une république en 1912.

Le palais d'Été à Pékin, résidence de l'empereur.

1

Les guerres de l'Opium. Au début du XIXe s., les Anglais commencent à importer illégalement l'opium de l'Inde en Chine, ce qui affecte l'équilibre du commerce. La saisie de grandes quantités de drogue à Canton par les autorités chinoises déclenche la première guerre de l'Opium, en 1840-1842. La Chine est vaincue et, en 1842, le traité de Nankin la contraint à accepter l'importation d'opium (**1**), et à rétrocéder Hong Kong à l'Angleterre. Après la seconde guerre de l'Opium (1856-1860), la Chine doit autoriser l'accès d'autres ports aux Européens. L'arrivée de produits européens bon marché porte un coup dur à l'économie locale.

2

L'impératrice Cixi. Concubine impériale, Cixi (**2**, **3**) doit à la mise au monde d'un héritier du trône la position privilégiée qui est la sienne à partir de 1861. Épaulée par ses partisans conservateurs, elle prend le pouvoir et freine les réformes initiées en 1898. Elle soutient la révolte des Boxers.

3

a guerre sino-japonaise. ı XIXe s., la Chine rivalise avec Japon pour la domination de Corée et compte maintenir ›n emprise sur ce pays. La nsion entre les Chinois et s Japonais est à l'origine de guerre de 1894-1895, qui voit défaite de la Chine au port de alu (**4**), malgré la supériorité e ses troupes. La Chine est ›ntrainte de quitter la Corée : de céder des territoires.

4

5

La révolte des Boxers. La société secrète des Boxers (**6**) est un mouvement xénophobe visant à débarrasser la Chine des influences étrangères. La révolte des Boxers, déclenchée par le meurtre de l'ambassadeur allemand, le baron von Ketteler (**5**), en 1900, se caractérise par la violence avec laquelle les nationalistes chinois combattent les forces internationales alliées. Ces dernières occupent Pékin et écrasent les Boxers. Pendant cette rébellion, nombre d'œuvres d'art sont détruites.

6

Le Japon

Page 242

1853 L'Amérique et la Russie créent des ports au Japon.

1854 Traité de Kanagawa.

1863-1864 Attaques des Européens contre Kagoshima et Shimonoseki.

1867 Mutsuhito empereur.

1868 Mutsuhito destitué par le shogunat des Tokugawa. Début de la restauration Meiji.

1869 Tokyo capitale du Japon. Les daimyos transfèrent leurs fiefs à l'empereur.

1877 Révolte des samouraïs après le démantèlement de leur caste.

1885-1909 Le prince Ito devient une figure politique.

1889 Constitution. Début de l'expansionnisme national.

1890 Premières élections.

1894-1895 Guerre contre la Chine.

1904-1905 Guerre contre la Russie.

1905 Le Japon annexe la Corée.

1912 Mort de Mutsuhito. Yoshihito empereur.

Page 394

Le Japon

1853-1912

Samouraï prêt à l'attaqu

En 1853-1854, les États-Unis et la Russie mettent fin à la politique isolationniste du Japon, qui dure depuis plus d'un siècle. L'influence des Occidentaux sonne le glas du régime des shoguns et favorise l'ascension de l'empereur Meiji. Après avoir confisqué les terres des daimyos et vaincu ses opposants, le tenno Mutsuhito ou « Meiji » (l'Éclairé) accède au pouvoir et inaugure l'ère Meiji. Le nouveau gouvernement souhaite moderniser le Japon par des réformes globales et étendre son territoire, notamment en Corée. Vers 1900, le Japon s'impose parmi les plus grandes puissances mondiales en enregistrant des victoires militaires contre la Chine et la Russie.

Le Japon et les États-Unis. En 1853-1854, les États-Unis mettent fin à la politique isolationniste du Japon (**1**, l'empereur recevant une délégation américaine). L'industrialisation entamée sous l'ère Meiji favorise la militarisation du Japon qui, de fait, n'évolue pas comme la Chin

1

La restauration Meiji

Adoptant le surnom de Meiji (l'Éclairé), le tenno Mutsuhito accède au pouvoir et devient empereur après la chute du shogunat des Tokugawa, en 1868. Les réformes de la restauration Meiji modernisent le Japon sur le modèle occidental. À partir de 1890, l'émergence d'un mouvement nationaliste militaire se traduit par de vastes projets expansionnistes, mis en pratique au siècle suivant au détriment de la Chine et d'autres régions de l'Asie du Sud-Est.

e processus de modernisation. es réformes de l'ère Meiji ouleversent le Japon aditionnel. Axées sur la écessité de moderniser les chnologies (**2**, gare entre eno et Nakasendo), elles favorisent l'accroissement de la puissance militaire du Japon. Les campagnes se développent selon un modèle européen amélioré. En 1889, le Japon évolue vers une monarchie constitutionnelle.

2

3

'expansionnisme japonais. es soldats japonais de l'ère Ieiji sont entièrement dévoués l'empereur et à leur patrie. eur dévouement et leur rofessionnalisme expliquent la supériorité militaire des Japonais (**3**), surtout par rapport aux Chinois, considérés comme décadents. Le Japon annexe Formose, pris à la Chine en 1881, puis s'empare des Pescadores en 1895. Avec l'occupation de la Corée, le pays entame son expansion politique en Asie du Sud-Est. La victoire contre les Russes en 1904-1905 renforce la confiance des Japonais. Elle est entérinée par le traité de Portsmouth, par lequel le Japon se voit attribuer le contrôle de la partie méridionale de l'île de Sakhaline et de la péninsule du Liaodong.

Page 244

1802 Fin des luttes pour le pouvoir au Viêt Nam. Destitution de la dynastie des Tây Son grâce aux Français.

1802/1806-1820 Règne de l'empereur Gia Long au Viêt Nam. Expansion de l'empire.

1820-1841 Règne de l'empereur Minh Mang au Viêt Nam. Persécution des chrétiens.

1824 Première guerre anglo-birmane.

1824-1851 Chetsadabodin Rama III en Thaïlande.

1847-1883 Empereur Tu Duc au Viêt Nam.

1851-1868 Règne de Mongkut Rama IV en Thaïlande.

1852 Deuxième guerre anglo-birmane.

1860-1904 Règne du roi khmer Norodom au Cambodge.

1863 Les Français instaurent un protectorat sur l'Empire khmer (Cambodge).

jusqu'en 1867 Les Français occupent le sud du Viêt Nam (Cochinchine).

1868-1910 Règne du roi Chulalongkorn Rama V en Thaïlande : modernisation.

1883 Le centre et le nord du Viêt Nam (le Tonkin et Annam) deviennent des protectorats français.

1885-1886 Troisième guerre anglo-birmane : la Birmanie devient une colonie rattachée aux Indes britanniques.

1887 Le Viêt Nam et le Cambodge forment l'Union de l'Indochine.

1893-1896 Protectorat français au Laos.

1904-1959 Règne du roi Sisavang Vong du Laos.

Page 394

L'Asie du Sud-Est

1802-1959

Gardien sculpté devant le temple du Bouddha d'Émeraud à Bangkok (XIXe s.).

Dès le XVIIIe s., les compagnies commerciales puis les gouvernements des puissances coloniales tentent de prendre le contrôle des royaumes du Sud-Est asiatique en tirant profit de leurs dissensions internes. Au XIXe s., la Grande-Bretagne étend ainsi son empire de l'Inde jusqu'en Birmanie, et la France consolide son emprise sur le Viêt Nam, le Cambodge et le Laos. Le contrôle des Anglais et des Français s'effectue par le biais des relations commerciales et par la pression sur les souverains locaux, qui ont du mal à se maintenir au pouvoir. Seul le Siam (actuelle Thaïlande) évite la colonisation par une politique de modernisation fondée sur le modèle occidental.

Le Chakri Maha Prasat (« grand palais ») de Bangkok, construit sous Rama V.

1

2

La France en Indochine. Les Français s'intéressent à l'Indochine dès le XVIIIe s. Tirant prétexte de la persécution (**1**) des chrétiens, ils occupent le Sud Viêt Nam en 1867 et instituent un protectorat dans le Nord en 1883-1884. Ils traitent souvent les indigènes avec brutalité (**2**).

e la main-d'œuvre au service es Blancs. Comme en Afrique, s Anglais et les Français ıvalisent en Asie du Sud-Est ɔour l'exploitation des matières premières. Le Siam échappe à la colonisation directe grâce à la conclusion, en 1826, d'accords commerciaux favorables aux Anglais. Le Sud-Est asiatique produit entre autres des articles en osier (**3**) et du caoutchouc (**4**) pour les marchés européens.

3

4

e Siam. Favorable à la modernisation, roi Chulalongkorn Rama V (**5**) est le premier ɔuverain du Siam à voyager en Asie (1871) : en Europe (1897 et 1907). Cependant, des ɪntatives de coup d'État, qu'il réussit à contrer, conduisent à appliquer les réformes avec rudence. Il abolit l'esclavage, fait construire es hôpitaux et un réseau ferroviaire, et crée n service postal. Il perd certains territoires, ıais maintient l'indépendance de son pays.

5

› **La guerre d'Indochine :** page 436

Page 246

1814-1815 Abolition officielle du trafic d'esclaves en Afrique.

1822 Fondation du Liberia pour accueillir les anciens esclaves venant des États-Unis.

1839 Fondation de la République du Natal (1843 : colonie anglaise).

1847 Indépendance du Liberia.

1854-1871 David Livingstone explore le continent africain.

1879 Le roi Léopold II de Belgique annexe le Congo, dont il fait sa propriété personnelle (possession confirmée en 1885).

1881 Annexion de la Tunisie par la France.

1881-1898 Rébellion mahdiste contre les Anglais au Soudan.

1884 La Namibie devient un protectorat allemand.

1884-1885 Conférence de Berlin sur le Congo.

1891 Colonisation du Togo et du Cameroun par l'Empire allemand.

1898 Affaire de Fachoda entre l'Angleterre et la France à propos du Soudan.

1904 Révolte des Herreros en Namibie.

1908 La Belgique contrôle le Congo.

Page 324

L'Afrique de l'Ouest et l'Afrique centrale

1814-1908

Tirailleur sénégalais.

Vers le début du XIXe s., les puissances européennes établissent des comptoirs commerciaux sur les côtes africaines. Après l'abolition de l'esclavage, les Anglais et les Français rivalisent pour explorer l'intérieur du continent africain. S'ensuit une politique d'annexions qui mène à la constitution d'empires coloniaux.

Soulèvement en Tunisie contre l'occupation française, en 1881.

3

Le colonialisme et l'impérialisme

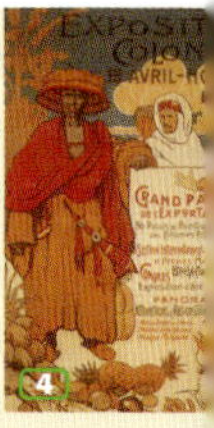

4

*Après l'exploration de l'Afrique par David Livingstone (**3**), les puissances occidentales sont en rivalité pour l'implantation de colonies (**5**) sur le continent. Elles associent l'impérialisme à l'idéologie raciste de la supériorité des Blancs pour justifier leurs visées expansionnistes et leur exploitation de ces pays. Les habitants des colonies sont représentés lors des expositions coloniales (**4**).*

1

conférence de Berlin r le Congo. Réunie us l'égide du ancelier allemand smarck en 1884-1885, conférence de Berlin r le Congo (**1**) définit intérêts réciproques s puissances ropéennes en rique. Les pays rticipants voient nfirmer leurs droits sur les lonies existantes, tandis que Congo se voit attribuer le statut de propriété personnelle du roi Léopold II de Belgique, qui exploite sauvagement sa population et ses ressources (p. 294). La conférence répertorie les territoires encore libres, notamment à l'intérieur du continent. Les frontières et les sphères d'influence sont matérialisées sur une carte, sans égards pour les tribus existantes. L'Afrique n'est pas représentée lors de ces discussions, les Européens considérant les indigènes comme « trop primitifs » pour comprendre.

2

s rivalités. La compétition tre la France et la Grande-etagne atteint son paroxysme 1898 avec l'affaire de choda, relative au Soudan (**2**). conflit est évité de peu.

L'esclavage en Afrique

Nonobstant l'abolition du trafic d'esclaves en Afrique par les Anglais au XIXe s., ce commerce perdure au Soudan et dans d'autres pays d'Afrique de l'Ouest. Au XVIe s., les marchands d'esclaves blancs et arabes travaillent en association avec les chefs locaux, qui leur vendent soit des prisonniers de guerre soit des gens de leur propre tribu en échange d'articles de luxe européens. Les navires négriers transportent les esclaves vers le Nouveau Monde dans des conditions inhumaines.

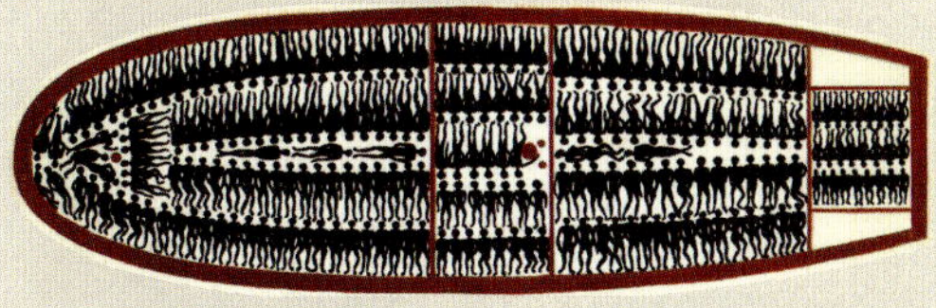

partir de 1806 *lonisation par Grande-Bretagne Kapland (1814), l'Afrique du Sud 390), de l'Égypte du Soudan 381-1882), de frique de l'Est 387-1890), Niger et de rtaines régions Afrique de uest (1886).*

à partir de 1830 *La France colonise l'Algérie (1830), l'Afrique de l'Ouest et l'Afrique équatoriale, la Tunisie (1881), Madagascar (1895-1896) et le Maroc (1911-1912)*

1881-1885 *Annexion du Congo par la Belgique.*

1881-1889 *L'Italie occupe l'Érythrée et la Somalie.*

1884-1885 *Le Reich allemand contrôle le Togo, le Cameroun, la Namibie et la Tanzanie.*

XIXe s. *Le Portugal continue d'établir des comptoirs en Angola et au Mozambique.*

5

Pages 310, 322

1806 Prise de l'Afrique du Sud par la Grande-Bretagne.

1828 Assassinat du chef zoulou Tshaka.

1836-1844 Migration des Boers vers l'intérieur de l'Afrique.

1842 Création par les Boers de l'État libre d'Orange.

1853 Fondation par les Boers de la république du Transvaal.

1853/1855-1868 Théodoros II réunifie l'empire d'Abyssinie.

1868-1889 Johannes IV empereur d'Abyssinie.

1869 Découverte des premiers gisements d'or et de diamants en Afrique du Sud.

1877-1880/1881 Première annexion du Transvaal par la Grande-Bretagne.

1883-1900/1902 Paul Kruger devient président du Transvaal.

1887 Annexion de territoires zoulous par la Grande-Bretagne.

1889-1890 La British South Africa Company occupe la Rhodésie.

1889-1913 Règne de Ménélik II, empereur d'Abyssinie.

1890-1902 Cecil Rhodes, Premier ministre de la colonie britannique du Cap.

1896 Traité d'Addis-Abeba prévoyant l'indépendance de l'Éthiopie.

1899 Début de la guerre des Boers.

1900 Occupation anglaise du Transvaal.

1902 La paix de Vereeniging met fin à la guerre des Boers.

1904 Soulèvement des Herreros en Namibie.

1910 Création de l'Union sud-africaine, dominion indépendant au sein du Commonwealth britannique.

Pages 401, 402

L'Afrique du Sud et l'Égypte

1806-1910

Monument dédié à Tsha le roi des Zoulous assass

Après la chute de l'Empire zoulou, gouverné par le chef Tshaka, les Anglais chassent les Boers des côtes africaines et les repoussent vers l'intérieur du continent. Cependant, après la découverte de ressources naturelles précieuses, les forces britanniques s'emparent des nouveaux territoires des Boers. La guerre qui s'ensuit voit la victoire de la Grande-Bretagne. L'Éthiopie, un État en majorité chrétien, évite la colonisation en concluant diverse alliances. Après la conférence de Berlin sur le Cong (p. 323), même le Reich allemand émet des prétentions coloniales sur l'Afrique.

Danses de femmes zouloues à l'occasion d'un mariage.

Ménélik II (1844-1913)

Alors que les Italiens occupent l'Éthiopie, ils sont vaincus par Ménélik II, qui proclame l'indépendance de son pays. Celle-ci est reconnue par le traité d'Addis-Abeba en 1896. Pour se prémunir contre d'éventuels assauts des Anglais ou un possible retour des Italiens, Ménélik II négocie avec d'autres puissances coloniales. Il entretient notamment de bonnes relations avec l'Allemagne. En 1905, l'Éthiopie signe avec le Reich un traité d'amitié et de relations commerciales qui favorise sa modernisation.

a guerre des Boers. En 1899, s Anglais veulent s'emparer e l'Afrique du Sud et déploient es troupes dans les territoires des Boers. Leur action conduit Paul Kruger (**2**), président de la république du Transvaal, à leur déclarer la guerre. Pendant la guérilla menée par les Boers, les Anglais font construire des camps de concentration où ils internent femmes et enfants (**1**).

Le commerce en Afrique

La colonisation des territoires africains et l'exploitation de leurs ressources contribuent à la prospérité économique de l'Europe et des États-Unis. Des navires marchands transportent les produits des colonies vers l'Europe. Les Européens apprécient les produits exotiques, source à la fois de plaisir et de profit.

La révolte des Herreros. Les Allemands répriment avec brutalité la révolte des Herreros et font plus de 10 000 morts (**3**).

Washington et Jefferson.

Les États-Unis d'Amériqu

1789-1848

Les premières décennies de la jeune république sont marquées par les conflits opposant les fédéralistes aux démocrates. Les premiers prônent l'instauration d'un pouvoir central fort, les seconds penchent pour le renforcement de l'autorité des États individuels. Après la guerre de 1812 contre la Grande-Bretagne, les États-Unis appliquent la politique isolationniste de la doctrine Monroe et se coupent de l'Europe de 1823 à 1917. Les Américains s'occupent principalement de peupler l'ouest du continent, une opération qui se fait par vagues à partir de 1800. Cet expansionnism est favorisé par le gouvernement, qui procède à l'achat de vastes étendues et à l'annexion du nord du Mexique. Les indigènes sont chassés de leurs terres, souvent par la force, et sont placés dans des réserves. Une rivalité croissante s'instaure entre les États du Nord, plus industrialisés, et ceux du Sud, plus conservateurs et voués à l'agriculture.

Page 257

1789-1797 George Washington, premier président des États-Unis.

1797-1801 Présidence de John Adams.

1801-1809 Présidence de Thomas Jefferson.

1803 La France cède la Louisiane aux États-Unis.

1809-1817 Présidence de James Madison.

1812-1814 Guerre de 1812 contre la Grande-Bretagne (guerre de l'Indépendance).

1817-1825 Présidence de James Monroe.

1823 Doctrine Monroe.

1825-1829 Présidence de John Quincy Adams : lutte contre l'esclavage.

1829-1837 Présidence d'Andrew Jackson : violentes révoltes indiennes.

1830 Indian Removal Act (loi de déportation des Indiens).

1832 La Nullification Crisis attise le conflit entre les États du Nord et ceux du Sud.

1845-1849 Présidence de James K. Polk : expansionnisme.

1845 Le Texas rejoint l'Union.

1846 Traité d'Oregon.

1846-1848 Les États-Unis annexent le nord du Mexique.

Page 328

Washington. La Maison-Blanche (**1**) est la résidence des présidents américains depuis 1800. La capitale, Washington, a été établie entre les États du Nord et ceux du Sud en signe de neutralité dans le conflit qui oppose les deux régions.

2

3

La ruée vers l'or. La découverte de gisements d'or (**2**) dans une rivière de Californie, en 1848, déclenche la plus grande ruée vers l'or de tous les temps. Les chercheurs se déplacent en caravanes vers l'Ouest (**3**) et construisent de nouvelles cités.

4

Une politique expansionniste. En admettant le Texas, territoire mexicain, au sein de l'Union en 1845, le président Polk provoque une guerre avec le Mexique. Les États-Unis sortent victorieux du conflit (**4**), et le Mexique se voit contraint de lui céder ses territoires du Nord en 1848. Le traité d'Oregon avec la Grande-Bretagne transfère aux Américains l'essentiel des terres situées entre les Rocheuses et le Pacifique, ce qui étend le territoire national de la côte est à la côte ouest. Peu après, les colons migrent vers l'ouest pour s'installer dans les nouveaux territoires.

Les révoltes indiennes : de Little Big Horn à Wounded Knee

Depuis les années 1830, le gouvernement des États-Unis tente de maîtriser les indigènes en les cantonnant dans des réserves. Les immigrants s'approprient les terres des Indiens au mépris des traités conclus avec eux. Après plusieurs conflits sanglants, des milliers de Sioux Oglalas se réunissent à Little Big Horn pour protester contre le déplacement qui leur est imposé. Sous l'égide de Sitting Bull (ci-dessus) et de Crazy Horse, ils écrasent l'expédition menée par le général George Armstrong Custer en 1876 (à droite). L'armée se venge en 1890 en massacrant des indigènes non armés à Wounded Knee. Menés par Geronimo, les Apaches du sud-ouest des États-Unis résistent longtemps, mais sont vaincus et contraints d'intégrer des réserves en 1886.

Page 326

v. 1830 Le mouvement abolitionniste (anti-esclavagiste) s'amplifie.

1831 Nat Turner prend la tête de la révolte des esclaves.

1858/1859 L'abolitionniste John Brown prône la libération des esclaves par la violence.

novembre 1860 Abraham Lincoln est élu président.

décembre 1860 Sécession de la Caroline du Sud, suivie de celle de dix autres États.

février 1861 Jefferson Davis est élu président des États confédérés d'Amérique (jusqu'en 1865).

1861-1865 Guerre de Sécession.

janvier 1863 Lincoln proclame la libération de tous les esclaves des États du Sud.

juillet 1863 Victoire décisive de l'Union à Gettysburg.

avril 1865 Reddition des États du Sud à Appomattox. Assassinat de Lincoln.

décembre 1865 Confirmation de l'affranchissement des esclaves par le 13e amendement de la Constitution. Formation du Ku Klux Klan.

1867 Création du bureau Freedman pour protéger les esclaves affranchis.

Page 330

La guerre de Sécession

v. 1830-1867

Le conflit opposant les États du Nord à ceux du Sud atteint son paroxysme en 1832. L'esclavage demeure le principal sujet de discorde, mais les intéressés se disputent aussi pour savoir s'ils peuvent ou non refuser d'adopter les lois fédérales. Après l'élection à la présidence d'Abraham Lincoln, en 1860, onze États du Sud font sécession et forment les « États confédérés d'Amérique ». Les tentatives des nordistes pour reprendre les États rebelles sont à l'origine de la guerre civile de 1861 (**1**). Après avoir enregistré quelques succès, les États confédérés subissent une écrasante défaite.

1

6

La guerre de Sécession

*Au début du XIXe s., les États du Nord, plus industrialisés, dénoncent l'esclavage qui a encore cours dans le Sud. De nombreux sudistes voient là une critique de leur mode de vie. Le conflit divise profondément la nation. La guerre fait rage dans les deux camps et déchire des familles entières. Après les premiers succès des troupes des États confédérés, menées par Robert E. Lee (**7**), on assiste à un renversement de la situation en 1863 avec la victoire des forces de l'Union, sous le commandement d'Ulysses S. Grant (**9**) et de William Tecumseh Sherman (**6**), lors de la bataille de Gettysburg (**8**).*

7

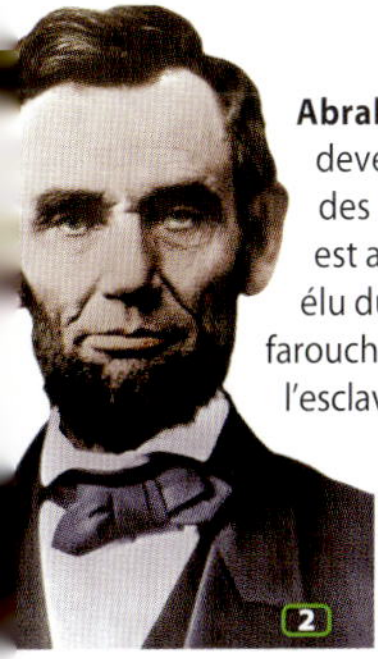

2

Abraham Lincoln. En devenant le 16e président des États-Unis, Lincoln (**2**) est aussi le premier candidat élu du parti républicain farouchement opposé à l'esclavage. Lors de la guerre de Sécession, il affranchit tous les esclaves du Sud (**3**). Il est assassiné en 1865, peu après la victoire des Nordistes.

3

.'émancipation. L'enthousiasme **4**) qui suit immédiatement 'affranchissement des esclaves etombe dès que l'on prend onscience que leur condition servile demeure inchangée. Les esclaves afro-américains sont confrontés en nombre à la pauvreté et au chômage, et sont privés de leurs droits civiques. Dans les États sudistes, plusieurs organisations racistes se forment, notamment le Ku Klux Klan (**5**), qui s'en prend violemment aux Afro-Américains. D'autres prônent la ségrégation raciale au nom de la morale chrétienne.

5

4

avril 1861 *Début de la guerre civile avec l'attaque du fort Sumter (Charleston, Caroline du Sud) par les États confédérés.*
juillet 1863 *La bataille de Gettysburg prend fin avec la victoire des unionistes. La situation se renverse alors en faveur de l'Union.*

8

juillet 1863 *Prise de Vicksburg par les troupes de l'Union menées par Grant.*
novembre 1864 *Incendie d'Atlanta par les troupes de l'Union menées par Sherman.*
décembre 1864 *Prise de Savannah par Sherman.*
avril 1865 *Reddition des États sudistes à Appomattox.*
avril 1865 *Sherman soumet les derniers États confédérés à Durham.*

9

Page 328

mai 1869 Premier chemin de fer transcontinental.

1869-1877 Présidence d'Ulysses S. Grant.

1870 John Rockefeller fonde la Standard Oil Company.

1885-1889 et 1893-1897 Présidences de Grover Cleveland.

mai 1886 Émeutes de Haymarket.

1897-1901 Présidence de William McKinley.

1898 Victoire des États-Unis contre l'Espagne dans la guerre hispano-américaine. Cuba aux mains des Américains.

septembre 1901 Assassinat du président McKinley.

1901-1909 Présidences de Theodore Roosevelt.

1903 Roosevelt acquiert le canal de Panamá.

1913-1921 Présidence de Thomas Woodrow Wilson.

1914 Ouverture du canal de Panamá.

1915 Le commerce américain est perturbé par la guerre sous-marine des Allemands.

avril 1917 Les États-Unis entrent en Guerre.

Page 404

Les États-Unis

1869-1917

La construction du chemin de fer transcontinental et la découverte du pétrole sont à l'origine du formidable essor économique des États-Unis, en particulier des États du Nord. Les années 1870 voient la formation de vastes trusts, impliqués surtout dans la production de pétrole ou dans l'industrie métallurgique ou automobile. Ces entités deviennent plus puissantes que le gouvernement, qui tente de freiner leur ascension. L'intervention du président McKinley en Amérique latine en 1897, notamment au Panamá, inaugure la politique impérialiste des Américains. L'entrée des États-Unis dans la Première Guerre mondiale met fin à la doctrine Monroe (p. 326).

La statue de la Liberté à New York.

Essor économique. En 1869, l'ouest des États-Unis est relié au reste du pays par le chemin de fer transcontinental (**2**). Son aménagement favorise l'arrivée massive des immigrants à l'Ouest (**1**) et le développement économique de la région.

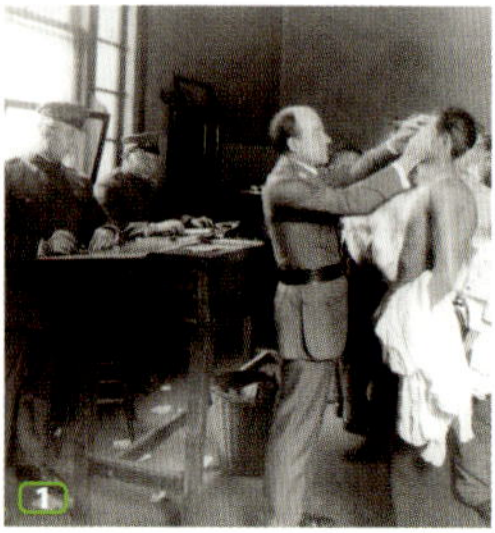

1

2

3

4

Les trusts. À la fin du XIXe s., des petites sociétés de l'industrie pétrolière (**3**) et métallurgique sont absorbées par de grands groupes en situation de quasi-monopole sur le marché. La première est la Standard Oil Company (**4**) de Rockefeller.

5

L'impérialisme. Après l'assassinat de William McKinley en 1901, son successeur, Theodore Roosevelt (**6**), poursuit sa politique expansionniste. Roosevelt impose les États-Unis dans le rôle controversé de « gendarmes du monde », estimant qu'il leur incombe de gérer les affaires du monde occidental. En 1903, il institue un gouvernement fantoche au Panamá et prend le contrôle du canal éponyme, dont la construction s'achève en 1914 (**5**). En 1904, il apporte ainsi à la doctrine Monroe un amendement, le « corollaire Roosevelt ».

6

La politique de « nouvelle liberté ». Dès son élection à la présidence, le démocrate Woodrow Wilson (**7**) revient sur la politique expansionniste de ses prédécesseurs. Il s'engage à respecter le droit des nations étrangères et se concentre sur la politique intérieure. Il entreprend des réformes sociales libérales et favorise l'essor culturel. Ses efforts pour maintenir les États-Unis en dehors du conflit mondial échouent : il déclare la guerre à l'Allemagne en avril 1917 (**8**).

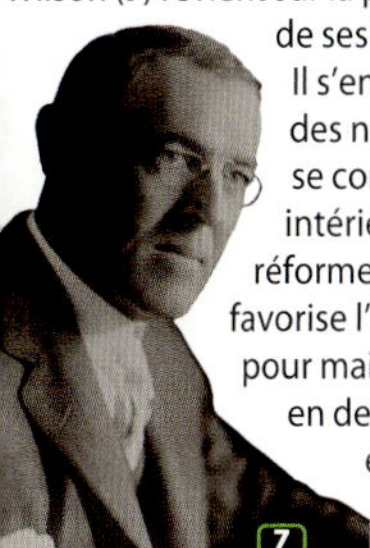
7

8

L'Amérique latine

1810-1884

La guerre de l'Indépendance du Venezuela, en 1810, fait des émules en Amérique latine dans les pays sous domination espagnole. Elle suscite dès 1830 une vague de soulèvements populaires menés par Simón Bolívar et José de San Martín. La tentative de Bolívar de réunir les pays libérés échoue. Tous deviennent des républiques, mais la plupart d'entre eux ne connaissent la démocratie que pendant des périodes courtes et troublées, interrompues par des coups d'État militaires ou de longues années de dictature. Le combat des indigènes pour le respect de leurs droits civiques, les conflits entre les divers groupes nationaux, les guerres civiles, les crises économiques et sociales, ainsi que l'impossibilité matérielle de gouverner d'aussi vastes étendues, caractérisent le paysage politique de la plupart des pays d'Amérique latine. Même des présidents démocratiquement élus doivent parfois user de la force pour faire appliquer leur politique.

Simón Bolívar (1783-1830)

Simón Bolívar s'impose en 1810-1811, à la faveur de la guerre de l'Indépendance du Venezuela, comme le plus important leader des mouvements de libération des pays latino-américains. En 1819, il devient président de la république de Grande-Colombie. Son souhait de réunir les pays libérés en une seule entité ne se réalisera pas.

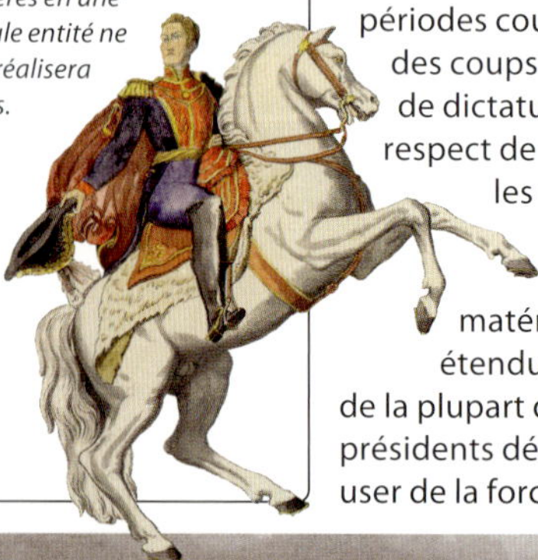

Lima, capitale du Pérou, au XIXe s.

Bolívar, le libérateur. À ce jour, Bolívar est considéré comme le libérateur de l'Amérique latine (**1**). Il devient président de la république de Grande-Colombie (Colombie et Venezuela) en 1819, puis dictateur du Pérou et de la Bolivie. Il démissionne en 1830 après la sécession des deux pays, qui ruine son espoir de constituer une grande union.

1

José de San Martín. Après avoir libéré le Chili en 1817, ce général argentin (**2**) est nommé Protecteur du Pérou, pays qu'il libère du joug espagnol en 1820-1821. Il s'allie avec Simón Bolívar en 1822, mais leur incapacité à s'entendre entraîne le retrait de San Martín.

2

La guerre du nitrate. Le désert d'Atacama (**3**), en Amérique latine, est convoité pour ses réserves de nitrate. En 1879, le Chili attaque le Pérou et la Bolivie, et il occupe Lima de 1881 à 1883. Les traités de paix permettent au Chili de récupérer des territoires du Pérou en 1883, puis de la Bolivie en 1884.

Page 252

1810 Les premiers mouvements indépendantistes d'Amérique latine naissent au Venezuela.

1816 Provinces unies de Rio de la Plata.

1818 Proclamation de la république au Chili.

1819 Simón Bolívar devient président de la république de Grande-Colombie.

1821 Proclamation de la république au Pérou.

1824 Fin de la domination espagnole.

1825 La Bolivie et l'Uruguay deviennent des républiques indépendantes.

1829-1839 Dictature d'Andrés de Santa Cruz au Pérou et en Bolivie (à partir de 1836).

1829-1832 et 1835-1852 Dictatures de Juan Manuel de Rosas à Buenos Aires.

1830 Démission de Bolívar. Scission de la Grande-Colombie.

1839 Guatemala indépendant.

1841 Salvador indépendant.

1879-1880 Conquête du désert.

1879-1883 Guerre du nitrate.

1883 Traité d'Ancón.

1884 Traité de Valparaíso.

Page 406

3

L'Amérique latine

Page 252

1821 Indépendance officielle du Mexique.

1822 Le Brésil devient autonome sous Pierre Ier.

1823 Proclamation de l'indépendance des États-Unis d'Amérique centrale au Mexique.

1824 Le Mexique devient une république.

1831 Abdication de Pierre Ier. Pierre II est couronné empereur du Brésil.

1846-1848 Guerre américano-mexicaine. Défaite du Mexique.

2 février 1848 Traité de Guadalupe Hidalgo.

1861-1872 Benito Juárez devient président du Mexique.

1864 Maximilien devient empereur du Mexique.

1867 Exécution de Maximilien : le Mexique redevient une république.

1877-1880 et 1884-1911 Présidences de Díaz au Mexique.

1888 Abolition de l'esclavage au Brésil.

1889 Destitution de Pierre II. Le Brésil devient une république.

1910 Révolution mexicaine.

1917 Constitution au Mexique.

Page 406

Le Mexique et le Brésil

1821-1917

Zapata, tract révolutionnaire mexicain.

Le Mexique s'affranchit de l'Espagne et proclame son indépendance en 1821. Le Brésil, indépendant en 1822, se sépare officiellement du Portugal en 1825. En 1888, l'empereur Pierre II (1831-1889) abolit l'esclavage. La mesure lui vaut une reconnaissance internationale, mais le prive du soutien des classes supérieures, qui contribuent à sa chute lors d'un coup d'État en 1889. Les États-Unis d'Amérique centrale se séparent du Mexique en 1838-1839. Les guerres opposant le Mexique aux États-Unis voient la défaite des Mexicains, qui cèdent les territoires du Nord aux Américains (p. 326). Soutenu par les États-Unis, Benito Juárez devient président du Mexique. Le pays est agité par des troubles jusqu'à l'adoption d'une Constitution en 1917.

1

L'indépendance du Brésil. Pierre Ier, fils du roi du Portugal, proclame l'indépendance du Brésil en 1822 et s'arroge le titre d'empereur (**1**). Après le décès de son père en 1826, il hérite de la couronne du Portugal. Il reste au Brésil jusqu'à ce que les guerres miguélistes qui agitent le Portugal (p. 298) l'obligent à déménager sa cour en 1828. Il abdique en 1831, à la suite de révoltes au Brésil.

laximilien, empereur du Mexique. Pour tabiliser la situation économique de son pays, e président mexicain Benito Juárez suspend e paiement de la dette extérieure. Il déclenche insi l'intervention de la Grande-Bretagne, de la rance et de l'Espagne, qui nomment l'archiduc utrichien Maximilien empereur en 1864. Aidé ar les États-Unis, Juárez contraint l'armée rançaise, qui occupe Mexico depuis 1863, à attre en retraite. Il reprend le pouvoir et fait usiller Maximilien (**2**). En 1876, Porfirio Díaz rend le pouvoir à la faveur d'un coup d'État. e pays retrouve alors la paix et la prospérité.

2

3

Pierre II, empereur du Brésil (**4**). Pierre II mène une politique libérale. Il favorise l'essor économique et la promotion des arts et des sciences. En 1888, il abolit l'esclavage (**3**), sans offrir de compensation aux puissants propriétaires terriens. Ces derniers lui retirent leur appui et, sans eux, il ne peut faire face aux révoltes de 1889.

4

e Mexique. Porfirio Díaz (**6**) xerce la présidence de façon lictatoriale de 1877 à 1911, ormis quelques interruptions. es classes moyennes réclament ne représentation politique, et celles des paysans, qui n'ont ni droits ni terres, sont à l'origine d'une longue et sanglante révolution à partir de 1910. La révolte, qui dure une dizaine d'années, est menée par Pancho Villa, Emiliano Zapata (**5**) et Venustiano Carranza. Élu président en 1917, Carranza procède à des réformes sociales et remanie la Constitution. Mais le pays ne retrouve le calme qu'en 1920.

5

6

D'une guerre mondiale à l'autre

1914-1945

La première moitié du XXe siècle est marquée par deux guerres particulièrement meurtrières. La première (1914-1918) fait 10 millions de victimes et aboutit à une réorganisation de l'Europe. En 1918, des États-nations instables émergent des ex-Empires ottoman et austro-hongrois. Quant à l'Allemagne, elle se voit privée d'un huitième de son territoire. Plusieurs éléments se conjuguent pour déclencher une nouvelle guerre : désir de reconnaissance des minorités, crise économique et surtout volonté de revanche du IIIe Reich, dans lequel le national-socialisme se teinte d'un racisme fanatique. Ce second conflit, qui voit une importante coalition s'opposer aux visées expansionnistes des Allemands, fera 55 millions de victimes.

L'assassinat de l'archiduc François-Ferdinand par un nationaliste serbe, en 1914.

Technologie et totalitarisme

Pendant le premier conflit mondial, les guerres de tranchées exigent un engagement massif en termes d'hommes et de matériel. Les armes modernes, d'une incroyable puissance destructrice, terrifient la société civile. L'entrée en guerre des États-Unis en 1917 met fin au conflit, et impose ce pays comme l'une des principales puissances mondiales. En Europe, la défaite des Empires centraux entraîne la destitution de nombreuses monarchies, un inutile démembrement des territoires allemands et le démantèlement des Empires ottoman et austro-hongrois. Alors que les États de l'Europe de l'Est et de l'Arabie gagnent leur indépendance et luttent pour imposer leur identité nationale, le Japon est contraint au désarmement et la Chine sombre dans la guerre civile. À l'issue de la Première Guerre mondiale, les démocraties émergentes, comme l'Allemagne et l'Autriche, se voient imposer en 1919-192

1

des contraintes draconiennes par
es traités de paix. Après 1917 et la
évolution d'Octobre, le bolchevisme
1, parade en Union soviétique)
atteint les mouvements radicaux
communistes ou gauchistes en
Europe. Ces derniers propagent une
orme de socialisme qui est à l'origine

de troubles et de grèves. En 1922, le leader italien fasciste Mussolini influence es mouvements nationalistes et les partis conservateurs de droite en Europe. De nombreux pays, comme la Hongrie, le Portugal et l'Espagne, sombrent dans des guerres civiles qui favorisent la prise de pouvoir de partis politiques autoritaristes ou fascistes. Malgré les avancées de l'industrie (**2**) et des sciences naturelles, la crise économique n'épargne personne, frappant d'abord en 1923, puis plus sévèrement en 1929. La Grande-Bretagne perd sa position de puissance financière mondiale et la France connaît une période d'instabilité politique. Les États-Unis tentent de remédier aux conséquences de la dépression avec la politique du New Deal. Une désaffection générale pour es autorités en place et un manque de confiance dans l'avenir conduisent es populations à se tourner vers des groupes radicaux ou antidémocratiques. Avec la prise de pouvoir d'Hitler en 1933, l'Allemagne mène une politique agressive basée sur le nationalisme et le racisme, qui précipite le monde dans a Seconde Guerre mondiale. Ainsi commencent la déportation et le meurtre de millions de personnes, dont des Juifs européens, des Gitans et des opposants au régime. Le programme d'Hitler passe par la mise en place de camps de concentration. En même temps, Staline transforme le communisme soviétique en une dictature policière. Il élimine ses anciens partisans et ses opposants. Pendant la Seconde Guerre mondiale, les forces germaniques conquièrent une grande partie de l'Europe et de l'Afrique du Nord jusqu'en 1942, mais leur défaite à Stalingrad en 1943 change le cours des choses. La guerre en Asie se prolonge jusqu'au lancement de la première bombe atomique, qui contraint le Japon à la reddition.

Le déclenchement de la Première Guerre mondiale

1914-1916

En 1914, l'assassinat de l'héritier de la couronne austro-hongroise, alors que la situation est très tendue en Europe, est l'étincelle qui met le feu aux poudres. L'échec des ultimes négociations diplomatiques lors de la crise de juillet déclenche la Première Guerre mondiale. Devant se battre sur deux fronts, le Kaiser Guillaume II choisit de tirer profit du sous-équipement des troupes russes et d'attaquer la France en passant par la Belgique. Ainsi commence, en 1915-1916, la guerre de tranchées qui va l'opposer aux forces alliées françaises et britanniques.

Les gaz sont les armes les plus meurtrières de la Première Guerre mondiale. Ils entraînent la cécité et des brûlures aux poumons.

REPÈRES

juin 1914 François-Ferdinand assassiné à Sarajevo.

juillet 1914 L'Empire austro-hongrois déclare la guerre à la Serbie.

juillet 1914 Mobilisation générale en Russie.

août 1914 L'Allemagne déclare la guerre à la Russie. Début de la Première Guerre mondiale.

août 1914 L'Allemagne déclare la guerre à la France.

août 1914 L'Allemagne envahit la Belgique. Déclaration de guerre de l'Angleterre.

août 1914 Le Japon déclare la guerre à l'Allemagne.

septembre 1914 La Triple Entente se refuse à conclure « la paix séparée ».

novembre 1914 La Turquie entre dans le conflit du côté des Empires centraux.

mai 1915 L'Italie déclare la guerre à l'Autriche-Hongrie.

septembre 1915 La Bulgarie entre en guerre du côté des Empires centraux.

octobre 1915 Prise de Belgrade par les Empires centraux.

août 1916 L'Italie déclare la guerre à l'Allemagne.

décembre 1916 Bucarest est prise par les Empires centraux.

Page 342

La Première Guerre mondiale

Les guerres de tranchées et les pertes humaines et matérielles découragent les soldats, qui se sont pourtant lancés dans la bataille avec enthousiasme. Ils sombrent vite dans la désillusion et la violence. L'emploi à grande échelle d'armes nouvelles cause un très grand nombre de morts et les champs de bataille évoquent des paysages de désolation. Les populations civiles ne sont pas épargnées par ce conflit qui s'étire dans le temps, tandis que des milliers de soldats rentrent chez eux très meurtris sur les plans physique, moral et émotionnel.

L’extension du conflit. La mobilisation de la France et de la Russie entraîne la déclaration de guerre du Reich allemand. Conformément au plan Schlieffen mis au point en 1905 par l’état-major allemand, les troupes entrent en Belgique (**1**), pourtant un État neutre, en août 1914. L’objectif consiste à établir un front nord contre la France. La Grande-Bretagne tire prétexte de cette violation pour déclarer la guerre à l’Allemagne. La participation des dominions britanniques, dont le Canada, l’Australie, la Nouvelle-Zélande et l’Afrique du Sud, donne une dimension mondiale au conflit.

Assassinat à Sarajevo

Au lendemain des guerres balkaniques (p. 284), l’archiduc François-Ferdinand (1863-1914) compte de nombreux ennemis en tant qu’héritier de la couronne austro-hongroise. Il est tué avec son épouse par un nationaliste serbe, le 28 juin 1914, à Sarajevo.

Les belligérants. Pendant la Première Guerre mondiale, les Empires centraux, Allemagne, Autriche-Hongrie, Bulgarie et Empire ottoman (**2**), s’opposent aux forces alliées, constituées par la France et ses colonies, la Grande-Bretagne et ses dominions (p. 292), la Russie, la Serbie, la Belgique occupée et le Japon. En 1915, l’Italie entre en guerre aux côtés des Alliés. Les États-Unis, qui livraient des vivres et des armes à la Grande-Bretagne depuis 1914, les rejoignent officiellement en 1917. Leur aide est décisive et met un terme au conflit.

2

1

août 1914 *Début de la Première Guerre mondiale.*
août-septembre 1914 *Défaite des Russes lors des batailles de Tannenberg et de Mazurie.*
février 1915 *Guerre sous-marine contre les navires marchands.*
mai 1915 *Naufrage du* Lusitania.
février-juillet 1916 *Bataille de Verdun (**3**).*
mai-juin 1916 *Bataille navale du Skagerrak.*
juin-novembre 1916 *Bataille de la Somme (**5**).*
février 1917 *L’Allemagne reprend la guerre sous-marine à outrance.*
novembre 1918 *Révolution en Allemagne.*
juin 1919 *Traité de Versailles (**4**).*

4

5

Page 340

février 1915 Début de la guerre sous-marine contre les navires marchands.

mai 1915 Naufrage du *Lusitania*.

février-juillet 1916 Guerre de tranchées à Verdun.

mai-juin 1916 Bataille navale du Skagerrak.

juin-novembre 1916 Guerre des tranchées dans la Somme.

août 1916 La Roumanie déclare la guerre à l'Autriche-Hongrie.

février 1917 L'Allemagne reprend la guerre sous-marine.

avril 1917 Les États-Unis déclarent la guerre à l'Allemagne.

juillet 1917 Proposition de paix allemande.

novembre 1917 Révolution de novembre en Russie.

décembre 1917 Les États-Unis déclarent la guerre à l'Autriche-Hongrie.

novembre 1918 Fin de la monarchie en Allemagne (p. 346).

Page 345

Les étapes du conflit

1915-1918

À partir de la fin de l'année 1916, la guerre semble sans issue, les protagonistes étant embourbés dans les champs de bataille. Les Empires centraux perçoivent la révolution qui sévit en Russie depuis février 1917 comme un événement propice à l'affaiblissement de l'opposition. Ils encouragent la rébellion des bolcheviques, ce qui contraint la Russie à se retirer du conflit début 1918. Mais les États-Unis sont entrés en guerre en avril 1917, se sentant menacés par les opérations navales. Leur action est décisive pour l'Entente, dont la contre-offensive réussie fait chuter le front des Empires centraux. Leur faillite militaire entraîne la chute des monarchies allemande et austro-hongroise.

Les premiers combats aériens.

L'enthousiasme au début de la guerre. La jeunesse européenne aborde le conflit avec enthousiasme. Les volontaires (**1**) ne manquent pas, car la guerre est considérée comme une « grande aventure » et constitue, au début du XXe s., un moyen de sortir du carcan de la société civile. Cependant, l'hécatombe sur le front et la pénurie de vivres suscitent le découragement. À partir de 1917, les opposants à la guerre sont de plus en plus nombreux.

2

La guerre de tranchées. L'immobilité du front occidental fige les belligérants. Les soldats sont confinés dans les tranchées, sous la menace permanente d'attaques à la grenade et dans des conditions sanitaires déplorables (**2**). Les morts se comptent par milliers et les survivants souffrent de graves problèmes psychologiques. Le moral des troupes est très bas.

Les gaz toxiques.
En 1907, la Convention de La Haye avait interdit l'utilisation des gaz mortels, mais les divers protagonistes du conflit pensent que l'« arme miracle » peut leur donner un avantage. Les Français utilisent des gaz lacrymogènes en 1914 et les Allemands lancent une vague de chlore à Ypres en 1915. Aucune des parties n'en tire profit, et les effets sont terribles pour les survivants (**3**).

3

Les États-Unis. Respectant la doctrine Monroe (p. 326), les États-Unis ne prennent pas part au conflit européen. Mais, fin 1914, le Reich étend ses attaques sous-marines et s'en prend aux navires marchands des États neutres. En mai 1915, les Allemands torpillent le *Lusitania*, un paquebot britannique (**4**) qui compte de nombreux Américains à son bord. L'événement pousse les États-Unis à entrer en guerre, le 6 mars 1917 (**5**, recrutement de volontaires).

4

5

» La doctrine Monroe : pages 326-327

La conférence de la Paix

janvier-juin 1919

À partir de 1916, les États-Unis exhortent les belligérants à conclure la paix dans des conditions satisfaisantes pour tous. Le président américain Wilson propose une paix sans victoire, puis établit un programme en 14 points dès 1918. Mais la France veut imposer aux Allemands des dommages de guerre et des sanctions telles que le désarmement militaire et des pertes de territoires. Lors de la conférence de la Paix (**1**) à Paris, après de longues discussions, le point de vue français l'emporte. Le traité de Versailles prévoit de lourdes réparations à la charge de l'Allemagne et des Empires centraux, reconnus comme seuls responsables de la guerre. Les vaincus doivent supporter des contraintes si lourdes que leur mécontentement oblige à renégocier quelque temps plus tard.

L'armistice de Compiègne. Après l'abdication du Kaiser, le politicien Matthias Erzberger signe l'armistice de Compiègne (**2**) en tant que représentant du Reich. Il entérine la capitulation de l'Allemagne le 11 novembre 1918.

Les vainqueurs. À l'issue de la guerre, les pays victorieux sont en désaccord sur les conditions à imposer à l'Allemagne. Le président américain Woodrow Wilson (**3**) milite en faveur de mesures relativement modérées et prône le retour de l'Allemagne au sein de la communauté internationale. est suivi en cela par le Premier ministre britannique David Lloyd George (**5**), persuadé qu'une Allemagne affaiblie risque de devenir la proie du bolchevisme.

En revanche, Georges Clemenceau (**4**), chef du gouvernement français, veut imposer à l'Allemagne de lourds dommages de guerre, la perte de territoires et la démilitarisation.

Le traité de Versailles. Lors des négociations de paix, la France réussit à imposer des mesures sévères à l'encontre des vaincus. En retour, elle accepte la proposition de Wilson de créer la Société des Nations (p. 354). Le traité de Versailles (**6**), qui pose les conditions de la paix, est signé par la délégation allemande sous la pression des vainqueurs. La clause stipulant que les Allemands sont seuls responsables de la guerre est très controversée.

Page 342

janvier 1917 Le président américain Woodrow Wilson propose le principe d'une « paix sans victoire ».

janvier 1918 Wilson présente son programme en 14 points.

mars 1918 Traité de Brest-Litovsk entre l'Allemagne et l'Union soviétique.

octobre 1918 Proposition de paix adressée par l'Allemagne au président Wilson.

octobre 1918 L'Allemagne accepte le programme en 14 points.

novembre 1918 Révolution de novembre et chute des monarchies en Allemagne et en Autriche-Hongrie (p. 346 et 352).

novembre 1918 Armistice de Compiègne.

janvier 1919 Début de la conférence de la Paix à Paris.

juin 1919 Les vainqueurs imposent le traité de Versailles aux Allemands.

septembre 1919 Traité de Saint-Germain avec l'Autriche.

novembre 1919 Traité de Neuilly avec la Bulgarie.

juin 1920 Traité de Trianon avec la Hongrie.

août 1920 Traité de Sèvres : la Turquie doit rendre tous les territoires non turcs.

Page 346

La démilitarisation. La France veut affaiblir l'Allemagne sur les plans militaire, économique et territorial. Le traité de Versailles limite l'armée allemande à 100 000 soldats et impose une importante réduction de sa flotte. Les forces aériennes, l'artillerie lourde et les chars doivent être démantelés (**7**) et sont interdits à l'avenir. La démilitarisation du Rhin et l'occupation française de la région en 1923 deviennent le cheval de bataille de l'extrême droite allemande.

Pages 282, 342

décembre 1918 Abdication de Guillaume II. Proclamation de la République de Weimar.

janvier 1919 Assassinat des leaders spartakistes, Karl Liebknecht et Rosa Luxemburg, par le Corps franc.

1919-1925 Friedrich Ebert devient président.

mars 1920 Putsch royaliste par les extrémistes de droite.

1921-1922 Le Corps libre fait assassiner des politiciens et des démocrates connus.

1923 Inflation et réforme monétaire.

1925-1934 Paul von Hindenburg devient président.

octobre 1925 Traité de Locarno.

1929 Crise boursière mondiale.

mars 1930 Brüning chancelier.

1932 Fondation du parti nazi.

1933 Hitler chancelier.

Page 348

Le Reich : la République de Weimar

1918-1933

Les mouvements ouvriers et les soulèvements de l'armée entraînent la chute de la monarchie et l'abdication de Guillaume II en novembre 1918. Dès sa naissance, la République de Weimar est troublée par des révoltes communistes, des assassinats perpétrés par l'extrême droite, des tentatives de coups d'État. Les gouvernements se succèdent dans un contexte économique fragile, avec une inflation galopante. Cette situation favorise la montée du Parti national-socialiste (NSDAP), qui prend le contrôle de la République.

Billet de banque pendant l'inflation.

Des débuts agités. Jusqu'en mars 1919, le gouvernement réprime brutalement les soulèvements communistes (**1**). La violence des extrémistes de droite et de gauche se poursuit.

1

2

Une démocratie impopulaire. Friedrich Ebert (**2**), chef modéré du Parti social-démocrate (SPD), devient le premier président de la République allemande en 1919. Il tente de défendre celle-ci contre les partis de droite et de gauche. En 1924, la situation semble stabilisée, mais la rise internationale de 1929 favorise la montée des extrémismes. es partis de droite propagent la légende du « coup de poignard ans le dos » (**3**), insinuant que la paix a été conclue contre la olonté de l'armée allemande, qui n'a pas été vaincue.

3

a stabilisation. es discussions entre Gustav tresemann (**5**, à gauche), et ristide Briand (**5**, à droite avec ministre britannique Austen hamberlain) aboutissent u traité de Locarno, en 1925. fixe les frontières occidentales e l'Allemagne avec la France et la Belgique, et interdit la guerre entre ces pays, ce qui permet à l'Allemagne de rejoindre la Société des Nations en 1926. Les efforts consentis par Stresemann et Briand leur valent le prix Nobel de la Paix. Mais l'optimisme suscité par cet événement est de courte durée.

4

La chute de la République. En novembre 1923, Hitler tente un coup d'État pour renverser la République. Le climat politique est de plus en plus violent après la dépression économique de 1929, qui met au chômage plus de 6 millions de personnes. L'instabilité des gouvernements, qui se succèdent à un rythme effréné, conduit de nombreux partisans à se rallier à Hitler et au national-socialisme (**4**). Les partis modérés perdent leur électorat, attiré par le NSDAP, qui promet le redressement de l'Allemagne.

5

» **La crise économique mondiale :** pages 356 (France), 360 (Grande-Bretagne), 404 (États-Unis)

Les débuts de la dictature nazie

1933-1936

1

Le 30 janvier 1933, le président Hindenburg nomme Adolf Hitler chancelier du Reich. Avant 1934, celui-ci instaure une dictature avec l'aide de son parti, le NSDAP. L'opposition est réprimée, tandis qu'une campagne bien orchestrée assure l'unité politique du pays. Dès 1933, les Juifs sont écartés de la vie publique (**1**) par la mise en œuvre de mesures discriminatoires très dures. Dans le même temps, les organisations nazies s'insinuent dans tous les aspects de la vie quotidienne. Hitler conforte son aura de Führer en créant au gouvernement des postes chargés de réduire le chômage, en enregistrant des succès sur le plan international et en prenant des mesures sociales qui portent leurs fruits.

Page 346

L'Allemagne

novembre 1923 Putsch raté d'Hitler à Munich (p. 347).

janvier 1933 Hitler chancelier.

février 1933 Incendie du Reichstag.

mars 1933 Pleins pouvoirs à Hitler, premiers camps de concentration.

mars 1933 Dernières élections libres.

avril 1933 Boycott des entreprises juives.

mai 1933 Autodafé public.

juillet 1933 Interdiction du SPD.

avril 1934 « Putsch de Röhm » : assassinat du chef des SA et des opposants politiques.

août 1934 Mort d'Hindenburg. Hitler devient Führer et chancelier.

1935 Les lois raciales de Nuremberg privent les Juifs de leurs droits politiques. La Sarre rejoint le Reich après un plébiscite.

Page 350

L'ascension du Führer. Juste après sa nomination comme chancelier par le président Paul von Hindenburg (**2**), en janvier 1933, Adolf Hitler doit encore s'appuyer sur les partis modérés, qu'il éliminera par la suite. Après le décès d'Hindenburg en août 1934, Hitler lui succède et s'octroie les titres de Führer et de chancelier du Reich. Il contraint l'armée à lui jurer fidélité et instaure une dictature. L'Allemagne devient ainsi un État totalitaire.

2

3

Les campagnes de persécution. Après l'incendie de l'immeuble du Reichstag, en février 1933 (**3**), Hitler met en place les premières campagnes de persécution contre les sociaux-démocrates et les communistes. En mars 1933, le Reichstag lui confère les pleins pouvoirs en matière législative. Soutenus par Goebbels, le ministre de la Propagande, les mouvements étudiants nazis inaugurent en mai 1933 les autodafés publics (**4**) des œuvres d'intellectuels, d'artistes et de scientifiques opposants au régime.

4

es SA et les SS. La politique de terreur et la ropagande du NSDAP contre la République de 'eimar sont soutenues par les SA (Sections assaut). Mais, après l'accession au pouvoir Hitler, ces dernières demandent à prendre le ontrôle de l'armée. Tirant prétexte du putsch rganisé en 1934 par Röhm, chef d'état-major es SA, Hitler fait assassiner ce dernier et prend commandement du mouvement (**6**, caricature ançaise). Les SS (*Schutz Staffel* ou Sections de rotection) remplacent ainsi les SA. Elles relèvent Heinrich Himmler (**5**, avec Hitler), qui dépend du Führer. Chargés de faire appliquer la politique de terreur des nazis, les SS, avec la police et la Gestapo, jouent un rôle clef dans le génocide des Juifs.

5

Les Jeunesses hitlériennes

L'État nazi s'assure la participation des Allemands grâce aux organisations qui les prennent en charge « du berceau jusqu'à la tombe ». L'éducation des jeunes se fait au sein d'organisations, les Jeunesses hitlériennes (HJ) ou la Ligue des jeunes filles allemandes (BDM). Ils sont endoctrinés selon les objectifs militaires et raciaux du parti. À partir de 1939, l'adhésion aux HJ et aux BDM devient obligatoire.

6

Page 348

mars 1936 Occupation par les troupes allemandes du Rhin démilitarisé.

1936 Jeux Olympiques de Berlin.

1936 Attribution du prix Nobel de la Paix à Carl von Ossietzky : Goebbels s'y oppose.

1936 Le SS Führer Heinrich Himmler devient chef de la police allemande.

1936-1939 Intervention de la Légion condor allemande aux côtés de Franco et des phalangistes pendant la guerre civile espagnole.

mars 1938 Invasion de l'Autriche par les troupes allemandes.

septembre 1938 Conférence de Munich. Les Allemands occupent les Sudètes.

novembre 1938 « Nuit de cristal », pogroms anti-Juifs.

mars 1939 Hitler autorise l'indépendance de la Slovaquie.

mars 1939 Hitler viole les accords de Munich et occupe la Bohême et la Moravie.

août 1939 Attaque de la radio de Gleiwitz par des Allemands déguisés en soldats polonais.

septembre 1939 Invasion de la Pologne, début de la Seconde Guerre mondiale.

Page 408

L'Allemagne

1936-1939

Les symboles du nazisme.

Pendant les jeux Olympiques de 1936, l'Allemagne nazie projette une image d'elle-même favorable, alors que, sur le plan interne, la discrimination des Juifs a commencé depuis longtemps. Hitler a conclu une alliance avec l'Italie fasciste en 1935 et commence à mettre en pratique sa politique expansionniste. Il reprend le contrôle de la Sarre et du Rhin, et annexe l'Autriche et le territoire des Sudètes en 1938-1939. L'annexion de certaines régions de la Tchécoslovaquie (p. 376) est la dernière action devant laquelle les démocraties occidentales s'inclinent. L'invasion de la Pologne par l'Allemagne le 1er septembre 1939 déclenche la Seconde Guerre mondiale.

Les politiques d'alliance. L'alliance de l'Axe entre Berlin et Rome (p. 296) se renforce après 1935. Hitler rallie Mussolini (**1**) à sa cause pendant la guerre, puis signe le pacte anti-Komintern avec le Japon, concluant ainsi l'alliance germano-japonaise contre les Russes.

1

3

Le fascisme et le national-socialisme

À l'origine, le fascisme est une idéologie modérée et anti-communiste prônant le nationalisme. Il diabolise la démocratie au profit d'une dictature hiérarchisée. Le national-socialisme s'inspire de nombreux éléments du fascisme, mais se focalise sur l'antisémitisme, sur les théories racistes et sur la mise en place d'un nouveau Lebensraum *(espace vital) par le biais de la germanisation. Les deux courants se retrouvent dans l'usage de la violence comme instrument politique.*

4

Les jeux Olympiques de Berlin en 1936

Pendant les jeux Olympiques de 1936, qui voient la réussite des athlètes allemands, le régime hitlérien réussit à donner au monde l'image d'une Allemagne cosmopolite, avant-gardiste et soucieuse de paix. La persécution des Juifs et des opposants politiques est temporairement suspendue, les slogans agressifs disparaissent et la presse internationale fait l'objet de toutes les attentions. Les films de propagande réalisés à cette occasion, notamment le magnifique reportage de Leni Riefenstahl, promeuvent l'image du « nouvel homme noble dans sa beauté nordique », une vision qui séduit le monde entier. On mesure le succès de la propagande du parti quand toutes les équipes nationales défilent sur le terrain en faisant le salut nazi. Le jazz et d'autres musiques, interdites habituellement, sont autorisées pendant la durée des jeux. Les visiteurs étrangers peuvent également se déplacer en toute liberté.

2

La « Nuit de cristal ». Dans la nuit du 9 au 10 novembre 1938, les mesures discriminatoires à l'encontre des Juifs, qui se sont considérablement durcies, atteignent leur paroxysme. Tirant profit de l'assassinat d'un diplomate allemand à Paris, les nazis organisent l'incendie des synagogues (**2**) et la destruction d'entreprises juives à travers toute l'Allemagne. On compte plus de 100 morts et 30 000 personnes sont envoyées dans des camps de concentration.

1915 *Benito Mussolini (**3**) fonde les « Fasci d'azione rivoluzionaria ».*
octobre 1922 *Mussolini initie la Marche sur Rome.*
octobre 1922 *Mussolini devient ministre président de l'Italie (« Il Duce »).*
mai 1932 *Engelbert Dollfuss prend la tête du Front patriotique en Autriche (austro-fascisme).*
janvier 1933 *Adolf Hitler devient chancelier (**4**).*
juillet 1934 *Assassinat de Dollfuss par des membres autrichiens du NSDAP.*
août 1934 *Hitler cumule les titres de Führer et de chancelier.*
1936-1939 *Guerre civile espagnole. Francisco Franco (**5**) devient « Caudillo » (dictateur).*
octobre 1939 *Jozef Tiso devient président de la Slovaquie, devenue indépendante sous l'égide d'Hitler.*
avril 1941 *Ante Pavelic devient chef d'État en Croatie.*
juillet 1943 *Chute de Mussolini, qui demeure président de la République de Salo.*
octobre 1944 *Le Parti des Croix-Fléchées de Ferenc Szálasi prend le pouvoir en Hongrie.*
avril 1945 *Assassinat de Mussolini par les Partisans.*

La république est proclamée à Vienne.

L'Autriche : la première République et l'Autriche allemande

1918-1938

En novembre 1918, la monarchie autrichienne s'éteint avec l'abdication de l'empereur. L'Autriche perd une grande partie de ses territoires et se voit interdire toute alliance avec l'Allemagne. Dans les années 1920, la jeune République traverse des crises économiques. Une guerre d'idéologies oppose les socialistes et les démocrates-sociaux chrétiens. L'armée nationale (Heimwehr) et le parti national-socialiste poursuivent leur action. Après un court régime austro-fasciste (1932-1934), le gouvernement ne résiste pas aux pressions de l'Allemagne nazie, qui annexe l'Autriche en 1938.

Page 285

L'Autriche

novembre 1918 Abdication et fuite de l'empereur Charles Ier.

novembre 1918 Proclamation de la République germano-autrichienne.

1919-1920 Gouvernement de Karl Renner.

1922-1924 et 1926-1929 Gouvernement d'Ignace Seipel.

mai 1932 Engelbert Dollfuss devient chancelier.

juillet 1934 Assassinat de Dollfuss lors d'une tentative de putsch du NSDAP. Son successeur Kurt Schuschnigg poursuit sa politique.

1936 Les Accords de juillet d'Hitler imposent une politique étrangère commune et l'amnistie des prisonniers nationaux-socialistes.

mars 1938 Le politicien nazi Arthur Seyss-Inquart devient chancelier.

mars 1938 Annexion de l'Autriche, rebaptisée « Ostmark » par le Reich.

Page 434

Le dernier empereur. L'empereur Charles Ier (**1**) abdique en novembre 1918. Soutenu par les monarchistes, il tente, sans succès, de reprendre la couronne austro-hongroise entre 1919 et 1921. Il meurt en exil sur l'île de Madère en 1922

Vienne. Après 1918, cette métropole n'est plus que la capitale d'un État mineur confronté à d'importants problèmes économiques et sociaux. Les nouvelles constructions (**2**, cours Karl Marx) sont destinées à faciliter la vie de la population.

L'Anschluss. Hitler fait pression sur l'Autriche pour qu'elle s'unisse avec le Reich. Dans le même temps, le NSDAP s'affirme et devient plus agressif (**3**, « Un peuple, un empire, un chef »). Le jour précédant le vote sur l'indépendance de l'Autriche, les troupes de la Wehrmacht envahissent l'Autriche. Le 15 mars, Hitler procède à l'Anschluss (annexion) avec le soutien de nombreux Autrichiens (**4**).

La vie viennoise

La Vienne libérale est considérée par les forces nationalistes d'extrême droite comme le « bastion de la juiverie occidentale ». Comme en Allemagne en 1933, de nombreux artistes

et scientifiques juifs et démocrates sont contraints de quitter l'Autriche en 1938. Ainsi, Sigmund Freud (1856-1939), le père de la psychanalyse, émigre à Londres.

L'austro-fascisme. Prenant modèle sur Mussolini, le chancelier Engelbert Dollfuss instaure en 1933 un gouvernement autoritariste soutenu par le Front patriotique (**5**). Il est assassiné lors d'une tentative de putsch du NSDAP, en juillet 1934.

» L'essor du NSDAP en Allemagne : pages 346-347

La Suisse

Page 120

1815 Le congrès de Vienne garantit la neutralité de la Suisse.

1863 Création de la Croix-Rouge internationale.

1882 Construction de la voie ferrée du col du Saint-Gothard.

1914 Mobilisation de l'armée.

1918 Grève générale.

1920 Première conférence de la Société des Nations à Genève, adhésion de la Suisse.

1931 Crise économique.

1936 Assassinat de Wilhelm Gustloff, leader du NSDAP en Suisse.

mai 1938 Retour à la neutralité absolue.

1939 Exposition universelle.

septembre 1939 Censure de la presse (pour prévenir la publication d'articles contre les Allemands).

Page 434

La Suisse

1914-1945

Protection de la frontière, 1939.

Depuis le XIXe s., la Suisse constitue au cœur de l'Europe un îlot neutre qui développe une démocratie autonome et des traditions fédérales. Après 1914, elle s'impose comme un médiateur humanitaire et politique, un rôle conforté par le choix de Genève comme siège de la Société des Nations en 1920. Les Suisses gardent également leurs distances face à des idéologies comme le fascisme, le national-socialisme ou le socialisme. Cependant, le gouvernement et les entreprises suisses vont tirer profit de la Seconde Guerre mondiale, en particulier de la spoliation des Juifs européens, un sujet qui, aujourd'hui encore, donne matière à controverse.

La Société des Nations, précurseur de l'ONU

En 1916, le président américain Wilson propose l'organisation à Genève de la Société des Nations, un comité international permettant des échanges politiques et garantissant la paix selon les termes du traité de Versailles (p. 345). Lors de l'assemblée constitutive de 1920, l'organisation réunit quelque 45 États membres. Les vainqueurs de la Première Guerre mondiale, à l'exception des États-Unis qui n'adhèrent pas au mouvement, y jouent un rôle prépondérant. D'autres pays rejoignent la Société des Nations : l'Autriche en 1920, l'Allemagne en 1926 et l'Union soviétique en 1934. Les premières années, la SDN définit les nouvelles frontières de l'Europe et gère le désarmement, mais elle ne peut contrer les velléités des puissances fascistes sans le soutien des États-Unis. Le Japon et l'Allemagne quittent l'organisation en 1933, l'Italie fait de même en 1937.

1

es Suisses et la uerre. Jusqu'en 1939, ı Suisse affiche son ndépendance politique u mépris de toutes les nenaces de puissances trangères. En 1939, lle se mobilise symboliquement, s'implique dans des missions humanitaires, mais évite toute action militaire. Sous l'égide de Marcel Pilet-Golaz, membre du Conseil fédéral, elle adopte une politique lui permettant de bénéficier d'avantages financiers tout en tirant parti de la guerre en Europe. Elle restreint l'accueil des réfugiés juifs et autorise le transport militaire entre l'Allemagne et l'Italie par le col du Saint-Gothard (**1**). Les biens juifs spoliés par les nazis sont déposés dans des banques suisses (**2**) et constituent un afflux de capitaux. Ces mesures politiques feront par la suite l'objet de vifs débats.

2

La Croix-Rouge internationale

En 1863, l'homme d'affaires suisse Henri Dunant (1828-1910) crée une organisation neutre, vouée à aider les blessés de guerre. Celle-ci porte le nom de Comité international de la Croix-Rouge (CICR). Au XXᵉ s., la Croix-Rouge intervient dans le monde entier. Au cours des deux guerres mondiales, elle est présente sur tous les fronts, où elle vient en aide aux blessés, aux prisonniers et aux détenus. Elle assure aussi l'accueil des réfugiés en Suisse. En 1917 et en 1944, elle obtient le prix Nobel de la paix.

» L'isolationnisme américain : page 404

Page 287

La France

1922-1924 et 1926-1929 Gouvernements de Raymond Poincaré.

1923-1925 La France occupe la Ruhr.

1931 Crise économique.

juin-décembre 1932 Gouvernement radical d'Édouard Herriot.

1933 et 1934 Premier et deuxième gouvernements de Daladier.

1935 Pacte franco-soviétique.

1935-1936 Gouvernement de Pierre Laval.

1936-1937 Gouvernement du Front populaire de Léon Blum.

1938-1940 Troisième, quatrième et cinquième gouvernements de Daladier.

septembre 1938 Accords de Munich.

novembre 1938 Grève générale.

août 1939 Pacte germano-soviétique.

Page 358

La France : l'instabilité politique

1918-1940

En reprenant l'Alsace-Lorraine en 1918, la France devient la plus grande puissance de l'Europe continentale. Bénéficiant des dommages de guerre dus par l'Allemagne après la Première Guerre mondiale, elle maintient une économie assez stable Jusque dans les années 1920, elle est vouée à l'agriculture et commence à peine à s'industrialiser. C'est pourquoi elle ne ressent pas les conséquences de la crise économique mondiale avant 1931.
Les problèmes économiques entraînent l'instabilité politique et la montée de l'extrémisme. Le gouvernement du Front populaire (1936-1937) mené par Léon Blum se pose comme le principal opposant à l'influence grandissante du fascisme.
La France tente de se protéger de l'expansionnisme allemand en concluant des alliances et, après 1938, en observant une politique de conciliation.

Anniversaire de la victoire à Paris en 1919.

Raymond Poincaré. En tant que radical conservateur nationaliste, Poincaré (**1**) poursuit une politique qui vise à protéger la France de l'Allemagne. En tant que chef d'État (1913-1920) et Premier ministre (1922-1924 et 1926-1929), il rend le service militaire obligatoire. Président de la Commission des réparations de guerre, il veille au paiement des sommes dues par les Allemands et occupe la Ruhr en 1923.

1

2

L'occupation de la Ruhr. En matière de politique étrangère, les Français se préoccupent surtout de leur sécurité. Malgré l'opposition de la Grande-Bretagne et des États-Unis, ils occupent la Ruhr (**3**), le centre industriel de l'Allemagne, qui tarde à payer les dommages de guerre. La population allemande se mobilise et observe une résistance passive (**2**) jusqu'au départ des Français, en 1925. La France se montre alors plus conciliante envers Berlin.

3

La ligne Maginot

Après la Première Guerre mondiale, en 1919, la France envisage de renforcer ses frontières à l'est et au nord pour se protéger d'une nouvelle invasion allemande. De 1929 à 1936, elle fait ériger le long de sa frontière nord-est un ensemble continu d'ouvrages fortifiés, muni de postes d'artillerie, de bunkers et de relais pour la communication, ainsi que d'obstacles pour les chars. L'opération, qui coûte près de 3 milliards de francs, est baptisée « ligne Maginot », du nom du ministre de la Guerre. Hitler réplique en 1938-1939 avec la construction du mur occidental entre Aix-la-Chapelle et la frontière suisse. En 1940, les troupes allemandes contournent la ligne Maginot, en faisant fi de la neutralité de la Belgique comme ils l'avaient fait en 1914, et envahissent la France par le nord.

La politique d'apaisement : page 362

La France

Page 356

mai 1940 Invasion de la France par l'Allemagne.

juin 1940 Bataille pour la conquête de la France.

juin 1940 Capitulation de la France à Compiègne.

juillet 1940 Gouvernement de Vichy sous le maréchal Pétain.

octobre 1940 Pétain rencontre Hitler à Montoire. Vichy décide de collaborer.

avril 1942 Pierre Laval devient Premier ministre du gouvernement de Vichy.

juin 1944 De Gaulle forme le gouvernement provisoire de la République française.

juin 1944 Débarquement des Alliés en Normandie.

août 1944 Soulèvement de la Résistance à Paris.

août 1944 De Gaulle entre dans Paris.

août 1945 Condamnation à mort du maréchal Pétain (décision non exécutée).

octobre 1945 Exécution de Laval.

Page 436

La France pendant la guerre

1940-1945

1

À l'issue de la « guerre éclair » menée par les Allemands en mai-juin 1940, le nord de la France et Paris sont occupés (**1**). Alors que le Sud demeure zone libre, le gouvernement de Vichy est formé et se trouve contraint de collaborer avec l'Allemagne. Le gouvernement français en exil, mené par le général de Gaulle, constitue le mouvement de la France libre. Certains Français collaborent avec les Allemands, contribuant notamment à la déportation des Juifs. D'autres rejoignent la Résistance. Après le débarquement des Alliés en Normandie, la Résistance organise un soulèvement à Paris et forme un gouvernement provisoire.

2

Le régime de Vichy. Le maréchal Philippe Pétain (**3**) prend la tête du gouvernement de Vichy, formé en 1940 dans la ville du même nom en zone libre. Malgré l'aptitude du gouvernement à s'adapter et à s'organiser, le régime dictatorial de Vichy est soumis à une pression croissante. Alors que les Forces alliées débarquent en Afrique du Nord en 1942, les Allemands renforcent leurs effectifs à Vichy. Le régime est contraint de coopérer et joue un rôle crucial dans l'arrestation et la déportation des Juifs (**2**) vers les camps de la mort.

3

La Résistance. En 1940, le général de Gaulle (**5**) prend la tête du mouvement de la France libre, qui se considère comme le gouvernement légitime et s'installe en Algérie en 1943. En France, les membres de la Résistance mènent une guérilla contre les occupants, procédant à des attaques et à des actes de sabotage (**4**), et se livrent à une campagne de propagande contre les Allemands.

Les règlements de comptes. La Résistance soutient les Forces alliées après le débarquement en Normandie et organise un soulèvement à Paris en août 1944 (**8**). Le Conseil national de la Résistance (CNR) devient le gouvernement provisoire, sous l'égide du général de Gaulle. Ce dernier parvient à réunir les conservateurs exilés et les résistants de gauche qui, ensemble, libèrent le reste de la France du joug de Vichy. Les collaborateurs présumés sont l'objet de violentes attaques, et les femmes accusées d'avoir « fraternisé » avec les Allemands sont tondues (**7**).

La libération de la France. Prenant la tête de la Résistance, de Gaulle marche sur Paris en août 1944. La France est libérée grâce au débarquement des Forces alliées en Normandie. De grandes manifestations de joie ont lieu dans tout le pays (**6**). Bientôt naît le mythe d'une nation de résistants, une idée qui sera nuancée dans les années 1980 à l'issue d'un examen attentif de la situation.

La Grande-Bretagne

Page 293

1919-1922 Mouvements de grève.

1923 Fin du protectorat britannique en Égypte (p. 310).

1923-1924, 1924-1929 et 1935-1937 Gouvernements de Stanley Baldwin.

1924 et 1929-1931 Gouvernements travaillistes de Ramsay MacDonald.

février 1924 Reconnaissance de l'Union soviétique.

1925 Stabilisation de la livre sterling.

1926 Grève générale.

1927 Loi sur les syndicats.

1931-1935 Départ des travaillistes. Coalition nationale sous MacDonald.

1931 Le statut de Westminster règle la condition des anciennes colonies.

juin 1935 Accord naval germano-britannique.

Page 362

La Grande-Bretagne dans l'entre-deux-guerres

1919-1935

Londres dans les années 1920.

Au lendemain de la Première Guerre mondiale, l'empire britannique connaît sa plus vaste expansion, mais il est confronté à une situation économique difficile et à des grèves à répétition. Ces troubles ne menacent jamais le régime parlementaire (**1**, le Parlement britannique), et les partis extrémistes ne rencontrent pas le même succès que dans les autres pays européens. À partir du milieu des années 1920, les gouvernements successifs négocient des compromis avec les syndicats afin de stabiliser l'économie. L'Angleterre tente aussi d'apaiser la situation en Europe centrale en réhabilitant la politique et l'économie de l'Allemagne.

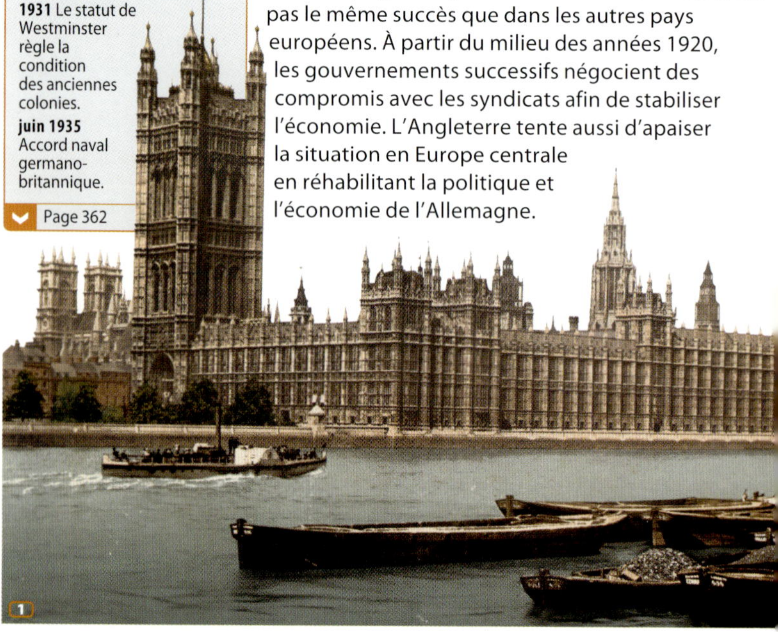

1

La famille royale

Le sentiment antigermanique qui naît à la suite de la Première Guerre mondiale n'épargne pas la famille royale, d'origine allemande. En 1917, elle décide de ne plus porter le nom de Saxe-Cobourg-Gotha (p. 290) et prend celui de Windsor, emprunté au château royal, la résidence d'été des souverains. Tirant profit des moyens que lui offre la monarchie constitutionnelle, George V tente d'influer sur le gouvernement. Sur son insistance, le Premier ministre Ramsay MacDonald prend la tête d'une coalition de conservateurs et de libéraux, malgré l'éviction de son parti (travailliste) de la direction des affaires de l'État.

Les travaillistes. Après 1918, la crise économique favorise la montée du Parti travailliste réformateur, qui bouleverse le paysage politique anglais jusque-là dominé par les libéraux et les conservateurs. Le travailliste Ramsay MacDonald (**2**, au milieu) est élu Premier ministre en 1924. Onze mois plus tard, il est démis, sanctionné pour avoir reconnu officiellement l'URSS. En 1929, il sera élu pour un deuxième mandat.

Les grèves. Le prolongement de la crise économique et le retard dans la modernisation d'un certain nombre d'industries favorisent la montée du chômage. À partir de 1919, les travailleurs réclament des mesures sociales et entament des grèves qui détériorent la situation. En 1926, une grève générale donne lieu à des contre-manifestations (**3**).

La Grande Dépression : pages 404-405

Page 360

janvier 1936 Mort de George V. Couronnement d'Édouard VIII.

décembre 1936 Abdication d'Édouard VIII. George VI devient roi.

mai 1937 Chamberlain devient Premier ministre.

1938 Accords de Munich.

mars 1939 La Grande-Bretagne et la France se portent garantes de l'indépendance de la Pologne.

avril 1939 Restauration de la conscription générale.

août 1939 Accord d'assistance mutuelle entre l'Angleterre et la Pologne.

septembre 1939 La Grande-Bretagne entre en guerre.

mai 1940 Winston Churchill devient Premier ministre.

septembre 1940 Raids aériens allemands en Angleterre.

janvier 1943 Conférence de Casablanca.

novembre-décembre 1943 Réunion de Churchill, Roosevelt et Staline.

Page 440

La Grande-Bretagne

1936-1945

Chamberlain et Mussolini en 193

La politique étrangère des Anglais est mue par leur désir de maintenir la paix afin de protéger leur empire. Par sa politique d'apaisement à l'égarc de l'Allemagne, le gouvernement tente d'éviter une autre guerre et veut gagner du temps pour organiser son réarmement. Il tolère ainsi des violations du traité de Versailles de la part de Berlin Après l'occupation de la Tchécoslovaquie par les Allemands, Charmberlain lui-même doit se résoudr à reconnaître l'échec de cette politique. Quand Hitler envahit la Pologne, la Grande-Bretagne déclare la guerre à l'Allemagne. Chamberlain quitte ses fonctions de Premier ministre en 1940, et Winston Churchill lui succède. En 1945, Churchill est battu aux élections bien qu'il ait mené son pays à la victoire.

La politique d'apaisement. Désireux de conforter la position de l'Angleterre sur la scène internationale et d'éviter une autre guerre mondiale en raison de sa puissance militaire restreinte, les Premiers ministres conservateurs Stanley Baldwin (**2**) et Arthur Neville Chamberlain poursuivent une politique d'apaisement, suivis dans cette voie par la France en 1934. Il faut attendre 1940 pour que Winston Churchill (**1**, caricature) s'oppose aux visées expansionnistes de l'Allemagne, de l'Italie et du Japon.

Édouard VIII (1894-1972)

En 1936, Édouard VIII accède au trône à la suite de son père George V. Il entraîne la monarchie dans une grave crise

lorsqu'il prétend épouser l'Américaine Wallis Simpson, déjà divorcée deux fois. Cette union n'a pas l'assentiment du Premier ministre Baldwin et déplaît au peuple. Édouard VIII choisit alors de renoncer à la couronne. Son frère lui succède sous le nom de George VI.

Les accords de Munich. Après l'Anchluss, annexion de l'Autriche par l'Allemagne (p. 353), en mars 1938, la situation internationale est très tendue. Lorsque Hitler réclame le territoire tchécoslovaque des Sudètes, majoritairement peuplé d'Allemands, Mussolini convie à Munich en septembre 1938 Hitler, le Premier ministre anglais Chamberlain et le chef d'État français Daladier (**3**). Sans aucune concertation avec les Tchèques, le territoire des Sudètes est cédé au Reich en vertu des accords de Munich. En compensation, les signataires du traité exigent de l'Allemagne le respect de la souveraineté du reste de la Tchécoslovaquie. La paix ainsi maintenue rassure les civils anglais et français, qui craignent la perspective d'une seconde guerre. Mais Hitler ne tarde pas à renier ses engagements et envahit Prague en mars 1939.

3

Winston Churchill (1874-1965)

Churchill est choisi comme Premier ministre en 1940 par une coalition des partis politiques du pays. Fort d'une longue carrière de militaire au Soudan, correspondant de presse pendant la guerre des Boers, il a été député et Premier lord de l'Amirauté pendant la Première Guerre mondiale. Il a aussi occupé des fonctions ministérielles. Dès les années 1930, il s'inquiète de la politique agressive d'Hitler. En 1939, il est nommé Secrétaire d'État à la guerre, puis accède au poste de chancelier de l'Échiquier. En tant que Premier ministre, il incarne l'esprit de résistance après la défaite des Français et le bombardement de Londres par les Allemands. Pendant la guerre, il impose son pays comme l'une des trois grandes puissances mondiales, avec les États-Unis et l'URSS. Il doit se retirer en 1945, après l'échec des conservateurs aux élections. Il sera à nouveau Premier ministre de 1951 à 1955.

Les effets des bombardements : pages 426-427

Page 293

avril 1916 Révolte du Sinn Féin.

1918-1919 Valera fonde un parlement clandestin.

1919 Fondation de l'IRA.

novembre 1920 Bloody Sunday.

décembre 1921 Traité anglo-irlandais.

janvier 1922 L'Irlande devient un État libre au sein du Commonwealth.

1921-1922, 1932-1948, 1951-1954 et 1957-1959 Gouvernements de Valera.

août 1922 Exécution de Michael Collins.

décembre 1922 Adoption de la Constitution irlandaise.

1922-1923 Guerre civile.

1933 Abolition de l'allégeance à la couronne d'Angleterre.

1937 L'Irlande du Sud prend le nom d'Éire.

1940-1945 L'Éire reste neutre pendant la guerre.

avril 1949 L'Éire se sépare du Commonwealth.

Page 444

L'Irlande

1914-1949

La mairie de Londonderry, Ulster.

En 1914, le gouvernement britannique suspend le Home Rule, qui accorde une autonomie partielle à l'Irlande. Lors de la révolte de Pâques de 1916, le mouvement indépendantiste catholique Sinn Féin proclame la république, mais il est réprimé par l'armée anglaise. Après une guerre civile sanglante, l'Irlande devient un État libre, tandis que le nord du pays reste sous la tutelle anglaise. Le Sud, rebaptisé « Éire » en 1937, quitte le Commonwealth en 1949 et devient une république.

Le soulèvement de Pâques. Après la suspension du statut d'autonomie, le Sinn Féin organise une insurrection à Dublin (**1**) en avril 1916. Elle est brutalement réprimée et les leaders de l'organisation sont exécutés. Cette brutalité nourrit l'aversion envers les Anglais.

1

a guerre civile. À partir de 1916, l'Irlande est proie de troubles incessants et d'actes de iolence (**2**, victimes à Dublin). L'horreur atteint on paroxysme le 22 novembre 1920, lors du loody Sunday (le dimanche sanglant). Après exécution par l'IRA de 50 officiers britanniques Dublin, les militaires anglais se vengent en rant sans discernement dans la foule des pectateurs d'une manifestation sportive gaélique.

2

'armée républicaine landaise. L'IRA voit le jour en 919, un an après l'organisation par Eamon De Valera d'un parlement révolutionnaire illégal. Elle cherche à porter atteinte aux intérêts britanniques, en Angleterre comme en Irlande (**3**, attaque à la bombe). Elle recourt au terrorisme pour miner la résistance des Anglais, espérant ainsi les chasser du pays. Après l'obtention du statut d'État libre, une frange de l'IRA et son fondateur Michael Collins (**4**) sont intégrés dans l'armée irlandaise. D'autres continuent de se battre pour l'unification de l'Irlande. Collins est exécuté en 1922 et l'IRA déclarée hors la loi en 1936.

3

4

'indépendance et la partition. u début de l'année 1919, le nouvement indépendantiste inn Féin forme un parlement national à Dublin. Sous l'égide le son leader, Eamon De Valera **5**), le Parlement proclame 'indépendance de l'Irlande. Le efus de la Grande-Bretagne de econnaître le gouvernement insi constitué déclenche une guerre civile sanglante, qui gagne toute l'Irlande et vise les autorités britanniques. Après le cessez-le-feu de juillet 1921, le gouvernement anglais et les mouvements indépendantistes irlandais modérés signent le traité anglo-irlandais de décembre 1921, qui reconnaît à l'Irlande le statut d'État libre. L'Ulster, en majorité protestante, choisit de rester sous la tutelle anglaise. Les tentatives de réunification échouent.

5

» **Le nationalisme irlandais :** pages 440-445

Page 295

1914 Les Allemands occupent la Belgique et le Luxembourg.

1920 Accords de défense entre la Belgique et la France.

1922 Accord de défense anglo-belge. Union douanière belgo-luxembourgeoise.

1925 La Belgique signe le traité de Locarno.

février 1934 Mort accidentelle du roi des Belges Albert Ier. Léopold III devient roi.

mai 1940 Les Allemands envahissent les Pays-Bas.

mai 1940 Capitulation des Pays-Bas.

mai 1940 Capitulation de la Belgique.

1942 Anton Adriaan Mussert devient le Führer hollandais. Le Japon occupe les Indes néerlandaises.

septembre 1944 Les Alliés libèrent la Belgique et le Luxembourg.

mai 1945 Les Alliés libèrent les Pays-Bas.

Page 446

La Belgique et les Pays-Bas

1914-1945

Propagande anti-allemande.

Lors des deux guerres mondiales, les troupes allemandes et françaises s'affrontent en Belgique et au Luxembourg. En revanche, les Pays-Bas réussissent à préserver leur neutralité jusqu'en 1940. Dans ces trois pays, les Allemands s'assurent le soutien des groupes extrémistes de droite, dont certains acceptent de collaborer étroitement avec eux pendant toute l'occupation. Des mouvements de résistance s'organisent également, qui font l'objet de sévères répressions. La Belgique et le Luxembourg sont libérés en 1944 et les Pays-Bas en 1945.

La Belgique pendant la Première Guerre mondiale. En 1914, les troupes allemandes occupent la Belgique afin d'envahir la France par le nord. Les Belges les combattent, parfois même avec violence. Les Allemands rétorquent en faisant preuve de tyrannie et en menant des assauts meurtriers. De nombreuses villes, dont Ypres (**1**), sont détruites. Le pays, en particulier l'ouest de la Belgique, lieu d'affrontements entre les Allemands et les Français, est dévasté.

1

2

Le bombardement de Rotterdam. En 1940, la Luftwaffe (aviation allemande) mène un raid dévastateur visant le port hollandais de Rotterdam. L'attaque détruit de vastes quartiers de la ville (**2**), faisant quelque 900 morts et plus de 78 000 sans-abri. Après avoir été ainsi rasée, Rotterdam est occupée par les Allemands, et subit alors les tirs des troupes alliées.

collaboration. Anton ıdriaan Mussert (**3**) fonde ı 1931 le Parti national-ıcialiste des Pays-Bas. En ılgique, des groupes fascistes ıextrême droite se développent au cours des années 1930 et collaborent avec les Allemands pendant l'occupation, à partir de 1940. Ces derniers tentent d'établir un régime national-socialiste aux Pays-Bas. Des divisions de la Waffen SS voient le jour, et la persécution des Juifs commence (**4**, « Interdit aux Juifs ! »). La résistance se met en place pour contrer la collaboration avec l'occupant, qui a souvent lieu au grand jour.

3

4

ı libération par les Alliés. ıprès le débarquement en ıormandie, en juin 1944, les ırces alliées atteignent la ılgique et le Luxembourg en ıptembre. Aidées par les actes ı sabotage et les attaques de ı résistance locale, elles libèrent ıs deux pays. Les volontaires ımands engagés dans les ıités SS se battent avec une ılle conviction aux côtés des Allemands que les Pays-Bas ne sont libérés qu'en mai 1945 (**5**, troupes américaines). Peu après, les Hollandais récupèrent leurs colonies des Indes orientales, occupées par le Japon, mais celles-ci gagnent rapidement leur indépendance. Les collaborateurs sont persécutés. En Belgique, le roi Léopold III doit abdiquer car on le soupçonne de collaboration.

5

La collaboration : pages 358-359

Page 296

L'Italie

septembre 1919 Traité de Saint-Germain : l'Italie récupère quelques territoires.

octobre 1922 Marche sur Rome.

octobre 1922 Mussolini devient Premier ministre de l'Italie.

juin 1924 Assassinat du leader socialiste Giacomo Matteotti.

février 1929 Accords du Latran entre l'Italie et le Vatican.

mars 1934 Protocole de Rome, alliance avec l'Autriche et la Hongrie.

octobre 1935 Début de la campagne en Abyssinie (Éthiopie) (p. 402).

1936 Proclamation de l'axe Rome-Berlin.

décembre 1937 L'Italie quitte la SDN.

avril 1939 L'Italie occupe l'Albanie.

mai 1939 Pacte d'Acier avec l'Allemagne.

juin 1940 L'Italie déclare la guerre aux Forces alliées.

septembre 1940 Traité tripartite avec l'Allemagne et le Japon.

juillet 1943 Chute et emprisonnement de Mussolini.

septembre 1943 Cessez-le-feu du gouvernement de Badoglio.

septembre 1943 Libération de Mussolini à Gran Sasso. République de Salo.

avril 1945 Exécution de Mussolini.

avril-mai 1945 Reddition des forces allemandes en Italie.

Page 448

L'Italie

1919-1945

Défilé des jeunesses fascistes en 1939

Au lendemain de la Première Guerre mondiale, l'Italie est agitée par des troubles majeurs. L'incapacité du gouvernement à remédier à la situation favorise l'ascension de Mussolini. Ce dernier organise en 1922 un putsch à l'issue duquel le roi Victor-Emmanuel III le nomme Premier ministre. Dès 1924, Mussolini fait de l'Italie une dictature. Sa campagne contre l'Abyssinie (p. 402) marque le début de sa collaboration avec Hitler. L'Italie entre en guerre aux côtés de l'Allemagne. Mais Mussolini doit démissionner en 1943. Il est exécuté en 1945 alors qu'il tente de fuir le pays.

1

La marche sur Rome. Mussolini annonce en octobre 1922 qu'il ira jusqu'à utiliser la force pour entrer au gouvernement. Entre le 27 et le 31 octobre, les fascistes manifestent en Italie et quelque 30 000 personnes avancent jusqu'aux faubourgs de Rome (**1**). Le roi Victor-Emmanuel III nomme Mussolini Premier ministre. Ce dernier transforme la monarchie constitutionnelle en une dictature et élimine toute forme d'opposition. Hitler s'inspire de la marche sur Rome pour organiser le putsch (manqué) de Munich en 1923.

Les accords du Latran

En signant les accords du Latran avec le pape Pie XI, le 11 février 1929, Mussolini s'assure le soutien de la majorité catholique modérée. Mettant un terme à la précarité du statut du Vatican (p. 297), le traité reconnaît celui-ci comme un État souverain relevant de la papauté. En retour, le Vatican reconnaît Rome comme la capitale de l'Italie. Mussolini se ménage ainsi le soutien des principaux représentants de l'Église, qui le voient comme celui qui a sauvé l'Europe du bolchevisme. Les papes émettent cependant de vives réserves à l'encontre des fascistes et s'insurgent contre leurs critiques de l'enseignement catholique. La position de la papauté sur la persécution des Juifs est un autre sujet de controverse.

es Italiens pendant la uerre. L'axe Rome-Berlin). 350) est renforcé dans s années 1930. En mai 939, Mussolini et Hitler oncluent le pacte d'Acier, n vertu duquel l'Italie implique dans la Seconde uerre mondiale en juin 940 avec le dessein 'établir autour de la léditerranée (**2**, navire italien) un « nouvel Empire romain » qui inclurait la Grèce et l'Afrique du Nord. Cette même année, l'Italie, l'Allemagne et le Japon s'engagent à combattre ensemble les Forces alliées. Les échecs de l'Italie la rendent de plus en plus dépendante du Reich, militairement et politiquement.

2

3

La fin de la guerre. Alors que l'Italie essuie des échecs militaires et doit faire face à une grande crise économique, la résistance contre Mussolini s'organise. Après l'invasion de la Sicile par les Alliés en juillet 1943, le roi exige la démission du Duce et le fait arrêter. Il négocie un cessez-le-feu avec les Alliés et poursuit la guerre, mais contre les Allemands. Libéré par des parachutistes allemands, Mussolini proclame la République de Salo dans le nord du pays. Même après la prise de Rome par les Alliés le 9 juin 1944, sa république fantoche perdure jusqu'en avril 1945. Mussolini et sa maîtresse Clara Petacci sont exécutés (**3**) par les partisans communistes, alors qu'ils fuient vers la Suisse, le 28 avril 1945.

› **Le fascisme en Espagne et au Portugal :** pages 370-371

L'Espagne et le Portugal

1923-1943

Au Portugal, à partir de 1928, des gouvernements instables et un contexte interne difficile favorisent l'ascension au pouvoir d'António de Oliveira Salazar. En 1933, ce dernier transforme le pays, sans effusion de sang, en une dictature personnelle dotée de structures fascistes. Son règne, qui dure jusqu'en 1968, maintient le pays dans un état économique et social précaire. En Espagne, des mouvements sociaux obligent le général Primo de Rivera à renoncer au pouvoir en 1930, après sept ans de dictature. En avril 1931, le roi Alphonse XIII doit également fuir le pays. La IIe République est très contestée dès sa proclamation. Dans ce contexte de violence, le putsch du général Franco en 1936 déclenche une guerre civile sanglante, qui se conclut trois ans plus tard par la chute de la République et l'instauration d'une dictature dont le Caudillo prend la tête. L'Espagne et le Portugal restent neutres au début de la Seconde Guerre mondiale.

La jeunesse portugaise embrigadée.

Page 298

L'Espagne et le Portugal

septembre 1923-janvier 1930 Dictature du général Miguel Primo de Rivera en Espagne.

avril 1931 Alphonse XIII abdique, proclamation de la république en Espagne.

1931-1939 IIe République en Espagne.

juillet 1932-septembre 1968 António de Oliveira Salazar, Premier ministre du Portugal, instaure une dictature.

1933 Organisation du mouvement phalangiste espagnol par Primo de Rivera.

1933 Entrée en vigueur de l'Estado Novo au Portugal.

juillet 1936 Guerre civile espagnole (jusqu'en 1939).

avril 1937 Bombardement de Guernica par les Allemands.

janvier 1939 Dissolution de la République espagnole.

février 1939 Dictature de Franco en Espagne (jusqu'en 1975).

1943 L'Espagne et le Portugal entrent en guerre aux côtés des Alliés.

Pages 452, 456

1

Le régime de Salazar. Ministre des Finances à partir de 1928, António de Oliveira Salazar (**1**) tente de relancer l'économie portugaise avec un programme pour l'emploi. De 1932 à 1968, il occupe le poste de Premier ministre et instaure une dictature avec l'aide du parti fasciste União Nacional, fondé en 1930. Il établit l'Estado Novo (Nouvel État), qu'il dote d'une nouvelle Constitution en 1933. Pendant la Seconde Guerre mondiale, le Portugal ne rejoint les Alliés qu'à partir de 1943.

2

La République espagnole. Dès sa proclamation en 1931, la IIe République divise la population. Elle est marquée par les tensions entre les mouvements radicaux de gauche et ceux de droite. En 1931, les monastères et les églises sont l'objet d'attaques et de pillages (**2**), et en 1933 les ouvriers se révoltent. La République est soutenue par les étudiants (**3**) et les intellectuels. En outre, les régions cherchent à gagner leur autonomie.

3

La guerre civile. La guerre civile espagnole, qui dure près de trois ans, fait des dizaines de milliers de victimes. Initiée par le putsch de Franco, elle est l'occasion pour les deux parties de se livrer à des exactions massives. Des milliers d'Espagnols fuient vers la France (**4**, réfugiés), tandis que des socialistes du monde entier s'engagent dans les Brigades internationales, et que Franco reçoit le soutien des puissances fascistes, l'Allemagne et l'Italie. Lorsque la défaite des Empires centraux se dessine, Franco se range du côté des Alliés.

4

5

6

La fin de la guerre civile. En avril 1937, la ville basque de Guernica (**5**) est bombardée et détruite par l'aviation allemande, qui soutient les troupes de Franco. Cette ultime attaque permet aux forces franquistes de gagner la guerre civile en 1939. Après la chute de la IIe République, le général Franco (**6**) établit une dictature en Espagne. Il réprime brutalement toute forme de contestation, fait emprisonner ses opposants par centaines de milliers et ordonne l'exécution de plus de 350 000 personnes.

» **Le fascisme en Europe :** pages 348-351, 368

Page 301

La Scandinavie et les Pays baltes

décembre 1917 Indépendance de la Finlande.

1918 Indépendance de l'Estonie, de la Lettonie et de la Lituanie.

juillet 1919 Proclamation de la république en Finlande.

1932 Pacte de non-agression entre la Finlande et l'URSS.

août 1939 Pacte germano-soviétique.

novembre 1939 L'Armée rouge envahit la Finlande.

1940 L'Armée rouge occupe les Pays baltes.

avril 1940-mai 1945 L'Allemagne occupe la Norvège et le Danemark.

1941 L'Allemagne occupe les Pays baltes.

1942 Vidkun Quisling, Premier ministre de la Norvège.

1944 Annexion des Républiques baltes par l'URSS.

Page 458

La Scandinavie et les Pays baltes

1917-1944

Monument de la liberté à Riga en Letto

Les démocraties parlementaires des pays scandinaves œuvrent à la mise en place d'États-providence dans la période de l'entre-deux-guerres. En 1917, la Finlande proclame son indépendance vis-à-vis de la Russie, mais doit encore se défendre pendant la Seconde Guerre mondiale. La Norvège et le Danemark sont occupés par les forces allemandes, tandis que la Suède maintient sa neutralité jusqu'en 1945. Les Pays baltes, pris entre les grandes puissances, perdent à nouveau leur autonomie pendant la Seconde Guerre mondiale.

1

La Norvège et le Danemark. En 1940, la famille royale norvégienne déjoue la surveillance des troupes allemandes dans la Norvège occupée et se réfugie en Angleterre. De son exil londonien, elle tente de coordonner la résistance. En revanche, Christian X de Danemark (**1**) choisit de rester dans son pays, où il devient le symbole de la résistance passive. Il ne collabore avec les Allemands que lorsque l'intérêt du pays le commande.

Les prix Nobel

À partir de 1901, le prix Nobel est attribué chaque année pour récompenser des travaux dans les domaines de la physique, de la chimie, de la physiologie, de la médecine et de la littérature. Ces distinctions, ainsi que le prix Nobel de la paix, sont décernées par une fondation créée par l'industriel suédois Alfred Nobel (1833-1896), inventeur de la dynamite. Depuis 1968, il a été ajouté un prix de sciences économiques. Le roi de Suède remet les distinctions à Stockholm le 10 décembre, jour anniversaire de la mort d'Alfred Nobel. Le prix Nobel de la paix est remis par le roi de Norvège à Oslo. Les récipiendaires sont choisis par quatre instituts Nobel, trois en Suède, un en Norvège.

2

Les Pays baltes. Ils acquièrent leur indépendance vis-à-vis de la Russie en 1918, mais la division de l'Europe résultant du pacte germano-soviétique de 1939 (p. 381) les fait retomber sous le joug de l'URSS. La population doit se soumettre, un grand nombre de personnes sont déportées ou exécutées (**2**). En 1941, les troupes allemandes occupent les Pays baltes, pris ensuite par l'Armée rouge en 1944 et intégrés à l'URSS (**3**, propagande soviétique).

3

La Norvège. En 1942, Vidkun Quisling (**4**, au milieu) est nommé Premier ministre par les Allemands, qui occupent la Norvège (**5**) depuis 1940.
Le peuple norvégien résiste aux envahisseurs, mais ses actions sont sévèrement réprimées.

4

5

La Finlande. La Finlande, qui fait partie de l'Empire russe jusqu'en 1917, proclame son indépendance en 1918, après la Révolution russe. Conformément au Pacte germano-soviétique, les Allemands envahissent le pays en 1939. Les forces finnoises, menées par le maréchal Carl-Gustav von Mannerheim (**7**), se défendent pendant la Guerre d'hiver soviéto-finnoise (**6**). Mais malgré quelques succès, elles sont vaincues. Lorsque les Allemands entament leur campagne de Russie, les Finlandais combattent les Russes à leurs côtés jusqu'en 1944.

6

7

» **L'occupation du bloc de l'Est par les Russes :** pages 460-463, 470-472

La Pologne

Page 304

novembre 1916 Monarchie constitutionnelle.

novembre 1918 La Pologne devient une république.

1918-1922 Présidence de Pilsudski.

mars 1921 Constitution de mars instituant la démocratie.

1921 Alliance avec la France et la Roumanie. Partition de la Haute-Silésie.

mai 1926-mai 1935 Dictature de Pilsudski.

1932 Pacte de non-agression avec l'URSS.

1934 Pacte de non-agression avec l'Allemagne.

avril 1935 Constitution de Pilsudski : régime autoritaire.

août 1939 Alliance avec la Grande-Bretagne.

septembre 1939 Les Allemands puis les Soviétiques envahissent la Pologne.

septembre 1939 L'Allemagne annexe une partie de la Pologne.

Page 460

Allégorie représentant l'indépendance de la Pologne, 1918.

La Pologne

1916-1939

Après 123 années de tutelle, la Pologne redevient indépendante en 1918. Mais ses frontières, dessinées arbitrairement au lendemain de la Première Guerre mondiale, sont menacées par les puissances étrangères. Elle réussit à étendre son territoire en Russie, lors de la guerre soviéto-polonaise. En 1939, elle est à nouveau divisée entre l'URSS et l'Allemagne, en vertu du pacte germano-soviétique.

1

Józef Pilsudski. Malgré les menaces des États voisins, Pilsudski (**1**) proclame l'indépendance de la Pologne en 1918. Aidé par l'armée, il organise en 1926 un coup d'État à l'issue duquel il établit une dictature personnelle. Ce régime autoritaire prend fin à sa mort en 1935.

La Haute-Silésie. En 1921, la Société des Nations organise en Haute-Silésie un plébiscite dont les résultats sont difficiles à interpréter. Des conflits sanglants opposent alors les Polonais aux Allemands. In fine, le territoire est partagé : la Pologne se voit attribuer les régions minières et industrielles de la Haute-Silésie orientale, le reste revient à l'Allemagne. Les relations entre les deux pays se crispent (**2**, caricature antigermanique).

2

La « ville libre » de Dantzig

Dantzig est séparé de l'Allemagne en 1919, en vertu du traité de Versailles (p. 345), et acquiert alors le statut de ville libre. À partir de 1922, sa politique en matière douanière et commerciale relève de la Pologne. En 1933, le mouvement national-socialiste emporte la majorité au sein de l'assemblée populaire. En effet, plus de 90 % des habitants de la ville sont des Allemands. Le statut de Dantzig, ainsi que celui du couloir polonais (une bande de terre large de 30 à 90 km que l'Allemagne est contrainte de céder à la Pologne pour lui laisser un accès à la mer) sont des sujets de discorde entre les Polonais et les Allemands. Hitler tire parti de la situation, très tendue, pour envahir la Pologne. Il déclenche ainsi la Seconde Guerre mondiale.

3

L'occupation allemande. L'Allemagne envahit la partie occidentale de la Pologne (**3**) le 1er septembre 1939 et l'URSS l'attaque par l'est deux semaines plus tard. Le Reich traite le pays avec brutalité. Les Juifs (**4**) sont maintenus dans des ghettos, où des milliers d'entre eux meurent de faim. Les survivants seront ensuite envoyés dans les camps de la mort.

4

» **Le pacte germano-soviétique :** page 381

Pages 285, 306

mai 1918 Traité de Pittsburgh : union des Tchèques et des Slovaques.

novembre 1918 Tomás Masaryk devient président de la Tchécoslovaquie (jusqu'en 1935). Proclamation de la République de Hongrie.

avril-août 1919 République soviétique instaurée par Béla Kun en Hongrie.

mars 1920 Miklós Horthy devient le régent de la Hongrie.

juin 1920 Traité de Trianon : la Hongrie perd des territoires.

septembre 1938 Accords de Munich : partition de la Tchécoslovaquie.

mars 1939 Indépendance de la Slovaquie. Protectorat de Bohême-Moravie.

octobre 1944 Putsch des Croix-Fléchées en Hongrie.

avril 1945 Conquête de la Hongrie par l'Armée rouge.

septembre 1945 Réunification de la Tchécoslovaquie.

Pages 460, 462

La Hongrie et la Tchécoslovaquie

1918-1945

En 1918, la chute de l'Empire austro-hongrois donne naissance aux républiques de Hongrie et de Tchécoslovaquie. La République soviétique proclamée en 1919 en Hongrie est renversée un an plus tard et remplacée par une monarchie. L'amiral Miklós Horthy, régent de l'Empire, instaure un régime autoritaire de droite, qui se rapproche de l'Allemagne nazie dans les années 1930. Victime de troubles sur le plan interne, l'État tchèque s'impose néanmoins comme une démocratie sous la présidence de Tomás Masaryk (**1**), jusqu'à sa partition en 1938. En 1945, l'Armée rouge envahit les deux pays, qui rejoignent le bloc des pays de l'Est.

1

2

L'invasion de la Tchécoslovaquie.
La Tchécoslovaquie est agitée par des troubles liés à la pluralité ethnique de sa population. Les Allemands du territoire des Sudètes, qui constituent près du quart des habitants de cette région, servent de prétexte à Hitler. Lors des accords de Munich, les grandes puissances permettent à l'Allemagne d'annexer cette région au Reich (p. 363). D'autres territoires frontaliers sont cédés à la Hongrie et à la Pologne, alors que la Slovaquie proclame son indépendance. En mars 1939, les Allemands envahissent le reste de la Tchécoslovaquie (**2**), qui devient le protectorat de Bohême-Moravie, soumis au Reich. Jusqu'au décès de Heydrich, protecteur adjoint du Reich, en 1942, les Tchèques souffrent moins que les Polonais de la présence allemande.

3

La Slovaquie. Après avoir proclamé son indépendance en 1939, la Slovaquie se dote d'un régime autoritaire sur le modèle allemand. Soutenu par le Parti populaire slovaque et par la Garde Hlinka, le président Jozef Tiso (**3**) applique une politique proche de celle du NSDAP (p. 349). En 1944, les Slovaques entament une révolte, qui est brutalement réprimée par les forces allemandes. Le pays est ensuite occupé par l'Armée rouge en 1945, avant son rattachement en 1948 à la république unifiée de Tchécoslovaquie.

La Hongrie jusqu'en 1945. Après la dissolution de la République soviétique en 1919, Miklós Horthy (**4**, avec Hitler) devient régent de l'Empire, alors organisé selon un régime conservateur autoritaire. Fervent anticommuniste, il soutient les initiatives du Führer mais reste très attaché à l'indépendance de la Hongrie. En 1941, celle-ci entre en guerre aux côtés de l'Allemagne. En octobre 1944, lorsque Horthy ordonne un cessez-le-feu en raison de l'avancée des troupes soviétiques, le groupe fasciste et antisémite des Croix-Fléchées mené par Szálasi s'empare du pouvoir avec l'aide des troupes allemandes. Horthy est interné. Commence alors le massacre des Juifs et des opposants au régime (**5**, pogroms des Croix-Fléchées). Cependant, les Croix-Fléchées ne peuvent repousser les troupes soviétiques.

4

5

Les Croix-Fléchées. Aidé par les SS, le parti national-socialiste des Croix-Fléchées livre une guerre sanglante contre les Soviétiques dans un pays déjà soumis. L'Armée rouge cerne Budapest (**6**), tandis que les émeutes dévastent totalement la ville. Pendant les quelques mois où les Croix-Fléchées sont au pouvoir, les Juifs hongrois, jusque-là épargnés, sont exécutés ou déportés en masse. Les troupes soviétiques ne parviennent à conquérir complètement la Hongrie qu'en avril 1945.

6

» **L'Holocauste :** pages 410-411

L'Union soviétique

Page 304

mars 1917 Révolution de février menée par Alexandre Kerenski : abdication du tsar.

avril 1917 Retour d'exil de Lénine.

novembre 1917 Révolution des bolcheviques, menée par Lénine.

juillet 1918 Exécution du tsar et de sa famille à Ekaterinbourg.

1918-1921 Guerre civile et batailles entre l'Armée rouge et l'Armée blanche.

1921-1922 Famine en hiver.

1922 Staline devient le Secrétaire général du Parti communiste.

1923 Lénine met en application la « nouvelle politique économique ».

janvier 1924 Mort de Lénine.

1924-1928 Lutte de pouvoir entre Staline, Trotski et le binôme Kamenev et Zinoviev.

1928 Début de la dictature de Staline et du collectivisme agraire obligatoire. Trotski est expulsé du Parti.

décembre 1934 Ère des grandes purges.

1936-1939 Période des procès arbitraires de Moscou. Élimination de la vieille garde du parti et de l'armée.

Page 380

L'Union soviétique jusqu'en 1939

1917-1939

Affiche communiste.

Les échecs de la Russie pendant la Première Guerre mondiale génèrent un mécontentement croissant. La révolution de Février, qui a lieu en mars 1917, commence avec des mutineries de l'armée. Lénine et les bolcheviques organisent ensuite la révolution d'Octobre. Ils mettent fin à l'implication de la Russie dans le conflit mondial et l'emportent sur leurs opposants dans la guerre civile. En 1922, se forme l'URSS, le premier État communiste. Après le décès de Lénine, Staline instaure une dictature.

La chute du tsar

Le mécontentement du peuple russe à propos de la politique du tsar Nicolas II croît régulièrement, en particulier après le « dimanche sanglant » de Saint-Pétersbourg en 1905 (p. 305). Il atteint son paroxysme pendant la Première Guerre mondiale, mais le tsar n'est pas prêt à faire des concessions. Il doit cependant abdiquer pendant la révolution de 1917. Un an plus tard, il est exécuté avec sa famille.

Le socialisme et le communisme

*Dès le XIXe s., divers courants se dessinent au sein du socialisme à propos de la participation des ouvriers à la vie politique et à la redistribution des richesses. Alors que les mouvements de droite dans les pays industrialisés prônent le socialisme démocratique et la réforme des structures existantes, les communistes (**2**) et les radicaux-socialistes appellent à la révolution et à la dictature du prolétariat.*

2

Lénine (1870-1924)

Affilié au mouvement révolutionnaire russe au XIXe s., Lénine est exilé en Sibérie. Il développe l'idée d'un parti cadre qui serait le gardien de la révolution, une doctrine qui provoque une scission au sein de la démocratie sociale russe en 1903. Lénine vit en exil après 1900, mais séjourne en Russie lors de la révolution manquée de 1905-1907. Il revient au pays en 1917, avec l'aide des Allemands. Il exige alors que le pouvoir soit transféré aux soviets et qu'il soit mis fin à la guerre. La révolution d'Octobre porte les bolcheviques au pouvoir et il devient le nouveau chef d'État. Il pose les bases de la dictature du parti et instaure la terreur comme instrument de la guerre civile. Affaibli par la maladie et par les suites d'une tentative d'assassinat, Lénine se retire de la politique en 1922. Après sa mort, son corps est placé dans un mausolée sur la place Rouge, à Moscou (à gauche), où il reste exposé au public. Les théories de Lénine posent les bases de l'idéologie communiste du XXe s.

La guerre civile. À ses débuts, le bolchevisme compte de farouches opposants : les puissances occidentales le soumettent à un embargo, la Pologne étend ses frontières vers l'Est et, en Russie, l'Armée blanche, constituée de monarchistes, de sociaux-démocrates et de modérés, combat les forces révolutionnaires. Mais l'Armée rouge (**1**), menée par Léon Trotski, progresse sur ses opposants et récupère les territoires perdus. La guerre civile impose des sacrifices à la population jusqu'en 1922, les parties se livrant à des actes violents contre leurs ennemis. S'organise alors la Tcheka, la puissante police secrète russe.

1917-1924 *Révolution d'Octobre en Russie.*
1918-1919 *Les communistes tentent d'imposer une république soviétique en Allemagne.*
1945-1949 *Le communisme se répand en Europe de l'Est.*
1945-1954 *Le Sud Viêt Nam devient communiste.*
1948 *Régime communiste en Corée du Nord.*
1949-1976 *Mao Zedong prend le pouvoir en Chine.*
1959 *Révolution de Fidel Castro (**4**) à Cuba.*

1960-1980 *Régimes communistes dans certains pays d'Afrique.*
1976-1979 *Régime communiste de Pol Pot au Cambodge.*
1976 *Régime communiste en Chine sous Deng Xiaoping (**3**).*

1978-1979 *Invasion des troupes soviétiques en Afghanistan.*
1989 *Chute du bloc des pays de l'Est.*

Page 378

août 1939 Pacte germano-soviétique.

1940 Assassinat de Trotski .

juin 1941 Invasion allemande de l'Union soviétique.

octobre 1941 Les Allemands marchent sur Moscou.

1941 Dissolution de la République allemande de la Volga.

1941 Début du siège de Leningrad par les Allemands.

décembre 1941 Contre-offensive russe.

1942-1943 Bataille de Stalingrad.

novembre 1943 Prise de Kiev par les Soviétiques.

janvier 1944 Les Russes entrent en Pologne.

janvier 1945 L'armée soviétique franchit l'Oder.

avril 1945 Dernière offensive des Soviétiques à Oderbruch.

mai 1945 Capitulation de Berlin.

Page 470

L'Union soviétique

1939-1945

1

À partir de 1929, Staline (**1**) s'impose comme le chef suprême. Grâce à une alliance conclue en 1939, Staline et l'Allemagne nazie, pourtant opposés sur le plan idéologique, s'accordent sur le partage de l'Europe de l'Est, la Pologne et la partie orientale des Pays baltes devant revenir à l'URSS. La coalition est rompue en 1941, avec l'invasion de la Russie par les Allemands. Jusqu'en 1942, ces derniers font près de 1 million de morts, pour la plupart des Juifs. Mais, après leurs premiers succès, les Allemands sont vaincus à la bataille de Stalingrad, en 1943. Les troupes soviétiques les obligent alors à battre en retraite et les chassent des pays de l'Europe de l'Est. Staline est l'un des vainqueurs de la guerre.

2

4

L'agriculture. La politique agricole de l'Union soviétique se définit comme une lutte contre les grands propriétaires terriens. De mauvaises gestions et un marché noir important sont à l'origine d'une terrible famine (**4**) qui fait plus de 4 millions de morts au cours des hivers 1921 et 1922. La situation est notamment très critique en Ukraine. Lénine consent alors à amorcer un processus de libéralisation de l'économie. En revanche, Staline impose avec brutalité le collectivisme agraire (**2**) dans les kolkhozes.

3

La propagande. Staline promeut l'idéologie du Parti à travers l'expression artistique. Dès 1932, le réalisme socialiste est obligatoire dans l'art et la littérature. Le socialiste est dépeint comme un homme modeste et travailleur, ayant le sens du don de soi (**3**, affiche).

L'ascension de Trotski

Après le décès de Lénine, Léon Trotski, intellectuel d'un grand charisme, s'impose comme le plus sérieux rival de Staline. Il a déjà présidé le soviet de Pétersbourg en 1905-1906. On lui doit le concept de révolution permanente en tant que principe de développement social. Il est considéré comme le candidat le plus apte à succéder à Lénine. Cependant, il n'a pas assez d'envergure pour contrer la politique brutale de Staline. Expulsé du Parti en 1927, il est exilé un an plus tard et sera assassiné au Mexique en 1940 par un agent soviétique.

5

Le travail forcé. Les opposants réels ou supposés de Staline sont exécutés par millions ou déportés dans des camps de travail (goulags) en Sibérie. Ils doivent travailler dans des carrières (**5**) ou dans des mines, ou participer à la construction de canaux ou de voies ferrées. Ils sont surveillés et soumis à des conditions de vie très dures. Peu survivent à ce traitement.

Le pacte germano-soviétique. Les deux dictateurs signataires s'accordent secrètement sur l'invasion et la partition de la Pologne, qui a lieu en 1939 (**6**, rencontre germano-soviétique sur la ligne de démarcation polonaise). L'Allemagne et l'URSS mettent alors fin à leur guerre de propagande. On ignore si les échecs de la Russie en 1941 sont liés à la surprise que représente l'attaque allemande ou à la désorganisation de l'armée soviétique.

Caricature française du pacte germano-soviétique de 1939.

6

» **Les origines du communisme :** page 275

Page 306

1916 Gouvernement révolutionnaire formé par le Premier ministre grec Venizelos.

1918 Formation du royaume des Serbes, des Croates et des Slovènes (qui prend le nom de Yougoslavie après 1929).

1924 Proclamation de la république en Grèce.

1929 Proclamation du royaume de Yougoslavie.

1934 Assassinat du roi Alexandre Ier de Yougoslavie. Paul devient prince régent.

1935 Monarchie grecque sous Georges II.

1936 Coup d'État et dictature militaire du général Ioannis Metaxas en Grèce.

1941 Mort du général Metaxas.

1941 Les États du Danube et des Balkans signent le Pacte tripartite.

mars 1941 La Yougoslavie adhère au Pacte tripartite.

mars 1941 Putsch contre le prince régent Paul en Yougoslavie.

avril 1941 Occupation de Belgrade par les Allemands. Début de la guérilla en Serbie dirigée par Tito.

avril 1941 Prise d'Athènes par les Allemands.

août-septembre 1944 La Roumanie déclare la guerre à l'Allemagne et conclut un cessez-le-feu avec l'URSS.

septembre-octobre 1944 La Bulgarie passe du côté des Alliés.

décembre 1944 Répression du soulèvement communiste en Grèce par les Anglais.

1944 Gouvernement provisoire de Yougoslavie sous Tito.

1945 Retrait des troupes allemandes de Zagreb.

Pages 462, 464, 466

Le sud-est de l'Europe

1916-1945

La Grèce et les Balkans ne connaissent aucun répit après 1914. Le royaume de Yougoslavie, constitué en 1918, réunit les Serbes, les Croates et les Slovènes. Occupé en 1941 par les Allemands, il est divisé entre la Croatie, proallemande, et la Serbie, qui résiste à l'occupant. Les pays de l'Europe de l'Est commencent à rejoindre les puissances de l'Axe à partir de 1941 (p. 350). Ils décident de faire la paix avec l'URSS en 1944 et se soumettent ainsi aux Soviétiques. Après la guerre, la Grèce est confrontée à une guerre civile sanglante. Elle est le seul pays qui échappe au joug des Russes et au communisme.

1

2

La Bulgarie. Poussée par ses alliés (**3**, caricature), la Bulgarie entre en guerre en 1915 aux côtés des Empires centraux. Après sa défaite, elle est contrainte, par le traité de Neuilly signé en 1919, de céder la plus riche de ses provinces. Le tsar Boris IIII (**2**, avec sa famille) rejoint les puissances de l'Axe en 1939. En 1941, la Bulgarie entre en guerre contre l'URSS.

3

a Grèce. Ignorant les vœux du roi et u peuple, le Premier ministre grec leutherios Venizelos (**4**) poursuit ne politique favorisant les intérêts es puissances de l'Entente. La rèce entre en guerre en 1917 et evient ainsi l'une des bénéficiaires es traités de Neuilly et de Sèvres 1919 et 1920), qui lui accordent des erritoires. La toute nouvelle République recque, proclamée en 1924, est brutalement confrontée à la crise économique mondiale (p. 404). Le contexte favorise la montée des extrémismes, de droite comme de gauche. L'Allemagne occupe le pays (**1**, à Athènes) de 1941 à 1944. Les communistes, qui ont déjà mené la résistance contre les fascistes, initient une révolte contre le gouvernement conservateur en exil, placé sous la protection du gouvernement britannique.

4

a Yougoslavie. Dans les années 1930, le oyaume de Yougoslavie, affaibli par des roblèmes économiques, succombe à l'influence llemande. Le prince régent Paul (**5**, avec Hitler) st renversé en mars 1941 lorsqu'il rejoint le acte tripartite, ce qui conduit les Italiens et es Allemands à envahir le pays. Alors que les

5

6

Croates pactisent avec les occupants (« Ustasha fascists »), les Serbes, menés par Tito (**6**), se livrent à une guérilla contre les envahisseurs. La guerre fait rage des deux côtés. Lorsque le calme revient, Tito tente de préserver l'unité de la Yougoslavie, une tâche difficile en raison de la diversité culturelle du territoire (p. 464).

La République turque

1918-1945

Vaincu lors de la Première Guerre mondiale, l'Empire ottoman est démantelé en 1918 et réduit à l'Anatolie. Le réformateur Mustafa Kemal, connu sous le nom d'Atatürk, proclame la république en 1923 et procède à la modernisation et à la laïcisation de la société. En instituant la séparation des Églises et de l'État, il inaugure pour la Turquie une sécularisation inspirée du modèle occidental.

Femme turque en 1917 (à droite) et jeune Turque armée après la réforme vestimentaire, v. 1935 (ci-dessus).

Page 308

1914-1915 Déplacement forcé et massacre des Arméniens.

1919 Début de la guerre de libération menée par Mustafa Kemal.

1920 Traité de Sèvres.

1922 Abolition du sultanat.

1923 Proclamation de la république. Mustafa Kemal devient président.

1923 Abolition du califat.

1925 Pacte de non-agression soviéto-turc.

1930 Pacte d'amitié avec la Grèce. Le droit de vote est accordé aux femmes.

1934 Entente balkanique entre la Turquie, la Grèce, la Roumanie et la Yougoslavie.

1936 Convention de Montreux : la Turquie reprend le contrôle du Bosphore et des Dardanelles.

1938 Mort de Kemal Atatürk.

1945 Renonçant à sa neutralité, la Turquie déclare la guerre à l'Allemagne.

Page 468

Le « père des Turcs »

Partisan des réformes, Mustafa Kemal participe au mouvement de révolte des Jeunes-Turcs en 1908-1909 et sert dans l'armée comme officier pendant la Première Guerre mondiale. Il est également président de la Première grande Assemblée nationale, de 1920 à 1923. Le traité de Sèvres réduit la Turquie à son territoire originel. Atatürk modernise et nationalise le pays. Il promeut les principes du « kémalisme », soit la séparation des Églises et de l'État, et instaure un gouvernement républicain et laïque. Il force l'unité nationale par des mesures autoritaires, comme la suppression de minorités ethniques et religieuses, notamment les Kurdes. Honoré de l'épithète Atatürk (« père des Turcs »), il meurt en 1938.

La fin du sultanat. À l'annonce de la dissolution du sultanat par Mustafa Kemal en 1922, le dernier sultan, Mehmed VI (**1**, assis), prend le chemin de l'exil. Mustafa Kemal limite l'influence de la religion dans tous les aspects de la vie publique. Il rejette le panislamisme et travaille à tisser des liens entre la Turquie et l'Europe. Après sa mort, l'armée reprend sa politique, mais l'utilise pour légitimer l'extermination des minorités.

Le génocide arménien

Au XIXe s., une grande partie des territoires arméniens relevant de l'Empire ottoman sont annexés par la Russie. Les Jeunes-Turcs accusent les chrétiens d'Arménie de pactiser avec les Russes et de constituer un noyau de résistance contre le nationalisme turc. Les premiers massacres des communautés arméniennes ont lieu en 1895-1896 et en 1914-1915. Près de 1,5 million d'Arméniens sont sauvagement exécutés par l'armée, ou meurent de faim ou d'épuisement au cours de leur déportation. À ce jour, le gouvernement turc refuse encore de reconnaître les crimes commis par son armée. Alors que le traité de Sèvres de 1920 concède un État aux Arméniens, les Turcs continuent d'occuper la partie occidentale de leur territoire. La partie orientale est envahie par les Russes en 1936 et annexée par l'URSS. Le génocide est reconnu par les Nations unies et l'Union européenne, et les Arméniens en exil tentent de faire juger les auteurs de ces crimes.

Les changements sociaux. Les réformes d'Atatürk, inspirées du modèle occidental, instituent notamment la monogamie et l'égalité des droits pour les femmes, deux mesures qui ne connaissent qu'un succès mitigé. Les femmes obtiennent le droit de vote. Une réforme vestimentaire leur interdit le port du voile et bannit le fez pour les hommes. Dans le cadre scolaire, l'écriture arabe est remplacée par l'alphabet latin. La modernisation de la Turquie a lieu selon une politique autoritaire. Atatürk veille à l'application pratique des réformes qu'il met en place (**2**, promotion de l'alphabet latin).

Page 164

1882 Début de l'immigration juive en Palestine.

1916 Début de la rébellion des Arabes à La Mecque.

1917 Conquête de la Palestine par les Anglais. La déclaration Balfour promet aux Juifs une terre en Palestine.

1920 Conférence de San Remo : réaménagement des sphères d'influence de la France et de la Grande-Bretagne au Proche-Orient.

1920-1921 Création de l'émirat de Transjordanie sous Abdallah Ier.

1921 Création du royaume d'Irak sous Faysal Ier.

1930 Révision du mandat britannique sur l'Irak.

1932 Indépendance de l'Irak. Création du royaume d'Arabie Saoudite par Ibn Saud.

1933 Mort du roi Faysal.

1936-1939 Révolte des Arabes en Palestine.

1936-1941 Putsch manqué des nationalistes en Irak.

1946 Indépendance de la Jordanie.

Pages 480, 482, 484, 486, 488

La restructuration de l'Arabie

1916-1945

Soutenue par les Anglais, la rébellion des Arabes contre les Turcs s'étend du Hedjaz jusqu'en Irak et en Palestine. Une fois le conflit résolu, les territoires arabes se voient refuser l'indépendance qui leur avait été promise après 1918. Au contraire, tout le Proche-Orient est divisé et attribué aux Anglais et aux Français. Seule l'Arabie devient indépendante, sous le règne de la famille Saud. Les Britanniques sont confrontés au conflit de plus en plus aigu qui oppose les Juifs et les Palestiniens en raison de l'immigration des Juifs européens en Palestine. La guerre civile est évitée de justesse, grâce à des mesures draconiennes.

1

La révolte des Arabes. Le gouvernement britannique soutient le nationalisme des provinces arabes dans le dessein d'affaiblir l'Empire ottoman. En contrepartie de leur engagement aux côtés de l'Entente, il promet à ses partenaires, dont la famille du chérif de La Mecque, Hussein, l'indépendance de la Syrie, du Liban, de l'Irak (**1**, plate-forme pétrolière) et du centre de l'Arabie. En juin 1916, Hussein prend la tête d'une révolte qui chasse les Turcs de La Mecque (**2**). Mais, en 1915, les Français et les Anglais concluent secrètement l'accord Sykes-Picot (du nom des diplomates), qui assoit leur influence dans la région. Lors de la conférence de San Remo en 1920, les promesses sont oubliées et la Société des Nations confie la Syrie et le Liban à la France, et la Grande-Bretagne prend le contrôle de l'Irak et de la Palestine.

2

Lawrence d'Arabie (1888-1935)

L'archéologue Thomas Edward Lawrence commence à travailler en Arabie en 1916, en tant qu'agent des services secrets britanniques. Il devient par la suite le conseiller de Faysal, fils d'Hussein, le chérif de La Mecque, qui incarne les ambitions arabes. Lawrence d'Arabie soutient la rébellion des Arabes en 1916 et les aide dans des aventures militaires risquées. Il proteste en 1920 contre la politique de l'Angleterre en Orient et se sent partagé entre la loyauté envers son pays et son admiration pour le désir de liberté des Arabes. Quand le gouvernement britannique ne tient pas ses promesses d'indépendance de l'Arabie, il perçoit ce refus comme une atteinte à son honneur et démissionne en 1922. Il vit ensuite comme un simple soldat en Inde, refusant les récompenses militaires. Il meurt dans un accident de moto en 1935.

3

Le sionisme. En réponse à l'antisémitisme des Européens (p. 410), Theodor Herzl (**3**) fonde le sionisme, qui réclame la création d'un « foyer national en Palestine », garanti par le droit public.

4

Le mandat britannique. Impliquée dans le différend entre les Arabes et les immigrés juifs, la Grande-Bretagne tente d'éviter les conflits (**4**) entre les parties. Elle promet aux Juifs, par la déclaration de lord Balfour (1917), la création d'un « foyer national en Palestine », mais assure aux dirigeants arabes que les droits et la propriété des Palestiniens ne seront pas affectés.

L'immigration juive. L'antisémitisme entraîne un accroissement de l'immigration juive en Palestine (**5**, camp d'immigrés). Les nouveaux arrivants se groupent au sein de kibboutz et se lancent dans l'agriculture. Malgré l'opposition des Arabes, la population juive de Palestine passe de 10 % en 1900 à plus de 30 % en 1945.

5

» **Les conséquences de l'intervention européenne :** pages 480-491

Page 314

1919 Massacre de manifestants non armés à Amritsar.

1920 Réforme constitutionnelle.

1920-1922 Campagne de résistance passive organisée par le Mahatma Gandhi.

1922-1924 Gandhi est incarcéré.

1930 Marche du sel.

1930-1932 Conférence de la Table ronde entre les Britanniques et les Indiens.

1931 Pacte Gandhi-Irwin. Abolition du monopole du sel.

1940 La Ligue musulmane de l'Inde adopte la résolution du Pakistan, avec la constitution d'un État musulman.

1942 Campagne « Quittez l'Inde ».

1947 Indépendance de l'Inde : Jawaharlal Nehru devient le chef de l'État. Indépendance du Pakistan : Muhammad Ali Jinnah est gouverneur général.

1947-1948 Guerre civile entre hindous et musulmans, et déplacements de populations : 1 million de morts.

1948 Assassinat de Gandhi.

Pages 492, 495

L'Inde

1919-1948

L'administration coloniale britannique (**1**) est menacée par des campagnes de désobéissance civile ordonnées par le Mahatma Gandhi. Le désir d'indépendance exprimé par le peuple depuis les années 1930 se concrétise en 1947. La Ligue musulmane menée par Muhammad Ali Jinnah exige depuis 1940 la constitution d'un État pour les musulmans. En 1947-1948, des affrontements éclatent entre hindous et musulmans. Intervient alors la partition de l'Inde, en Union indienne et Pakistan.

1

Le Mahatma Gandhi (1869-1948), la « grande âme » de l'Inde

À partir de 1915, le Mahatma Gandhi incarne le cœur et l'âme de la résistance indienne contre l'administration britannique. Il défend l'idée que la domination anglaise est impossible sans la collaboration des Indiens. En conséquence, il prône la non-coopération et la résistance passive. En organisant des campagnes d'envergure, Gandhi focalise l'attention de la communauté internationale sur la lutte des Indiens pour leur liberté. L'Angleterre est obligée de réagir. Partisan de la paix entre hindous et musulmans, Gandhi est assassiné en 1948 par un fanatique hindou.

2

L'armée de réserve indienne. Malgré leur loyauté envers les Anglais pendant la Première Guerre mondiale (**2**), les Indiens voient leurs espoirs d'indépendance s'évanouir. Dès 1919, les intellectuels éduqués en Angleterre (hormis Gandhi) sont de plus en plus virulents dans leurs revendications d'autonomie. Plusieurs d'entre eux, comme Motilal Nehru et son fils Jawaharlal, s'expriment au sein du parti du Congrès. Pour négocier l'indépendance, ils s'appuient sur la tradition culturelle et intellectuelle de l'Inde.

La Ligue musulmane. Fondée en 1916 par Muhammad Ali Jinnah (**3**, avec Gandhi), la Ligue musulmane soutient la lutte pour l'indépendance, mais craint que la communauté musulmane minoritaire ne fasse l'objet de discriminations au sein d'un État à majorité hindoue. Ni Jinnah ni Gandhi ne réussissent à éviter les affrontements de 1947 entre hindous et musulmans. Selon la théorie des « deux nations » de Jinnah, le Pakistan est séparé de l'Inde et constitue un État musulman indépendant. Jinnah devient le premier chef d'État du Pakistan.

3

4

5

La désobéissance civile. Gandhi pense que les Indiens doivent se défendre en « s'accrochant à la vérité » *(satyâgraha)*. Ce principe s'exprime pleinement dans la Marche du sel (**4**) : des milliers de manifestants prennent des poignées de sel dans les salines, violant ainsi le monopole britannique. Près de 60 000 personnes, dont Gandhi, sont arrêtées. Les campagnes indiennes pour l'indépendance se distinguent par leur stratégie et leur persévérance (**5**).

Page 316

1911-1912 Destitution de la monarchie et proclamation de la république.

1912 Création du Guomindang (KMT, Parti nationaliste).

1916-1928 Guerre civile et domination des chefs de guerre.

1921 Fondation du Parti communiste chinois.

1927 Persécution des communistes.

1928-1949 Gouvernement de Tchang Kaï-chek (KMT).

1934-1935 Longue Marche.

1937-1945 Guerre sino-japonaise.

1946-1949 Guerre civile entre Guomindang et communistes.

1949 Prise de pouvoir des communistes : Mao Zedong proclame la république.

Page 502

La Chine entre l'empire et le communisme

1911-1949

Jusqu'en 1928, la jeune république est agitée par des guerres civiles et des luttes pour l'indépendance menées dans certaines régions sous l'égide de chefs de guerre. Après 1927, le Parti national républicain (Guomindang), dirigé par Tchang Kaï-chek, combat les communistes, tandis que les Japonais occupent la Mandchourie (en 1931) puis Nankin (en 1937). Le conflit contre les Japonais entraîne en 1946 une guerre civile entre le Guomindang et les communistes. En 1949, ces derniers, menés par Mao Zedong, sont vainqueurs et proclament la République populaire de Chine (**1**, gardes armés sur la Grande Muraille) pendant que Tchang Kaï-chek fuit à Taïwan.

1

2

L'invasion japonaise. L'invasion de la Chine par les Japonais commence en 1931 avec l'occupation de la Mandchourie. Les soldats japonais fanatisés traitent les civils chinois avec la plus extrême cruauté (**2**), les confinant dans les camps et les utilisant à des fins d'expérimentation médicale. La violence atteint son paroxysme lors de la prise de Nankin en 1937. En quelques jours, les Japonais rassemblent des milliers d'habitants pour les massacrer. Ils ne quittent la Chine qu'en 1945, alors que les États-Unis ont déclaré la guerre au Japon en 1942 et accordé une importante aide militaire aux Chinois.

3

La guerre civile. En 1927, une guerre éclate entre le Guomindang et les communistes. Tchang Kaï-chek persécute ses opposants, notamment en faisant exécuter à Shanghai en 1927 des milliers de communistes et de syndicalistes (**3**). Fuyant les campagnes d'extermination du gouvernement républicain en 1934-1935, Mao Zedong (**4**) se retire dans le Nord avec l'armée de son parti au terme de la Longue Marche, un périple de 9 650 km. Seuls 8 000 des 90 000 soldats arrivent à destination. En 1945, le Parti communiste prend le pouvoir grâce aux forces soviétiques. Lors d'une nouvelle guerre civile, le gouvernement corrompu de Tchang Kaï-chek est chassé. Ce dernier fuit à Taïwan avec l'aide des Américains.

Le dernier empereur

Accédant au trône en 1908 alors qu'il n'est qu'un enfant, Puyi doit abdiquer après la révolution de 1912. Comme dernier empereur, il se place en 1924 sous la protection des Japonais, qui l'installent comme régent du Mandchoukouo, un État fantoche créé en Mandchourie. Le souverain est arrêté par les Russes en 1945 et remis aux Chinois en 1950. Mao le fait « rééduquer » dans un camp jusqu'en 1959. Il occupe ensuite des emplois de jardinier et de bibliothécaire.

4

» **Le Japon :** pages 394-395

Page 318

1923 Violents tremblements de terre à Tokyo et Yokohama.

1925 Introduction du suffrage universel.

1926-1989 Règne de l'empereur Hirohito.

1931-1932 Invasion de la Mandchourie et création de l'État fantoche du Mandchoukouo.

1933 Retrait du Japon de la Société des Nations.

1935 Conquête de Shanghai.

1936 Pacte anti-Komintern avec le Reich.

1937-1945 Guerre sino-japonaise (p. 393).

1940 Pacte tripartite avec l'Allemagne et l'Italie.

1941 Pacte de neutralité soviéto-japonais. Occupation de Saigon.

1941 Attaque de Pearl Harbor.

Page 396

Le Japon impérial et le Sud-Est asiatique

1923-1941

Sous l'empereur Hirohito, le Japon s'engage dans un vaste programme d'armement et s'allie dans les années 1930 avec les puissances fascistes de l'Axe (**1**, visite du ministre des Affaires étrangères japonais Matsuoka à Berlin, en 1941). Au même moment, le pays inaugure une politique expansionniste, dirigée dans un premier temps contre la Chine (p. 392), puis vers les autres pays d'Asie du Sud-Est. Les Japonais sont ainsi impliqués dans de nombreuses guérillas. Les autochtones des pays occupés se battent pour leur indépendance, notamment les Viêtnamiens d'Indochine, qui sont aidés par les Forces alliées. En attaquant Pearl Harbor fin 1941, le Japon provoque l'entrée en guerre des États-Unis et l'extension de la Seconde Guerre mondiale dans le Pacifique.

1

L'empereur Hirohito (1901-1989)

Après avoir assuré la régence pendant sept ans pour le compte de son père Yoshihito, qui souffrait de troubles mentaux, Hirohito accède au trône en 1926. Il renforce le culte de l'empereur instauré sous l'ère Meiji et soutient la politique ultranationaliste du Japon. Après la capitulation de son pays, il renonce en 1946 à se réclamer de la nature divine des empereurs japonais. Les forces américaines d'occupation le considèrent comme le « tenno », ou « symbole d'unité nationale », et, en 1948, l'absolvent de tous ses crimes de guerre. Après le conflit, un silence implicite entoure le rôle de Hirohito avant 1945.

L'alliance avec le Reich. En 1936, l'Allemagne et le Japon combattent ensemble le communisme en vertu du Pacte anti-Komintern (**2**). Un accord secret entre eux prévoit leur neutralité en cas d'attaque de l'Union soviétique, mais il devient caduc après la signature du pacte de non-agression germano-soviétique de 1939, qui est à l'origine de la dégradation des relations entre le Japon et l'Allemagne jusqu'à la signature du pacte tripartite de 1940.

L'impérialisme. Motivé par un sentiment nationaliste et raciste, le Japon inaugure sa politique impérialiste avec l'invasion de la Mandchourie en 1931 (**4**, les empereurs Puyi et Hirohito, 1935). Sa conquête de la Chine se poursuit jusqu'en 1937 (**3**, à Nankin). Puis, pendant la Seconde Guerre mondiale, il occupe la Corée, le Viêt Nam, les Philippines, Hong Kong, Singapour et la Birmanie. D'une grande cruauté, les Japonais réduisent la population en esclavage et obligent des centaines de milliers de femmes à se prostituer dans des maisons closes réservées aux militaires. À partir de 1944, les Forces alliées libèrent les pays occupés par le Japon pendant la guerre du Pacifique (p. 396). En Chine, on estime à 20 millions le nombre de personnes, des civils en majorité, qui ont péri. Aujourd'hui encore, le Japon ne reconnaît pas sa responsabilité dans les crimes perpétrés.

Page 394

1941 Invasion du Viêt Nam par le Japon. Fondation du Viêt-minh communiste (ligue pour l'indépendance du Viêt Nam) par Hô Chi Minh.

7 décembre 1941 Attaque de Pearl Harbor.

8 décembre 1941 Les États-Unis et la Grande-Bretagne déclarent la guerre au Japon.

1941-1942 Début de la guerre du Pacifique.

1941-1942 Les Japonais occupent la plus grande partie de l'Asie du Sud-Est.

1942 Occupation de Manille par les Japonais.

1942 Bataille navale de Midway.

1943 Occupation de la Birmanie par les Anglais.

1944 Bataille navale de Saipan.

1945 Débarquement des troupes américaines au Japon.

1945 Lancement de deux bombes atomiques sur Hiroshima et Nagasaki.

1945 Reddition du Japon.

1945 Création de la République démocratique du Viêt Nam.

1946 Début de la guerre de l'Indochine contre la France.

Pages 496, 498, 500, 506, 508

Le Japon et le Sud-Est asiatique

1941-1946

1

La guerre du Pacifique consiste en une succession de batailles navales (**1**). Les Alliés repoussent une tentative de débarquement des Japonais en Australie. Puis, en 1944, ils réussissent à les chasser de tous les territoires occupés, malgré leurs méthodes extrémistes (kamikazes). Fin 1944, les Alliés prennent la première île japonaise. Mais les Japonais ne sont pas prêts à se rendre. Seul le lancement de bombes atomiques sur Hiroshima et Nagasaki, en août 1945, les contraint à la reddition. Humiliés par leur défaite, des politiciens et officiers de haut niveau se suicident. L'administration militaire américaine lance immédiatement un programme de rééducation démocratique. Au cours des années suivantes, les puissances coloniales se retirent progressivement de la région. Presque tous les pays du Sud-Est asiatique acquièrent leur indépendance dans les années 1940.

Pearl Harbor. Le 7 décembre 1941, l'attaque, sans déclaration préalable, de la base américaine de Pearl Harbor (**2**) par des bombardiers japonais détruit en partie la 7e Flotte des États-Unis et tue 3 500 soldats. Elle déclenche l'entrée en guerre des Américains, qui hésitaient depuis deux ans à rejoindre le conflit, et donne une dimension mondiale à la guerre. Certains historiens supposent que le gouvernement américain a été averti de cette action et qu'il aurait sciemment laissé faire pour rallier le peuple américain à sa décision, mais rien ne permet d'étayer cette hypothèse.

2

3

Le Viêt Nam. Hô Chi Minh fait ses études en France, puis à partir de 1923 devient un membre actif du Komintern en Asie du Sud-Est. En 1941, il organise les troupes du Viêt-minh (**3**) qui mènent la guérilla pour l'indépendance du Viêt Nam, d'abord contre les Japonais, puis contre la France pendant la guerre d'Indochine (1946-1954) (p. 498). En 1945, Hô Chi Minh devient le premier président de la République démocratique du Viêt Nam, qui fera ensuite l'objet d'une partition en 1954. En tant que chef d'État de la République populaire communiste du Nord, il incarne la résistance contre les Américains pendant la guerre du Viêt Nam (p. 523). Il impose des réformes agraires et industrialise le pays de force.

Les kamikazes. Après ses premières défaites dans la guerre du Pacifique, l'armée de l'air japonaise entraîne des volontaires, les kamikazes (« vents divins ») (**4**), à diriger leurs avions remplis d'explosifs sur les navires américains. Ces pilotes disent adieu à leur famille et dédient leur vie à la patrie. Ils sont honorés comme des « héros immortels ». Si leur capacité de destruction est assez restreinte sur le plan militaire, leur action produit un effet psychologique marquant sur les troupes ennemies.

4

Les bombardements de Hiroshima et Nagasaki

Pour contraindre les Japonais à la reddition, le gouvernement américain décide de lancer, les 6 et 9 août 1945, deux bombes atomiques sur Hiroshima et Nagasaki. 200 000 personnes meurent immédiatement et 100 000 autres succombent à leurs brûlures. Nombreux sont ceux qui souffrent de longues maladies ou sont atteints de difformités. L'opportunité de cette attaque est encore discutée aujourd'hui, car on lui doit l'entrée dans l'ère nucléaire. Après 1945, d'autres pays, notamment la Russie, suivent les États-Unis et développent leur propre programme nucléaire. Les irradiations, dont on se souciait peu à l'époque, ont causé des cancers et des maladies génétiques chez les populations vivant à proximité des sites d'essais nucléaires.

» **La guerre du Viêt Nam :** pages 498-499, 523

Le Commonwealth : l'émancipation des colonies britanniques

1918-1945

La couronne d'empereur des Indes de George V.

Dans un premier temps, la Grande-Bretagne accorde le statut, relativement autonome, de dominion aux États typiquement britanniques, comme le Canada et l'Australie, qui ont loyalement combattu à ses côtés pendant les deux guerres mondiales. Cependant, d'autres colonies, dont l'Inde, ont également envoyé des troupes au combat. Après 1918, elles attendent des concessions sur leur souveraineté et réclament une certaine autonomie. Dans les années 1920, afin de préserver les privilèges commerciaux et les liens culturels avec ses colonies, l'Angleterre décide, sous la supervision de l'ancien ministre des Affaires étrangères Arthur James Balfour, d'accorder à la plupart d'entre elles le statut de dominion, qui leur confère une assez grande autonomie, ce regroupement se fondant sur la participation volontaire. Le Commonwealth devient ainsi une communauté de nations, liées par des avantages commerciaux et unies par un chef d'État commun, le monarque britannique.

Le monde

Pages 258, 293

1867 Accession du Canada au statut de dominion.

1901 Accession de l'Australie au statut de dominion.

1912 Fondation du Congrès national africain (ANC) en Afrique du Sud.

1919 Les dominions forment la Ligue des nations.

1922 Accession de l'Irlande au statut de dominion.

1926 Déclaration de Balfour sur les dominions et le Commonwealth.

1943-1944 Première et deuxième conférences du Québec.

1947 Indépendance de l'Inde et du Pakistan.

1948 Indépendance de la Birmanie et de Ceylan.

1948 Fin du mandat sur la Palestine.

1949 L'Irlande quitte le Commonwealth. Terre-Neuve rejoint le Canada.

Pages 444, 510

Les unités de réserve coloniales. Les troupes coloniales de l'Empire britannique se battent avec loyauté aux côtés des Anglais pendant les deux conflits mondiaux. Parmi eux, les sikhs indiens (**1**) étaient très appréciés. En contrepartie, les colonies attendent davantage d'autonomie et espèrent accéder progressivement à l'indépendance. Mais la Grande-Bretagne ne cède que sous la pression, comme en Inde, sa principale colonie (p. 390).

1

2

3

es dominions. La conférence e Londres, en 1926 (**2**), résidée par Arthur James alfour (**3**), définit le statut es dominions, qui sera nsuite confirmé par le Statut e Westminster de 1931. es pays prêtent allégeance à la Couronne, mais sont indépendants au sein de l'empire. Ils jouissent de leur autonomie en politique intérieure et extérieure, et sur le plan judiciaire. Balfour donne à cette association le nom de Commonwealth. En 1931, au principe de l'adhésion volontaire des membres, on ajoute celui de pouvoir quitter l'organisation à tout moment, ce que font l'Irlande et la Rhodésie en 1949 et 1965.

4

Le Commonwealth d'Australie. En 1901, les colonies australiennes se regroupent au sein d'une fédération qui obtient le statut de dominion en 1907. Pour sa première initiative militaire, la jeune nation connaît une terrible défaite contre les Turcs à la bataille de Gallipoli en 1915. Elle se bat aussi aux côtés des Anglais (**4**) pendant la Seconde Guerre mondiale. Les tentatives de débarquement des Japonais en Australie pendant la guerre du Pacifique sont repoussées par les Australiens et les Alliés (p. 396).

e Canada. État fédéral économiquement table, le Canada bénéficie depuis 1867 du tatut de dominion. Malgré ses revendications l'autonomie, il soutient l'Angleterre pendant la juerre des Boers (p. 325) puis pendant les deux onflits mondiaux. Il accueille les conférences lu Québec (**5**), en 1943 et 1944, qui réunissent le remier ministre anglais Churchill et le président méricain Roosevelt. En 1949, Terre-Neuve, qui elevait jusque-là de la tutelle de la Grande-Bretagne, devient, à la suite d'un référendum, a dixième province du Canada.

5

L'Afrique et les puissances coloniales

1914-1951

Troupes coloniales au service de la France.

Presque toute l'Afrique est colonisée depuis la fin du XIXe s., et de nombreux Africains combattent sous la bannière des puissances coloniales pendant la Première Guerre mondiale, un engagement qui contribue à l'émergence de l'identité nationale. La Seconde Guerre mondiale est l'occasion pour les pays africains de négocier de meilleures conditions avec les Européens, qui dépendent davantage de l'économie coloniale. À l'issue du conflit, des mouvements indépendantistes voient le jour dans la plupart de ces pays.

2

Les troupes coloniales africaines. Pendant la guerre, les troupes coloniales africaines, qui combattent sous le commandement des puissances coloniales dont elles relèvent, se familiarisent avec les technologies, l'armement et les pratiques administratives des Européens. Les Allemands s'assurent notamment la loyauté des Ascaris (**2**), en leur promettant une pension à vie. Pour de nombreux Africains, les guerres mondiales trahissent la faillite morale de l'Europe.

1

La fin du règne colonial allemand. L'Allemagne ne s'impose comme puissance coloniale qu'assez tard, vers la fin du XIXe s., mais elle perd ses colonies en 1919, à la suite du traité de Versailles. La plupart d'entre elles sont investies par les Français, les Anglais et les Belges. Seules les troupes allemandes de l'Afrique de l'Est, commandées par Paul von Lettow-Vorbeck (**1**), réussissent à se maintenir en place à la fin de la guerre. En 1920, les anciennes colonies allemandes sont placées sous mandat de la Société des Nations.

3

'apartheid. L'ancienne épublique des Boers (p. 325) ccède au statut de dominion). 399) et prend le nom 'Union de l'Afrique du Sud (**3**) n 1910. Les Anglais et les Boers nettent en place le régime de apartheid : les non-Blancs ne peuvent posséder de terres que dans des réserves et ont l'interdiction de s'installer dans les villes. En 1912, les Africains noirs fondent le Congrès national africain (ANC) pour lutter contre la discrimination dont ils sont victimes.

a décolonisation. À l'issue de a Première Guerre mondiale, les puissances coloniales commencent à exploiter le potentiel économique de l'Afrique. Après la Seconde Guerre mondiale, les Africains tirent profit de l'importance économique de leurs territoires pour négocier de meilleures conditions de travail et des salaires plus élevés. Des mouvements indépendantistes émergent (**4**). Leurs leaders connaissent bien les forces et les faiblesses des puissances coloniales grâce à leur formation militaire ou à leur travail au sein de l'administration coloniale. En 1951, la Libye est le premier État africain indépendant.

4

Page 324

1914-1918 Les troupes africaines combattent pour les puissances coloniales pendant la Première Guerre mondiale.

1920 Les anciennes colonies allemandes sont placées sous mandat de la Société des Nations.

1920 Le réseau ferroviaire commence à se développer en Afrique.

1929 La crise économique mondiale met un frein à la modernisation.

1939 La production d'armes pour l'Europe relance l'économie.

1943-1971 Présidence de William S. Tubman au Liberia.

1944 Introduction du suffrage universel au Liberia, une colonie indépendante investie par d'anciens esclaves nord-américains et dans laquelle les Noirs indigènes n'ont pas de droits.

1945 Formation de mouvements indépendantistes dans de nombreux pays africains.

1951 La Libye, première colonie africaine à proclamer son indépendance, devient un royaume.

Page 512

Pages 310, 324

1882 Occupation de l'Égypte par les Anglais.

1916 Hailé Sélassié assure la régence en Éthiopie pour le compte de l'impératrice Woiseru Zauditu.

1922 L'Éypte devient un royaume indépendant sous le règne du roi Fouad 1er.

1928 Hailé Sélassié devient roi d'Éthiopie.

1930 Hailé Sélassié devient empereur d'Éthiopie.

1930 L'Éthiopie rejoint la Société des Nations.

1935 Début de la campagne italienne en Éthiopie.

1936 Mort de Fouad Ier : son fils Farouk ceint la couronne égyptienne. Retrait des troupes britanniques.

1936 Occupation d'Addis-Abeba par les Italiens : exil de Hailé Sélassié.

1940 Les Anglais occupent à nouveau l'Égypte.

1941 Les forces britanniques chassent les Italiens d'Éthiopie. Retour de Hailé Sélassié.

1942 Bataille d'El-Alamein.

1945 Entrée en guerre de l'Égypte contre l'Allemagne.

1952 Destitution du roi Farouk d'Égypte.

Pages 486, 514

Avion de transport américain ravitaillant les troupes alliées en Egypte en 1943

L'Éthiopie et l'Égypte

1882-1952

L'Égypte est occupée par les Britanniques dès 1882 et dépend de l'Empire ottoman jusqu'en 1916. Fouad Ier, roi depuis 1917, négocie l'autonomie de son pays et gagne son indépendance en 1922. Mais la Grande-Bretagne conserve le contrôle du canal de Suez, dont elle est en grande partie propriétaire. En 1940, les Britanniques occupent à nouveau l'Égypte. Hailé Sélassié, empereur d'Abyssinie, l'actuelle Éthiopie, accède au pouvoir en 1916 et, tout en maintenant le pays sous un régime absolutiste, inaugure une ère de réformes. Il poursuit ainsi la modernisation initiée par ses prédécesseurs. Les Italiens envahissent le pays en 1935 (p. 368) et sont chassés en 1941 par les forces britanniques.

1

Le canal de Suez. Malgré son occupation par les Anglais en 1882, l'Égypte est toujours officiellement rattachée à l'Empire ottoman. En 1914, les forces britanniques arrêtent l'avancée des Allemands et des Turcs vers le canal de Suez (**1**) et utilisent l'Égypte comme base pour leurs opérations militaires dans la région.

'Égypte. Farouk (**2**), le dernier
oi d'Égypte, succède à son
ère en 1936. Il est soupçonné
'avoir sympathisé avec les
uissances de l'Axe pendant
a Seconde Guerre mondiale.
es Britanniques occupent à
ouveau le pays en 1940 et,
près la bataille d'El-Alamein en
942, obligent Farouk à nommer
n nouveau gouvernement
nclin à collaborer. En 1946,
es forces britanniques quittent
'Égypte mais gardent le
ontrôle du canal de Suez.

2

3

La guerre en Abyssinie. Malgré leur supériorité militaire, les Italiens n'arrivent pas à s'imposer en Éthiopie. Les troupes italiennes occupent Addis-Abeba en mai 1936, mais elles sont rapidement cernées par la guérilla éthiopienne, qui les mine littéralement en leur livrant une guerre impitoyable et meurtrière. En 1941, l'offensive britannique (**3**) en Afrique permet de libérer le pays, qui rejoint le camp des Alliés en 1942, après avoir pleinement recouvré sa souveraineté. À l'issue de la Seconde Guerre mondiale, les Nations Unies décident de rattacher l'Érythrée, colonie italienne voisine, à l'Éthiopie.

'empereur Hailé Sélassié. Dernier « negus
egesti » (roi des rois) d'Éthiopie, Hailé Sélassié
4) assume les fonctions de régent en 1916, avant
d'être couronné roi en 1928, puis empereur en
930. Il décide de l'adhésion de l'Éthiopie à la
Société des Nations et, en 1931, dote le pays
d'une première Constitution qui reconnaît au
peuple le droit de vote et des droits civiques.
l règne avec un faste médiéval (p. 514) jusqu'à
sa destitution en 1974. Lorsque Mussolini
commence sa campagne d'Abyssinie (p. 368),
Hailé Sélassié sollicite l'aide de la communauté
nternationale. Pendant l'occupation de son pays,
l vit en exil à Londres, mais revient en Éthiopie
en 1941 avec l'aide des forces britanniques.

4

» **La crise de Suez :** page 441

Les États-Unis : d'une guerre à l'autre

1920-1944

Construction de l'Empire State Building, à New York, en 1930-1932.

Après le spectaculaire essor des années 1920, le krach boursier de 1929 plonge les États-Unis, puis le monde entier, dans une terrible crise. Des plans d'investissements gouvernementaux et sociaux sont mis au point par Roosevelt à partir de 1932, dans sa politique du New Deal. Celle-ci redresse la situation et ramène la stabilité politique. Mais cette période est marquée par des scandales, par la prohibition et par la guerre des gangs. Les Américains aident les Anglais jusqu'en 1940, en leur concédant des prêts et en leur fournissant du matériel de guerre, mais ils restent en dehors de la Seconde Guerre mondiale jusqu'à l'attaque japonaise de Pearl Harbor en 1941.

Page 330

1920-1933 Prohibition.

1929 « Massacre de la Saint-Valentin » à Chicago, guerre des gangs.

1929 « Vendredi noir », effondrement de la Bourse de New York, début de la crise économique mondiale.

1929-1941 Grande Dépression.

1933-1945 Présidence de Franklin Roosevelt.

1933-1941 Politique du New Deal.

1938 Accélération du programme d'armement national.

1940 Réinstauration de la conscription.

1941 Attaque de Pearl Harbor : entrée en guerre des États-Unis.

1943 Abandon partiel de la politique du New Deal.

1943-1944 Débarquement des Américains en Europe.

Page 520

La prohibition

Alors que plusieurs États ont déjà interdit l'alcool (« États secs »), un amendement constitutionnel instaure la prohibition sur tout le territoire américain en 1920.
L'interdiction de la production, du transport et de la vente d'alcool n'est cependant applicable que dans une certaine limite. La distillation illicite, la contrebande et la vente illégale d'alcool dans des bars clandestins appelés speakeasies *connaissent leur âge d'or. Le crime organisé s'établit autour du marché noir de l'alcool et du jeu, également prohibé. Dans les grandes villes, des groupes ethniques se livrent une guerre impitoyable, menée par des chefs de gangs légendaires comme Al Capone, Lucky Luciano, Dutch Schultz ou Meyer Lansky.*
En 1933, le président Roosevelt abolit la prohibition alors que l'efficacité de cette mesure est remise en question.

La Grande Dépression. Alors que la situation économique florissante a encouragé l'investissement en Bourse, le « vendredi noir » d'octobre 1929 voit l'effondrement de la Bourse de New York (**1**). Un tiers des banques américaines sont acculées à la fermeture, de nombreux investisseurs et épargnants sont ruinés, les classes moyennes sont anéanties. La faillite des entreprises entraîne la chute de la production mondiale. En 1933, 15 millions d'Américains sont au chômage. Le produit national brut, le commerce extérieur et l'épargne privée diminuent de moitié à cette même période. La Grande Dépression affecte également le marché mondial : elle est à l'origine de la pauvreté qui sévit en Europe.

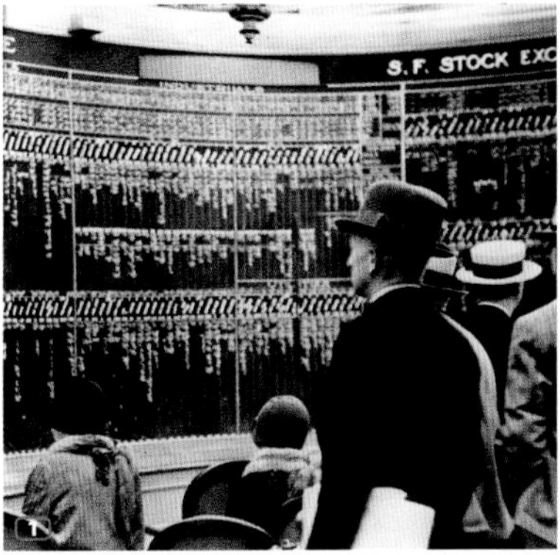

1

Franklin Roosevelt et la politique du New Deal

En accédant à la présidence des États-Unis en 1932, Roosevelt (1882-1945) instaure la politique du New Deal, qui vise à résoudre les problèmes du pays par l'application de l'économie keynésienne. Un programme de création d'emplois est élaboré avec les industries et les syndicats, tandis qu'un système de sécurité sociale tente de compenser la pauvreté. Cet interventionnisme a cours jusqu'à l'entrée en guerre des États-Unis. La création d'emplois dans l'industrie de l'armement contribue au redressement économique.

L'entrée en guerre. Depuis 1935, les États-Unis revendiquent leur neutralité, mais ils sont conscients, selon la formule de Roosevelt, du « combat qui se livre entre démocratie et dictature ». En 1938, le budget de la défense est augmenté, et la conscription est réinstaurée en 1940. Fin 1940, Roosevelt est réélu sur la promesse de ne pas envoyer de troupes en Europe. Cependant, le gouvernement réagit à l'attaque de Pearl Harbor (p. 396) (**2**) en déclarant la guerre au Japon, et rejoint ainsi le conflit du côté des Forces alliées. Les troupes américaines et britanniques débarquent en Sicile en juillet 1943, puis en Normandie en juin 1944, afin d'envahir le nord de la France (opération Overlord).

2

La Seconde Guerre mondiale : pages 412-415

Page 333

1910 Fondation de l'Union panaméricaine.

1920 Les premiers régimes militaires prennent le pouvoir en Amérique latine.

1930-1945 Présidence (dictature après 1937) du général Vargas au Brésil.

1930-1961 Dictature de Rafael Leónidas Trujillo en République dominicaine.

1937-1979 Dictature des clans Somoza au Nicaragua (p. 528).

1940 Conférence panaméricaine de La Havane.

1942 Le Brésil rejoint la coalition anti-Hitler.

1944 Le Brésil envoie des troupes en Europe.

1946-1955 Première présidence de Juan Perón en Argentine.

Pages 528, 530, 532

L'Amérique latine

1910-1955

Statue du Christ à Rio de Janeiro.

En 1930, les pays d'Amérique latine obtiennent un meilleur statut au sein de l'Union panaméricaine. Après une courte période de prospérité, ils sont à leur tour affectés par une crise économique, conséquence de la Grande Dépression. La plupart de ces États voient fleurir des régimes populistes ou autoritaires, voire des dictatures fascistes. Ils conjuguent des réformes sociales avec un strict contrôle de la vie publique. Plusieurs pays souffrent de la cupidité des familles régnantes.

L'Union panaméricaine. Fondée en 1910, l'Union panaméricaine veut favoriser la solidarité entre ses membres et défendre les intérêts communs des pays du continent américain. Mais elle devient vite un instrument au service des intérêts économiques des États-Unis, même si l'exportation de matières premières dans les années 1920 enrichit considérablement l'élite de l'Amérique latine. La réussite économique aide les pays d'Amérique latine à s'imposer davantage à égalité avec les autres pays américains. La politique dite « de bon voisinage » du président Roosevelt vise à concilier la volonté de contrôle économique des États-Unis (**1**, sélection de fèves de café au Brésil) avec le respect mutuel entre les pays. Entre 1941 et 1945, les États-Unis réussissent à faire entrer en guerre tous les pays d'Amérique centrale et d'Amérique du Sud contre les puissances de l'Axe. En contrepartie, ils accordent à leurs nouveaux alliés une aide économique et militaire.

1

Un régime présidentiel autoritaire. Au Brésil, prenant la tête d'un soulèvement populaire, le général Getúlio Vargas (**2**) s'empare du pouvoir en 1930 à la faveur d'un coup d'État. Des élections qui ont lieu en 1934 et 1937 lui renouvellent la confiance du peuple, et il met en place un régime dictatorial soutenu par des alliances alternatives avec les communistes et les fascistes, une stratégie qui lui permet de se maintenir aux commandes. Suivant l'exemple du Portugal, il instaure le régime corporatiste de l'Estado Novo (p. 370) et généralise l'enrôlement dans des organisations étatiques. Il est très apprécié des couches les plus défavorisées en raison de ses réformes sociales : il établit des plans pour l'emploi et instaure la garantie par l'État d'un salaire minimum. Le Brésil rejoint la coalition contre les puissances de l'Axe en 1942 et, en 1944, envoie des troupes en Europe. Les militaires renversent Vargas en 1945, mais celui-ci reprend le pouvoir en 1951, en tant que président. En 1954, il se suicide après un coup d'État.

2

Juan Domingo Perón et le « péronisme »

Profondément impressionné par le fascisme qu'il découvre en Europe, le colonel Juan Domingo Perón (1895-1974) fonde une organisation fasciste en Argentine en 1941 et participe à un putsch en 1943. Il gagne les élections présidentielles de 1946 grâce à un programme de réformes populistes. Soutenu par son épouse Evita (de son vrai nom Eva Duarte, 1919-1952), qui est très aimée du peuple, il procède à une série de réformes tout en instaurant en Argentine un régime militaire autoritaire. Il considère cette forme inédite de pouvoir dictatorial et de gestion économique de l'État – appelée péronisme – comme une sorte de « troisième voie » entre capitalisme et communisme. À la fin de la Seconde Guerre mondiale, l'Argentine est devenue une terre d'asile pour les nazis et autres criminels de guerre. Des conflits avec l'Église catholique provoquent le renversement de Perón, puis son exil en 1955. Cependant, il revient au pouvoir en 1973 et s'y maintient jusqu'à sa mort en 1974.

Pages 350, 362, 374, 380, 404

Le monde

septembre 1939 Invasion de la Pologne par les Allemands.

septembre 1939 Pacte germano-soviétique : l'est de la Pologne est occupé par les Soviétiques.

octobre 1939 La Pologne capitule.

printemps 1940 Occupation du Danemark et de la Norvège.

mai 1940 Invasion de la France par les Allemands.

juin 1940 La France capitule.

août 1940 Premiers raids aériens sur la Grande-Bretagne.

septembre 1940 Pacte tripartite.

octobre 1940 Invasion de la Grèce par les Italiens.

1941 Campagne des Balkans.

Page 410

Le début de la Seconde Guerre mondiale

1939-1941

La Seconde Guerre mondiale commence en septembre 1939, avec l'invasion de la Pologne par les Allemands. En juin 1940, les troupes du Reich occupent les Pays-Bas, la Belgique, le Luxembourg, le Danemark, la Norvège et une partie de la France. À l'automne 1940, la Luftwaffe bombarde des villes anglaises. Hitler veut réorganiser l'Europe et ménager aux Allemands un *Lebensraum* (espace vital) à l'est, notamment en Pologne. L'occupation de la Grèce et de la Yougoslavie est plus laborieuse, mais les pays de l'Europe de l'Est font bientôt partie des puissances de l'Axe. La Grande-Bretagne, la France et les États-Unis résistent efficacement (**1**) à partir de 1941.

1

Les victoires allemandes. En attaquant la Pologne (**2**), vite occupée par leurs troupes respectives (**3**), Hitler et Staline manifestent un expansionnisme agressif qui oblige les puissances occidentales à réagir. Les Allemands ont l'intention d'établir un « gouvernement général de la Pologne », de germaniser les territoires de l'Ouest et de procéder à l'extermination des Juifs. Le pays doit servir à ravitailler l'Allemagne, qui souhaite aussi y puiser une main-d'œuvre bon marché. Les Allemands et les Russes s'en prennent à l'élite intellectuelle des régions qu'ils occupent. Les unités SS sont déployées pour exterminer les opposants et autres « éléments indésirables ». Des camps de la mort sont construits par les nazis en territoire occupé, notamment à Auschwitz, puis à Majdanek après 1941.

2

3

Les attaques aériennes contre l'Angleterre. Après l'invasion de la Pologne, la Grande-Bretagne déclare la guerre à l'Allemagne mais ne prend aucune initiative, ce qui mène Hitler à croire en un accord de paix même après l'occupation de la France en 1940. Churchill, Premier ministre en 1940, veut toutefois honorer les engagements de l'Angleterre à l'égard de la Pologne. Les bombardiers allemands (**6**) inaugurent alors les premiers raids aériens sur Londres et Coventry (**5**) en 1940. Les plans d'Hitler, qui prévoient le débarquement des Allemands sur les côtes anglaises et la capitulation du pays, sont ruinés par l'énergie que mettent les Anglais à se défendre. Le Reich enregistre alors sa première défaite. En 1940, les États-Unis renforcent leur soutien par la fourniture d'armes et de vivres.

4

La guerre éclair ou « Blitzkrieg ». Les attaques-surprise, rapides et soudaines, des Allemands en Pologne et en France (**4**) empêchent ces pays d'organiser leur défense.

5

6

Propagande pour les unités internationales de la Waffen SS.

La Seconde Guerre mondiale : l'Holocauste et l'occupation

1940-1945

La persécution des Juifs en Allemagne commence avec la prise du pouvoir d'Hitler en 1933 (p. 348). En septembre 1941, les Juifs de toutes les régions occupées par l'Allemagne sont assujettis au port de l'étoile jaune de David (**1**). À partir de l'été 1940, les Juifs allemands et européens sont parqués dans des ghettos. En Europe de l'Est, les SS se chargent de leur exécution systématique (**2**) sous couvert d'éliminer les forces d'opposition. À partir d'octobre 1941, les exécutions en masse sont perpétrées à l'aide de gaz toxiques. Elles ont lieu dans des camps d'extermination, situés en Pologne occupée.

1

2

Page 408

Le monde

1940 Ghettos juifs en Pologne.

juin 1941 Invasion des Allemands en URSS. Premières activités des forces spéciales SS.

septembre 1941 Exécution de 33 771 Juifs à Babi Yar.

1941-1942 Construction des camps d'extermination nazis dans la Pologne occupée, à Auschwitz, Majdanek, Chelmno, Belzec, Sobibor et Treblinka.

janvier 1942 Conférence de Wannsee sous la présidence de Reinhardt Heydrich : approbation de la « Solution finale à la question juive ».

novembre 1942 Début de la contre-offensive russe.

janvier-mai 1943 Soulèvement du ghetto de Varsovie.

novembre 1944 Fermeture des camps d'extermination.

mars-avril 1945 À l'approche de l'Armée rouge, les prisonniers des camps sont contraints par les Allemands d'entamer la « marche de la mort » vers l'ouest : la manœuvre fait de très nombreuses victimes.

Page 412

3

Les travailleurs étrangers. Pendant la guerre, l'industrie allemande utilise un nombre croissant de travailleurs étrangers recrutés dans les territoires occupés, essentiellement des prisonniers de guerre. En Europe du Nord et en Europe de l'Ouest (**4**, propagande), on recrute de nombreux volontaires. En revanche, à l'Est, on privilégie la soumission des populations slaves. Les civils sont déportés et contraints de travailler (**3**, femme d'Europe de l'Est). Ils sont d'abord affectés aux travaux agricoles, mais, à partir de 1943, ils sont employés dans des usines dans des conditions inhumaines.

4

6

L'Holocauste. L'extermination des Juifs coïncide avec l'entrée en guerre de l'URSS en 1941. En janvier 1942, la conférence de Wannsee réunit à Berlin l'état-major nazi pour la mise au point de la « Solution finale ». Six millions de Juifs, mais aussi des Tsiganes, des handicapés et des communistes sont tués par les nazis. D'abord confiée à des pelotons d'exécution, la mise à mort des prisonniers se fait dès 1942 dans des chambres à gaz (**5**) camouflées en salles de douches, dans les camps d'extermination (**6**). Des milliers de personnes meurent de faim, de froid, sous la torture, ou encore à la suite d'expérimentations médicales.

5

Le soulèvement du ghetto de Varsovie. À partir de l'été 1940, des ghettos sont prévus dans les villes polonaises pour y cantonner les Juifs. En janvier 1943, les occupants du ghetto de Varsovie sont avisés de leur déménagement. Craignant d'être déportés dans les pays de l'Est, comme ils l'ont déjà vu faire, ils se soulèvent. Ils résistent jusqu'en mai 1943, puis leur mouvement est réprimé par la force (**7**). Le ghetto est alors bombardé et détruit, les insurgés sont exécutés ou déportés à Auschwitz.

7

L'antisémitisme : pages 156-157

Le monde

Page 410

octobre-décembre 1941 Avancée allemande sur Moscou.

septembre-novembre 1942 Les Allemands occupent une grande partie de Stalingrad.

novembre 1942-février 1943 Encerclement et capitulation de la 6e armée allemande à Stalingrad.

mai 1943 Capitulation des puissances de l'Axe en Afrique du Nord.

juillet 1943 Débarquement des Alliés en Sicile : chute de Mussolini.

septembre 1943 Débarquement des Alliés en Italie : cessez-le-feu entre le gouvernement de Badoglio et les Alliés (p. 368).

mars 1944 Les Soviétiques commencent l'offensive de printemps dans les territoires allemands. Les Allemands occupent la Hongrie.

avril-mai 1944 Les Soviétiques reprennent la Crimée.

mai 1944 Importante offensive alliée en Italie.

juin 1944 Retrait des troupes allemandes de Rome. Débarquement en Normandie.

août 1944 Libération de Paris.

Page 415

1

La Seconde Guerre mondiale : le tournant

1941-1944

Hitler commence sa campagne dans les Balkans (**1**) en avril 1941 et envahit l'URSS l'été suivant. Les troupes allemandes avancent assez loin dans les terres mais, au cours de l'hiver 1942-1943, la bataille de Stalingrad renverse la situation. Les Allemands se retirent de l'Afrique du Nord. La guerre dans les Balkans s'intensifie, les Alliés débarquent en Sicile et dans le sud de l'Italie, et Mussolini est renversé. Avec l'offensive soviétique à l'Est et le débarquement en Normandie, la guerre fait rage sur deux fronts.

Stalingrad. La bataille de Stalingrad constitue un cap décisif dans la Seconde Guerre mondiale. Alors que les troupes allemandes occupent la plus grande partie de Stalingrad depuis 1942, elles sont encerclées au cours de l'hiver 1942-1943 par les forces soviétiques. Hitler interdit toute manœuvre de dégagement au maréchal Friedrich Paulus, si bien que l'armée allemande est décimée par des combats au corps à corps. En janvier, la 6e armée capitule, après avoir perdu 146 000 hommes. Les 90 000 survivants sont faits prisonniers par les Soviétiques (**2**) et déportés en Sibérie. Seuls 6 000 reviendront en Allemagne en 1955. Les troupes allemandes postées en Europe de l'Est sont alors contraintes à la défensive tandis que les Soviétiques avancent vers l'ouest.

2

La guerre totale. Les défaites et la destruction de villes allemandes conduisent les Allemands à douter de la victoire. L'état-major nazi tente de mobiliser la population par la propagande, en encourageant les gens à se battre jusqu'au bout. Après la défaite de Stalingrad, Goebbels, le ministre de la Propagande, exhorte les Allemands à la « guerre totale » lors de son discours au Sportpalast de Berlin (**3**) en février 1943. Pour les « tribunaux populaires », douter de la victoire sape le moral des troupes et est donc passible de la peine de mort.

3

5

Le débarquement. La plus vaste opération militaire mise sur pied pendant cette guerre nécessite des mois de préparation. Le débarquement des Alliés en Normandie a lieu le 6 juin 1944 (**5**). En cinq jours, 326 000 soldats débarquent sur les côtes sous les tirs nourris des Allemands (**4**, cimetière). Les Alliés ouvrent ainsi un deuxième front à l'Ouest.

4

La destruction des villes. Afin de mettre à l'épreuve la résistance des Allemands, les bombardiers anglais et américains visent des installations militaires mais aussi des villes comme Dresde (**6**) et Berlin (**7**). D'autres agglomérations, comme Cologne et Hambourg, sont déjà en ruine depuis 1943. Pendant les dernières semaines du conflit, Wurtzbourg et Clèves sont la cible de tirs qui obligent l'Allemagne à mener une guerre aérienne défensive. Les Alliés veulent ainsi susciter la colère du peuple allemand, espérant qu'il finira par se retourner contre ses dirigeants. Mais leur souhait n'est pas exaucé. Malgré leur situation désespérée, les Allemands continuent de se défendre avec détermination.

6

7

» **La guerre aérienne contre l'Angleterre :** page 409

La fin de la Seconde Guerre mondiale

1944-1945

1

Malgré leur situation désespérée, les nazis ne sont pas prêts à accepter leur défaite. Toute résistance en Allemagne est étouffée. L'assassinat manqué d'Hitler le 20 juillet 1944 est une tentative spectaculaire de renverser le gouvernement. Les raids aériens menés par les Anglais et les Américains détruisent de nombreuses villes allemandes dès 1942. Fin 1944, les Forces alliées et les Soviétiques convergent vers le territoire allemand depuis deux directions opposées. Les villes se défendent âprement : il faut treize jours de combats rapprochés pour faire tomber Berlin (**1**). L'Allemagne capitule en mai 1945 et, après la guerre, se retrouve divisée en quatre zones administrées chacune par un membre des Forces alliées. La guerre continue en Asie de l'Est jusqu'au lancement de deux bombes atomiques sur le Japon en 1945.

2

La conférence interalliée. Le 25 avril 1945, la conférence des Alliés, qui réunit pour la première fois les forces américaines et soviétiques en Allemagne (**2**), a lieu à Torgau, sur l'Elbe. Lors de cette « rencontre amicale », la méfiance entre les Américains et les Soviétiques, à l'origine de la guerre froide, est manifeste.

5

La Seconde Guerre mondiale : le bilan

La Seconde Guerre mondiale coûte la vie à plus de 62 millions de personnes, sans compter celles qui meurent par millions dans la Russie stalinienne. Le terrorisme à l'encontre des populations civiles est inédit. La fin de la guerre intervient avec la chute des puissances fascistes que sont l'Allemagne, le Japon et l'Italie. Elle est l'élément déclencheur de la division du monde entre les sphères d'influence américaine et soviétique.

6

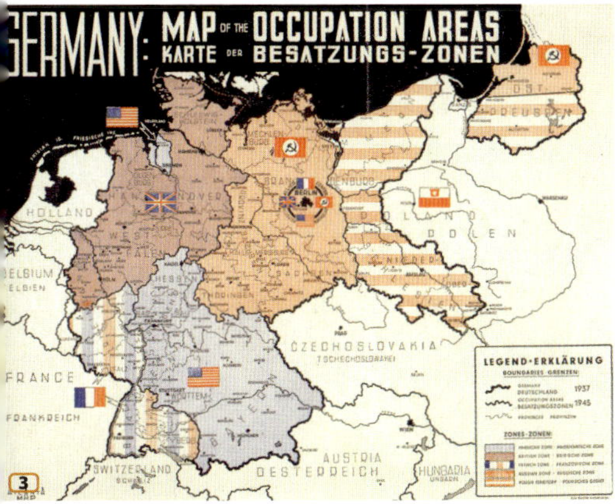

3

La conférence de Potsdam. Les trois grands, la Grande-Bretagne, les États-Unis et la Russie, ont déjà décidé de la partition de l'Allemagne entre quatre zones d'occupation américaine, anglaise, russe et française (**3**) à la conférence de Yalta en février 1945. Lors de la conférence de Potsdam, au mois de juillet suivant (**4**), les vainqueurs (la France étant exclue) aménagent la décision prise précédemment. Ils décident que ces zones seront démilitarisées, dénazifiées, décentralisées et démocratisées sous l'égide d'un Conseil de contrôle. Les Alliés doivent aussi gérer l'économie du pays.

4

Page 412

Le monde

août 1944 Début du soulèvement à Varsovie.
janvier 1945 Prise de Varsovie par les troupes soviétiques.
février 1945 Conférence de Yalta.
mars 1945 Prise de Dantzig par les troupes soviétiques.
avril 1945 Prise d'Okinawa par les troupes américaines.
avril 1945 Prise de Königsberg par les troupes soviétiques.
avril 1945 Prise de Vienne par les troupes soviétiques.
avril 1945 Suicide d'Adolf Hitler. Conquête de Munich par les troupes américaines.
mai 1945 Capitulation de Berlin après de violents affrontements.
mai 1945 Capitulation sans condition de l'Allemagne.
mai 1945 Arrestation de Dönitz et du gouvernement nazi.
juin 1945 Les Alliés annoncent leur prise de contrôle du gouvernement de l'Allemagne.
juillet 1945 Conférence de Potsdam.
août 1945 Bombes atomiques sur Hiroshima et Nagasaki.
septembre 1945 Fin de la Seconde Guerre mondiale avec la capitulation sans conditions du Japon.

1939 *Occupation de la Pologne par les Allemands et les Soviétiques.*
1940 *Occupation allemande : Belgique, Pays-Bas, Danemark, Norvège et France. Raids aériens contre la Grande-Bretagne.*
1941 *Campagne des Balkans.*
juin 1941 *Invasion de la Russie par les Allemands. Premières exterminations des Juifs d'Europe.*
décembre 1941 *Entrée en guerre des États-Unis.*

7

1941-1942 *Les Japonais occupent une grande partie du Sud-Est asiatique (**6**).*
1942-1943 *Bataille de Stalingrad.*
mai 1943 *Fin de la campagne d'Afrique (**5**, soldats à moto).*
1943 *Raids aériens sur Hambourg et Berlin.*
juillet 1944 *Attentat contre Hitler par le colonel von Stauffenberg (**7**).*

mai 1945 *L'Allemagne capitule.*
septembre 1945 *Bombes atomiques sur le Japon (**8**).*

8

Le monde contemporain

depuis 1945

Après la guerre de 1939-1945, un nouvel ordre mondial se dégage, qui voit s'estomper l'influence de l'Europe centrale et de l'Est, autrefois maîtresse de la politique internationale, au profit des États-Unis et de l'Union soviétique. Les différences idéologiques des deux nouvelles superpuissances, soutenues par leurs blocs respectifs, fondent ce qu'on appellera la guerre froide, qui prendra fin dans les années 1990, avec la chute de l'URSS. Les États-Unis dominent dès lors le jeu. Le monde actuel est marqué par la globalisation des systèmes politiques et économiques, mais reste divisé : la situation des riches nations d'Europe, d'Amérique du Nord et du Sud-Est asiatique offre un contraste saisissant avec celle des pays en développement. Et, si l'on a enregistré des progrès sur le plan social, les conflits d'ordre ethnique ou religieux n'ont jamais été aussi prégnants. Quant aux avancées technologiques, elles semblent soulever toujours plus de questions quant à l'avenir de l'humanité.

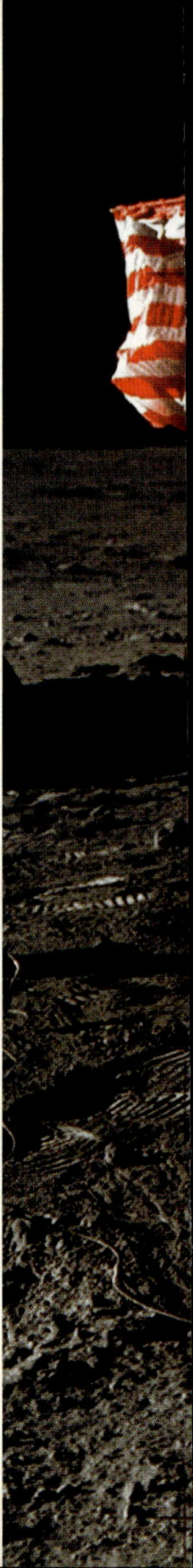

Premiers pas de l'homme sur la Lune, en 1969.

Entre pétrole et idéologie

À l'issue de la Seconde Guerre mondiale (**1**, ville allemande après un bombardement), un conflit se développe entre les pays de l'Ouest et ceux de l'Est. La guerre froide, qui divise le monde en deux blocs, se caractérise par une course à l'armement. Une collaboration accrue entre les États-Unis et l'URSS ainsi que la chute du bloc soviétique permettent néanmoins d'écarte la menace d'une guerre nucléaire à l'échelon planétaire. Mais, si les tensions entre l'Est et l'Ouest se sont apaisées, une autre sorte de conflit, basé sur la lutte des classes, des religions et des ethnies, a pris le relais. Les riches nations d'Amérique du Nord, d'Europe et d'Asie s'imposent comme des références dont le système de valeurs gagne la planète. Grâce aux progrès technologiques leurs populations évoluent vers une société de consommation, le concept de liberté individuelle prenant une nouvelle dimension. Les avancées techniques révolutionnent également tout l'univers de la communication, notamment par le biais de l'Internet (**2**). Cette rapidité dans l'échange d'informations touche

1

tous les domaines – politique, affaires, culture. Mais, si les pays riches en profitent pour propager leur propre idéologie, la domination des nations occidentales industrialisées rencontre aujourd'hui une résistance accrue. La pauvreté et la répression ont créé un terrain favorable pour les extrémistes religieux opposés à l'occidentalisation et à la sécularisation, en particulier les groupes islamistes radicaux, qui recourent toujours davantage à la violence. Ce problème se double de la montée du fondamentalisme chrétien aux États-Unis. Une étroite collaboration entre les parties concernées devrait toutefois permettre de mieux gérer certains problèmes résultant de la mondialisation. On citera par exemple les déséquilibres écologiques, parfois irréversibles, qui affectent le monde, notamment le trou dans la couche d'ozone, les désordres climatiques, la hausse du niveau des océans et l'épuisement prévisible des énergies fossiles. Les récents conflits portant sur le contrôle des réserves de gaz et de pétrole de la planète laissent présager un avenir houleux. De même, depuis la Seconde Guerre mondiale, de grands progrès ont été accomplis dans le domaine des sciences, qui n'ont pas profité également à l'ensemble de l'humanité : ce sont surtout les pays occidentaux qui en ont tiré les bénéfices, même si le niveau de vie s'est incontestablement amélioré de manière quasi générale. Le paradoxe veut que le monde actuel soit en mesure de partir à la découverte d'autres planètes alors même que tous les enfants de la nôtre ne sont pas scolarisés. Dans la même ligne, si les recherches en matière de génétique et de médecine permettent désormais de traiter de nombreuses maladies, il n'existe pas encore de remède contre le sida, qui affecte un nombre croissant d'Africains. Le pessimisme ambiant augure mal d'une meilleure répartition des bienfaits de la modernisation. Alors que le XXIe s. est entamé, le traditionnel conflit Est-Ouest s'est mué en une opposition larvée entre les nations prospères de l'hémisphère Nord et les pays pauvres de l'hémisphère Sud.

Page 415

février 1945 Conférence de Yalta entre les Alliés.

mai 1945 Partition de l'Allemagne.

septembre 1945 Reddition du Japon.

octobre 1945 Fondation des Nations unies.

1946 Première guerre d'Indochine (p. 498).

1949 Création de l'OTAN, sous l'égide des États-Unis.

années 1950 Premières décolonisations (p. 512).

1950-1953 Guerre de Corée (p. 506).

1955 Conférence des pays d'Asie et d'Afrique. Coalition des non alignés (Chine, Inde, Indonésie, Yougoslavie, etc.).

1955 Pacte de Varsovie, sous l'égide de l'URSS.

1962 Crise de Cuba (p. 528).

1964-1976 Intervention des États-Unis au Viêt Nam (p. 498).

1980 Aide américaine aux Afghans combattant les Soviétiques (p. 491).

1989 Chute du mur de Berlin.

Page 422

Le siège des Nations unies à New York.

Le mur de Berlin, symbole de la guerre froide.

La politique internationale

1945-1989

L'alliance militaire constituée pour combattre l'Allemagne et le Japon ne survit pas à la Seconde Guerre mondiale. Dès avant la victoire, les Alliés se réunissent pour déterminer leurs zones d'influence. Une fois les hostilités terminées, les États-Unis et l'URSS s'imposent comme les deux superpuissances, dont la rivalité culmine dans la course à l'armement qui caractérise la guerre froide opposant les blocs de l'Est et de l'Ouest. Leur désaccord se manifeste à l'occasion de conflits ponctuels, notamment lors de la crise de Cuba ou pendant les guerres de Corée et d'Indochine. Afin de préserver leur indépendance, les pays refusant d'être inféodés à l'un ou à l'autre bloc se regroupent au sein du mouvement des pays non alignés. La création des Nations unies en 1945 souffre quant à elle de la scission du monde en deux blocs. En effet, cette institution initialement vouée au maintien de la paix doit également s'intéresser, en raison de l'admission en son sein d'anciennes colonies confrontées à des problèmes internes, à l'amélioration du niveau de vie général – ce qui renforce sa dépendance envers les superpuissances.

Le Conseil de sécurité des Nations unies. Émanation de l'alliance militaire opposée aux puissances de l'Axe, l'ONU est vouée au maintien de la paix dans le monde. Son organe principal est le Conseil de sécurité (**1**), où les ex-Alliés disposent d'un droit de veto. Ce droit compromet l'action de l'institution, les grandes puissances contrant souvent par ce biais le Conseil de sécurité.

Les pays non alignés. Des pays d'Afrique et d'Asie dénoncent le colonialisme et la course à l'armement lors de la Conférence de Bandung, en 1955 (**2**). Pour se démarquer des superpuissances, ils vont alors former le mouvement des pays non alignés.

La crise de Cuba ou le spectre de la guerre nucléaire

Le gouvernement américain voit d'un mauvais œil le régime communiste instauré à Cuba par Fidel Castro (p. 529). Le fait que cet État voisin des États-Unis reçoive une aide militaire et économique des Soviétiques est déjà inquiétant, mais le climat se tend davantage lorsque, en 1962, Cuba autorise l'URSS à installer des missiles nucléaires sur son territoire. Le président Kennedy exige le retrait immédiat de ces armes, ce que refuse le premier secrétaire Khrouchtchev, qui invoque la présence en Turquie de missiles américains à portée de tir de villes soviétiques. Usant de leur influence, les États-Unis imposent un blocus maritime contre Cuba. La situation se dégrade, et la menace d'un conflit nucléaire se précise. Enfin, au dernier moment, les Russes procèdent au retrait de leurs missiles de Cuba. Les Américains feront de même en Turquie.

Page 420

1944 Création du Fonds monétaire international (FMI), destiné à contrôler et à stabiliser les marchés financiers, et chargé d'allouer des prêts aux pays en voie de développement.

1975-1976 Premier sommet annuel des sept pays les plus industrialisés du monde (le G7, ou groupe des Sept).

1991 Chute de l'URSS et du bloc des pays de l'Est.

1994 Fondation de l'Organisation mondiale du commerce (OMC) pour la libéralisation du commerce et la privatisation des économies.

1994 La guerre civile au Rwanda dégénère en génocide.

1992-1995 La guerre de Bosnie en ex-Yougoslavie donne lieu à une épuration ethnique.

1996-1999 Guerre du Kosovo en ex-Yougoslavie.

1998 Ouverture du G7 à la Russie (G8).

2001 Lors du sommet du G8 à Gênes, affrontements entre les forces de l'ordre italiennes et les altermondialistes.

septembre 2001 Attaques terroristes à New York et à Washington.

La politique internationale

de 1989 à nos jours

Enfant soldat au Congo, en 2003.

Pendant des décennies, la rivalité Est-Ouest a éclipsé les autres conflits dans le monde, lesquels ont néanmoins resurgi après la chute de l'URSS, en 1991. Des rivalités religieuses et ethniques séculaires ont dégénéré en des guerres civiles d'une rare violence, notamment dans l'ex-Yougoslavie et en Afrique. Grâce au soutien – ou à la complaisance – d'un certain nombre de pays occidentalisés, les États-Unis maintiennent leur hégémonie mondiale. Mais, alors que la mondialisation progresse, les pays développés utilisent des organismes comme l'OMC ou le FMI pour instaurer la liberté du commerce à l'échelon mondial – un processus dont les pays du tiers monde sont néanmoins exclus. La résistance à de tels phénomènes s'accroît et accentue, au sein des populations les plus démunies, une hostilité envers les puissances dominantes qui fait le lit des extrémismes, et plus particulièrement celui d'obédience islamiste.

Guerre et terrorisme

*La résolution du conflit Est-Ouest a considérablement réduit la menace d'une guerre entre superpuissances. Aujourd'hui, les conflits mondiaux n'opposent plus les armées de deux pays sur des fronts bien démarqués. Les guerres civiles et les attaques terroristes (**5**) ont pris le relais. Il s'agit désormais de parvenir à gagner cette nouvelle forme de guerre.*

1

Les Casques bleus. Depuis sa création, l'ONU a conduit des missions de maintien de la paix. Les pays membres fournissent des effectifs, appelés Casques bleus (**1**, en Yougoslavie). Les objectifs des missions sont fixés par le secrétariat général du Conseil de sécurité. Les forces de l'ONU sont ainsi intervenues en 1994 pour mettre un terme aux tueries au Rwanda (p. 517) et en 1995 pour ramener l'ordre en Bosnie (p. 465).

Le terrorisme. Des groupes non étatiques ont souvent recours à la violence pour s'opposer aux régimes en place. En Europe, le terrorisme atteint son apogée dans les années 1970, avec les actions de factions extrémistes de gauche comme la Fraction Armée rouge ou les Brigades rouges (pp. 431, 450). Les attaques du 11 septembre 2001 aux États-Unis (**2**) (p. 527), qui marquent profondément la conscience collective, inaugurent une nouvelle forme de terrorisme, perpétré par des réseaux internationaux autonomes. L'évolution du profil des acteurs rend complexe l'ajustement des mesures de prévention, les objectifs visés étant plus difficiles à cerner. Les violations des libertés individuelles par le gouvernement américain ont donné lieu à de vifs débats sur la sécurité nationale.

2

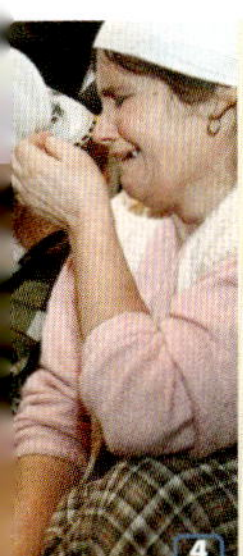
4

*1987 Accord entre les USA et l'URSS sur le désarmement (**3**).*
1989 *Guerre civile en Afghanistan après le retrait des troupes soviétiques (p. 491).*
1991 *Chute de l'Union soviétique et du bloc de l'Est (p. 472).*
1991 *Partition de la Yougoslavie. Conflits religieux et ethniques (p. 464) (**4**).*
1996 *Les Talibans islamistes prennent Kaboul, capitale de l'Afghanistan.*
1998 *Attaques terroristes visant les ambassades américaines au Kenya et en Tanzanie.*
septembre 2001 *Attaques terroristes à New York et à Washington, D.C.*
2001 *Renversement du régime des Talibans de Kaboul.*
2003 *Les États-Unis et leurs alliés envahissent l'Irak.*
2005 *Attaques terroristes à Londres (p. 442).*

5

Page 415

1947 Les États-Unis lancent le plan Marshall (Programme de rétablissement européen) pour la reconstruction de l'Europe de l'Ouest.

1949 Établissement du Comecon à Moscou.

1951 Fondation de la CECA.

1957-1958 Traités de Rome et création de la CEE (p. 449).

1960 Création de l'OCDE.

1965 Création de la CE.

1973 Adhésion à la CE de la Grande-Bretagne, de l'Irlande et du Danemark.

1981 Adhésion à la CE de la Grèce.

1986 Adhésion à la CE de l'Espagne et du Portugal.

1991 Dissolution du Comecon.

1992-1993 Le traité de Maastricht établit l'UE.

1995 Adhésion à l'UE de l'Autriche, de la Finlande et de la Suède.

2002 Introduction de l'euro.

2004 Adhésion à l'UE de la Pologne, de la Hongrie, de la République tchèque, de la Slovaquie, des pays baltes, de la Slovénie, de Malte et de Chypre.

L'Europe

de 1945 à nos jours

Réunion du Conseil de l'UE à Bruxelles

Le processus d'intégration européenne commence par la signature de traités et par la constitution d'organisations comme la CECA (Communauté européenne du charbon et de l'acier), vouées de prime abord à la gestion de la coopération économique. Ces entités évoluent cependant vers une mission de maintien de la paix et de réconciliation des États que les guerres ont pu opposer. En 1965, les diverses organisations établies par les traités successifs se rassemblent pour former l'administration de la Communauté européenne (CE). En 1992-1993, le traité de Maastricht institue l'Union européenne et inaugure une politique commune en matière de sécurité et de relations extérieures. Les membres de l'UE s'accordent aussi sur le principe d'une collaboration dans les domaines touchant à la politique intérieure et au judiciaire. En 2002, la plupart des pays renoncent à leurs monnaies respectives pour adopter l'euro. L'UE s'ouvre aux pays de l'Est en 2004.

Processus d'intégration et résistance. L'introduction de l'euro (**1**), monnaie commune aux membres de l'Union européenne, crée des résistances : dans un premier temps, certains s'opposent (**2**) à cette manifestation autoritaire de « Bruxelles ». Les inquiétudes économiques se doublent d'un sentiment diffus de perte de l'identité nationale. Quant aux membres les moins importants de la CE, ils disent leurs craintes de n'être pas suffisamment pris en compte au sein de l'organisation.

1

2

Plan Marshall et Comecon. Avec le plan Marshall de 1947, les États-Unis offrent aux pays d'Europe de l'Ouest dévastés durant la guerre une aide à la reconstruction. Le déblocage des fonds et la répartition de l'aide (**3**) sont gérés par l'OECE (Organisation européenne de coopération économique), ancêtre de l'OCDE (Organisation de coopération et de développement économiques), fondée en 1960. Les États-Unis consolident ainsi leur influence

3

politique tout en ouvrant de nouveaux marchés aux produits américains. Cependant, l'Union soviétique refuse l'extension du plan Marshall à sa sphère d'influence. Elle crée de son côté le Comecon (Conseil d'assistance économique mutuelle), qui réunit les pays communistes. Ces initiatives renforcent la division du monde en deux blocs s'inscrivant, pour l'un, dans la mouvance des États-Unis et, pour l'autre, dans celle de l'URSS.

La Communauté européenne du charbon et de l'acier. À l'initiative de Robert Schuman, ministre des Affaires étrangères français (**4**, entre Jean Monnet et Konrad Adenauer), la France s'associe en 1951 à la République fédérale d'Allemagne, à l'Italie et au Benelux pour former la CECA, qui vise l'instauration d'un marché commun du charbon et de l'acier, la suppression de droits de douane sur ces produits, ainsi que le développement et la coordination économique des pays membres. La CECA sera un pivot de l'unité européenne.

4

5

La Constitution européenne. L'extension de l'UE rend nécessaire la réforme de son organisation. Les discussions tendent à déterminer si l'union économique implique aussi l'union politique, qui requiert l'abandon par les pays de leur souveraineté nationale. Le Parlement européen travaille jusqu'en 2004 à l'élaboration d'un texte de Constitution européenne, qui n'est pas encore en vigueur à ce jour. Par référendum, certains pays membres, notamment la France (**5**) et les Pays-Bas, ont en effet refusé de ratifier le projet.

Page 415

mai 1945 Chute du Reich.

juin 1945 Fondation des partis politiques (SPD, CDU, KPD…).

juillet-août 1945 Conférence de Potsdam. Partition du pays en zones d'occupation.

octobre 1945 Réformes agraires et expropriations dans la zone Est.

novembre 1945 Premiers procès de Nuremberg.

avril 1946 Réunion forcée du SPD et du KPD pour former le SED dans la zone occupée par les Soviétiques.

janvier 1947 Fusion des zones américaine et britannique.

février-juin 1948 Conférence des Six Puissances à Londres sur la création d'un État fédéral en Allemagne de l'Ouest.

juin 1948 Réforme monétaire dans les zones occidentales. Adoption du deutsche Mark.

juin 1948-mai 1949 Blocus de Berlin-Ouest par les forces soviétiques. Ravitaillement de la ville par pont aérien.

Pages 428, 430

L'Allemagne : la fin de la guerre et la partition

1945-1949

Après leur victoire sur le régime nazi, les forces alliées procèdent dès 1945 à la partition du Reich en quatre zones d'occupation, soumises aux États-Unis, à l'URSS, à la Grande-Bretagne et à la France. D'autres territoires allemands sont perdus, notamment à l'est, au profit de la Pologne (pp. 374, 460). Leurs populations sont alors expulsées vers l'ouest. Au cours du processus de reconstruction, les anciens Alliés échouent à renouer les liens politiques et économiques entre les territoires sous contrôle soviétique et les autres. Le fossé idéologique aboutira en 1949 à la division de l'Allemagne en deux États dotés de systèmes totalement différents.

À l'instar de Munich, la plupart des villes allemandes sont dévastées par les bombardements des Alliés.

Les quatre secteurs de Berlin. En 1945, Berlin, capitale de l'Allemagne, est divisée en quatre secteurs (**1**) respectivement confiés aux Anglais, aux Soviétiques, aux Américains et aux Français. Le Conseil de contrôle des Alliés assure alors le gouvernement de toute l'Allemagne. Mais Berlin devient vite l'enjeu de la guerre froide. Les puissances occidentales doivent faire face aux tentatives des Soviétiques, qui souhaitent en prendre le contrôle. Ce conflit culmine en 1948-1949 avec le blocus de la ville par les forces soviétiques. Alors que les Alliés entreprennent de la ravitailler par pont aérien, les Soviétiques nomment une Chambre populaire qui, en 1949, instaure Berlin-Est capitale de la République démocratique allemande, Berlin-Ouest restant dans le giron de la République fédérale.

1

Les femmes au travail. Dans les années de l'après-guerre, les Allemands sont soumis au travail obligatoire. Les hommes étant, pour la plupart, encore retenus prisonniers, ce sont les femmes qui assurent les débuts de la reconstruction (**2**, à Berlin) en déblayant les gravats. Des tickets de ravitaillement leur permettent de récupérer des vivres, tandis que le marché noir fleurit. Des articles comme les cigarettes constituent alors de vraies monnaies d'échange.

2

Les procès de Nuremberg. En 1945-1946, les Alliés organisent à Nuremberg (**3**) le procès de dignitaires nazis, dont Goering et Speer. Du fait du conflit larvé avec les Soviétiques, les Alliés occidentaux accordent après 1947 une moindre importance au processus de dénazification dans les zones qu'ils occupent. Ainsi des certificats de bonne conduite, appelés « certificats Persil », du nom d'une lessive, sont-ils décernés à ceux dont la réhabilitation peut s'avérer utile. Parmi aux, les nationaux-socialistes dont l'expérience servira la reconstitution de l'Administration et du système judiciaire allemands. Des nazis notoires comme Flick et Krupp récupèrent alors leurs biens, tandis que d'autres fuient en Amérique du Sud (p. 532).

3

Le blocus de Berlin et le pont aérien

Réagissant à la réforme monétaire du mark et à la création par les Alliés d'un État fédéral en Allemagne de l'Ouest, les Soviétiques mettent en place un blocus de Berlin qui va durer onze mois, jusqu'en mai 1949. Les populations locales sont ravitaillées par un pont aérien organisé par les puissances occidentales. Les avions, surnommés « bombardiers à raisins » par les Berlinois, effectuent 277 000 vols et transportent à cette occasion 2,2 millions de tonnes de vivres. Ernst Reuter, le maire de la ville, exhorte ses administrés à résister et demande une aide accrue du monde occidental.

» **Le conflit Est-Ouest :** pages 420-421

L'Allemagne

Page 426

octobre 1945 Réforme agraire et expropriations côté Est.

avril 1946 Fusion du SPD et du KPD en SED dans la zone d'occupation soviétique.

octobre 1949 Création de la RDA.

1950-1971-1973 Walter Ulbricht secrétaire général du SED, puis président du Conseil d'État de la RDA à partir de 1960.

1950 Adhésion de la RDA au Comecon.

1951 Premier plan quinquennal.

juin 1953 Manifestations ouvrières à Berlin-Est.

1955 Ratification du pacte de Varsovie par la RDA.

1961 Construction du Mur.

années 1970 Premiers accords de paix avec la RFA.

1971-1989 Erich Honecker secrétaire général du SED, puis président du Conseil d'État de la RDA à partir de 1978.

mai 1989 Ouverture de la frontière hongroise ; exode des Allemands de l'Est (p. 462).

septembre 1989 Procession du lundi à Leipzig.

octobre 1990 Réunification de la RDA et de la RFA.

Page 432

La République démocratique allemande

1949-1989

Walter Ulbricht, secrétaire génér du SED,puis président du Consei

Pendant l'occupation soviétique, la République démocratique allemande connaît un régime de parti unique, avec le SED (Par socialiste unifié). Elle est rattachée économiquemer et militairement au bloc de l'Est par son adhésion a Comecon et par sa ratification du pacte de Varsovie (p. 420). L'économie est marquée par les concepts socialistes, avec l'instauration de réformes agraires et la conduite d'expropriations d'entreprises et de biens privés. Le ministère de la Sécurité contrôle la police secrète (la Stasi), qui étouffe l'opposition. Mais la pénurie générale et le manque de liberté provoquent un exode massif des Allemands de l'Est. Le désaveu du régime par le peuple entraînera sa chute.

Soldat est-allemand fuyant à l'Ouest avant la construction du mur.

17 juin 1953. La mise en œuvre du plan quinquennal nécessite l'augmentation du temps de travail. Cette mesure provoque des manifestations ouvrières, qui s'étendent rapidement à toutes les villes d'Allemagne de l'Est. L'intervention des chars soviétiques (**1**, manifestations sur la Potsdamerplatz) signera le retour à l'ordre. Les horaires de travail seront néanmoins allégés… et une police secrète sera constituée dans la foulée.

1

mur de Berlin. Constatant la fuite de près un septième de la population est-allemande, it 2,7 millions de personnes, les dirigeants de la)A décident en 1961de bloquer leurs frontières. justifient la construction du mur de Berlin (**2**) ır la nécessité de dresser contre le fascisme une oarrière protectrice ». Mais le pays maintient ɘs liens avec l'Ouest, notamment en vendant ɘs antiquités réquisitionnées ou les réserves ɘ ses banques du sang. L'achat de prisonniers olitiques par la RFA constitue une autre source ɘ revenus pour la RDA. Plus tard, l'économie ıt-allemande ne se maintiendra que grâce à ıide financière privée ou d'État de la RFA.

2

Le socialisme réel. Les conditions d'existence des Allemands de l'Est sont censées s'améliorer avec la proclamation du « socialisme réel ». De fait, la RDA s'impose alors comme le pays de l'Est jouissant du plus haut niveau de vie. La gratuité des service de santé et de l'éducation favorise la natalité et contribue certes à l'émancipation des femmes, mais les dépenses qu'elle engendre grèvent considérablement l'économie nationale. La demande n'est ainsi pas toujours satisfaite : à l'époque, le citoyen moyen doit attendre dix ans pour s'acheter une voiture (**3**, la Trabant).

a procession du lundi. L'incapacité de la RDA se moderniser entraîne dans les années 1980 stagnation de son économie. Influencés par ɘurs contacts avec l'Occident, les citoyens est-allemands protestent. Mais l'État réagit en durcissant la répression,

4

notamment en contraignant les intellectuels à s'expatrier. Les dirigeants du pays refusent de suivre le mouvement initié par Gorbatchev (**4**, avec Erich Honecker) en Union soviétique. Les manifestations toujours plus véhémentes, lors d'une « procession du lundi », en septembre 1989 à Leipzig (**5**) entraînent la chute du régime.

5

» **Mikhaïl Gorbachev :** pages 472-473

L'Allemagne

Page 426

juin 1948 Réforme monétaire. Adoption du deutsche mark.
mai 1949 Fondation de la RFA, avec Bonn pour capitale.
1949-1963 Konrad Adenauer (CDU) devient chancelier.
années 1950-1960 Le « miracle économique ».
1951 Création de la CECA (p. 425).
1955 Constitution des forces armées. Adhésion à l'OTAN.
1957-1958 Création de la CEE (pp. 424, 449).
janvier 1963 Signature du traité de l'Élysée (p. 439).
1963-1966 Ludwig Erhard (CDU) devient chancelier.
1966-1969 Coalition entre le CDU et le SPD sous l'égide de Kurt Georg Kiesinger (CDU).
1967-1968 Manifestations étudiantes.
1969-1974 Willy Brandt (SPD) devient chancelier.
1970-1973 Signatures de traités avec les pays de l'Est.
1970 Formation de la Fraction Armée rouge.
1974-1982 Helmut Schmidt (SPD) devient chancelier.
1980 Formation des Verts.
1982-1998 Helmut Kohl (CDU) devient chancelier.

Page 432

La République fédérale d'Allemagne

1949-1989

Konrad Adenauer, premier chancelier de la RFA, œuvre à resserrer les liens avec l'Alliance occidentale. Le pays connaît une certaine prospérité dans les années 1950, avec l'économie sociale de marché. L'opposition extraparlementaire (APO), favorisée par un sentiment de stagnation et soutenue par le mouvement étudiant, se dessine vers la fin des années 1960. Les années 1970 sont marquées par la crise économique et la campagne de terreur menée par la Fraction Armée rouge. Le mouvement écologiste voit aussi le jour. Willy Brandt entame une politique de détente avec le bloc des pays de l'Est (processus de l'*Ostpolitik*). Helmut Kohl poursuit son action et s'attache à renforcer l'unité européenne. Par ailleurs, et malgré la reprise économique, la RFA souffre d'un taux de chômage élevé qui déstabilise en partie le pays.

Prospérité dans les années 1950.

1

Les liens avec l'Occident. Le chancelier Konrad Adenauer (**1**) œuvre à rapprocher la République fédérale et l'Alliance occidentale. Il travaille encore au réarmement du pays, puis à son adhésion à l'OTAN. Son implication dans la CECA et la CEE (pp. 424-425) permet à l'Allemagne de l'Ouest de se réconcilier avec ses voisins, en particulier la France (p. 439).

Affiches électorales des Verts lors des élections de 1983, l'année de l'entrée du parti au Bundestag.

La génération 1968. Vers la fin des années 1960, des étudiants comme Rudi Dutschke (**2**, pull rayé) prennent la tête de l'APO. Ce mouvement luttant pour la démocratisation des universités s'oppose aussi à la guerre du Viêt Nam. Il exhorte son pays à assumer le passé, en particulier le nazisme. Il pèse sur le climat social et les mentalités, qu'il contribue à ouvrir et à libérer.

2

La Fraction Armée rouge

Les mouvements de protestation des étudiants dans les années 1960 favorisent l'émergence de groupes extrémistes, dont la célèbre Fraction Armée rouge, organisation terroriste d'extrême gauche fondée en 1970 et surnommée « bande à Baader », du nom d'un de ses plus fondateurs. La Fraction Armée rouge appelle alors à la résistance armée contre le régime politique et économique de la République fédérale, qu'elle juge inhumain et fasciste. Ses membres, qui s'inspirent des guérillas urbaines sud-américaines, visent dans un premier temps les grands magasins et les banques, avant de s'attaquer (par des enlèvements ou des assassinats) aux représentants de l'industrie, de la justice ou de la politique. Ces actions sèment un climat de terreur dans les années 1970-1980. Malgré nombre d'arrestations, l'organisation poursuit sa campagne jusqu'en 1993. Elle sera autodissoute en 1998.

L'*Ostpolitik*. En 1969, Willy Brandt, membre du Parti social-démocrate, accède au pouvoir. Le nouveau chancelier veut surtout moderniser le pays, mais travaille également à détendre les relations avec les pays de l'Est (**3**, avec Leonid Brejnev). Sa reconnaissance de la ligne Oder-Neisse comme frontière entre la Pologne et l'Allemagne de l'Est (signature des traités de 1970 et 1973) est contestée par les démocrates chrétiens conservateurs. Pourtant, son initiative met un terme aux revendications allemandes sur la Prusse, la Poméranie et la Silésie.

3

» **L'unité européenne :** pages 424-425

La réunification de l'Allemagne

de 1989 à nos jours

Symbole de la guerre froide et de la partition de l'Allemagne, le mur de Berlin est détruit dans la nuit du 9 au 10 novembre 1989. La frontière est ouverte, ce qui facilite le passage à l'Ouest. Des milliers de personnes célèbrent cet événement.

La dictature de la RDA est renversée pratiquement du jour au lendemain en 1989 , sans que le pouvoir en place ne manifeste de résistance. En 1990, les nouveaux Länder rejoignent la République fédérale ; Helmut Kohl est élu chancelier de l'Allemagne réunifiée. Alors qu'il promet aux nouveaux venus des « paysages verdoyants », de nombreux problèmes se font jour, et notamment celui du chômage, qui atteint des records. Le successeur de Kohl, Gerhard Schröder, élabore le plan Agenda 2010, qui vise à réformer les domaines de l'économie et du marché du travail, afin de rendre l'Allemagne plus compétitive sur le plan international. Depuis 2005, la Grande Coalition menée par Angela Merkel poursuit cette politique.

Pages 428, 430

novembre 1989 Chute du mur de Berlin.

octobre 1990 La RDA rejoint la RFA.

décembre 1990 Helmut Kohl (CDU) est élu chancelier de l'Allemagne réunifiée.

1998-2005 Gerhard Schröder (SPD) devient chancelier.

1999 Tranfert du siège du gouvernement fédéral à Berlin.

1999 Déploiement de troupes allemandes dans l'ancienne Yougoslavie.

2003 Mise au point du plan Agenda 2010.

2003 Déploiement de troupes allemandes en Afghanistan.

2005 Lois Hartz IV.

2005 Grande coalition de l'Union chrétienne-démocrate et du Parti social-démocrate sous l'égide d'Angela Merkel (CDU).

2006 Déploiement de troupes allemandes au Congo et le long des côtes libanaises.

1

La réunification. En juillet 1990, les deux États constituent une union économique, monétaire et sociale (**1**). En octobre 1990, la « Conférence deux plus quatre » fait officiellement de l'Allemagne réunifiée un État souverain.

2

3

Les « paysages verdoyants ». Si à Berlin (**3**), nouvelle capitale de l'Allemagne, on bénéficie de la réunification, il n'en va pas de même dans les autres régions de l'ex-RDA. Beaucoup perdent leur emploi, et les perspectives d'avenir sont assombries par le déclin de l'industrie est-allemande (**2**).

5

Déploiement de forces. L'Allemagne réunifiée s'implique davantage en matière de politique internationale, prenant part notamment aux opérations de maintien de la paix décidées par l'ONU (**5**) (p. 423). Elle vise à devenir un membre permanent du Conseil de sécurité (p. 421). En étroite collaboration avec la France, elle travaille activement à l'unité européenne.

4

Angela Merkel. En 2005, Angela Merkel (**4**) devient la première femme élue à la tête de la RFA. Cette ancienne ressortissante de l'Allemagne de l'Est succède à Gerhard Schröder (**6**, avec Merkel). En tant que membre du CDU, elle

6

prend la tête de la Grande Coalition, qui réunit la CDU et le SPD. Le chômage demeure l'un des principaux problèmes posés à son gouvernement, qui doit aussi réformer les domaines de la santé, du commerce et du budget – sans parler des aléas de l'Union européenne.

Agenda 2010. Les réformes de l'Agenda 2010 prévues par le gouvernement Schröder – et en partie réalisées selon le plan Hartz IV – visent à accroître l'attrait de l'Allemagne pour les investisseurs. Les mesures prévoient la réduction des prestations sociales, la baisse de l'indemnisation du chômage et la libéralisation du marché du travail. Ces restrictions drastiques sont vivement critiquées (**7**).

7

Pages 352, 354

1945 Partition de l'Autriche en zones d'occupation.

avril 1945 Fondation de la IIe République d'Autriche.

1947-1966 Une coalition entre le Parti populaire et le Parti social-démocrate gouverne l'Autriche.

1955 Souveraineté de l'Autriche.

depuis 1959 Réunion au sein du Conseil fédéral des quatre partis politiques suisses les plus importants.

1970-1983 Gouvernement de Bruno Kreisky (SPÖ).

1971 Droit de vote des femmes suisses à l'échelon fédéral.

1986 Affaire Waldheim.

1986-1997 Gouvernement de Franz Vranitzky (SPÖ).

1987–2000 Retour au pouvoir de la Grande Coalition.

1989-1991 Jörg Haider gouverneur de Carinthie.

1995 Adhésion à l'UE.

2000-2006 Gouvernement de coalition de Wolfgang Schüssel.

Célébration pour fêter la présidence autrichienne de l'Union européenne.

L'Autriche et la Suisse

depuis 1945

Durant toute la durée de la guerre froide, l'Autriche et la Suisse restent neutres. L'Autriche rejoindra ensuite l'Union européenne. La Suisse met au point la « formule magique », qui maintient l'équilibre entre ses formations politiques et les intérêts qu'elles représentent. Ce partenariat politique assure la stabilité du régime et favorise l'essor économique. Les deux pays connaissent depuis les années 1980 une montée en puissance des factions d'extrême droite. Ces mouvements sont initiés par deux populistes conservateurs et xénophobes, Jörg Haider en Autriche et Christoph Blocher en Suisse.

Occupation et souveraineté. Après la guerre, les Alliés (**2**, échangeant une poignée de main) divisent l'Autriche en quatre zones d'occupation. La jeune république ne retrouve sa souveraineté qu'en 1955, au terme du traité d'État autrichien concédé par les Alliés et signé au château du Belvédère (**1**), qui prévoit sa neutralité.

1

2

L'affaire Waldheim

L'élection, en 1986, de Kurt Waldheim à la présidence de l'Autriche fait l'objet de vifs débats après la révélation de son passé de nazi. L'Autriche est divisée quant à savoir s'il faut considérer le pays comme ayant fait partie intégrante du Reich – ce qui impliquerait une part de responsabilité dans les crimes perpétrés par le régime – ou comme une victime de l'Allemagne hitlérienne.

3

4

Le populisme. L'essor du FPÖ (Parti libéral), sous l'égide du populiste Jörg Haider, rompt l'équilibre entre le SPÖ (Parti social-démocrate) et l'ÖVP (Parti populaire) qui gouvernent par alternance depuis les années 1980. En 2000, Wolfgang Schüssel, de l'ÖVP, forme une coalition avec le FPÖ (**3**). Les protestations, tant en Autriche qu'à l'étranger, contraignent Haider à quitter le FPÖ pour former son propre parti, en 2005.

Les droits des femmes. La Suisse est l'un des derniers pays européens à accorder le droit de vote aux femmes, au niveau fédéral, en 1971. Quant aux femmes du canton d'Appenzell, cette prérogative leur est reconnue en 1990 par l'Assemblée provinciale (**4**), qui réunit les bénéficiaires du droit de vote. Les cantons conservent leur indépendance vis-à-vis du gouvernement central, organisé selon la « formule magique », la composition du Conseil fédéral variant selon le pourcentage de voix obtenu par les divers partis qui y sont représentés.

La neutralité. Si la Suisse, attachée à son statut de paradis fiscal – donc à son indépendance – s'est en 2002 prononcée par référendum (**5**) pour son entrée aux Nations unies, l'adhésion aux instances européennes n'est pas à l'ordre du jour. Celle-ci compromettrait l'économie du pays et mettrait en péril sa tradition de neutralité. Christoph Blocher, du Parti conservateur, a joué un rôle clé dans les discussions menées à ce sujet, en menant une campagne active contre l'intégration politique du pays dans l'Union.

5

Page 358

juin 1944 Débarquement des Forces alliées en France.
août 1944 Libération de Paris par Charles de Gaulle.
1944-1946 Gouvernement provisoire de Charles de Gaulle.
1946 Fondation de l'Union française et, après 1958, de la Communauté française.
1947-1958 Instauration de la IVe République.
1946-1954 Guerre d'Indochine.
1947 Création du RPF, parti gaulliste.
1949 Fondation de l'OTAN.
1951 Fondation de la CECA (p. 425).
1954-1962 Guerre d'Algérie.
1956 Crise de Suez (p. 441).
1957-1958 Fondation de la CEE (pp. 424, 449).
mai 1958 Coup d'État en Algérie, à l'initiative de l'armée et des colons français.
octobre 1958 Proclamation de la Ve République.
1958-1969 Présidence de Charles de Gaulle.
1962 Indépendance de l'Algérie.
1963 Traité de l'Élysée (p. 439).
1968 Révolte étudiante et grève générale (p. 438).

Page 438

La France jusqu'aux années 1960

1945-1968

À l'issue de la guerre, la France dévastée veut être traitée à égalité avec les Alliés vainqueurs. Elle se voit confier la gestion de zones d'occupation en Allemagne, puis obtient un fauteuil de membre permanent au Conseil de sécurité de l'ONU et peut ainsi défendre ses intérêts lors de la fondation de l'OTAN. Le pays vise à se reconstruire et traque les collaborateurs du régime de Vichy (p. 358). La crise provoquée par la guerre d'Algérie entraîne la chute de la IVe République. La Ve République se dote d'une Constitution renforçant l'exécutif. Le gouvernement concède d'importants pouvoirs à de Gaulle, qui travaille activement avec la RFA à la construction de l'Union européenne.

Une ville française dévastée, en 1944.

En intervenant dans l'économie, notamment par la nationalisation d'entreprises d'envergure comme Air France et Renault, l'État français favorise la reconstruction du pays.

Charles de Gaulle (1890-1970)

Pendant la Seconde Guerre mondiale, le général de Gaulle incarne la Résistance française (p. 358). Après le conflit, il pose les bases de la nouvelle politique du pays. Il entretient ainsi une certaine idée de la grandeur de la France, veille à garder ses distances avec les États-Unis et travaille à une réconciliation fructueuse avec l'Allemagne.

1

La guerre d'Algérie. Les forces françaises répriment les actions de la guérilla algérienne par le recours à la torture, notamment (p. 478). Des manifestations de protestation ont lieu à Paris (**1**). Alors que le gouvernement de la IVe République évoque la possibilité de négocier avec les nationalistes, l'armée, aidée de colons français, organise un coup d'État. De Gaulle parvient à résoudre la crise et est porté au pouvoir en 1958.

2

3

La Constitution de 1958. Le texte de la Ve République renforce les prérogatives du Président, désormais élu au suffrage universel direct. On attend du général de Gaulle qu'il mette fin aux événements d'Algérie (**2**). Mais celui-ci prend vite la mesure de la situation et accorde leur indépendance aux Algériens en 1962.

La décolonisation. Inspirée du Commonwealth, l'Union française est créée en 1946 pour permettre à la France de mieux contrôler ses colonies. Mais elle se révèle impuissante à freiner le déclin de l'empire colonial français. Le Viêt Nam obtient son indépendance en 1954 à l'issue de la guerre d'Indochine (**3**). Le Maroc et la Tunisie lui emboîtent le pas en 1957. Et le retrait contraint des Français engagés aux côtés des Britanniques durant la crise de Suez contribue à restreindre l'influence française sur le plan international (p. 441).

La principauté de Monaco

La principauté de Monaco, dirigée par la famille Grimaldi, bénéficie de la protection de la France depuis 1861. Située sur la Côte d'Azur, elle doit son essor au tourisme, florissant dans cette région depuis les années 1900. Les casinos et les hôtels de luxe attirent aussi une clientèle ciblée. Pendant la Seconde Guerre mondiale, la principauté entretient des relations avec les nazis. En 1956, le mariage du prince Rainier III avec la star Grace Kelly restaure un image quelque peu ternie. Aujourd'hui, Monaco demeure le lieu de rencontre privilégié de la jet-set mondiale.

L'Indochine : pages 498-499

La Grande Arche de Paris, construite à l'initiative du président Mitterrand.

La France depuis les années 1960

depuis 1968

En 1968, la France est en proie à des soulèvements étudiants et à une grève générale. Parvenant à enrayer la crise, mais désavoué en 1969 par un référendum sur la régionalisation et la révision du Sénat, de Gaulle démissionne. Les problèmes économiques accrus des années 1970 favorisent la montée de la gauche. Élu président en 1981 et en 1988, le socialiste François Mitterrand orchestre d'importantes réformes (dont l'abolition de la peine de mort et la décentralisation), mais est par deux fois contraint à une cohabitation avec une majorité de droite. Jacques Chirac lui succède en 1995.

Page 436

France

1959-1969 Présidence de Charles de Gaulle.

janvier 1963 Traité de l'Élysée, instituant la collaboration franco-allemande.

mai 1968 Mouvements étudiants et grève générale.

1969-1974 Présidence de Georges Pompidou.

1974-1981 Présidence de Valéry Giscard d'Estaing.

1981-1995 Présidence de François Mitterrand.

1986-1988 Première cohabitation : Jacques Chirac Premier ministre.

1993-1995 Deuxième cohabitation : Édouard Balladur Premier ministre.

depuis 1995 Présidence de Jacques Chirac.

1997-2002 Troisième cohabitation : Lionel Jospin Premier ministre.

mai 2005 Rejet par référendum de la Constitution européenne (p. 425).

octobre-novembre 2005 Mouvements violents dans les banlieues.

2006 Manifestations contre les réformes du droit du travail et de l'emploi (CPE, etc.).

Mai 1968. En 1968, la jeunesse, et plus particulièrement les étudiants (**1**), appelle à une modernisation de la société et de l'université françaises. Parallèlement, les syndicats lancent la grève générale. Les mesures prises entraînent un durcissement du mouvement, notamment à Paris, qui est au bord de la guerre civile. Au final, les autorités obtempèrent sur la réforme des universités et les revendications des travailleurs. Le régime est profondément ébranlé par l'épreuve.

François Mitterrand. En 1981, François Mitterrand (**2**) devient le premier président socialiste de la Vᵉ République. Il instaure le principe du RMI, fait nationaliser les industries stratégiques relevant du domaine de l'énergie, augmente les retraites, ainsi que les prestations familiales. Il travaille, en étroite collaboration avec le chancelier allemand Helmut Kohl, à la transformation de la CEE en UE, réalisée par le traité de Maastricht de 1992-1993 (p. 424). Les deux premières cohabitations ont lieu sous sa présidence (1986-1988, 1993-1995), quand il doit nommer un Premier ministre de droite.

La coopération franco-allemande

Si, dans les années d'après-guerre, les relations franco-allemandes sont surtout marquées par le revanchisme (p. 356), les deux pays œuvrent ensuite de concert à la formation de l'Union européenne. Ils seront les pivots de la CECA et de la CEE (pp. 424, 449). Le traité de l'Élysée de 1963 pose les bases d'une étroite collaboration entre les gouvernements français et allemands et prévoit des rencontres régulières entre leurs dirigeants. C'est dans ce cadre que s'inscrivent les consultations franco-allemandes de Weimar, en 1997, touchant aux affaires culturelles.

Les immigrés. À l'automne 2005, les banlieues françaises sont le théâtre de violences perpétrées par des jeunes souvent issus de l'immigration (**3**), révélant ainsi leur mal-être au sein de la société française. Leurs revendications portent essentiellement sur l'absence d'opportunités économiques et sur la ghettoïsation qui les contraint à vivre dans certains quartiers (**4**). Les extrémistes de droite, qui prônent la fermeture des frontières et l'immigration zéro, trouvent là un terrain favorable. Le Front national de Jean-Marie Le Pen, par exemple, gagne en popularité depuis les années 1990.

Jacques Chirac. Depuis 1995, Jacques Chirac (**5**) appelle à la modernisation de la France par la réforme du budget et par la libéralisation économique. Mais sa politique, qui oublie les promesses faites concernant la réduction de la « fracture sociale », ne convainc pas, comme en témoignent les victoires de la gauche en 1997 et en 2002. Il est à son tour contraint à la cohabitation avec le gouvernement du socialiste Lionel Jospin.

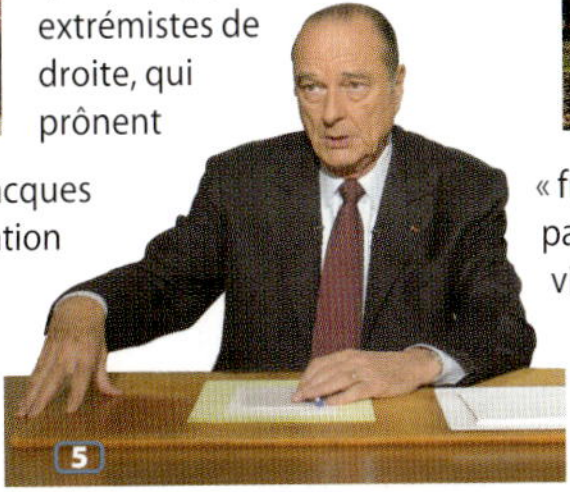

L'unité européenne : pages 424-425

Page 362

1945-1951 Gouvernement travailliste de Clement Attlee.
1947 Indépendance de l'Inde et du Pakistan.
1949 Fondation de l'OTAN.
1951-1955 Gouvernement conservateur de Churchill.
depuis 1952 Elizabeth II, reine d'Angleterre.
1955-1957 Gouvernement conservateur d'Anthony Eden.
1956 Crise de Suez.
1957-1963 Gouvernement conservateur de Harold Macmillan.
1960 Création de l'AELE.
1964-1970 Gouvernement travailliste de Harold Wilson.
1970-1974 Gouvernement conservateur d'Edward Heath.
1973 Adhésion de la Grande-Bretagne à l'UE.
1974-1979 Gouvernement travailliste.

Page 442

La Grande-Bretagne jusqu'aux années 1970

1945-1979

La reine Elizabeth II et le duc d'Édimbour

Bien qu'elle compte parmi les vainqueurs de la Seconde Guerre mondiale et soit un des membres fondateurs des Nations unies, bénéficiant à ce titre d'un siège de membre permanent au Conseil de sécurité (p. 421), la Grande-Bretagne perd de sa prééminence après 1945. Le désastreux épisode de la crise de Suez atteste son déclin. Contrairement aux autres puissances coloniales, l'Angleterre gère de manière pacifique les velléités d'indépendance au sein du Commonwealth. Mais la dissolution de l'empire nuit à l'économie du pays, coupé de ses anciens marchés. Il lui faut par ailleurs faire face à un endettement colossal envers les États-Unis, après la guerre. Si l'unité fait le « miracle économique » de Europe continentale (pp. 430, 446), le rationnement perdure ici. Les gouvernements successifs tentent de remédier à la situation.

1

Les vainqueurs. Avec les Américains et les Soviétiques, les Britanniques parviennent à vaincre le régime nazi. Winston Churchill, qui s'est déjà opposé à Staline pendant le conflit, va nouer des relations privilégiées avec les États-Unis (**1**).

La reine Elizabeth II

En tant que chef de la monarchie britannique depuis 1952, la reine Elizabeth II chapeaute aussi le Commonwealth, qui réunit le Canada, l'Australie et la Nouvelle-Zélande. Bien qu'elle ne jouisse que d'une autorité symbolique, limitée conformément aux principes de la monarchie constitutionnelle, elle exerce en pratique une réelle influence, après un règne d'un demi-siècle. Elizabeth II et la pérennité de la monarchie britannique incarnent la continuité, à une époque où le Royaume-Uni subit de profonds changements.

Réforme et stagnation. Accédant au pouvoir en 1945, le travailliste Clement Attlee (**2**) veut améliorer les conditions de vie de la population et fonder un État social. Il instaure la gratuité des services de santé, crée une assurance chômage et procède à la nationalisation des grandes entreprises stratégiques telles que la Banque d'Angleterre. Mais, tout comme les conservateurs qui prendront sa suite, Attlee est incapable de remédier aux problèmes structurels qui affectent l'économie, dont la hausse de la dépense publique, des interventions dans des conflits internationaux et une inflation galopante.

2

La crise de Suez. Alors qu'il relève principalement d'un actionnariat britannique et français, le canal de Suez est nationalisé (p. 486) en 1956, à l'initiative du président Nasser. Soucieuse de ses intérêts dans cette région stratégique, la Grande-Bretagne occupe le canal, rejointe par la France (**3**). Voyant là une occasion de gagner la confiance des pays du tiers monde, les USA et l'URSS condamnent la position des Français et des Anglais. Ceux-ci, lourdement endettés à l'égard des États-Unis, doivent se retirer. Après cette humiliation publique, le Premier ministre Eden est contraint à la démission. La désastreuse crise de Suez montre qu'aucun pays n'est plus en mesure de mener une politique étrangère autonome, en faisant abstraction des deux nouvelles superpuissances. Le déclin attesté de la France et de la Grande-Bretagne encourage alors leurs colonies à réclamer leur indépendance.

3

4

L'Europe. La perte de son empire colonial contraint la Grande-Bretagne à modifier ses politiques étrangère et économique. Le pays perd du terrain par rapport aux États-Unis et au reste de l'Europe. En 1960, il participe à la création de l'Association européenne de libre-échange (AELE), mais cette entité destinée à contrer la CEE ne connaît pas le succès escompté. Plus tard, la France s'oppose à l'adhésion de la Grande-Bretagne à la CEE, de Gaulle la tenant pour un vassal des États-Unis. Il faut attendre 1973, après la mutation de la CEE en UE (**4**), pour que le pays rejoigne enfin l'organisation européenne. Cependant, en raison de la crise pétrolière internationale qui assombrit les années 1970, les Anglais ne tirent pas de cette adhésion les retombées économiques qu'ils en espéraient.

L'unité européenne : pages 424-425

Page 440

1979-1990 Gouvernement conservateur de Margaret Thatcher.

1981 Mariage de Charles, prince de Galles, avec lady Diana Spencer, à Londres.

1982 Guerre des Malouines contre l'Argentine.

1985 Thatcher met fin à la grève des mineurs et limite les droits des syndicats.

1990 Protestations contre la réforme des impôts locaux. Démission de Thatcher.

1990-1997 Gouvernement conservateur de John Major.

1994 Ouverture du tunnel sous la Manche.

1996 Crise de la vache folle. L'embargo sur le bœuf anglais crée des tensions en Europe.

depuis 1997 Gouvernement travailliste de Tony Blair.

1998 Accords du Vendredi saint entre les principales formations politiques en Irlande du Nord (p. 445).

1998 L'Écosse et le pays de Galles peuvent constituer leur propre Parlement, ce qui leur confère plus d'autonomie.

2003 La Grande-Bretagne s'engage dans la guerre en Irak aux côtés des Américains.

2005 Attaques terroristes islamistes à Londres.

Porte-avions britannique faisant route vers l'Irak, en janvier 2003.

La Grande-Bretagne depuis les années 1980

depuis 1980

Dans les années 1980, la conservatrice Margaret Thatcher entreprend des réformes obéissant aux principes de l'économie de marché. Cependant, le chômage perdure, et le fossé entre riches et pauvres s'accroît. En 1997, le Parti travailliste remporte les élections à une large majorité. Le nouveau Premier ministre, Tony Blair, tente de concilier libéralisme et impératifs sociaux. Mais, si le chômage recule, le travail précaire augmente. La politique étrangère est marquée par les étroites relations entretenues avec les États-Unis, comme l'atteste l'engagement en 2003 dans la guerre d'Irak – lequel écornera très sérieusement la popularité de Tony Blair.

Margaret Thatcher

Sa volonté à toute épreuve vaut à Margaret Thatcher le surnom de « Dame de fer ». Adepte du libéralisme économique, elle tend à réduire l'intervention de l'État dans le domaine social et ampute les droits des ouvriers, malgré la vive protestation syndicale. Les privatisations et l'abandon de secteurs moins productifs entraînent la montée du chômage et le déclin de nombre de villes industrielles.

Charles et Diana

En 1981, le prince Charles, héritier du trône, épouse lady Diana Spencer. Leur mariage de conte de fées périclite rapidement, pour se terminer par un divorce très médiatisé. Traquée par des photographes, Diana trouve la mort dans un accident de voiture à Paris, en 1997.

1

La guerre des Malouines. Pour détourner l'attention du peuple de la situation du pays, la dictature militaire argentine (p. 531) occupe en 1982 les îles Malouines, possession anglaise située au large de l'Argentine. Soutenus par les États-Unis, les Britanniques reprennent l'archipel après des combats très violents (**1**, prisonniers de guerre argentins). Si la victoire restaure la popularité entamée de Margaret Thatcher, la défaite des Argentins accélère la chute de la dictature dans le pays.

La guerre en Irak. Malgré la vive réprobation de l'opinion publique, Tony Blair soutient George W. Bush (**2**) quand il décide d'attaquer l'Irak (p. 489). Contesté, Blair est néanmoins élu pour en troisième mandat en 2005. Il annonce cependant sa démission pour 2007.

2

La guerre en Irak : page 489

L'Europe en marche

La Grande-Bretagne bénéficie moins que d'autres pays, notamment l'Irlande (p. 445), de son adhésion à l'UE – ce qui conduit les Anglais à douter de l'intérêt de l'unité européenne, et plus particulièrement de la législation communautaire, illustration de la domination de la bureaucratie de Bruxelles. Elle n'a pas adopté l'euro et, en d'autres domaines aussi, se démarque de ses homologues européens, discutant, par exemple, le montant de sa contribution financière à l'UE. Malgré cela, les relations avec les divers pays membres se renforcent, comme l'atteste la construction, en 1994, du tunnel sous la Manche, qui relie l'île au continent.

Pages 364, 398

1949 L'Eire se retire du Commonwealth.

1959-1973 Présidence d'Éamon de Valera (Fianna Fáil).

1967/1968 Guerre civile en Irlande du Nord.

janvier 1972 Bloody Sunday (Dimanche sanglant).

1973 L'Irlande adhère à l'UE.

1982-1987 Gouvernement Fine Gael de Garret Fitzgerald.

1985 Accords anglo-irlandais d'Ulster.

1987-1992 Gouvernement Fianna Fáil de Charles James Haughey.

1990-1997 Présidence de Mary Robinson (indépendante).

1994-1996 Cessez-le-feu décidé par l'IRA.

1995 Référendum pour la légalisation du divorce.

depuis 1997 Gouvernement Fianna Fáil de Bertie Ahern.

depuis 1997 Présidence de Mary McAleese (Fianna Fáil).

1997 Nouveau cessez-le-feu de l'IRA et reprise du dialogue.

1998 Accords du Vendredi saint.

2005 L'IRA déclare la fin du conflit armé.

2007 Accords de gouvernement en Irlande du Nord.

L'Eire et l'Irlande du Nord

depuis 1945

1

Éamon de Valera (**1**) (p. 364) joue un rôle déterminant dans le développement de l'Eire après la Seconde Guerre mondiale, comme chef de gouvernement dans les années 1960, puis comme président de 1959 à 1973. Le Parti nationaliste conservateur Fianna Fáil, dont il est l'un des fondateurs, domine toujours le paysage politique irlandais. L'essor économique du pays coïncide avec son adhésion à la CEE. Les relations entre l'Eire et la Grande-Bretagne sont marquées par le conflit opposant catholiques et protestants.

Scène de la vie quotidienne à Belfast.

Bloody Sunday. Une guerre civile qui ne dit pas son nom oppose depuis les années 1960 les catholiques nationalistes, partisans de la réunification, et les protestants unionistes, attachés à l'Angleterre. Les forces britanniques répriment durement les troubles (**2**, Bloody Sunday, 1972). L'IRA (p. 365) réplique par la terreur, et les protestants par des milices.

2

Partition de la ville. Dans Belfast, en Irlande du Nord (**4**), des murs séparent les quartiers catholiques des quartiers protestants, pour prévenir les affrontements entre les deux groupes.

Les accords anglo-irlandais. L'accord (**3**) signé en 1985 par Margaret Thatcher et son homologue irlandais octroie au gouvernement de la république d'Irlande un rôle consultatif dans la conduite des affaires nord-irlandaises.

Les accords du Vendredi saint. Depuis les années 1990, les gouvernements britannique et irlandais tentent de remédier au problème du terrorisme en Irlande du Nord. Par les accords du Vendredi saint de 1998, l'Eire s'engage à renoncer au projet de réunification avec l'Irlande du Nord, telle que prévue par sa Constitution. En contrepartie, la Grande-Bretagne reconnaît l'autonomie du gouvernement irlandais. On s'accorde enfin sur le dépôt des armes par les unités paramilitaires. David Trimble, leader des protestants nord-irlandais, et John Hume (**5**, avec Tony Blair), chef de file des catholiques, se verront attribuer conjointement le prix Nobel de la Paix en 1998.

L'Irlande au sein de l'EU. Après son adhésion à la Communauté européenne en 1973, l'Irlande consacre les subventions qui lui sont accordées au développement de son infrastructure et de son système éducatif. Sa fiscalité et sa main-d'œuvre qualifiée attirent les investisseurs, ce qui lui vaut aujourd'hui d'abriter des sociétés intervenant dans des domaines d'avenir (**7**). Très prisée des touristes, l'Irlande, qui fut autrefois dépeuplée par les grandes vagues migratoires, est maintenant convoitée par les immigrants européens, qui viennent y chercher du travail. La société irlandaise a subi de profonds bouleversements ces dernières années. Depuis 1990, ce pays de tradition catholique et conservatrice s'est beaucoup libéralisé sous l'égide de deux femmes, Mary Robinson et son successeur Mary McAleese (**6**).

Page 366

1948 Union douanière du Benelux.

1949 Adhésion à l'OTAN.

1951-1993 Règne de Baudouin Ier de Belgique.

1951 Fondation de la CECA (p. 425).

1958 Traité d'union économique du Benelux.

1962 Définition des frontières linguistiques en Belgique.

1970 Abolition des frontières intérieures.

années 1970 et 1980 Fédéralisation de la Belgique.

depuis 1980 Règne de Béatrice des Pays-Bas.

1993 La Belgique devient un État fédéral.

2002 Assassinat du populiste d'extrême droite Pim Fortuyn.

2004 Assassinat du réalisateur Theo Van Gogh.

2004 Interdiction du parti nationaliste flamand Vlaams Blok.

2005 Rejet aux Pays-Bas du projet de Constitution européenne (p. 425).

La Belgique, les Pays-Bas et le Luxembourg

depuis 1945

La reine Béatrice des Pays-Bas.

Après la Seconde Guerre mondiale, la Belgique, les Pays-Bas et le Luxembourg constituent une union économique et politique, et anticipent bon nombre de mesures qui seront prises dans le cadre de l'Union européenne. De par leur adhésion à l'OTAN, qui siège à Bruxelles (**1**), les trois pays renoncent à leur neutralité. La Belgique doit gérer les conflits opposant les Flamands et les Wallons. En dépit de la fédéralisation du pays, chacun des groupes continue de cultiver ses particularismes linguistiques. Récemment, les Hollandais semblent avoir développé une sorte de xénophobie à l'égard des immigrés. Et les mouvements d'extrême droite progressent tant aux Pays-Bas qu'en Belgique.

1

2

Flamands et Wallons. Le conflit entre Flamands et Wallons (**3**) tient à des problèmes de langue, auxquels s'ajoutent des différences résultant de l'évolution économique assez contrastée des deux communautés. Le fédéralisme, censé remédier à la situation, semble au contraire attiser l'individualisme. Dans ce contexte, la famille royale (**2**, Baudouin Ier) est un symbole d'unité nationale.

3

L'union du Benelux. Les pays du Benelux sont le noyau dur de l'Union européenne. Ils ont d'ailleurs anticipé nombre de mesures communautaires, par exemple en supprimant leurs frontières intérieures dès 1970. Les trois pays jouent un rôle important dans le processus d'unification européenne, notamment en 1951, lors de la création de la CECA (**4**), qui siège au Luxembourg.

4

Les structures sociales

La société hollandaise est divisée en plusieurs groupes sociaux. Catholiques, protestants, sociaux-démocrates et autres se côtoient sans se rencontrer. Mais les choses évoluent depuis les années 1970, les différences culturelles s'estompant au fur et à mesure que la religion perd en importance et que la société se libéralise. L'assassinat du réalisateur Theo Van Gogh en 2004 par un extrémiste musulman plonge le pays dans la stupeur. Les réactions ne se font pas attendre : des manifestations monstres et des attaques d'institutions religieuses sont organisées – autant d'actions remettant en question le libéralisme supposé des Hollandais. On évoque désormais le problème de l'intégration des immigrés et celui de la tolérance envers des cultures et des religions différentes.

Page 368

1946 Référendum à propos de l'abolition de la monarchie.

1946-1953 Gouvernement démocrate-chrétien d'Alcide De Gasperi.

1949 Révoltes en Calabre. Échec des réformes agraires.

1949 L'Italie est membre fondateur de l'OTAN.

1951 Fondation de la CECA (p. 425).

1957-1958 Traité de Rome.

1963-1968, 1974-1976 Gouvernement démocrate-chrétien d'Aldo Moro.

1972-1973, 1976-1979 Gouvernement démocrate-chrétien de Giulio Andreotti.

juin 1975 Victoire des communistes aux élections.

1978 Assassinat d'Aldo Moro par les Brigades rouges.

1980 Attentat à la bombe par des extrémistes de droite à la gare centrale de Bologne.

Page 450

L'Italie jusqu'aux années 1970

1945-1980

Le drapeau italien.

Si les gouvernements se succèdent assez vite dans l'Italie d'après-guerre, le paysage politique reste dominé par Democrazia Cristiana. Jusqu'en 1993, la plupart des présidents italiens sont en effet des démocrates-chrétiens œuvrant à renforcer les liens économiques et politiques avec l'Occident par le jeu des alliances, tout en travaillant à la construction européenne. Si le Nord connaît un formidable essor économique, le Sud demeure à la traîne. Le monde politique est entaché par des affaires de corruption et d'activités illégales.

La jeune république. Pour avoir collaboré avec le régime fasciste de Mussolini (p. 368), la monarchie italienne est destituée, son abolition étant décidée à une faible majorité par un plébiscite en 1946. Le roi Humbert II (**2**) s'exile, tandis qu'une Constitution nouvelle donne aux deux chambres élues (**1**) des pouvoirs plus importants que ceux du Président. L'institution de la proportionnelle permet par ailleurs aux petits partis d'être représentés au Parlement. Mais la fragmentation du paysage politique rend plus difficile la formation de majorités gouvernementales. Les communistes enregistrent des scores plus élevés que dans les autres pays occidentaux. Même les fascistes ont, aujourd'hui encore, des députés.

2

La disparité Nord-Sud. L'Italie sort ravagée de la guerre (**3**). L'aide accordée par les États-Unis dans la ligne du plan Marshall (p. 425) redynamise son économie, en relançant notamment les industries textile et automobile (**4**) du Nord, qui deviennent dès lors des moteurs. Toutes ces entreprises bénéficient de l'ouverture des marchés et de la libéralisation du commerce, favorisés par le grand processus d'unification européenne. Pourtant, le Sud, le « Midi », ne connaît pas la même évolution, en raison de son manque cruel d'infrastructures. Cette région essentiellement tournée vers le secteur agricole pâtit d'un fort taux de chômage et de la mainmise de la Mafia (p. 450), omniprésente. La disparité entre le Nord et le Sud, apparemment insurmontable, continue de perturber la stabilité politique et sociale du pays.

3

4

Le traité de Rome. En 1957, l'Italie, la France, l'Allemagne de l'Ouest et les pays du Benelux négocient à Rome les traités instituant la Communauté économique européenne (CEE) (**5**). Ce cadre, tout comme celui de la CECA, doit favoriser et coordonner la collaboration entre les États membres. Au même moment, les pays européens donnent naissance à l'Euratom, institution vouée à la prévention d'une guerre nucléaire.

5

Un compromis historique. Bien conscient des difficultés de l'Italie, le président démocrate-chrétien Aldo Moro (**6**) tente de remédier à la situation, dans les années 1970, en s'alliant avec les communistes qui, jusque-là, avaient été tenus à l'écart du gouvernement. En 1978, Moro est enlevé, puis assassiné par le groupe terroriste de gauche des Brigades rouges. Beaucoup s'interrogent sur les tenants et les aboutissants de ce meurtre. On avance même qu'il pourrait être l'œuvre de factions anti-communistes au sein du parti de Moro. D'autres l'attribuent à la Mafia, à la CIA ou encore à l'extrême droite italienne.

6

Page 448

1981 Révélation des liens de la loge Propaganda Due (P2) avec la Mafia et le Vatican.

1983-1987 Gouvernement socialiste de Bettino Craxi.

1989-1992 Gouvernement démocrate-chrétien de Giulio Andreotti.

1991 Création du parti séparatiste Lega Nord.

depuis 1992 Opération Mani Pulite (Mains propres). Révélations de corruption du monde politique.

1994 Dissolution de Democrazia Cristiana, du Parti socialiste italien et d'autres formations politiques.

1994-1995, 2001-2006 Coalition de centre droit Casa delle Libertà (Maison des libertés) sous l'égide de Silvio Berlusconi.

1996-2001 Coalition de centre gauche L'Ulivo (L'Olivier), sous l'égide de Romano Prodi.

2001 Réforme constitutionnelle visant à la décentralisation.

2005 La coalition L'Ulivo s'agrandit et prend le nom de L'Unione.

avril 2006 Victoire électorale de L'Unione, sous l'égide de Romano Prodi.

juin 2006 Refus par référendum d'un État fédéral.

L'Italie du Sud est encore agricole. Ici, la cueillette des olives en Sicile, en 2004.

L'Italie depuis les années 1980

depuis 1981

L'Italie des années 1980 vit des crises économiques et des scandales qui favorisent la montée des forces nationalistes et séparatistes. Les partis politiques sont en difficulté, après la révélation des liens de certains de leurs membres avec la Mafia. Le paysage politique s'en trouve bouleversé, ce dont profitent le magnat des médias Silvio Berlusconi et son parti Forza Italia. Lega Nord, mouvement séparatiste allié de Berlusconi, lance un débat sur le fédéralisme. En 2001, une réforme constitutionnelle accorde de fait davantage d'autonomie aux régions, mais le projet d'un État fédéral est rejeté en 2006.

La Mafia. À ses débuts, la Mafia est une société secrète cantonnée au sud de l'Italie, mais son influence s'étend rapidement à l'Europe et aux États-Unis. Reine du trafic de drogue et d'armes, de la prostitution et de l'extorsion de fonds, elle entretient des contacts étroits avec nombre de politiciens, impliqués notamment dans le grand scandale de la loge P2, qui avait projeté un coup d'État dans les années 1970. La Mafia réagit aux enquêtes menées par des procureurs et des juges intègres par des attentats terroristes (**1**).

1

2

Silvio Berlusconi. Dans les années 1970 et 1980, Silvio Berlusconi (**2**) bâtit un empire qui l'impose comme le magnat des médias. Il fonde ensuite le parti Forza Italia, qui, avec les séparatistes de Lega Nord et les fascistes d' Alleanza Nazionale, forme en vue des élections la coalition Casa delle Libertà. Berlusconi tire profit de son contrôle des médias pour accéder au pouvoir, une première fois brièvement, en 1994-1995, puis pour un mandat plus long, de 2001 à 2006. Ses liens avec des organisations douteuses lui ayant valu d'être jugé plusieurs fois, il use de ses prérogatives pour faire voter des lois qui lui sont favorables, ainsi qu'à ses partisans. Les vives critiques dirigées contre son mode de gouvernement et son usage des médias ne sont suivies d'aucun effet. Berlusconi perd néanmoins – de justesse – les élections de 2006, qui voient la victoire de Romano Prodi.

La papauté aux XXe et XXIe s.

En 1962, le pape Jean XXIII convoque le concile de Vatican II, qui introduit des réformes visant à ouvrir l'Église au monde extérieur, en nouant le dialogue avec les autres grandes religions. Malgré cette initiative, l'Église continue de perdre des adeptes, notamment dans les pays modernes et occidentalisés. Dans les années 1960 et 1970 apparaît en Amérique du Sud la théologie de la libération, qui voit le clergé s'insurger devant le sort fait aux plus pauvres. Cette position vaut d'ailleurs à Oscar Arnulfo Romero (p. 528), archevêque du Salvador, d'être assassiné en 1980. Malheureusement, ce mouvement n'a pas l'assentiment de Rome, qui conteste la tradition politique dans laquelle il s'inscrit. En 1978, le conclave élit le Polonais Karol Wojtyla, qui devient ainsi, sous le nom de Jean-Paul II, le premier pape non italien depuis des siècles. Le nouveau souverain pontife renforce l'autorité de la papauté et œuvre plus particulièrement à déstabiliser les dictatures de l'Europe de l'Est. Sa réticence à ouvrir l'Église aux femmes et une certaine rigidité en matière de sexualité lui valent de vives critiques. Benoît XVI, d'origine allemande, lui succède en 2005 sur le trône papal.

L'Espagne

Page 370

1939-1975 Dictature de Francisco Franco (p. 370).

1953 L'Espagne concède des bases militaires aux États-Unis contre une aide économique.

1953 Concordat avec le Vatican. Franco fait des concessions à l'Église catholique.

1955 L'Espagne adhère aux Nations unies.

1956-1975 L'Espagne accorde l'indépendance à ses colonies.

1959 Formation du groupe séparatiste basque terroriste ETA (p. 455).

années 1960 Réformes économiques et politiques.

1969 Juan Carlos de Bourbon reconnu comme successeur de Franco par le Parlement.

1970 Accord de libre-échange avec la CEE.

1973 Assassinat du Premier ministre franquiste Luis Carrero Blanco par l'ETA.

1975 Mort de Franco. Juan Carlos Ier est couronné roi.

1975 Le basque, le catalan et le galicien deviennent langues officielles.

Page 455

La dictature en Espagne

1945-1975

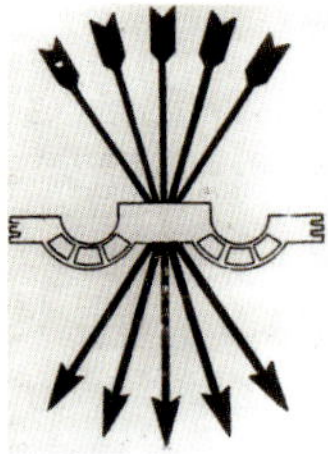

Insigne du groupe fasciste de la Phalange.

Après avoir observé la plus stricte neutralité pendant la Seconde Guerre mondiale, l'Espagne tente de sortir de son isolement. Soutenu par le parti nationaliste de la Phalange, l'Église catholique et les conservateurs, le dictateur Franco (**1**) s'attache dans les années 1950 et 1960 à ouvrir son pays à l'économie mondiale. Les accords conclus avec les États-Unis, notamment, améliorent la situation de l'Espagne, en favorisant une croissance rapide de l'industrie et du tourisme. Sur le plan interne, le régime demeure de fer et les rares ouvertures superficielles. Les mouvements d'opposition sont durement réprimés, comme les groupes séparatistes œuvrant à l'autonomie de régions telles que la Catalogne. Le dictateur vieillissant désigne le prince Juan Carlos de Bourbon comme son successeur.

1

2

Un pays en voie de développement. L'Espagne, qui se veut neutre dans le conflit, mais accorde de fait son soutien aux nazis et à leurs alliés, se retrouve isolée à l'issue de la Seconde Guerre mondiale. La guerre civile des années 1930 a totalement dévasté plusieurs régions. Le pays, peu évolué et essentiellement agricole, est aux mains de quelques riches propriétaires terriens, la majorité de la population étant constituée de paysans pauvres. Nombre de ceux-ci quittent la campagne pour s'installer dans les bidonvilles (**2**) des grandes agglomérations, espérant y trouver du travail. Il faut attendre les années 1950 pour que l'Espagne s'industrialise à grands pas.

Le futur roi. Après la guerre civile, Franco s'assure le soutien durable des conservateurs en leur promettant la restauration de la monarchie. Juan Carlos de Bourbon, fils du prétendant au trône, est ramené de son exil pour se former et prendre la suite du Caudillo. Officiellement reconnu comme l'héritier de la couronne d'Espagne en 1969, il est nommé second de Franco deux ans plus tard et proclamé roi au décès de ce dernier, en 1975. Du vivant de Franco, Juan Carlos (**3**, à gauche) se garde bien d'intervenir sur le plan politique ; il est alors considéré comme l'apprenti du dictateur. Cependant, une fois au pouvoir, il se révélera comme un élément clé du délicat cheminement de l'Espagne vers la démocratie et de sa transformation en une monarchie constitutionnelle des plus libérales.

3

La dictature et l'Église catholique

Afin de mieux légitimer son pouvoir, Franco va concéder à l'Église catholique, l'un des plus ardents soutiens de la dictature, de sérieux avantages, lui laissant notamment le contrôle du système éducatif et lui accordant de très importantes dérogations fiscales. Il impose le catholicisme comme religion d'État en 1953, par la signature d'un concordat avec le Vatican qui entraîne la reconnaissance officielle du pays sur le plan international. Le gouvernement compte alors en son sein plusieurs éléments affiliés à l'Opus Dei, une organisation laïque s'inscrivant dans la mouvance de l'Église catholique et fondée par Josémaría Escrivá de Balaguer, fervent admirateur de Franco. Néanmoins, l'Église protège la libre expression des opposants au Caudillo et soutient les minorités séparatistes.

4

Industrie et tourisme. Dans les années 1950, au début de la guerre froide, l'Espagne suscite l'intérêt des grandes puissances. Délaissant l'idéal nationaliste d'autonomie économique, le gouvernement espagnol ouvre alors le pays aux investisseurs étrangers. De nombreuses sociétés viennent s'y établir, attirées par les conditions intéressantes. Le tourisme se développe aussi de manière significative (**4**), constituant une manne pour le pays.

» **L'Église catholique et le fascisme en Italie :** page 369

L'Espagne sur la voie de la démocratie

depuis 1975

1

Au décès de Franco, en1975, Juan Carlos est proclamé roi d'Espagne (**1**). Ignorant l'opposition des mouvements traditionalistes, il entreprend aussitôt d'instaurer dans le pays une démocratie constitutionnelle. Pendant le mandat du président González, l'Espagne se modernise à grands pas jusqu'en 1996. Son adhésion à l'Union européenne en 1986 favorise son essor économique. L'État centralisé revêt une forme fédérale, les régions se voyant reconnaître une plus grande autonomie. Cependant, malgré ces mesures, le mouvement séparatiste basque ETA poursuit ses actions terroristes. Le gouvernement conservateur d'Aznar fait participer l'Espagne à la guerre en Irak. Avec l'arrivée au pouvoir des socialistes, en 2004, le pays continue dans la voie du libéralisme.

3

Le 23 février. En février 1981, des membres de la Guardia Civil prennent d'assaut le Parlement espagnol (**3**). Responsables de la répression politique sous Franco, ils ont pour objectif le retour à une dictature fasciste. La fermeté de Juan Carlos Ier, qui remplit alors pleinement son rôle de commandant suprême des armées, est décisive. Il isole les leaders du coup de force, range l'armée de son côté et garantit la démocratie. Son attitude lui vaut le respect et l'affection des Espagnols.

2

La fédéralisation. La nouvelle Constitution de 1978 accorde une plus grande marge de manœuvre aux provinces espagnoles, au détriment du pouvoir central. La Catalogne et le Pays basque sont les premiers à conquérir leur autonomie, en 1979. Depuis, parlements et administrations régionaux sont chargés de la politique en matière de culture et d'écologie, des questions commerciales, ainsi que du transport et de la sécurité publics. Récemment, en 2006, la Catalogne s'est vu accorder une plus grande autonomie (**2**, drapeaux catalans à Barcelone) par le gouvernement de José Luis Zapatero, qui doit pouvoir compter sur le soutien des partis nationalistes catalans.

Libéralisme. La légalisation des mariages entre personnes de même sexe (**4**) en 2005 par le gouvernement socialiste de José Luis Zapatero est l'un des plus récents exemples de la libéralisation de l'Espagne traditionnelle et catholique. Cette mesure a certes suscité des protestations de la part de l'Église, mais les mouvements conservateurs eux-mêmes ne s'y sont pas farouchement opposés. Air du temps…

4

5

Page 452

1975 Mort de Franco ; Juan Carlos de Bourbon devient roi.

1976-1981 Gouvernement d'Adolfo Suárez.

1978 Nouvelle Constitution ; transition vers une démocratie parlementaire.

1979 Autonomie de la Catalogne et du Pays basque.

février 1981 Tentative de coup d'État de la Guardia Civil.

1982 Adhésion de l'Espagne à l'OTAN.

1982-1996 Gouvernement socialiste de Felipe González.

1986 Adhésion de l'Espagne à l'Union européenne.

1992 Poursuite de la décentralisation prévue dans le Pacte autonomique.

1996-2006 Gouvernement conservateur de José María Aznar.

mars 2004 Attentat islamiste à la gare de Madrid. Victoire du socialiste José Luis Rodríguez Zapatero aux législatives.

2006 Élargissement du statut d'autonomie de la Catalogne.

L'ETA. Le mouvement souterrain ETA (Euskadi ta Azkatasuna, ou Pays basque et liberté) voit le jour sous Franco. Par la voie de l'action violente (**5**), il revendique l'indépendance du Pays basque. Depuis la fin des années 1970, il compte de moins en moins d'adeptes au sein de la population, très attachée à l'idée de démocratie. Politiciens et journalistes locaux comptent parmi les victimes de la branche armée de l'ETA.

6

La guerre en Irak. Ignorant la désapprobation de l'opinion publique, le président Aznar soutient les États-Unis durant la guerre en Irak, en 2003 (p. 489). Pour éviter la chute de sa cote de popularité, il tente de rejeter sur l'ETA la responsabilité des attaques perpétrées à Madrid en 2004 par des extrémistes islamistes. Lors des élections législatives qui ont lieu peu après ces événements, les Espagnols manifestent leur désapprobation en élisant les socialistes. Le nouveau Premier ministre, José Luis Zapatero (**6**, à droite, avec Aznar), annonce aussitôt le retrait des troupes espagnoles de l'Irak.

Le Portugal

depuis 1945

Le Ponte Salazar (pont Salazar), construit dans les années 1960 sur le Tage, est rebaptisé Ponte 25 de Abril (pont du 25 avril) après la révolution du 25 avril 1974.

L'*Estado Novo*, ou nouvel État institué par la dictature de Salazar, enferme la population dans des secteurs d'activité définis – une politique qui compromet longtemps le développement du pays. Afin de se maintenir au pouvoir, l'élite laisse le peuple dans l'ignorance, ce qui explique le taux d'analphabétisme des Portugais. La modernisation des secteurs du commerce et de l'industrie est ralentie, pour ne pas compromettre la stabilité du régime en place. Les influences étrangères sont sévèrement contrôlées par la police secrète (PIDE), qui persécute, torture et assassine les opposants. Les guerres d'indépendance dans les colonies attisent un climat de discorde qui culmine avec la révolution des Œillets de 1974 et la transition vers une démocratie parlementaire. L'entrée du Portugal dans l'UE contribue ensuite à améliorer sa situation économique.

Page 370

1949 Le Portugal est l'un des membres fondateurs de l'OTAN.

années 1960 Guerres d'indépendance dans les colonies africaines du Portugal.

1968 Démission de Salazar (au pouvoir depuis 1926).

1974 Révolution des Œillets.

1975 Indépendance des territoires d'outre-mer.

1982 Nouvelle Constitution.

1983-1985 Gouvernement socialiste de Mário Soares (président de 1986 à 1996).

1985-1995 Gouvernement conservateur d'Aníbal Cavaco Silva (président depuis 2006).

1986 Adhésion du Portugal à l'UE.

depuis 2005 Gouvernement socialiste de José Sócrates.

L'*Estado Novo*. António de Oliveira Salazar (**1**) instaure une dictature au Portugal à partir des années 1930. Son *Estado Novo* est soutenu par le terrorisme exercé par la police secrète (PIDE) et par le parti unique União Nacional. Cet ancien professeur d'économie politique tente de réduire la dette de l'État, aggravée par de coûteuses guerres coloniales, par des mesures drastiques, mais inefficaces. De fait, de nombreux Portugais sont contraints d'aller chercher du travail à l'étranger. Salazar démissionne en 1968 pour raisons de santé ; il meurt deux ans plus tard. Ses successeurs échouent tout autant à redresser la situation. En 1974, une révolution pacifique, dite « des Œillets », met un terme à la dictature fascisante de l'*Estado Novo*.

1

Les guerres coloniales. L'empire colonial étant le symbole de la grandeur du pays, Salazar et ses successeurs tentent de préserver à tout prix les possessions portugaises d'outre-mer. Depuis les années 1960, l'armée portugaise combat ainsi sans relâche, au Mozambique, en Angola et dans d'autres colonies, des guérillas (**3**) qui réclament l'indépendance. Le financement de la résistance et de ces guerres désespérées absorbe la plus grande partie des revenus du pays et fait chez les militaires un grand nombre de victimes. Ce fort taux de mortalité suscite de vives critiques chez les jeunes de l'armée, qui fondent ainsi le Mouvement des forces armées.

3

4

La révolution des Œillets. Des rumeurs concernant l'arrestation imminente de militaires hostiles au régime déclenchent la révolution des Œillets. Dans la nuit du 24 avril 1974, les opposants prennent d'assaut les ministères, les aéroports comme les stations de radio et de télévision (**4**). La population manifeste son soutien aux révolutionnaires, dont elle orne les canons de fusil avec des œillets rouges (**2**) qui deviendront le symbole de la révolution. Les prisons de la police secrète PIDE sont forcées, et les prisonniers sont libérés. La dictature est renversée du jour au lendemain.

L'Europe. En 1985, le président Mário Soares (**5**) signe le traité entérinant l'adhésion du Portugal à l'Union européenne à partir de 1986. Cette initiative permet au pays de bénéficier de fonds qui redynamisent son économie. Pourtant, malgré une forte croissance, le Portugal est toujours desservi par une infrastructure très insuffisante, une administration inefficace et un fort taux d'analphabétisme. La productivité du secteur agricole laisse également à désirer.

5

» **Fin du colonialisme :** pages 512-513

Page 372

1949 La Norvège et le Danemark, membres fondateurs de l'OTAN.

1952 Création du Conseil nordique.

1952-1977 Guerre de la morue.

1955 Adhésion de la Finlande au Conseil nordique.

1969-1976, 1982-1986 Gouvernement social-démocrate d'Olof Palme en Suède.

1973 Adhésion du Danemark à l'UE.

1979 Le Danemark accorde une grande autonomie au Groenland.

1986 Assassinat du Premier ministre suédois Olof Palme.

1989 Le Danemark légalise le mariage homosexuel.

1994 Refus de la Norvège d'adhérer à l'UE.

1995 Adhésion de la Suède et de la Finlande à l'UE.

depuis 2001 Gouvernement de coalition d'Anders Fogh Rasmussen au Danemark.

depuis 2006 Gouvernement de coalition de Fredrik Reinfeldt en Suède.

La Scandinavie

depuis 1945

Le roi Harald V de Norvège et la reine Marguerite II du Danemark.

À l'issue de la Seconde Guerre mondiale, les pays scandinaves se rapprochent de l'Occident. Ils se regroupent au sein du Conseil nordique et s'impliquent à des degrés divers au sein de l'Union européenne. La Norvège refuse ainsi d'adhérer à l'UE après la découverte de riches gisements de pétrole au large de ses côtes, dans la mer du Nord. La Suède, le Danemark et la Norvège sont traditionnellement gouvernés par des démocrates-sociaux adeptes du concept de l'État providence, même si l'on note ces dernières années une tendance à une politique plus libérale. Le Danemark et la Suède connaissent ainsi, respectivement depuis 2001 et 2006, des coalitions réunissant libéraux et conservateurs. Au Danemark, le parti d'extrême droite, minoritaire au sein des instances gouvernementales, a réussi à imposer une stricte politique de contrôle de l'immigration.

La guerre de la morue.
L'Islande n'a pas rejoint l'UE principalement parce que son adhésion l'obligerait à partager ses eaux territoriales avec les autres États membres de cette organisation. Or la pêche est ici une manne économique – d'où l'importance de son autonomie en la matière. La guerre de la morue qui a opposé la Grande-Bretagne à l'Islande de 1952 à 1977 à propos des droits de pêche l'a bien démontré (**1**).

1

Un État social

Les partis démocratiques à forte légitimité qui ont longtemps déterminé la marche des pays scandinaves s'attachent à mettre sur pied un système de sécurité sociale inspiré du modèle suédois. L'État providence finance les services de santé et d'éducation par des impôts très élevés et garantit ainsi aux citoyens un haut niveau de vie, tout en leur accordant la liberté individuelle concernant leur mode d'existence. Ainsi que le traduisent les célèbres histoires de Fifi Brindacier, cette politique est le corollaire du rejet de l'autoritarisme. L'efficacité du système est néanmoins remise en question depuis quelque temps, en raison des économies stagnantes des pays concernés.

2

Olof Palme. Membre du gouvernement, puis Premier ministre suédois, Olof Palme s'occupe de réforme sociale depuis la fin des années 1960. Hors des frontières suédoises, cet adepte de la paix et de la démilitarisation est connu comme un très remarquable négociateur dans les conflits internationaux. Son assassinat en pleine rue, en 1986, suscite une vive émotion (**2**, procession funéraire à Stockholm).

Le Conseil nordique. Depuis 1952-1955, l'Islande, la Suède, le Danemark, la Norvège et la Finlande sont réunis au sein du Conseil nordique, voué à la coopération entre les pays scandinaves (**3**, construit en 2000, le pont sur l'Oresund relie le Danemark à la Suède).

3

Page 374, 376

1945-1946 Retrait allemand de Pologne et de Tchécoslovaquie.

1948 Coup d'État communiste en Tchécoslovaquie.

1955 Pacte de Varsovie (p. 420).

juillet 1968 Répression du printemps de Prague.

1968-1970 Manifestations et grèves en Pologne. Lancement d'une campagne antisémite.

1970 Traité avec la RFA sur les frontières occidentales de la Pologne (p. 431).

1978 Karol Wojtyla, archevêque de Cracovie, devient pape sous le nom de Jean-Paul II (p. 451).

1980 Fondation du syndicat Solidarité.

1988-1989 Table ronde entre le gouvernement polonais et l'opposition.

décembre 1989 Victoire de Václav Havel à la présidentielle tchécoslovaque.

1990-1995 Lech Walesa est élu président de la Pologne.

1993 Partition de la Tchécoslovaquie.

1999 Adhésion à l'OTAN de la Pologne et de la République tchèque. La Slovaquie fait de même en 2004.

2004 Adhésion à l'UE de la Pologne, de la République tchèque et de la Slovaquie.

La Pologne et la Tchécoslovaquie

depuis 1945

À l'issue de la Seconde Guerre mondiale, la Pologne et la Tchécoslovaquie sont reconstruites et dotées de nouvelles frontières. Sous l'influence de l'URSS, les deux pays instaurent des dictatures socialistes. Le printemps de Prague de 1968 puis la vague de protestations initiée, en 1980-1981 en Pologne, par le syndicat Solidarité seront brutalement réprimés. Ce n'est qu'en 1989 qu'émergent des démocraties parlementaires. La fédéralisation de la Tchécoslovaquie entraîne sa partition en 1993. Récemment, les gouvernements nationalistes de Pologne et de Slovaquie, notamment soupçonnés de corruption, ont été rappelés à l'ordre par la communauté internationale.

Le palais de la Culture, à Varsovie, est inspiré du style stalinien.

4

La chute du bloc de l'Est

*Les rapprochements avec l'Occident initiés par le président soviétique Gorbatchev (**4**, avec Reagan) accompagnent la mise en place de nombreuses réformes (p. 473), notamment la levée de l'emprise de l'URSS sur les pays d'Europe de l'Est et d'Europe centrale. Partout, les peuples réclament des changements (**5**, manifestation à Berlin-Est). Le régime de parti unique n'a plus cours, même si des membres des gouvernements antérieurs conservent des postes clés. L'admission de ces pays au sein de l'UE et de l'OTAN leur garantit l'essor économique et le progrès social, ainsi que la protection militaire.*

Le printemps de Prague. Les crises économiques que connaît la Tchécoslovaquie déclenchent des dissensions entre factions communistes. Alexander Dubček promeut une économie de marché socialiste associée à l'Occident. Ses réformes et le « printemps de Prague » sont bien accueillis à l'Ouest, mais inquiètent le bloc de l'Est. L'URSS intervient en 1968 pour renverser Dubcek, en dépit de l'opposition de la population (**1**). Le pouvoir, aux mains de communistes purs et durs affiliés aux Soviétiques, étouffe l'opposition.

1

2

Solidarité. La grève des dockers, en 1980, déclenche une vague de protestations qui se répand dans toute la Pologne. Certaines mouvances de l'Église catholique ainsi que l'intelligentsia opposée au pouvoir soutiennent les manifestants. Le gouvernement doit traiter avec le syndicat Solidarité, présidé par Lech Walesa (**3**), jusqu'à ce que le président Jaruzelski (**2**) instaure la loi martiale. Solidarité, interdit, entre dans la clandestinité et rallie les opposants au régime.

3

depuis 1988-1989 *Démocratisation de la Pologne et de la Hongrie.*

1989-1990 *Fin du système de parti unique en Europe centrale et de l'Est.*

novembre 1989 *Chute du Mur.*

octobre 1990 *Réunification de l'Allemagne (p. 432).*

1999 *Adhésion à l'OTAN de la République tchèque. La Pologne et la Hongrie rejoignent l'OTAN.*

2004 *L'Estonie, la Lettonie, la Lituanie, la Bulgarie, la Roumanie, la Slovaquie et la Slovénie rejoignent l'OTAN.*

2004 *La République tchèque, l'Estonie, la Hongrie , la Lituanie, la Lettonie (**6**), la Pologne, la Slovaquie et la Slovénie adhèrent à l'UE.*

6

Page 376, 382

1944-1947 Prise de pouvoir des communistes en Roumanie.

1944/1945-1985 Enver Hoxha au pouvoir en Albanie.

1945-1946 Prise de pouvoir des communistes en Bulgarie.

1953 Réformes en Hongrie sous l'égide d'Imre Nagy.

1954-1989 Todor Jivkov au pouvoir en Bulgarie.

1956 Soulèvements en Hongrie.

1956-1988 János Kádár au pouvoir en Hongrie.

1965-1989 Nicolae Ceauşescu au pouvoir en Roumanie.

février 1989 Instauration du multipartisme en Hongrie.

juin-septembre 1989 Ouverture des frontières hongroises.

décembre 1989 Révolution en Roumanie. Exécution des époux Ceauşescu.

1989-1990 Chute des communistes en Bulgarie.

1990 Chute des communistes en Albanie. Exode des Albanais.

1997 Révoltes en Albanie.

1999 Adhésion de la Hongrie à l'OTAN.

2001-2005 L'ex-roi Siméon II élu président de la Bulgarie.

2004 La Hongrie adhère à l'UE.

janvier 2007 La Roumanie et la Bulgarie entrent dans l'UE.

L'Europe de l'Est et l'Europe centrale

depuis 1945

Soutenus par l'URSS, les communistes accèdent au pouvoir dans la plupart des pays d'Europe de l'Est. Si la Roumanie et l'Albanie prennent leurs distances dans les années 1960, la Hongrie, qui a déjà vécu des révoltes dans les années 1950, est la première à s'ouvrir. La levée de ses frontières en 1989 entraîne la chute du « rideau de fer » (**1**). Mais le processus de réforme politique et économique n'est pas le même dans les divers pays. C'est la Hongrie qui accomplit les plus grands progrès, ce qui lui vaut son entrée tant au sein de l'UE que de l'OTAN.

1

Les soulèvements en Hongrie. En 1953, des dissensions opposent les communistes hongrois, staliniens et réformateurs se disputant le pouvoir. Le président Nagy veut démocratiser la Hongrie et l'affranchir de l'influence de l'URSS. En 1956, il proclame la neutralité du pays et annonce son retrait du pacte de Varsovie. Ses opposants font appel aux Soviétiques. La résistance du peuple (**2**) est brutalement réprimée. Les Hongrois fuient le pays par dizaines de milliers. Nagy sera exécuté en 1958 après un simulacre de procès.

2

3

Ceauşescu. Sous Ceauşescu (**3**), la Roumanie adopte dès les années 1960 un régime nationaliste. Le pays prend ses distances avec l'URSS et reçoit alors des Occidentaux une importante aide financière, destinée à des constructions monumentales (**4**, la maison du Peuple, à Bucarest). La population, dont le niveau de vie est très bas, est tenue en laisse par la Securitate (police secrète) ; des minorités ethniques comme les Roms sont plus particulièrement harcelées. Le renversement des Ceauşescu en 1989 est sanglant. Le couple, arrêté et sommairement jugé, est ensuite exécuté.

4

Siméon II de Bulgarie. L'ex-roi de Bulgarie (**5**) doit quitter le pays en 1946 alors qu'il est encore mineur et grandit en exil. Après la chute du communisme, il revient en homme d'affaires prospère. Incarnant alors pour les Bulgares l'espoir de jours meilleurs, il se présente en 2001 à la présidentielle. Élu, il initie immédiatement d'importantes réformes socio-économiques.

5

Les réfugiés albanais. Dans les années 1990, l'Albanie, pays totalement isolé de la scène internationale, vit un changement politique qui entraîne l'effondrement économique. La faillite, la corruption, la fraude électorale et le népotisme atteignent des sommets en 1997, provoquant de violentes manifestations. Les Albanais quittent le pays par centaines de milliers, prenant n'importe quel bateau qui se présente (**6**).

6

Les Roms ou Tziganes

Les Roms, qui se distinguent depuis des siècles par leur mode de vie, leurs traditions et leur langue, sont l'objet de discriminations et de persécutions dans les États socialistes d'Europe de l'Est. Certains gouvernements, notamment celui de Roumanie, décident même d'obliger les femmes roms à se faire stériliser. Depuis les événements des années 1990, les Roms sont plus particulièrement touchés par la crise économique et sociale. Cantonnés dans des bidonvilles, ils sont considérés comme des citoyens de second rang. Un fort taux de criminalité et de chômage a aussi favorisé l'émergence de stéréotypes racistes. Les gouvernements prennent désormais au sérieux ces problèmes : les instances tchèques ont ainsi aidé la municipalité d'Usti nad Labem à détruire le mur qui avait été érigé pour séparer les Roms locaux du reste de la population.

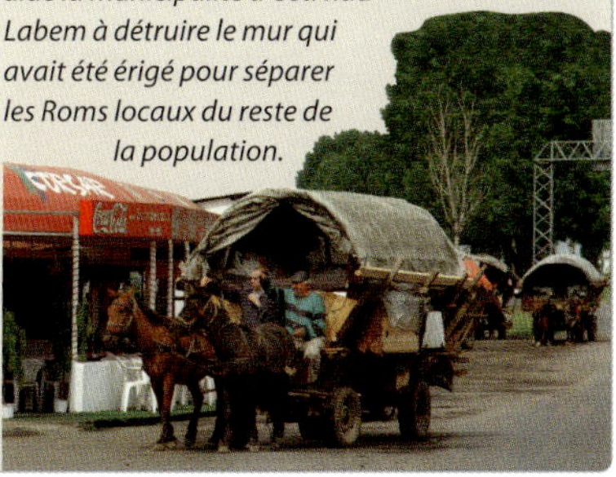

Page 382

La Yougoslavie

1945-1980 Tito au pouvoir en Yougoslavie.

1961 La Yougoslavie membre fondateur du mouvement des pays non alignés (p. 421).

1974 Fédéralisation de la Yougoslavie.

1980 Mort de Tito.

1981 Soulèvement des Albanais au Kosovo.

1991 Indépendance de la Croatie, de la Slovénie, de la Macédoine et de la Bosnie-Herzégovine.

1991 La République serbe de Krajina déclare son indépendance de la Croatie. Guerre jusqu'en 1995.

1992 Les Albanais du Kosovo proclament leur indépendance.

1992-1995 Guerre de Bosnie ; exécutions en masse et exode (épuration ethnique).

1995 Rattachement de la Croatie à la République serbe.

1995 Médiation américaine avec le traité de Dayton, pour la paix en Bosnie-Herzégovine.

1999 Intervention de l'OTAN dans la guerre au Kosovo.

2003 La République fédérale de Yougoslavie devient l'Union Serbie-et-Monténégro

2006 Le Monténégro proclame son indépendance de la Serbie.

Membres de l'armée de libération albanaise, l'UÇK, au Kosovo.

La Yougoslavie

depuis 1945

À l'issue de la Seconde Guerre mondiale, Tito prend le pouvoir en Yougoslavie. Jusqu'à son décès, en 1980, il préserve la neutralité de son pays dans la guerre froide et tente de jouer la conciliation entre les diverses minorités ethniques. La partition de la Yougoslavie intervient au cours des années 1980 et 1990. Le désir proclamé des partis nationalistes ou ethniques d'accéder à l'indépendance ou à une forte autonomie favorise l'éclatement de guerres civiles entre les régions de l'ancienne Yougoslavie. La communauté internationale réagit trop lentement pour préserver la paix et se montre incapable de prévenir les atrocités qui caractériseront le conflit.

1

Tito. Josip Broz, plus connu sous le nom de Tito (**1**, à droite, avec Khrouchtchev), propose une « voie différente vers le socialisme » (le titoïsme). Il estime qu'en maintenant son indépendance vis-à-vis de l'URSS, la Yougoslavie gagnerait une certaine marge de manœuvre. De fait, le pays se distingue par sa structure fédérale et par son Parti communiste, censés être adaptés au caractère pluriethnique de sa population. Mais ce système ne tient que par l'autorité de Tito et se délite après sa mort.

Le pont de Mostar

Construit au XVIe s., le pont de Mostar reliant les quartiers croate et bosniaque est détruit pendant la guerre civile de 1993. Reconstruit en 2004, il s'impose comme le symbole de la réconciliation des divers groupes ethniques de Bosnie-Herzégovine. Le traité de Dayton, en 1995, pose les bases de la création d'un État fédéral dans lequel Serbes, Croates et Bosniaques pourraient vivre ensemble et avoir les mêmes droits. Un représentant des Nations unies est chargé de veiller au maintien de la paix jusqu'en 2007.

L'épuration ethnique. Lors des guerres civiles qui ravagent l'ex-Yougoslavie, les conflits entre groupes ethniques et religieux, qui s'étaient atténués sous le joug du communisme, refont surface. Ils sont attisés par le désir des uns et des autres de reconstruire le pays à leur idée à l'issue de la guerre froide. La partition des républiques en régions ethniques se révèle impossible, les populations étant de longue date mêlées les unes aux autres. La Slovénie, relativement homogène, échappe seule à ce cas. Les groupes impliqués tentent de résoudre les conflits par l'exil et le génocide systématique de ceux relevant d'une ethnie ou d'une religion différentes. Cette épuration est menée avec une violence particulière en Bosnie-Herzégovine et, plus récemment, au Kosovo (**3**). La présence de troupes internationales a permis de contenir les débordements, mais il est peu probable qu'on trouve à court terme une solution politique.

» **Casques bleus :** page 423

2

Milosevic. Slobodan Milosevic (**2**), président de la Serbie, rêve d'un grand État serbe et travaille en ce sens dans la guerre civile en Croatie et en Bosnie, où il se rend coupable de nombreuses exactions. Les forces aériennes de l'OTAN le contraignent à retirer ses troupes du Kosovo en 1999. Renversé un an plus tard, il est transféré au Tribunal pénal international de La Haye pour y être jugé. Il meurt en détention en mars 2006.

3

Page 382

1949 Fin de la guerre civile contre les communistes.

1952 Adhésion de la Grèce à l'OTAN.

1963-1964 Guerre civile à Chypre.

1965 Rappel de Constantin II par le président Gheórgios Papandhréou (gauche libérale).

avril 1967 Putsch de Gheórgios Papadhópoulos.

décembre 1967 Échec du coup d'État du roi Constantin II.

1973 Chute de la monarchie.

1974 Coup d'État de la dictature militaire grecque à Chypre. Occupation du nord de Chypre par la Turquie.

1974 Fin de la dictature militaire.

1974-1980 Gouvernement conservateur de Konstandínos Karamanlís.

1981-1989, 1993-1996 Gouvernements de gauche d'Andhréas Papandhréou.

1981 La Grèce adhère à l'UE.

1983 Proclamation de la république turque de Chypre du Nord.

2004 Adhésion de la république de Chypre à l'UE.

depuis 2004 Gouvernement conservateur de Konstandínos Karamanlís.

La Grèce

depuis 1945

Soutenue par la Grande-Bretagne et les États-Unis, la Grèce ne tombe pas sous le joug communiste. Mais l'État est affaibli par les crises économiques à répétition et la succession de gouvernements instables. Alors que la gauche gagne les élections de 1967, un mouvement conservateur au sein de l'armée organise un putsch et instaure une dictature militaire. La résistance du peuple et l'implication du pays dans le conflit chypriote déstabilisent le régime, qui doit consentir à la tenue d'élections démocratiques en 1974. L'adhésion de la Grèce à l'UE en 1981 contribue dès lors à son essor économique (**1**).

1

Touristes visitant l'Acropole.

Constantin II. La destitution du roi Constantin II (**2**, au centre) intervient au même moment que le renversement de Ghéorghios Papandhréou. Plusieurs gouvernements se succèdent ensuite, dont aucun ne dispose d'une majorité affirmée. Après le putsch de 1967, Constantin décide de coopérer avec le nouveau régime, pour gagner du temps. Cependant, son attitude le discrédite aux yeux du peuple. Son contre-putsch, tardif et mal organisé, est un échec. Le roi est contraint à l'exil. En 1973, la dictature abolit la monarchie.

2

Karamanlís et Papandhréou. Les grandes familles politiques grecques sont menées par des clans familiaux. Pendant son mandat, le conservateur Konstandínos Karamanlís (**3**, à droite) doit assurer le passage d'une dictature militaire vers un régime démocratique. Dans les années 1980 et 1990, il est réélu deux fois. Son neveu, un parfait homonyme, est aux commandes depuis 2004. Le PASOK, parti de gauche qui s'est maintenu au pouvoir pratiquement sans interruption de 1981 à 2004, est sous l'influence des Papandhréou. Son fondateur, Andhréas Papandhréou, a été Premier ministre ; son fils Ghéorghios est depuis 2004 le chef du parti. Dans les années 1960, un autre Ghéorghios, grand-père de celui-ci, s'était vivement opposé aux visées du roi Constantin II.

3

Le conflit chypriote

Peuplée aux trois quarts de Grecs et pour le reste de Turcs, Chypre se retrouve en 1878 sous l'autorité de la Grande-Bretagne. À partir de 1955, un mouvement souterrain grec combat la population turque et l'occupation du pays par les Anglais, qui accordent leur indépendance au Chypriotes en 1960. Les tentatives des Grecs de limiter les droits de la minorité turque mènent à la guerre civile. Les Nations unies dépêchent, en 1964, des troupes chargées d'implanter une zone tampon entre le Nord et le Sud – une mesure qui implique la partition de la capitale, Nicosie. En 1974, l'armée grecque organise dans la partie méridionale un putsch visant à rattacher l'île à la Grèce. En réponse, les Turcs prennent le Nord et y proclament la république turque de Chypre du Nord, qui n'est pas reconnue sur le plan international. Depuis 2001, les deux États chypriotes se sont réconciliés, mais la partie grecque a refusé la proposition de l'ONU tendant à une réunification du pays par une structure fédérale. En effet, les Grecs considèrent toujours comme contraire aux principes démocratiques d'accorder les mêmes droits civiques à la communauté turque, inférieure en nombre.

La Turquie : pages 468-469

Page 384

1923 Fondation du Parti républicain du peuple (CHP) par Kemal Atatürk.

1946 Fondation du Parti démocratique (DP).

1950-1960 Gouvernement d'Adnan Menderes (DP).

1952 Adhésion de la Turquie à l'OTAN.

1955 Pogrom grec à Istanbul.

1960-1961 Putsch et junte militaire de Cemal Gürsel.

années 1960 et 1970 Alternance de gouvernements DP et CHP.

1974 Intervention de la Turquie à Chypre (p. 467).

1980-1982 Putsch et junte militaire de Kenan Evren

1984 Fondation du PKK.

1991 Les Kurdes sont reconnus comme minorité ethnique.

1995 Victoire du Parti islamiste de la prospérité (RP).

1997 Démission de Necmettin Erbakan (RP) sous la pression de l'armée.

2002 Victoire du nouveau parti musulman modéré (AKP).

depuis 2003 Gouvernement de Recep Tayyip Erdoğan (AKP).

depuis 2005 Négociations en vue de l'entrée dans l'UE.

La Turquie

depuis 1945

1

Kemal Atatürk (p. 384), père de la Turquie moderne, définit le parcours qui doit être suivi après son décès, mettant l'accent sur la laïcité et l'occidentalisation. Mais le développement social et économique est lent et hétérogène. Aujourd'hui encore, de vastes régions du pays, essentiellement vouées à l'agriculture (**1**), sont encore peu évoluées, en particulier au regard de la partie Ouest, prospère. Durant des décennies, aucun régime de démocratie parlementaire durable ne peut réellement s'imposer en Turquie. L'armée, qui constitue un État dans l'État, y joue un rôle peu compatible avec la conception occidentale de la démocratie, mais elle s'est souvent imposée comme le défenseur de la laïcité. Les partis confessionnels ont finalement accepté le principe de la laïcité du pays. Leur désir d'adhésion à l'UE les a contraints à certaines réformes, mais la puissance de l'armée, le manque de libertés individuelles, le piètre traitement des minorités ethniques ainsi que la montée de l'islamisme demeurent des freins.

3

2

L'armée. L'armée turque se considère comme le défenseur de la laïcité et de l'unité nationale. Elle intervient souvent dans le domaine politique par le biais, notamment, de putschs, dont celui de Cemal Gürsel (**2**, au centre), qui aboutit à l'exécution du président Adnan Menderes (**3**). Depuis quelques années, elle se veut un rempart contre les extrémismes, d'ordre religieux ou non. Sa liberté d'opinion est un droit constitutionnel.

4

Changement de régime. Dans les années 1960 et 1970, le Parti de la justice (AP) de Süleyman Demirel gouverne en alternance avec le Parti républicain du peuple (CHP) d'Ismet Inönü et Bülent Ecevit. Les deux groupes œuvrent au rapprochement avec l'Occident et favorisent l'industrialisation du pays, qui cependant ne profite qu'à une minorité. Des vagues de protestation et des attaques terroristes plongent la Turquie dans le chaos, entraînant en 1980 l'intervention de l'armée. Les successeurs de l'AP et du CHP, le Parti centriste de la mère patrie de Turgut Özal et le Parti de la juste voie de Demirel et Tansu Çiller (**4**), gagnent en importance dans les années 1980 et 1990. Mais, favorisés par un contexte économique difficile, les groupes religieux intégristes font toujours plus d'adeptes depuis le milieu des années 1980 (**6**). L'armée et le pouvoir judiciaire les ont écartés du pouvoir en dépit de leur victoire aux élections.

5

Les islamistes. Après s'y être opposé pendant des années en raison de ses convictions religieuses, Recep Tayyip Erdoğan (**5**) accepte le principe de séparation des Églises et de l'État. Il peut ainsi accéder à la présidence après sa victoire aux élections en 2003. Afin de favoriser l'entrée de la Turquie au sein de l'UE, il fait voter des lois de valeur constitutionnelle. Mais ses détracteurs affirment que lesdites réformes ne sont pas appliquées.

La minorité kurde

Pendant des décennies, l'État turc opprime les Kurdes installés à l'est, les privant de toute possibilité de développement économique ou culturel. Le groupe séparatiste kurde PKK mène une guérilla et des actions terroristes contre l'armée turque. Avant l'éclatement de la guerre civile, les gens fuient par centaines de milliers. Seule la perspective d'adhésion à l'UE a contraint les gouvernements turcs à accorder, depuis 1991, de meilleures conditions de vie à ces minorités. Les Turcs n'en continuent pas moins à nier le génocide arménien.

6

Page 380

1946 Staline développe sa théorie des « deux camps », au début de la guerre froide.

1947-1948 Jdanov lance une politique culturelle répressive.

1948 Purges au sein du Parti.

1953 Mort de Staline. « Voie nouvelle » de Malenkov.

1955 Chute de Malenkov à l'issue du XXe Congrès. Khrouchtchev prend la direction du Parti.

1955 Signature du pacte de Varsovie.

1956 Déstalinisation.

1957 Mise en orbite de Spoutnik 1.

1958 Khrouchtchev devient chef d'État.

1961 Gagarine, premier homme dans l'espace.

1962 Crise des missiles cubains.

1964 Chute de Khrouchtchev. Brejnev lui succède.

1968 Répression du printemps de Prague.

1975 Accords d'Helsinki.

Page 472

L'Union soviétique avant l'ère Brejnev

1945-1982

Après la Seconde Guerre mondiale, les relations entre l'Occident et l'URSS se tendent, jusqu'à la guerre froide ; Staline en profite pour conforter sa domination sur l'Europe de l'Est. Khrouchtchev, vainqueur de la lutte pour le pouvoir après la mort de Staline, en 1953, initie la « déstalinisation » et assouplit la politique culturelle. Il est démis de ses fonctions de chef de Parti et de chef d'État en 1964, et templacé par Brejnev. Cette nouvelle période est considérée comme celle de la normalisation et de la bureaucratisation de la vie quotidienne socialiste. Les années 1970 voient un ralentissement dans la course à l'armement entre les deux grandes puissances. Cependant, l'invasion, en 1979, de l'Afghanistan (p. 490) attise les tensions.

Le corps de Staline exposé au public.

La course à l'espace

Après le décès de Staline, les Soviétiques tentent de prouver au monde occidental la supériorité du « réalisme socialiste », en particulier dans les domaines de la science et de la technologie. Un des champs de recherche les plus en vue est celui de l'espace. En 1957, l'URSS lance ainsi le premier satellite artificiel, baptisé Spoutnik I. L'évènement secoue les Occidentaux, au point de faire accélérer le programme spatial américain. En avril 1961, Youri Gagarine devient le premier homme à aller dans l'espace à bord de la capsule Vostock I. Les Américains se poseront sur la Lune en 1969.

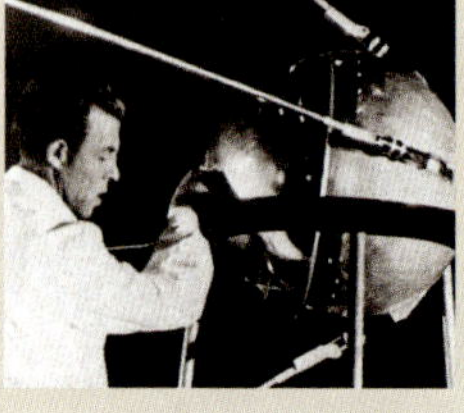

1

Le dégel. Khrouchtchev (**2**) s'impose au XXe Congrès du Parti communiste soviétique. Il œuvre dès lors à assouplir l'emprise de l'appareil étatique dans le domaine de la culture ainsi qu'à améliorer les conditions de vie des plus humbles. Mais son imprévisibilité et son arbitraire mènent à sa destitution, en 1964, par le Politburo.

2

L'équilibre de la terreur. La stratégie de la terreur, qui voit le jour en 1966, déclenche une folle course à l'armement. L'URSS et les USA affirment chacun de son côté qu'ils ne font que rattraper l'avance de l'autre. Cette rivalité coûteuse, axée sur le développement des armes nucléaires, entraîne l'URSS dans des difficultés économiques croissantes. C'est ainsi qu'on assiste, dans les années 1970, à la signature d'une série d'accords entre les Russes et les Européens, mais également avec les Américains, notamment les accords SALT I et II de 1974 et 1979, visant la limitation et le contrôle de l'armement (**1**). Les accords de Helsinki, de 1975, posent les conditions de limitation pour les pays européens. Le processus de détente connaît de nombreux écueils, dont la décision de l'OTAN, en 1977, de perfectionner ses missiles ou l'invasion de l'Afghanistan par les Soviétiques en 1979. Cependant, les discussions entre les deux blocs ne sont jamais totalement rompues.

3

4

Le nouvel âge de glace. En 1979, l'invasion soviétique en Afghanistan (**3**) relance la guerre froide. En 1980, les États-Unis et certains pays d'Europe de l'Ouest boycottent les jeux Olympiques de Moscou (**4**). Par mesure de rétorsion, l'URSS et quatorze autres pays du bloc de l'Est refusent d'être représentés aux Jeux suivants, qui ont lieu à Los Angeles. La république populaire de Chine ne suit pas le mouvement : il s'agit de sa première participation.

» **Premier atterrissage sur le sol de la lune :** page 524

La fin de l'Union soviétique

1982-1991

Festivités du 70e anniversaire de la Révolution d'octobre.

Poursuivant la politique d'Andropov, Mikhaïl Gorbatchev entreprend, dès son accession au pouvoir en 1985, d'opérer des réformes en profondeur dans tous les domaines. Sa politique de *glasnost* (transparence) favorise la promotion de la culture intellectuelle, qui fut pendant longtemps bafouée, mais apporte aussi un souffle nouveau aux négociations avec l'Occident sur le désarmement. Cette politique entraîne la chute, d'abord économique puis politique, des pays affiliés au bloc soviétique (pp. 460-461) et, en 1990-1991, l'indépendance des Républiques soviétiques. L'affaiblissement du pouvoir central atteint son paroxysme fin 1991, après un putsch manqué, par le démantèlement de l'URSS et la chute de Gorbatchev.

L'Union soviétique

Page 470

1982-1984 Première vague de réformes sous Andropov.

1984-1985 Présidence de Tchernenko.

1985 Politiques de *glasnost* et de *perestroïka* initiées par Gorbatchev.

1986 Catastrophe nucléaire de Tchernobyl.

1989/1990 Indépendance des premières Républiques soviétiques. Chute des régimes du bloc soviétique.

1990 Attribution du prix Nobel de la paix à Gorbatchev.

1990 Transition à l'économie de marché.

1991 Ratification de l'accord Deux plus quatre avec l'Allemagne.

1991 Tentative de coup d'État.

1991 Chute de Gorbatchev. fondation de la CEI.

Page 474

Les Républiques soviétiques. Après 1985, Gorbatchev introduit des réformes, plus particulièrement dans les domaines de la culture et de l'éducation, qui acquièrent davantage d'autonomie. En 1989-1990, Moscou (**1**) et d'autres grandes villes russes sont le théâtre de nombreuses manifestations réclamant la tenue d'élections libres en vue de l'indépendance des diverses Républiques soviétiques. Mais les mouvements conservateurs et nationalistes, décidés à ne rien lâcher, mettent Gorbatchev en grande difficulté.

Mikhaïl Gorbatchev, le réformateur

L'élection de Mikhaïl Gorbatchev au secrétariat général du Parti communiste en mars 1985 marque la rupture avec les précédentes générations de leaders soviétiques. Ce protégé d'Andropov a bien conscience de la nécessité de procéder à des réformes dans tous les domaines. Sur fond de glasnost *(transparence) ou* perestroïka *(reconstruction), il entame une ouverture qui le rend populaire à l'Ouest. Son projet de « révolution d'en haut » supervisée par le Parti échoue, en raison des nombreux problèmes économiques et politiques associés à la réforme.*

La catastrophe de Tchernobyl

La plus grande catastrophe nucléaire a lieu en avril 1986, avec l'explosion du réacteur n° 4 de la centrale de Tchernobyl, en Ukraine. Près de 600 000 personnes sont exposées aux

radiations : les populations locales (le site est entièrement évacué), mais aussi les équipes de nettoyage dépêchées sur le site après l'accident. Il n'existe pas de statistiques fiables permettant de recenser le nombre de cancers et de maladies génétiques causées par les irradiations, mais il est admis que les cas sont moins nombreux qu'on ne le craignait au départ. La centrale sera définitivement fermée en décembre 2000.

L'éclatement de l'Union soviétique. La crise qui frappe le Parti communiste et l'appareil de l'État connaît son apogée en août 1991, avec le coup d'État mené par les conservateurs. Gorbatchev est retenu prisonnier en Crimée, où il était en villégiature. Si le putsch est un échec du fait de l'opposition du peuple et de la détermination du mouvement des réformateurs, il contribue néanmoins à la chute du Président. De fait, ce dernier s'aperçoit lors de son retour à Moscou qu'il est privé de ses pouvoirs par ses anciens camarades et désormais rivaux, parmi lesquels Boris Eltsine (**2**, avec Gorbatchev). L'éclatement de l'URSS a lieu quelques mois plus tard, quand onze des anciennes Républiques soviétiques proclament leur indépendance. Elles forment, avec la Russie de Eltsine, la CIE (Communauté des États indépendants). Malgré l'aide de l'Ouest, les problèmes économiques et une corruption mafieuse, notamment, favorisent le retour des anciens communistes et l'essor des nationalistes conservateurs.

2

Création de l'Union soviétique : pages 378-379

L'après-URSS

Page 472

1990-1991 Indépendance des Républiques soviétiques. Formation de la CEI.

1990 Karimov président de l'Ouzbékistan. Nazarbaïev président du Kazakhstan. Akayev président du Kirghizistan. Niyazov président du Turkménistan.

1991 Scission du Haut-Karabakh et de l'Azerbaïdjan. Gamsakhurdia président de Géorgie.

1992 Chute de Gamsakhurdia. Chevardnadze président de Géorgie ; Rakhmonov président du Tadjikistan.

1993 D'anciens communistes menés par Aliyev prennent le pouvoir en Azerbaïdjan.

1999 Niyazov président à vie du Turkménistan.

2000 Nazarbaïev président à vie du Kazakhstan.

2001 Utilisation par les États-Unis de bases militaires situées en Ouzbékistan pour combattre les talibans (pp. 490-527).

2003 Chute de Chevardnadze en Géorgie.

Page 476

L'Union soviétique et les États nés de sa dissolution

depuis 1991

Forage pétrolier au Kazakhstan

La plupart des anciennes républiques soviétiques proclament leur autonomie du jour au lendemain et sans effusion de sang – même si certaines d'entre elles sont agitées par des troubles internes ou par les actions de groupes séparatistes. Aidés par les pays occidentaux, les pays baltes adoptent assez vite des régimes démocratiques et rejoignent l'Union européenne en 2004. Mais les Républiques asiatiques, elles, doivent négocier avec des mouvements islamistes naissants ou avec des séparatistes. Les leaders politiques, pour la plupart enclins à la dictature, s'accrochent au pouvoir dans ces nouveaux États, qui suscitent l'intérêt du monde entier en raison de leurs riches réserves de pétrole et de minerais précieux. La Géorgie et l'Arménie se tournent timidement vers la démocratie, mais ce processus est largement compromis par leurs problèmes sociaux et économiques, et par la corruption généralisée.

Les pays baltes. La transition des pays baltes, influencés par l'Ouest, vers des régimes démocratiques s'opère dans le calme. Ces pays sont de fait les premiers à proclamer leur indépendance (**2**, manifestants lituaniens), après mars 1990. Des soulèvements de grande envergure contraignent les Soviétiques à se retirer (**1**).

3

La Géorgie. La corruption du régime de l'ancien ministre des Affaires étrangères russe Edouard Chevardnadze (**4**) précipite sa chute, en novembre 1993. La révélation de fraudes électorales massives suscite une vague de protestations ; des manifestants en colère saccagent alors le Parlement de Géorgie. Saakashvili (**3**), le principal représentant de l'opposition, gagne les élections de 2004.

4

L'Ouzbékistan. Les Républiques d'Asie connaissent un essor de l'islamisme politique (**6**) depuis 1990-1991. La plupart de ces pays avaient – ou ont toujours – à leur tête des présidents dotés de pouvoirs quasi dictatoriaux, tel Karimov (**5**), en Ouzbékistan. En mai 2005, celui-ci fait réprimer un soulèvement, causant des centaines de morts.

5

6

Le Turkménistan. Le président turkmène Niyazov (**7**) instaure un régime dictatorial reposant sur un nationalisme exacerbé. Autoproclamé « Turkmenbashi » (leader de tous les Turkmènes de souche), il se fait construire un gigantesque palais (**8**) au cœur d'Ashgabat, la capitale du pays. Il entretient aussi un culte de la personnalité très particulier : outre des rues et des villes baptisées en son honneur, il fait attribuer aux mois de l'année son nom ou celui de membres de sa famille. En 1992, il est réélu avec 99,5 % des voix ; il faut dire qu'aucun candidat ne s'est présenté contre lui. Déjà chef de gouvernement, il se proclame président à vie en 1999 (il meurt en 2006). L'importance stratégique des États asiatiques de la CEI, dont le Turkménistan, tient au fait qu'ils sont continuellement impliqués dans des conflits avec l'Afghanistan (p. 490), en raison de leurs frontières communes et des actions de mouvements islamistes.

7

8

Page 472

1991 Création de la CEI.

1991 Eltsine devient président de la Russie.

1993 Signature de l'accord de désarmement START II (Strategic Arms Reduction Talks) par la Russie et les États-unis.

1994 Accord de coopération entre la Russie et l'UE.

1994 Loukachenko au pouvoir en Belarus ; Koutchma au pouvoir en Ukraine.

1994 Occupation de la Tchétchénie par les Russes.

1997 Traité d'union entre la Russie et le Belarus.

1999 Début de la seconde guerre de Tchétchénie.

1999 Démission de Eltsine. Poutine devient le nouveau président de la Russie.

2000 Le sous-marin nucléaire *Koursk* coule dans la mer de Barents.

2001 Loukachenko vainqueur des élections au Belarus.

2002 Prise d'otages par des rebelles tchétchènes au théâtre Dubrovska, à Moscou.

2004 Prise d'otages par des rebelles tchétchènes dans une école de Beslan. L'assaut des forces russes provoque un massacre.

Troupes russes en Tchétchénie.

La Russie, le Belarus et l'Ukraine

depuis 1991

Si la Russie s'ouvre progressivement à l'Occident, elle ne renonce pas à réprimer avec vigueur toute forme de critique ou d'opposition. La guerre contre les Tchétchènes, qui débute en 1994 et reprend en 1999, est le prétexte d'une escalade de la violence, les Tchétchènes répondant avec une égale brutalité aux actions russes. Le régime instauré en Belarus par le président Loukachenko est de type dictatorial. L'Ukraine, qui connaissait un mode de gouvernement identique, a quant à elle changé son orientation politique en 2004, après la « révolution orange ».

Politique d'alliances. La Russie est soupçonnée de maintenir son emprise sur les autres États de la CEI en influant sur leur politique intérieure (**1**, réunion). Jusqu'à présent, craignant de perdre des droits de douane et des impôts substantiels, elle s'est opposée à la création d'une zone de libre-échange qui engloberait toute la région – une initiative dont le Belarus, pays de transit, serait le premier bénéficiaire. L'Ukraine tente pour sa part de se rapprocher de l'UE, surtout depuis la chute de son régime autoritaire.

1

Le conflit tchétchène

En décembre 1994, tirant profit de l'enlèvement de soldats russes par des séparatistes tchétchènes, la Russie envoie ses troupes à l'assaut de son ancienne province rebelle. Après la prise de la capitale Groznyï, les Russes se retirent, laissant derrière eux une république autonome. Des troubles persistants, qui gagnent les républiques voisines, déclenchent en 1999 la seconde guerre de Tchétchénie, menée d'une main de fer par le président Poutine. Celui-ci est accusé de crimes de guerre, dont la mise en place de camps de concentration. Si les rebelles tchétchènes veulent rallier l'opinion à leur cause en commettant des assassinats et des enlèvements, de telles actions ne font que durcir la riposte russe. Le gouvernement moscovite tente de dissimuler ce conflit au monde extérieur, en le qualifiant d'affaire intérieure ou de terrorisme islamiste.

La « révolution orange ». Des fraudes commises lors des élections de 2004, qui doivent désigner le successeur de Léonid Koutchma – président sortant d'Ukraine – entraînent une vague de protestations pacifiques (**2**). Ce mouvement, appelé « révolution orange », porte au pouvoir l'ancien Premier ministre Viktor Youchenko, qui vise le retrait progressif de l'Ukraine de la sphère d'influence russe. Cependant, une grave crise économique, qui attise les troubles sociaux, l'empêche de mener à bien son projet. Sous l'égide d'Aleksandr Loukachenko (**3**), le Belarus négocie quant à lui sa réunion avec la Russie. L'ancien réformateur, adepte de l'économie de marché, se transforme en dictateur après 1996, réprimant violemment l'opposition et censurant la presse. Sa mise à l'écart par les pays européens le contraint à se rapprocher du président Poutine, qui partage certaines de ses positions antidémocratiques.

2

3

Pages 322, 401

1945-1962 Guerre d'Algérie.

1954 Création du Front de libération nationale (FLN) en Algérie.

1956 Indépendance du Maroc et de la Tunisie.

1956-1961 Règne de Mohammed V du Maroc.

1957 Proclamation de la république en Tunisie.

1961-1999 Règne du roi Hassan II du Maroc.

1962 Indépendance de l'Algérie sous l'égide de Ben Bella, chef du gouvernement.

1965 Chute de Ben Bella ; prise du pouvoir par Boumediene (jusqu'en 1978).

1972 Coup d'État sanglant organisé au Maroc par le général Oufkir.

1975 Bourguiba président à vie de la Tunisie.

1987 Bourguiba privé de pouvoir ; Ben Ali devient président de la Tunisie.

1992 Interdiction du Front islamique du salut (FIS) et début de la guerre civile en Algérie (jusqu'en 1999).

1999 Bouteflika devient président de l'Algérie.

1

L'Afrique du Nord

depuis 1945

Alors que la France accorde l'indépendance à ses protectorats du Maroc et de la Tunisie en 1956, la guerre d'Algérie prend, entre 1954 et 1962, une tournure sanglante, forgée par les crises politiques que vit la mère patrie (p. 436). Après l'indépendance de 1962, la politique du gouvernement socialiste d'Algérie et un coup d'État militaire en 1992 vont dégénérer en guerre civile (**1**) entre l'armée et les activistes du FIS. Les hostilités, qui ne se calmeront que vers 1999, feront des dizaines de milliers de morts. Cette difficulté à trouver un équilibre entre les modes de vie traditionnels et la modernisation est propre aux pays du Maghreb. Le Maroc et la Tunisie ont été transformés de manière autoritaire depuis les années 1960. Tous ces gouvernements combattent les mouvements islamistes et cherchent aujourd'hui à resserrer les liens commerciaux avec l'Europe, dans le but de faire régner la paix en assurant la prospérité.

La modernisation. Marqués par leur passé colonial français, le Maroc, l'Algérie et la Tunisie sont agités par des troubles internes résultant du conflit entre traditions religieuses et sociales et exigences d'une occidentalisation forcée (**2**). La mondialisation creuse encore l'écart entre zones urbaines et régions rurales. Les religieux islamistes tirent alors parti de l'indécision de la population pour prôner le retour aux valeurs de l'islam. Dans le même temps, ils utilisent la technologie et les moyens de communication modernes pour diffuser leur message, voire pour mener des actions violentes. Les musulmans modérés, assoiffés de paix et de modernité, s'opposent à ce frein que constitue à leurs yeux l'« adaptation sélective » au monde occidental.

2

3

La guerre d'Algérie. La guerre d'indépendance en Algérie prend une tournure bien plus sanglante avec l'intervention des groupes paramilitaires institués par les pieds-noirs. Réunis au sein du FLN (Front de libération nationale) dès 1954, les divers mouvements algériens obligent peu à peu le gouvernement français à des concessions. Mais un coup d'État, organisé en mai 1958 par des Français d'Algérie soutenus par l'armée, entraîne la chute de la IVᵉ République. Malgré une propagande (**3**) prétendant le contraire, la guerre continue. Le président de Gaulle parvient de justesse à éviter le chaos et la France accorde son indépendance à l'Algérie en mars 1962.

La guerre civile. Après l'organisation du coup d'État destiné à prévenir la victoire du FIS (parti islamiste radical), une guerre civile sanglante ravage l'Algérie de 1992 à 1999, opposant l'armée aux islamistes et faisant quelque 95 000 morts (**6**). En 1999, le président Abdelaziz Bouteflika (**4**) annonce la mise en place d'une politique de « réconciliation nationale » et déclare une amnistie générale, destinée à mettre un frein au cycle de violence qui ravage le pays. Malgré cela, les attaques personnelles et les enlèvements ont toujours cours, et le pays se redresse très lentement sur le plan économique.

4

5

Les liens avec l'Europe. Le roi Hassan II tient d'abord les rênes de son pays d'une main ferme, avant d'assouplir le régime dans les années 1970, pour initier une politique économique favorable à la poursuite de relations commerciales durables avec les pays occidentaux. Son fils et successeur Mohammed VI (**7**) suit la voie tracée par son père depuis son accession au trône, en 1999. Parmi ses réformes, citons l'amélioration du statut de la femme (**5**) et la révision du droit de la famille. Sur le plan international, le Maroc, comme la Tunisie, tente de nouer des liens privilégiés avec l'UE pour améliorer son économie.

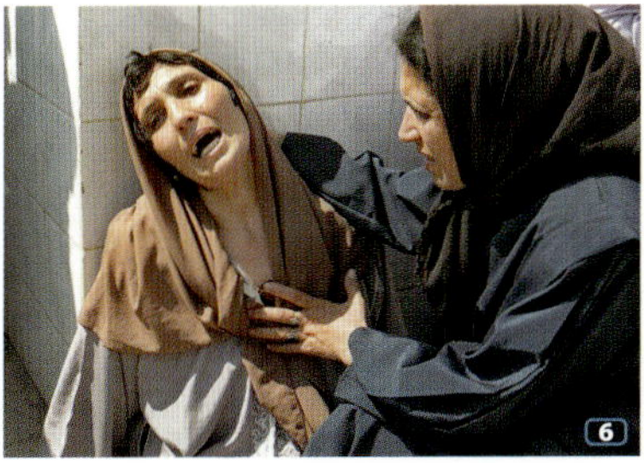
6

7

Drapeau israélien flottant sur un kibboutz.

Israël

depuis 1948

Activiste du Hamas.

Dès sa création, ce nouvel État doit se battre pour survivre et faire front à ses voisins arabes, notamment pendant la guerre des Six-Jours en 1967, puis lors de la guerre du Kippour, en 1973, qui se solde par des accords de paix avec l'Égypte et la Jordanie. Le démantèlement de la résistance palestinienne dans les territoires occupés devient une priorité pour l'armée israélienne. Les gouvernements enclins à négocier avec les Palestiniens sont généralement battus aux élections suivantes. Des tentatives de médiation à l'initiative des Nations unies, notamment, n'ont pas permis de dégager une solution durable. De plus, les attentats suicides palestiniens à l'encontre de populations civiles dans les villes israéliennes entraînent des ripostes violentes, ou encore la décision unilatérale de construire un mur de sécurité (**5**) en 2003.

Juif orthodoxe priant en tenue traditionnelle .

L'occupation et l'appropriation des terres. Certains immigrants, arrivés en Israël en nombre croissant depuis les années 1930, optent pour la vie en kibboutz. L'État leur fournit les terres, l'infrastructure et les moyens de production. Les kibboutzim peuvent, dans l'ensemble, vivre en quasi-autarcie, en vendant une partie de leur production (**1**). En 1954, les immigrants avaient dépossédé de quelque 300 000 hectares de terres les Arabes de la région, contraints de se réfugier dans les pays voisins. C'est pour cette raison que les kibboutzim et les colonies juives sont des cibles de choix pour les États arabes, et doivent être protégés par des gardes armés.

2

Israël affirme son pouvoir. En 1972, le Premier ministre Golda Meir (**2**) envoie les troupes israéliennes occuper le Sud-Liban. Lors de la guerre du Kippour, en 1973, Israël repousse encore une attaque-surprise des Égyptiens et des Syriens. Plus tard, malgré l'opposition de membres de son propre parti, Golda Meir entamera avec prudence un rapprochement et des négociations avec l'Égypte et la Jordanie.

3

Le processus de paix. Ancien officier supérieur de l'armée israélienne, puis ambassadeur aux États-Unis, Yitzhak Rabin (**3**) devient Premier ministre de son pays et travaille, pendant son mandat, au processus de paix. Pour cela, en 1992, il interdit les nouvelles constructions juives dans les territoires occupés. En 1993, il accepte de négocier avec l'Organisation de libération de la Palestine (OLP) de Yasser Arafat (p. 483) les accords de paix de Camp David, organisés par les États-Unis. Il reçoit, avec Arafat et Shimon Peres, le prix Nobel de la paix en 1994. En 1995, il est assassiné par un fanatique juif d'extrême droite.

4

La politique de la force. Le processus de paix stagne depuis plusieurs années. En effet, les négociations s'interrompent après l'éclatement de l'Intifada (« soulèvement »), déclenchée en 2000 par une visite jugée provocatrice d'Ariel Sharon (**4**) sur la place des Mosquées. La crise s'envenime lorsque ce dernier décide de riposter aux attentats suicides palestiniens par des frappes militaires et des tentatives d'assassinat sur des leaders de l'OLP. Ehud Olmert, son successeur, poursuit dans la même voie, sanctionnant la victoire du Hamas en supprimant l'aide aux Palestiniens. Les relations s'enveniment encore après les attaques israéliennes sur le Liban, à l'été 2006.

Pages 348, 350, 386

1948 Proclamation de l'État d'Israël.

1948-1953, 1955-1963 David Ben Gourion Premier ministre.

1967 Guerre des Six-Jours.

1969-1974 Golda Meir Premier ministre.

1973 Guerre du Kippour.

1977-1983 Menahem Begin Premier ministre.

1979 Signature du traité de paix avec l'Égypte.

1992-1995 Yitzhak Rabin Premier ministre.

1993 Accords de Camp David.

1994 Attribution du prix Nobel de la paix à Rabin, à Peres et à Arafat.

1995 Assassinat de Rabin par un extrémiste juif.

1996-1999 Durcissement de la politique israélienne à l'égard des Palestiniens, sous l'égide du Premier ministre Netanyahu.

1999-2001 Le Premier ministre Ehud Barak fait des concessions aux Palestiniens.

2001-2006 Ariel Sharon Premier ministre.

2003 Construction du mur de sécurité.

2006 Ehud Olmert devient Premier ministre.

5

Pages 386, 480

1947 Résolution des Nations unies prévoyant la scission de la Palestine en un État juif et un État arabe.

1948 Création de l'État d'Israël, exode massif des Palestiniens.

1958 Création du Fatah.

1964 Création de l'OLP.

1967 Guerre des Six-Jours. Israël occupe Jérusalem- Est, la rive gauche et la bande de Gaza.

années 1970 Terrorisme palestinien (détournements d'avions, prises d'otages).

1982 Massacres perpétrés par des milices chrétiennes dans des camps de réfugiés palestiniens au Liban.

1987 Première Intifada.

1992-1993 Négociations entre l'OLP et Israël (p. 481).

1994 Autonomie partielle des Palestiniens dans la bande de Gaza et sur la rive gauche.

2000 Début de la deuxième Intifada.

2001 L'armée israélienne occupe le siège de l'Autorité palestinienne.

2003 Début de la construction du mur de sécurité.

2004 Mort de Yasser Arafat.

2006 Victoire du Hamas aux élections palestiniennes.

Jérusalem. Le futur statut de Jérusalem est un point de discorde entre les Israéliens et les Palestiniens, qui affirment tous deux avoir des droits sur la ville sainte. En 2000, la visite provocatrice du futur Premier ministre Ariel Sharon, entouré de forces de sécurité, au Dôme du Rocher (**1**) déclenche la seconde Intifada.

Les Palestiniens

depuis 1945

Partisans d'Arafat pleurant sa mort.

En 1947, les Nations unies proposent un plan de scission de la Palestine qui n'a l'assentiment ni des Juifs ni des Arabes. Lors de plusieurs guerres, Israël défend son droit d'exister et finit par occuper tout le territoire. Le conflit, toujours plus aigu, attise le nationalisme palestinien ; l'OLP s'assure par le fait le soutien de nombreux mouvements politiques. Le Fatah, mouvement de Yasser Arafat, acquiert en 1993 une certaine autonomie, ce qui augure favorablement d'une première étape vers la construction prochaine d'un État palestinien. Malheureusement, le processus de paix stagne depuis la fin des années 1990. Des deux côtés, les élections ont porté au pouvoir des politiciens conservateurs. L'attaque du Liban à l'été 2006 envenime encore la situation.

Amin al-Husayni, grand mufti de Jérusalem, en 1941. Il appela à la guerre contre l'État d'Israël.

1

2

Occupation et expulsion. Au fil des guerres, Israël occupe de plus en plus de territoires arabes, prenant possession, notamment, de la bande de Gaza en 1956 (**2**). Les populations locales en sont délogées. Les Palestiniens sont pris entre deux fronts lors de la guerre civile au Liban (p. 484) (**3**). Les Israéliens ne font rien pour arrêter le massacre perpétré en 1982 par des milices chrétiennes dans deux camps de réfugiés palestiniens.

3

Le leader palestinien Yasser Arafat (1929-2004)

Arafat s'est battu toute sa vie pour réclamer la création d'un État palestinien. Il a été le fondateur et le président du parti du Fatah et de l'OLP. Pendant des années, il a combattu Israël, souvent par la violence, ce qui ne l'a pas empêché d'être reconnu au niveau international. En 1980, il admet le droit à l'existence de l'État d'Israël. En échange, les Israéliens accordent aux Palestiniens une certaine autonomie. En tant que président de l'Autorité palestinienne, il est stigmatisé pour corruption, népotisme et autoritarisme. Dans le même temps, des factions radicales comme le Hamas progressent. Arafat meurt en 2004.

L'Intifada. Le cercle vicieux de la désobéissance civile, de la violence et de la rétorsion atteint son paroxysme en 1987, puis de nouveau en 2000, avec l'Intifada, grand soulèvement palestinien contre les forces de sécurité israéliennes (**4**). La seconde Intifada se caractérise par des attentats suicides, qui font de nombreuses victimes civiles et auxquels les Israéliens répondent par l'assassinat de leaders politiques palestiniens.

4

Page 386

1946 La Jordanie devient un royaume sous Abd Allah Ier.

1946 Souveraineté du Liban.

1951 Assassinat d'Abd Allah Ier à Jérusalem.

1952-1999 Règne du roi Hussein II de Jordanie.

1958 Début de la guerre civile au Liban.

1958-1961 Réunion de la Syrie et de l'Égypte au sein de la République arabe unie.

1963 Organisation d'un coup d'État par le parti Baas en Syrie.

1966 Coup d'État de l'aile gauche du Baas en Syrie.

1970 « Septembre noir », répression de la guérilla en Jordanie.

1971 Prise de pouvoir d'al-Asad en Syrie.

1975-1976 Reprise des combats à Beyrouth, qui est dévastée.

1982 Massacre de Hama (Syrie).

1983 « Guerre de libération » d'Israël contre la Syrie.

1990 Fin de la guerre civile au Liban du fait de la présence de l'armée syrienne, chargée du maintien de la paix.

1994 Signature d'un traité de paix entre la Jordanie et Israël, qui occupe toujours le plateau du Golan.

1999 Accession d'Abd Allah II au trône de Jordanie.

2000 Mort de Hafiz al-Asad ; son fils Bachar lui succède.

2005 Retrait des troupes syriennes du Liban.

2006 Raids israéliens sur les positions du Hezbollah au Liban. Mort de Casques bleus et de civils.

La Jordanie, le Liban et la Syrie

depuis 1945

Combattant dans le Sud-Liban.

Le problème majeur de la Jordanie après 1948 est de loger et de nourrir les réfugiés palestiniens qui fuient Israël. En 1970, le roi Hussein II dissout l'« État dans l'État » organisé dans son pays par les Palestiniens, sous la haute autorité de l'OLP. Le souverain parvient à équilibrer ses relations avec l'Occident et ses voisins arabes, et conclut un accord de paix avec Israël. Des compromis précaires doivent être négociés entre sunnites, shiites et factions chrétiennes au Liban et en Syrie, deux pays caractérisés par leur pluralité ethnique et religieuse. La guerre civile au Liban, qui dure de 1958 à 1990, entraîne la dévastation d'un État autrefois prospère. En Syrie, le parti Baas s'empare du pouvoir en 1963. Le dictateur Hafiz al-Asad réprime sévèrement les mouvements dissidents, sur fond de socialisme et de nationalisme. Ayant ainsi assuré la stabilité politique du pays, il en entreprend ensuite la modernisation.

Hussein II de Jordanie en service dans l'armée de l'air.

La Syrie. Hafiz al-Asad (**1**) va procéder à des réformes dictées par le « socialisme arabe » ; son autoritarisme lui permet de tenir en respect les mouvements religieux ou sociaux. Il conforte le pouvoir de l'armée et l'utilise comme une arme pour intimider son propre peuple, comme ce fut le cas, notamment, lors du massacre de Hama (siège d'une faction islamiste) en 1982.

1

2

Le Liban. Le Liban vit depuis 1958 une guerre civile entre milices et partis chrétiens et musulmans. Dans les années 1970, la capitale, Beyrouth, est en grande partie détruite (**3**). À partir de 1990, les troupes syriennes font respecter le cessez-le-feu, jusqu'à ce que les Libanais les obligent à se retirer, en 2005 (**2**).

3

4

La Jordanie. Le roi Hussein II, qui règne en Jordanie jusqu'en 1999, met un terme à la présence militaire des Anglais dans son pays en 1959, mais ne rompt pas les relations avec l'Occident. Depuis 1948, la Jordanie a eu la lourde tâche d'absorber le flot de réfugiés palestiniens fuyant Israël (pp. 480-482). Après une tentative d'assassinat manquée contre la personne du roi, une guerre civile éclate en 1970, opposant les milices de l'OLP et l'armée jordanienne. Alors que, dans un premier temps, le roi Hussein combat Israël aux côtés de ses voisins arabes, il opte assez rapidement pour une politique de conciliation et négocie un accord de paix avec l'État hébreu, malgré le fait qu'il occupe toujours le plateau du Golan, une région d'une grande importance stratégique pour la Jordanie. Il entame la modernisation du pays, grâce à l'aide financière des Occidentaux. Son fils Abd Allah II (**4**), qui lui succède en 1999, poursuit sa politique. Malgré d'importants progrès technologiques (**5**), le pays connaît toujours des difficultés sociales, du fait de la situation, encore non résolue, des immigrés palestiniens.

5

Pages 386, 402

1951 La Libye acquiert son indépendance sous Idris Ier.

1952 Renversement du roi Farouk d'Égypte par les « officiers libres ».

1953 Mort d'Ibn Séoud. Ses fils lui succèdent sur le trône d'Arabie Saoudite.

1954 Proclamation de la République d'Égypte, avec Nasser comme président.

1956 Nationalisation du canal de Suez.

octobre 1956 Crise de Suez (p. 441).

1967 Défaite des Égyptiens dans la guerre des Six-Jours.

1969 Putsch de Kadhafi en Libye.

1970 Élection de Sadate à la présidence de l'Égypte.

1979 Signature d'un traité de paix entre l'Égypte et Israël.

1981 Assassinat de Sadate ; Moubarak lui succède.

1982-2005 Règne du roi Fahd d'Arabie Saoudite.

1988 Attentat sur Lockerbie.

1992 L'ONU impose un blocus aérien sur la Libye après Lockerbie.

L'Arabie Saoudite, l'Égypte et la Libye

depuis 1945

Fermiers égyptiens.

Le royaume d'Arabie Saoudite est fondé par Ibn Séoud (**1**) en 1932. En Égypte, le roi Farouk est renversé par des officiers en1952. En 1954, Gamal Abdel Nasser devient le président du pays. Son successeur, Anouar el-Sadate, signe un traité de paix avec Israël. Le colonel Kadhafi est au pouvoir en Libye depuis 1969. Sa politique intransigeante a isolé le pays, mais ses relations avec l'Occident se sont améliorées ces dernières années.

L'Arabie Saoudite. Le royaume d'Arabie Saoudite est respecté dans le monde arabe du fait qu'il abrite les villes saintes de La Mecque (**2**) et de Médine. Le pays, qui doit sa richesse au pétrole, s'est imposé comme un pôle de progrès technique. Les Saoudiens observent très strictement les préceptes de l'islam tout en entretenant des relations avec l'Occident.

1

2

3

Le panarabisme. Le succès de l'Égypte dans la résolution de la crise de Suez contribue à accroître dans le monde arabe le prestige du président Gamal Abdel Nasser, qui s'impose dès lors comme le porte-drapeau du nationalisme panarabe. En 1958, l'Égypte et la Syrie (p. 484) se réunissent pour former la République arabe unie (**3**, Nasser et Shukri el-Kuwatli) que Nasser préside jusqu'à sa dissolution, en 1961. Son aura se ternit après la défaite de la guerre des Six-Jours, en 1967, mais le « nassérisme » reste un exemple pour les pays voisins.

4

5

La Libye sous Kadhafi. Influencé par la politique de Nasser, le colonel Muammar al-Kadhafi (**5**) renverse la monarchie libyenne en 1969, au profit d'un régime révolutionnaire. Il modernise la Libye d'une main ferme et travaille à promouvoir une Organisation de l'union africaine (OUA) qui s'inspire de la CE. Sur le plan international, il veut étendre son influence sur les pays voisins (**4**, guerre contre le Tchad). Mais le soutien qu'il apporte aux terroristes isole son pays, notamment après l'attentat de Lockerbie, en 1988. Il se distingue pourtant comme un médiateur précieux dans des conflits internationaux.

6

L'Égypte. Le président Hosni Moubarak (**6**) poursuit la politique et le processus de sécularisation de son prédécesseur Sadate, assassiné par des extrémistes islamistes. Il préserve la paix avec Israël, tout en se rapprochant du camp arabe. La création de la nouvelle bibliothèque d'Alexandrie (**7**) figure au nombre de ses principaux projets des dernières années. L'Égypte tente également de redresser le secteur – plutôt chancelant – du tourisme.

7

Pages 386, 388

1945-1946 Retrait des troupes alliées de l'Iran.

1953 Le Premier ministre iranien Mossadegh renversé par le chah Reza Pahlavi.

1958 Abolition de la monarchie en Iran.

1958-1963 Régime militaire du général Abd al-Karim Kassem en Irak.

1963 Le chah proclame la « révolution blanche » en Iran.

1968 Putsch du parti Baas en Irak.

1978 Début de la révolution islamique en Iran.

1979 Proclamation de la République islamique d'Iran.

1979 Présidence de Saddam Hussein en Irak. Période de grandes purges.

1980-1988 Guerre Iran-Irak (première guerre du Golfe).

1989 Mort de Khomeiny.

1990 Annexion du Koweït par l'Irak.

1991 Les Irakiens sont chassés du Koweït (deuxième guerre du Golfe).

2003 Occupation de l'Irak. Renversement de Saddam Hussein.

Vestiges d'une statue de Saddam Hussein.

L'Iran et l'Irak

depuis 1945

La contestation en Iran de la « révolution blanche » et du gouvernement du chah débouchent sur la révolution de 1978-1979 et l'instauration de la République islamique d'Iran. Saddam Hussein établit pour sa part une dictature en Irak en 1979. Son invasion du Koweït en 1990 déclenche la guerre du Golfe. En 2003, lors de l'invasion de l'Irak par les forces anglaises et américaines, il est destitué et emprisonné, puis jugé et exécuté. Malgré le processus de démocratisation mis en place, le pays sombre dans la guerre civile.

1

Le chah. Après que le Premier ministre iranien Mohammed Mossadegh (**1**) a procédé en 1951 à la nationalisation de la production pétrolière locale, il est exilé en 1953 par le chah Reza Pahlavi (**2**), qui bénéficie pour ce faire de l'aide des Américains.

2

La révolution. La « révolution blanche » décidée en haut lieu (expropriations, alphabétisation, émancipation des femmes) et l'autoritarisme du chah provoquent en 1978-1979 la chute du régime. Après une longue guerre civile, les partisans de la République islamique, dirigés par l'ayatollah Khomeiny, se retournent contre les mouvements démocratiques, qu'ils étouffent définitivement en 1981 (**3**).

3

L'ayatollah Ruhollah Khomeiny

L'ayatollah (« signe de Dieu ») Khomeiny (1900/1902-1989), théologien respecté, doit s'exiler en 1964 en raison de son opposition au régime du chah, mais rentre en Iran en 1979. Il y est accueilli triomphalement. Considéré comme le leader spirituel du pays, il mêle les idées sociales révolutionnaires avec une foi rigide et un sentiment anti-occidental virulent. Son armée, dite des « gardiens de la révolution islamique », a le dessus pendant la guerre Iran-Irak de 1980-1988.

L'Irak. Le refus de Saddam Hussein (**4**) de coopérer avec les inspecteurs de l'armement envoyés par les Nations unies et le traitement qu'il réserve aux Kurdes isolent l'Irak de la communauté internationale. En 2003, le régime est renversé par les troupes américaines et britanniques. Cet événement déclenche en Irak un conflit sanglant qui perdure à ce jour.

4

5

Les Kurdes. Les Kurdes, disséminés en Iran, en Turquie et en Irak, ont longtemps été l'objet de répressions, plus particulièrement dans ces deux derniers pays. En 1988, Saddam Hussein use de gaz toxiques pour faire tuer des milliers d'entre eux (**5**). Cette minorité, sous surveillance des Nations unies depuis 1991, n'en est pas moins toujours persécutée en Turquie. La création d'un État kurde est restée lettre morte.

L'Afghanistan

depuis 1945

Lors de la lutte pour le pouvoir qui suit le renversement de la monarchie en 1973, mais aussi après l'assassinat du dictateur réformateur Daoud cette même année, les communistes afghans demandent l'aide des Soviétiques. Dès la fin de l'année 1979, les Russes occupent le pays et soutiennent les leaders révolutionnaires locaux. Leur retrait en 1988-1989 (**1**) laisse un vide où s'engouffrent les factions islamistes qui, en tant qu'opposantes au communisme, ont été lourdement armées par les Occidentaux. Plusieurs régions dirigées par des chefs locaux deviennent quasi indépendantes, jusqu'à ce que le mouvement islamiste radical des talibans prenne le dessus, en 1996. Leur soutien à Oussama ben Laden sert de prétexte aux Américains, qui occupent le pays avec l'Alliance du Nord en 2001, contraignant les talibans à se replier au sud. Un gouvernement démocratique est alors instauré, sous la houlette des Nations unies ; il demeure tributaire de la présence de troupes étrangères.

La cueillette du pavot en Afghanistan.

L'occupation soviétique. Lors de l'invasion de l'Afghanistan en 1979, les Soviétiques placent Babrak Karmal, un loyaliste, à la tête du pays. Cette nomination exaspère les islamistes et les nationalistes, qui s'unissent au sein d'un mouvement de résistance, les moudjahidins, financé par les États-Unis.

Les conflits au Proche-Orient

*De nombreux troubles au Proche-Orient ont pour origine le désaccord israélo-palestinien ou les frontières arbitraires tracées après 1918 (**4**) entre les États arabes, sans qu'il fût tenu compte des territoires et des affiliations des différentes tribus locales. La situation délicate des minorités ethniques et religieuses (**5**) et le déséquilibre des forces en présence attisent le conflit.*

Les talibans. Les talibans – groupe d'extrémistes islamistes surtout recrutés parmi les réfugiés afghans au Pakistan – s'imposent pendant la guerre civile. Ils règnent depuis Kaboul sur quasiment tout le pays, imposant le strict respect de règles religieuses et de lois pénales (**2**). Il est interdit aux femmes de fréquenter l'école ou d'exercer une profession. Des trésors culturels non islamiques, jugés païens, comme les bouddhas de Bamiyan, sont détruits.

2

Le déploiement des forces américaines. Les Américains et leurs alliés chassent les talibans du nord de l'Afghanistan et de Kaboul, et les contraignent à se replier dans le Sud et vers les frontières pakistanaises, où ils conservent leurs positions. Les talibans font encore parler d'eux en 2007. Le maintien de l'ordre en Afghanistan se révèle difficile (**3**). Ainsi, la production d'opium, qui avait été éradiquée sous le règne des talibans, a repris de plus belle dans un contexte de complète confusion, envenimée par des conflits tribaux.

3

Page 388

1953-1963 Modernisation de l'Afghanistan.

1973 Coup d'État et chute de la monarchie afghane. Le Premier ministre Daoud s'autoproclame chef d'État et de gouvernement.

1978 Assassinat de Daoud et putsch.

1979 Invasion soviétique. Début de la guérilla des moudjahidins.

1979-1986 Installation de Babrak Karmal au pouvoir sous la protection des Soviétiques.

1986-1989 Installation de Mohammed Nadjibollah au pouvoir sous la protection des Soviétiques.

1988-1989 Retrait des troupes soviétiques. Début de la guerre civile.

1992-1996 Les moudjahidins accèdent au pouvoir à Kaboul et ailleurs dans le pays.

1996 Conquête de Kaboul par des talibans.

1998 Tremblement de terre dans le nord de l'Afghanistan.

2000 Interdiction du travail des femmes par les talibans.

2001 Offensive américaine et anglaise contre les talibans.

2004 Victoire de Hamid Karzaï aux premières élections présidentielles libres.

1916-1921 *Guerres d'indépendance des Arabes, qui réclament la fondation d'États sous protectorat britannique et français.*

depuis 1948 *Conflit israélo-palestinien, avec intervention de certains pays arabes voisins.*

1956 *Crise de Suez.*

1958-1990 *Guerre civile au Liban.*

1967 *Guerre des Six-Jours.*

1973 *Guerre du Kippour.*

1978-1979 *Révolution en Iran. Occupation soviétique en Afghanistan (jusqu'en 1988-1989).*

1980-1988 *Guerre Iran-Irak (première guerre du Golfe).*

1990 *Invasion irakienne du Koweït.*

1991 *Retrait des Irakiens du Koweït (deuxième guerre du Golfe).*

1992-1996, 2001 *Guerre civile en Afghanistan.*

2001 *Les Américains et leurs alliés occupent l'Afghanistan.*

2003 *Les Américains et leurs Alliés occupent l'Irak sans mandat des Nations unies et renversent Saddam Hussein.*

depuis 2003 *Les troubles en Irak dégénèrent. La guerre civile menace(**6**).*

6

Page 390

1947 Proclamation de l'État du Pakistan.

1956 Le Pakistan devient une république islamique.

1958-1968 Présidence du général Mohammed Ayyub Khan.

1971 Proclamation de la République indépendante du Bangladesh, sous l'égide de Mujibur Rahman.

1971 Présidence de Zulfikar Ali Bhutto au Pakistan.

1973 Nouvelle Constitution du Pakistan. Ali Bhutto devient Premier ministre.

1975 Renversement et assassinat de Mujibur Rahman.

1977 Renversement d'Ali Bhutto.

1988-1990 et 1993-1996 Benazir Bhutto Premier ministre du Pakistan.

1998 Essais nucléaires en Inde et au Pakistan.

1999 Coup d'État non violent du général Pervez Mucharraf au Pakistan.

2001 Participation du Pakistan à la lutte contre les talibans.

2002 Extension des pouvoirs de Mucharraf suite à une révision de la Constitution.

Embouteillage à Dacca, capitale du Bangladesh.

Le Pakistan et le Bangladesh

depuis 1947

Le Pakistan et le Bangladesh sont deux États musulmans qui voient le jour en 1947. La rivalité entre laïcs et islamistes favorise l'instauration dans ces deux pays de régimes présidentiels autoritaires. Le Pakistan ne peut empêcher le Bangladesh de proclamer son indépendance en 1971. Récemment, les autorités pakistanaises se sont rapprochées de l'Occident, malgré la montée de l'islamisme. Quant au Bangladesh, il demeure un pays pauvre, souvent balayé par des catastrophes naturelles.

Un État musulman. Mohammed Ali Jinnah (**1**, à gauche), leader de la Ligue musulmane indienne, réclame depuis 1940 un État pour la minorité musulmane. Il aurait pour nom Pakistan, soit « Terre des purs ». Une guerre civile sanglante et le déplacement massif de populations conduisent à la partition de l'Inde, avec la création du Pakistan et du Pakistan oriental (actuel Bangladesh). Ali Jinnah tente d'instaurer un régime à la fois laïc et respectueux des traditions musulmanes, mais il se heurte aux partis islamistes radicaux, avides de pouvoir.

1

Le Bangladesh. La ligue Awami (**2**), constituée dans les années 1960 à l'instigation de Mujibur Rahman, annonce en mars 1971 la partition du Pakistan oriental sous le nom de Bangladesh, ce qui signifie « Terre des Bengalis ». Au mois de décembre de cette même année, le gouvernement pakistanais envoie des troupes pour mater le soulèvement. Mais elles doivent capituler devant les séparatistes, qui sont soutenus par l'Inde. Depuis, l'indépendance du Bangladesh n'a jamais été contestée.

2

La corruption. Après la chute de la dictature militaire au Pakistan, Benazir Bhutto (**3**), fille de l'ancien Premier ministre Zulkfikar Ali Bhutto, devient en 1988 la première femme à être élue à la tête d'un pays musulman. Mais son deuxième mandat (1993-1996) est éclaboussé par la révélation de gros scandales financiers dans lesquels son mari serait impliqué.

3

4

L'équilibre politique. Le général Pervez Mucharraf (**4**) accède au pouvoir au Pakistan en 1999, à la suite d'un coup d'État pacifique. En 2001, il accorde son soutien aux États-Unis dans leur lutte contre les talibans (p. 491), qui opèrent également en territoire pakistanais. Cependant, son gouvernement, soucieux de contrer les critiques des islamistes, peine à trouver l'équilibre entre le maintien des relations avec l'Occident et l'affirmation de l'autonomie pakistanaise.

Le réchauffement climatique

Le Bangladesh, pays économiquement défavorisé, doit faire face presque chaque année à des inondations dévastatrices, dues à la mousson et à la fonte des neiges de montagne, ainsi qu'à des cyclones tropicaux qui frappent les régions côtières. Ces catastrophes font à chaque fois des milliers de morts et davantage de sans-abri, entraînant aussi la destruction totale des récoltes. Ces inondations seraient aggravées par le réchauffement de la planète, à l'origine d'une hausse du niveau de la mer, de l'augmentation des tempêtes tropicales et d'une pluviométrie accrue. Les régions côtières sont menacées d'engloutissement. Seule la mobilisation internationale peut aider le Bangladesh à faire face aux catastrophes naturelles et à ériger des protections côtières, même précaires. Un programme allant dans ce sens a été mis sur pied depuis la fin des années 1980. Il a vocation à mener à bien 26 projets avant la fin de l'année 2015.

L'Inde

depuis 1947

Sous l'égide du parti du Congrès et de la dynastie Nehru-Gandhi, l'Inde poursuit son processus de modernisation sociale et de laïcisation. Des particularismes régionaux marqués, des troubles locaux et des relations tendues avec le Pakistan forgent son histoire, dont l'un des temps forts est le renouveau des intégrismes sikh et hindouiste dans les années 1980. Sur le plan international, l'Inde occupe une place importante au sein du mouvement des pays non alignés (p. 421). Elle s'ouvre au marché mondial, une évolution qui se caractérise par de grandes disparités de niveau de vie, non seulement d'une région à l'autre, mais aussi entre régions rurales et urbaines. La situation se complique du fait de l'urbanisation rapide du pays. Les problèmes de démographie, la pauvreté et le système de castes marquent encore l'image de l'Inde.

Jawaharlal Nehru, premier Premier ministre de l'Inde.

Le temple d'Or d'Amritsar, lieu saint des sikhs (ci-dessous) ; jeunes soldats sikhs (à droite).

Déplacement de populations. L'Inde vient tout juste d'obtenir son indépendance quand elle affronte sa première épreuve, en 1947-1948 : le plus grand transfert de populations (**1**) de l'Histoire – des millions de personnes – se déroule dans le chaos d'un climat de guerre civile. Les hindous quittent le Pakistan alors qu'y arrivent des musulmans venus du Centre et du Bangladesh. Les relations sont très tendues dès le départ.

Page 390

1947 Indépendance de l'Inde. Jawaharlal Nehru devient Premier ministre.

1949 Proclamation de la république en Inde.

1954 Traité d'amitié avec la Chine.

1956 Réorganisation des États fédéraux à la suite de soulèvements.

1961 Occupation par l'Inde des colonies portugaises de Goa et de Damao.

1964 Mort de Nehru.

1966-1977 et 1980-1984 Indira Gandhi Premier ministre.

1968-1969 Conflits sanglants dans plusieurs villes.

1971 Traité d'amitié avec l'URSS.

1975 Indira Gandhi proclame l'état d'urgence.

1977-1980 Gouvernement Janata.

1984 L'armée indienne donne l'assaut au temple d'Or d'Amritsar.

1984 Assassinat d'Indira Gandhi. Son fils Rajiv Gandhi lui succède jusqu'en 1989.

1989 L'Inde se dote de missiles nucléaires à moyenne portée.

1991 Assassinat de Rajiv Gandhi.

2006 Attentats à la bombe à Mumbai (Bombay).

Indira Gandhi. Alors que les tensions montent après la révélation de fraudes ayant favorisé son élection en 1975, le Premier ministre Indira Gandhi (**2**) déclare l'état d'urgence. Elle se montre aussi déterminée pendant son second mandat. Alors qu'en 1984 de violents conflits opposent sikhs et hindous, elle ordonne l'assaut contre les extrémistes barricadés dans le temple d'Or d'Amritsar. Quatre mois plus tard, elle est tuée par des sikhs de sa garde personnelle.

Le conflit du Cachemire. Le Cachemire demeure un point de discorde majeur entre l'Inde et le Pakistan. La région, essentiellement peuplée de musulmans, est gouvernée depuis 1846 par des hindous. Dans un premier temps, elle réclame son autonomie, avant de se rallier à l'Union indienne, en dépit des protestations du Pakistan. Malgré la médiation des Nations unies (commencée dès 1951), le conflit ne s'apaise pas ; au contraire, il frôle la guerre ouverte en 1965. Après quelques tentatives de dialogue, les violences et les attaques reprennent dans les années 1980 (**3**), encore attisées par les actions des mouvements séparatistes et des factions rebelles. L'Inde et le Pakistan affirment être dotés de l'arme nucléaire depuis 1998.

Le Pakistan et le Bangladesh : pages 492-493

Page 394, 396

- **1946** Rama IX Bhumibol devient roi de Thaïlande.
- **1947** Ceylan (Sri Lanka) devient un dominion (p. 398).
- **1948** Fondation de la république socialiste de l'Union birmane.
- **1956** Victoire du Parti de la liberté du Sri Lanka, de Solomon Bandaranaike.
- **1957-1973** Régime militaire en Thaïlande.
- **1959** Assassinat de Solomon Bandaranaike.
- **1960-1965, 1970-1977 et 1994-2000** Sirimavo Bandaranaike, Premier ministre du Sri Lanka.
- **1962** Putsch de Ne Win et instauration d'un régime militaire en Birmanie.
- **1964** L'introduction du cinghalais comme langue officielle provoque un conflit avec les rebelles tamouls.
- **1977** Coup d'État militaire en Thaïlande.
- **1986-1991** Gouvernement civil de coalition en Thaïlande.
- **1988** La dictature militaire birmane rejette la Constitution.
- **1989** La Birmanie prend le nom de Myanmar.
- **1989** Première assignation à résidence de Aung San Suu Kyi au Myanmar.
- **1991** Coup d'état militaire en Thaïlande.
- **1991** Prix Nobel de la paix attribué à Aung San Suu Kyi.
- **1996-1997 et 2001** Affrontements entre tamouls et forces armées au Sri Lanka.
- **2001-2006** Thaksin Shinawatra Premier ministre de Thaïlande.
- **2006** Coup d'État militaire sans violence en Thaïlande.
- **2006** Le général Thura Shwe instaure une nouvelle dictature militaire au Myanmar.

Le Sri Lanka, le Myanmar et la Thaïlande

depuis 1945

Pagode Shwe Dagon à Rangoon.

La montée en puissance du nationalisme au Sri Lanka est source de violents conflits entre l'armée et les rebelles tamouls. Le Myanmar se voit soumis en 1962 à un régime dictatorial inspiré du national-socialisme et qui, aujourd'hui encore, limite très sévèrement les libertés individuelles. La Thaïlande demeure unie sous l'autorité du roi Bhumibol, en dépit de la succession plus ou moins rapide des gouvernements et l'intervention musclée de l'armée dans la marche de l'État. Le pays tire du tourisme sa principale source de revenus.

1

Les conflits au Sri Lanka. Pour contrer l'application au Sri Lanka d'une politique nationaliste, réclamée par la majorité cinghalaise, les rebelles tamouls durcissent leur mouvement. Leurs attaques et leurs assassinats suscitent des mesures de rétorsion violentes de la part du gouvernement (**1**).

2

Le Myanmar. Le régime militaire mis en place au Myanmar depuis 1962 prône la « voie birmane vers le socialisme ». Son critique le plus farouche est Aung San Suu Kyi (**3**), qui obtient le prix Nobel de la paix en 1991, mais qui demeure assignée à résidence depuis 1989.

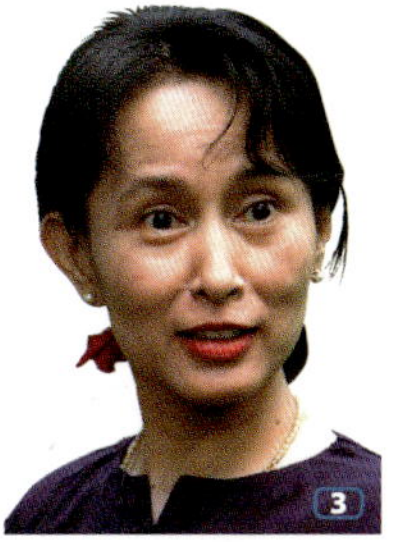
3

La Thaïlande. L'autorité politique et religieuse du roi Rama XI Bhumibol (**2**), le plus vieux souverain régnant du monde, transcende la politique partisane. En 2006, les forces armées s'emparent du pouvoir sans violence (**4**, le général Sondhi Boonyaratkalin présente au roi la nouvelle Constitution).

4

Le tsunami de 2004

L'un des séismes les plus dévastateurs jamais enregistrés se produit la nuit du 26 décembre 2004 au large des côtes de Sumatra. Il provoque un tsunami de 30 m de haut, qui fait 230 000 morts et détruit les côtes de huit pays d'Asie, parmi lesquels l'Indonésie, la Thaïlande et le Sri Lanka sont plus particulièrement touchés. Un élan de sympathie planétaire donne lieu à une formidable campagne de dons voués à la reconstruction de toute la région, qui est aussi une destination touristique très prisée. Cependant, la plupart des pays touchés n'ont pas les moyens de faire installer un système d'alerte et de prévention, généralement complexe et coûteux.

Le régime militaire. Assez régulièrement, les chefs militaires s'emparent du pouvoir en Thaïlande. Le dictateur militaire pro-occidental Pibul Songahram, au pouvoir depuis 1946, est renversé en 1957. Le nouveau régime oscille alors entre dictature et libéralisation prudente. Après les élections parlementaires de 1975, l'armée prend le pouvoir une fois de plus en 1977-1978 (**5**). À partir de 1986, le pays est dirigé par des coalitions diverses, jusqu'au putsch de 1991. Le changement suivant, en 2001, laisse la place à un gouvernement civil de tendance populiste. Celui-ci sera renversé en 2006 lors d'un coup d'État qui se déroule sans violence.

5

Le Viêt Nam, le Laos et le Cambodge

depuis 1945

1

Après 1945, la région vit des temps troublés. La proclamation de l'indépendance du Viêt Nam par Hô Chi Min (**2**) en 1945 déclenche la guerre d'Indochine contre la France, jusqu'en 1954. Le pays est ensuite divisé, puis connaît à nouveau les affres de la guerre entre le Sud et le Nord jusqu'en 1975. Depuis 1976, les deux entités sont réunies sous un même régime communiste. Cette structure politique a inspiré le Laos voisin. De 1975 à 1979, quelque 2 millions de Cambodgiens sont victimes des Khmers rouges, ce qui représente un cinquième de la population de l'époque. Ceux-ci finissent par être chassés du pouvoir, mais les séquelles politiques sont encore perceptibles.

2

Page 396

1941-1955 Règne de Norodom Sihanouk, roi du Cambodge.

1945 Hô Chi Min proclame la république démocratique du Viêt Nam.

1946-1954 Guerre d'Indochine.

1954 Indépendance du Laos et du Cambodge.

1954 Division du Viêt Nam.

1964 Début de la guerre du Viet Nâm avec l'incident du golfe du Tonkin.

1967-1968 Paroxysme de la guerre du Viêt Nam. Début de l'offensive du Têt, acte de propagande réussi pour le Viêt-cong.

1969 Mort de Hô Chi Minh.

1970 Putsch de Lon Nol et intervention des Américains au Cambodge.

1973 Cessez-le-feu pendant la guerre du Viêt Nam.

1975-1979 Les Khmers rouges au pouvoir au Cambodge.

1976 Réunification du Viêt Nam.

1989 Retrait des Vietnamiens du Cambodge.

1993 Sihanouk redevient roi.

Napalm et agent Orange. Le bombardement par les Américains de villes du Nord-Viêt Nam et l'utilisation de gaz toxiques tels que le napalm (**3**) et d'autres défoliants (**1**, nom de code agent Orange) provoquent l'indignation du monde entier. De même, des massacres comme celui de My Lai, en 1968, où des centaines de civils innocents sont tués par les troupes américaines, favorisent l'essor d'un vaste courant opposé à la guerre.

3

4

Le Cambodge. Le roi Norodom Sihanouk (**5**) proclame l'indépendance du Cambodge en 1945, rompant les liens avec la France, qui ne reconnaîtra le nouvel État qu'après sa défaite en Indochine. Après 1955, Sihanouk devient Premier ministre. À l'époque, il s'attire les foudres des États-Unis en raison de son rapprochement avec la Chine. Il est renversé en 1970 par le général Lon Nol, plus pro-occidental. Les Khmers rouges (**4**) menés par Pol Pot se rassemblent pour combattre la grande politique anticommuniste de ce dernier et entraînent les forces armées dans une guérilla prolongée. Après leur accession au pouvoir, en 1975, ils mettent en place un vaste programme de réformes sociales radicales, instaurant un « communisme agraire » qui fera des milliers de morts. Même après leur chute, en 1979, les Khmers rouges demeurent une force politique. Sihanouk, revenu d'exil pour prendre la tête du gouvernement, s'alliera momentanément avec eux contre les forces d'occupation vietnamiennes.

5

6

7

Les champs de la mort. Des milliers de Cambodgiens meurent dans les « champs de la mort » situés à proximité de Phnom Penh. Dès la prise de la capitale, en 1975, les Khmers rouges font régner la terreur en instaurant un régime d'un autre âge. Les grandes villes sont dépeuplées, les habitants devant travailler, sous contrôle, dans des communautés rurales. En 1979, le nombre de morts par assassinat ou par torture avoisine les 2 millions (**7**). Des pans entiers de la population sont exterminés. Après la chute du régime, le leader des Khmers rouges, Pol Pot (**6**), entre dans la clandestinité sans pour autant cesser de faire régner la terreur. Il sera traîné en 1997 par ses anciens partisans devant un tribunal populaire. Depuis 1996, nombre de criminels anciens Khmers rouges ont été amnistiés ; ils vivent au Cambodge sans être inquiétés.

Page 396

1945 Indépendance de l'Indonésie.

1945-1967 Présidence de Sukarno en Indonésie (dictature après 1959).

1946 Indépendance des Philippines.

1948 Fondation de la Fédération de Malaisie.

1950 Indépendance de Taïwan.

1963 Création de la Grande-Malaisie, ou Malaysia (ancienne Fédération plus Bornéo, Sabah et Sarawak, ainsi que Singapour).

1965 Singapour quitte la Grande-Malaisie.

1965-1986 Présidence de Marcos aux Philippines (dictature après 1973).

1968-1998 Régime dictatorial en Indonésie, sous la présidence de Suharto.

1975 Annexion du Timor-Oriental par l'Indonésie.

1986-1992 Présidence de Corazon Aquino aux Philippines.

1999 Envoi de Casques bleus au Timor-Oriental.

2000 Offensive militaire contre le mouvement Abou Sayyaf aux Philippines.

2002 Indépendance du Timor-Oriental. Violents conflits ethniques.

L'organisation souterraine musulmane Abou Sayyaf.

L'Indonésie, les Philippines, la Malaisie, Singapour et Taïwan

depuis 1945

L'Indonésie et la Malaisie constituent l'union forcée de groupes ethniques et religieux fort différents, respectivement depuis 1945 et 1957. Ces deux pays sont constamment aux prises avec leurs minorités rebelles. Singapour, à forte majorité chinoise, quitte la Grande-Malaisie en 1965, pour prendre la tête des pays les plus dynamiques sur le plan économique. Taïwan se coupe de la Chine en 1949-1950 et forme un État indépendant pro-occidental, sous l'égide de Tchang Kaï-chek (p. 392) et de ses successeurs.

L'Indonésie. Pour rassembler les divers groupes ethniques et religieux des quelque 18 000 îles de la région, le fondateur de l'État indonésien, Ahmed Sukarno (**1**, à gauche) met en place un régime fort appelé « Démocratie dirigée ». Alors qu'il amorce un rapprochement avec les régimes communistes, une junte militaire conduite par le général Suharto (**1**, à droite) le prive graduellement, dès 1966, de son pouvoir. La chute de ce régime violent et corrompu intervient en 1998 sous la pression internationale.

1

2

Les Philippines. Juste après leur accession à l'indépendance en 1946, les Philippines sont dirigées par une oligarchie pro-occidentale. Après la chute du régime autoritaire et corrompu de Ferdinand Marcos (**2**) et de sa célèbre épouse Imelda, la présidente Corazon Aquino instaure un régime démocratique, mais doit ménager les intérêts des militaires, qui ont favorisé son accession au pouvoir.

3

Le Timor-Oriental. Pendant les vingt-quatre ans d'occupation indonésienne, le Timor-Oriental (**3**) est déchiré par des guérillas. La population vote en 1999 pour l'autodétermination, ce qui suscite la fureur des milices pro-indonésiennes. Les troubles continuent d'agiter la région.

Les économies des « tigres asiatiques ». Une main-d'œuvre qualifiée bon marché, puis une industrie essentiellement vouée à la haute technologie (**4**) contribuent au formidable essor des économies du Sud-Est asiatique, dont la Corée du Sud, Taïwan, Hong Kong et Singapour, mais aussi, dans un sens plus large, l'Indonésie, la Malaisie et les Philippines. La plupart des métropoles asiatiques plus ou moins autonomes s'inspirent ainsi de Singapour (**5**), passée rapidement de l'état de ville délabrée à celui de vaste cité-État ultramoderne.

4

5

La Chine

Page 392

1945-1949 Guerre civile entre les communistes et le Guomindang de Tchang Kaï-chek.

1949 Mao proclame la république populaire de Chine à Pékin.

1949 Tchang Kaï-chek se réfugie à Taïwan avec 2 millions de partisans.

1950-1951 Occupation du Tibet par la Chine.

1951 Intervention de la Chine dans la guerre de Corée du côté des communistes (p. 506).

1956-1957 La campagne des « Cent Fleurs » invite les intellectuels à s'exprimer, pour mieux les arrêter ensuite.

à partir de 1958 La réforme industrielle et agraire (« Grand Bond en avant ») est la cause de famines.

à partir de 1959 Exil du dalaï-lama.

1959 Démission de Mao Zedong.

années 1960 Rupture avec l'Union soviétique.

1966-1969 Instauration de la « Grande Révolution culturelle prolétarienne ».

1975 Mort de Tchang Kaï-chek.

1976 Mort de Mao Zedong..

Page 504

Les communistes marchant sur Pékin, en 1949.

La Chine jusqu'aux années 1970

1945/1949-1976

La défaite du Japon sonne le glas de la coalition entre les troupes communistes de Mao Zedong et les forces du Parti nationaliste chinois (Guomindang) de Tchang Kaï-chek. Il s'ensuit une guerre civile, qui perdure jusqu'à la victoire communiste, en 1949. Tchang Kaï-chek se réfugie à Taïwan, où il établit dans un premier temps un régime autoritaire. En Chine continentale, Mao bouleverse la politique, l'économie et société.

Mao Zedong (1893-1976)

Issu d'une famille de paysans, Mao est l'un des fondateurs du Parti communiste chinois (CCP), en 1921. Un peu plus tôt, il avait déterminé que les travailleurs agricoles, plutôt que le prolétariat industriel, seraient la base d'une révolution agraire en Chine. Pendant la Longue Marche (p. 393) de 1934-1935, il prend la tête du Parti et, à l'issue de la guerre civile, en 1949, devient le chef suprême du pays. La théorie révolutionnaire développée par Mao (le maoïsme) met l'accent sur l'importance d'être sans cesse prêt à la révolution – une ligne qui, durant la Révolution culturelle, est censée s'appliquer à l'élite culturelle dans ses propres rangs.

La Chine de Mao. Après la proclamation par Mao de la république populaire de Chine, en 1949, les communistes s'attellent à réorganiser l'économie et la société chinoises. L'ancienne élite est jugée pour trahison dans de grands procès-spectacles (**1**) avant de disparaître dans des camps de travail et de « rééducation ». La propagande (**2**) et le culte de la personnalité de Mao sont censés inculquer au peuple la loyauté et les nouvelles valeurs de la Chine communiste, en particulier le collectivisme agraire et une industrialisation rapide et à grande échelle.

Le Tibet entre indépendance et occupation

Pendant des siècles, les dalaï-lama (chefs religieux des Tibétains) successifs acceptent la souveraineté de la Chine, jusqu'à ce que le treizième du nom, profitant de la chute de l'Empire chinois en 1911-1912, déclare le Tibet indépendant. Ni la Chine ni aucun autre pays ne reconnaissent cette autonomie. En 1950, après avoir bien consolidé son pouvoir, Mao fait occuper le Tibet. En 1959, le quatorzième dalaï-lama fuit l'oppression. Il fait partie du gouvernement tibétain en exil et revendique l'indépendance de son pays. Son action en faveur de la paix et de la tolérance dans le monde lui vaut en 1989 le prix Nobel de la paix.

La Révolution culturelle. Les problèmes consécutifs à la réorganisation de l'économie occasionnent des famines qui font des millions de victimes. Pour éliminer toute opposition, en particulier au sein du Parti lui-même, Mao proclame la « Grande Révolution culturelle prolétarienne » en 1965. Il est soutenu par les étudiants (**3**), qui constituent le mouvement extrémiste des Gardes rouges, lesquels terrorisent tous les opposants – réels ou supposés – de Mao et du régime en place.

Page 502

La Chine

1971 Adhésion de la Chine aux Nations unies.

1972 Visite de Nixon en Chine

1975 Mort de Tchang Kaï-chek.

1976 Mort de Mao Zedong.

1978 Traité de paix et d'amitié avec le Japon.

1979 Nouvelle politique économique de Deng Xiaoping.

1979-1980 Politique de l'enfant unique.

1982 Reprise des relations avec l'URSS.

1981 Procès du mouvement extrémiste de la « Bande des quatre » (dont Jiang Qing, veuve de Mao).

à partir des années 1980-1990 Démocratisation de Taïwan.

1987 Destitution de Hu Yaobang à la tête du Parti (jugé trop réformateur).

1989 Vagues de protestation se terminant par le massacre de Tian'anmen.

1989-2002 Jiang Zemin secrétaire général du CCP (président de la République de 1993 à 2003).

1989 Le dalaï-lama reçoit le prix Nobel de la paix.

1990 Deng Xiaoping se retire de la vie politique.

1993 Rupture officielle avec l'économie planifiée, remplacée par une économie socialiste de marché.

1997 Retrait de la Grande-Bretagne de Hong Kong, qui devient une colonie chinoise.

1999-2000 Lutte contre la secte du Falun Gong.

2000 Défaite du Guomindang à la présidentielle de Taïwan.

depuis 2002 Hu Jintao, secrétaire général du CCP (président de la République depuis 2003).

La Chine depuis les années 1970

Mao et le président américain Nixon, en 1972.

depuis 1971

Longtemps, l'Occident considère Taïwan comme le seul État chinois légitime, mais les relations avec la république populaire de Chine s'améliorent lorsque celle-ci prend ses distances de l'Union soviétique, dans les années 1960. Le régime communiste est officiellement reconnu en 1971. Après le décès de Mao, en 1976, les leaders du Parti manifestent leur désaccord quant à l'orientation de la politique du pays. C'est à cette époque que Deng Xiaoping, qui prône le libéralisme économique, prend le dessus. Alors que l'opposition est plus que jamais réprimée, l'économie de marché est promue, avec différences de salaires et prise en compte des résultats. La Chine s'impose dès lors comme une puissance capitaliste.

1

2

Changement de politique. Après le décès de Mao, les communistes s'opposent dans une violente lutte pour le pouvoir. Des extrémistes de gauche, dont Jiang Qing (**2**), la très influente veuve du Grand Timonier, sont chassés du pouvoir au profit de réformateurs pragmatiques, comme Deng Xiaoping (**3**). Ces derniers se réclament du communisme, tout en prônant des mesures économiques et en prenant des initiatives nouvelles. Plusieurs dispositions adoptées pendant la Révolution culturelle sont abolies et remplacées, notamment, par le retour aux traditions telles que le confucianisme (p. 50).

3

Le massacre de Tian'anmen. Au cours du printemps 1989, des étudiants et des militants (**4**) manifestent pour réclamer davantage de libertés et des réformes politiques de fond. Un de ces rassemblements, pourtant paisible, sur la place Tian'anmen, à Pékin, est très brutalement réprimé. Malgré une vague de protestations au niveau international, de nombreux manifestants sont condamnés à mort ou à de longues peines de prison.

4

L'économie socialiste de marché. L'ouverture de la Chine à l'Occident entraîne un fort essor économique, qui profite surtout aux grandes villes modernes comme Shanghai (**1**). Des millions de personnes fuient les campagnes reculées pour chercher fortune dans les cités en pleine croissance. Elles sont employées à bas salaire et sans couverture sociale dans des sociétés industrielles (**5**), sur des chantiers ou dans le secteur tertiaire. Les vrais bénéficiaires de cet état de choses sont les employeurs, pour la plupart des dignitaires – anciens ou actuels – du Parti. On ne sait ce qu'en auraient pensé Marx ou Engels. Les fermes réserves des nations occidentales sur la dictature communiste s'évanouissent aisément devant les énormes perspectives économiques que présente un marché chinois en pleine expansion.

5

» La mondialisation : pages 532-533

Page 396

1945 Capitulation du Japon.

1946-1994 Kim Il Sung au pouvoir en Corée du Nord.

août 1948 Syngman Rhee proclame la république de Corée (Corée du Sud).

septembre 1948 Kim Il Sung proclame la république populaire démocratique de Corée (Corée du Nord).

1950-1953 Guerre de Corée.

1953 Partition de la Corée.

1955 Dogme de l'autosuffisance en Corée du Nord.

1960 Démission de Syngman Rhee.

1961-1979 Dictature de Park Chung Hee en Corée du Sud.

1979-1988 Dictature de Chun Doo Hwan en Corée du Sud.

1980 Massacre, à Gwangju, d'opposants au régime de la Corée du Sud.

1988-1993 Dictature de Roh Tae Woo en Corée du Sud.

à partir de 1994 Kim Jong Il au pouvoir en Corée du Nord.

1996 Procès de Chun Doo Hwan et de Roh Tae Woo.

1997-2003 Présidence de Kim Dae Jung en Corée du Sud.

2000 Kim Dae Jung reçoit le prix Nobel de la paix.

2006 Essais nucléaires par la Corée du Nord.

La Corée

depuis 1945

Les Russes et les Américains libèrent la Corée de l'occupation japonaise en 1945. Sous l'égide des Soviétiques, un régime communiste se met en place dans le Nord, tandis que les États-Unis supervisent dans le Sud l'instauration d'un État pro-occidental. Une offensive de la Corée du Nord en 1950 déclenche la guerre de Corée. En 1951, les Américains et les Casques bleus (**2**) obligent les Nord-Coréens, soutenus par la Chine, à battre en retraite. L'armistice signé en 1953 divise la Corée sur toute la longueur du 51e parallèle. Des dictatures s'installent dans les deux États. La Corée du Nord adopte une forme de communisme fondée sur le modèle soviétique, qui a encore cours sous l'égide de Kim Il Sung (**1**) et de son fils Kim Jong Il. La politique étrangère du pays l'isole de la scène internationale. Alors que le peuple a faim, des sommes colossales sont investies dans l'armement. La Corée du Sud se dote dans les années 1990 d'une démocratie parlementaire stable et s'impose à ce jour comme l'une des grandes puissances de l'Asie du Sud-Est.

1

2

Le « grand leader ». Kim Il Sung (**3**), maître incontesté de la Corée du Nord depuis 1948, fait toujours l'objet d'un véritable culte dans son pays. À son décès, il est proclamé Président éternel par le gouvernement.

3

Une dictature militaire. Dans les années 1960, les militaires instaurent en Corée du Sud un régime autoritaire présidé par des dignitaires de l'armée.

4

Toute opposition est brutalement réprimée (**4**). Finalement, en 1987, après qu'une immense vague de protestations initiée par les étudiants a amené le pays au bord de la guerre civile, les autorités décident de la tenue d'élections libres. En 1996, deux anciens présidents, Roh Tae Woo (**6**) et Chun Doo Hwan (**5**), sont jugés et condamnés à mort. Mais ils sont graciés en 1998.

5

6

Des ennemis jurés. Le premier président de la Corée du Sud, Syngman Rhee (**9**), œuvre au rapprochement de son pays avec l'Occident, à une époque où l'affiliation à l'un des deux blocs est inévitable. La Corée du Nord se réclame du communisme, même après la chute du bloc de l'Est et l'amorce de réformes en Chine. Les enfants sont impliqués dans la lutte des classes (**8**).

8

9

L'ouverture. L'opposant sud-coréen Kim Dae Jung (**7**) passe de longues années en prison avant d'être élu à la présidence, en 1997, à la faveur des premières élections libres organisées dans ce pays. Il œuvre à démocratiser les institutions. Dans le cadre de la « politique du rayon de soleil », Kim Dae Jung tente également de détendre les relations entre les deux Corée – ce qui lui vaut d'être couronné du prix Nobel de la paix en 2000.

7

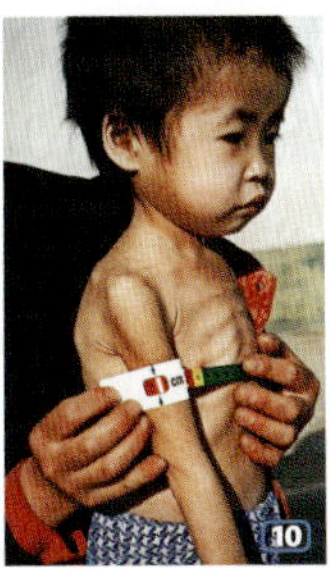
10

Un peuple en otage. L'armée constitue pour le dictateur nord-coréen Kim Jong Il (**11**) le moyen le plus efficace de consolider son pouvoir. Il consacre donc les maigres revenus de son pays au budget militaire. Un programme d'armement fort coûteux est censé apporter au pays la reconnaissance de la communauté internationale. Le dictateur est en effet convaincu que celle-ci ne lui infligera aucune sanction, puisque des mesures de rétorsion aggraveraient la situation de la population, déjà confrontée à d'importantes pénuries (**10**).

11

» **La guerre froide :** pages 420-421

Page 396

1945 Capitulation du Japon.

1946 Nouvelle Constitution suivant les propositions américaines.

1952 Le Japon retrouve sa souveraineté.

1956 Adhésion du Japon aux Nations unies.

1964-1972 Gouvernement d'Eisaku Sato (LDP).

1960 Signature du Traité de coopération et de sécurité mutuelle avec les États-Unis.

1971 Le Japon récupère l'île d'Okinawa.

années 1970 et 1980 Le LDP secoué par des affaires de corruption. Changements de gouvernement.

1989 Mort de l'empereur Hirohito (p. 395).

années 1990 Période de récession.

2001-2005 Gouvernement de Junichiro Koizumi (LDP).

2004 Envoi de troupes en Irak.

1

Une puissance économique. C'est sous le long mandat d'Eisaku Sato (**1**), ministre, chef de gouvernement et leader du LDP des années 1950 aux années 1970, que le Japon devient la troisième puissance économique mondiale. Dans le même temps, le pays reprend des relations normales avec ses voisins et les États-Unis. C'est à son instigation que le Japon retrouve le contrôle d'Okinawa.

Le Japon moderne

depuis 1945

Après la défaite du Japon en 1945, les Américains exigent la démocratisation des institutions du pays. La nouvelle Constitution de 1946 établit ainsi une monarchie parlementaire. À part une brève période, au cours des années 1990, où le Japon connaît une crise économique sévère, il a bénéficié depuis la fin de la guerre de la politique du Parti libéral démocrate (LDP) dont est issu le Premier ministre japonais. L'implication de certains membres de la classe politique dans divers scandales d'ordre financier, une collusion avérée avec l'industrie et des affaires de mœurs ont parfois valu au Japon de voir sa classe dirigeante accusée de corruption.

Ci-dessus : le palais impérial, à Tokyo. En haut : trois jeunes Japonaises vêtues du traditionnel kimono et utilisant des téléphones portables.

2

La récession. Après de longues années de croissance qui contribuent à la prospérité générale (**2**, Tokyo), le Japon ne s'attend pas à la récession du début des années 1990. Les systèmes sociaux ne peuvent faire face à un taux de chômage élevé. Pour nombre de personnes, la perte de leur emploi constitue non seulement une déchéance sociale (**5**), mais porte aussi atteinte à leur estime d'eux-mêmes.

5

L'engagement international. À l'issue de la guerre, le Japon ne dispose plus d'une armée et s'attache donc à se doter de techniques d'autodéfense, sous forme d'équipements technologiques sophistiqués. Les Japonais ont l'un des budgets militaires les plus importants au monde. Durant plusieurs années, la question de la constitution d'une armée régulière a suscité de vifs débats. La guerre du Golfe, en 2003, offre à cette nation, qui aspire désormais à se voir attribuer un siège permanent au Conseil de sécurité des Nations unies, l'occasion rêvée de renforcer sa crédibilité sur la scène internationale. La majorité des Japonais se révèle opposée au déploiement de forces d'occupation en Irak aux côtés des Américains (**4**) – une attitude qui retiendra l'attention des mouvements irakiens militant contre ladite occupation (**3**).

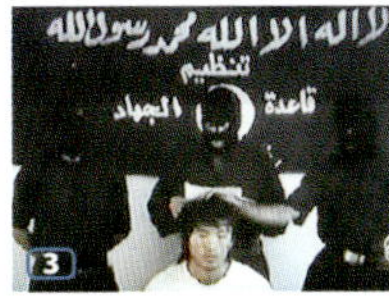
3

4

6

Le nationalisme. En 2001, Junichiro Koizumi (**7**, à gauche) accède au pouvoir. Sa politique de privatisation et de réduction des dépenses publiques est censée relancer l'économie et redresser les finances de l'État. Koizumi suscite la controverse en se rendant au sanctuaire de Yasukuni (**6**), où l'on honore la mémoire de ceux – Japonais et autres – tombés pendant la guerre, y compris des criminels de guerre. Cette visite choque dans plusieurs pays, qui ont particulièrement souffert des atrocités japonaises. À ce jour, le Japon n'a pas assumé son passé ni ses crimes de guerre. Shinzo Abe (**7**), successeur de Koizumi, prend lui aussi des positions nationalistes depuis son entrée en fonctions en 2005. Il souhaiterait la constitution d'une « véritable » armée.

7

Page 398

1947 Les États-Unis prennent le pouvoir en Micronésie.

1947 Indépendance de la Nouvelle-Zélande.

1951-1952 Traité de l'ANZUS.

1957 Constitution de la Polynésie française.

1971 Création du Forum des mers du Sud.

1975 La Papouasie-Nouvelle-Guinée se dote d'une Constitution et rejoint le Commonwealth.

1979 Proclamation des États fédérés de Micronésie.

1983 Traité entre la Micronésie et les États-Unis.

1987 Proclamation par la Nouvelle-Zélande d'une zone dénucléarisée.

1988/1989-2001 Guerre civile en Papouasie-Nouvelle-Guinée.

1990 Indépendance des îles Marshall.

1995 La Nouvelle-Zélande poursuit la France pour les essais nucléaires de Mururoa.

1998-2000 Soulèvement dramatique dans les îles Salomon. Manifestations contre les essais nucléaires dans le Pacifique.

L'Australie, la Nouvelle-Zélande et l'Océanie

depuis 1947

Aborigène jouant de la musique.

En tant que membres du Commonwealth, l'Australie (**1**, opéra de Sydney) et la Nouvelle-Zélande développent des régimes démocratiques, basés sur le multipartisme. Ils doivent leur essor économique à leurs étroites relations avec les États-Unis. Depuis les années 1980, les deux pays sont plus respectueux de la culture et des droits des indigènes (Aborigènes et Maoris), même si la situation de ces derniers reste précaire. Les différents archipels de Polynésie et de Micronésie dépendent encore des puissances occidentales, en particulier de la France et des États-Unis. Ils accèdent progressivement à l'indépendance à partir des années 1970, mais sont vite déstabilisés par des conflits ethniques. Le tourisme constitue pour ces îles une source de revenus majeure, mais les dénature. La région a pour cette raison été en grande partie classée en réserve naturelle.

1

Le traité de l'ANZUS. L'offensive japonaise de 1942 pousse les Australiens dans la sphère d'influence des Américains. Comme la Nouvelle-Zélande, l'Australie signe avec les États-Unis le traité de l'ANZUS de 1952 (**2**, réunion) qui régit la sécurité dans le Pacifique. Les deux pays sont au côté des États-Unis en Corée et au Viêt Nam. Épaulée par les USA, l'Australie atteint son but en Papouasie-Nouvelle-Guinée. Elle s'allie en 1967 à l'Association des nations du Sud-Est asiatique (Ansea). Depuis la fin de la guerre froide, elle s'est rapprochée des pays d'Asie.

2

3

L'Australie. L'Australie est un État depuis 1901, soit depuis que les régions australiennes ont accepté le principe d'un système obéissant aux règles du fédéralisme. Le pays est une monarchie parlementaire ayant à sa tête la reine d'Angleterre. Membre de droit du Parlement australien, qu'elle convoque et dissout, la reine Elizabeth II (**3**) est représentée sur place par un gouverneur général. Elle assume le commandement de l'armée. En Australie, les problèmes de politique intérieure sont le plus souvent traités non pas par le pouvoir central, mais par les gouvernements locaux.

4

La Nouvelle-Zélande. Depuis 1945, le Parti national (plutôt conservateur), qui a participé à la plupart des gouvernements, et le Parti travailliste occupent le pouvoir en formant diverses coalitions. Helen Clark (**4**), chef des travaillistes, est la première femme élue Premier ministre du pays. La proclamation par la Nouvelle-Zélande d'une zone dénucléarisée en 1987 affecte les relations avec les États-Unis, sans pour autant compromettre leurs liens commerciaux.

Contre les essais nucléaires dans le Pacifique

On enregistre le 1er juillet 1946 le premier des 300 essais nucléaires pratiqués sur les îles Marshall. Ce procédé suscite une vive opposition, en raison de ses effets sur l'environnement et de son influence sur la politique d'armement des principales puissances. Le mouvement antinucléaire, qui prospère dès les années 1970, obtient que de nombreux États se déclarent très critiques à ce propos, parfois même à l'égard de pays amis.

Page 401

1949-1953 Mise en application de lois d'apartheid en Afrique du Sud.

1956 Indépendance du Soudan. Début de la guerre civile.

1957 Indépendance du Ghana.

1958-1964 Régime militaire au Soudan.

1960 Indépendance de la plupart des pays africains, notamment de nombreuses colonies françaises. Guerre civile et intervention des Casques bleus au Congo (Zaïre).

1961-1975 Guerres d'indépendance au Rwanda et en Ouganda.

1965 Mobutu au pouvoir au Congo (Zaïre).

1965 Indépendance de la Rhodésie. Apartheid et guerre civile.

1966 Obote au pouvoir en Ouganda.

1967-1970 Guerre du Biafra, au Nigeria, et famine.

1969 Putsch du major Djafar Mohammed an-Nemeiri au Soudan. Putsch du général Mohammed Siyad Barre en Somalie.

Page 514

L'Afrique : la fin du colonialisme

v. 1950-v. 1970

La famine au Biafra.

Dans les années 1950, des groupes indépendantistes voient le jour en Afrique, en même temps que le processus de décolonisation. Ce désir d'autonomie va de pair avec de grands espoirs dans les nouveaux États souverains, mais ceux-ci sont vite confrontés à de graves problèmes divers. Il s'agit, la plupart du temps, des conséquences du colonialisme, et notamment de la délimitation des frontières, opérée par les Européens sans souci de l'implantation des ethnies et des tribus. Les guerres civiles et les conflits ethniques sont le résultat direct de cette méconnaissance du terrain. Ils s'amorcent sur des désaccords concernant l'exploitation des minéraux et des matières premières, quand il ne s'agit pas simplement d'anciens différends qu'avait étouffés la puissance coloniale. Dans les années 1960, nombre de pays instaurent des régimes forts. Ceux du Congo et de l'Ouganda sont renversés par les militaires, respectivement en 1966 et en 1971.

5

La décolonisation en Afrique

*Si la décolonisation (**6**) exige l'autonomie économique et politique des pays et leur libération de la domination des mères patries, elle déclenche aussi chez eux des conflits internes après le tracé des frontières par les puissances coloniales. Apparaissent ainsi guerres civiles et répression, encore en cours dans plusieurs régions qui dépendent alors financièrement de nouveau des autres États du monde.*

6

1

Le Congo. Depuis qu'il n'est plus une colonie, le Congo, qui recèle de riches gisements, n'a connu que des périodes de crise. Le Premier ministre Patrice Lumumba (**1**), assassiné en 1961, devient le symbole de la lutte pour l'indépendance après son appel à la décolonisation totale du continent africain. Le général Mobutu (**2**), au pouvoir de 1965 à 1997, instaure une « kleptocratie », soit un régime voué à son enrichissement personnel. Une très mauvaise gestion, la guerre civile et la corruption ont ruiné l'administration et l'infrastructure de ce pays, dont le peuple vit dans une grande souffrance.

2

3

L'Ouganda. En Ouganda, le Premier ministre Milton Obote (**3**) instaure en 1966 un régime socialiste à parti unique, avant d'être renversé en 1971 par un coup d'État mené par Idi Amin Dada (**4**). Tout d'abord soutenu par les Américains, ce dernier fait régner la terreur dès qu'il est au pouvoir. Le « boucher d'Afrique » fera ainsi quelque 200 000 victimes avant d'être destitué en 1979, grâce à l'aide internationale. En 1980, dans l'excitation suscitée par la chute du dictateur, Obote reprend les rênes du pays, mais il est à nouveau chassé du pouvoir en 1985. Le président Yoweri Museveni s'attelle à remédier aux problèmes dus aux longues années de piètre gestion et de guerre civile. Il enregistrera un certain succès dans la lutte contre le sida, le nombre de nouveaux cas étant en régression. Loin de ce qui se fait dans d'autres pays africains, l'Ouganda a choisi de parler librement de la maladie.

4

1847 *Indépendance du Liberia, un pays créé pour les esclaves noirs libérés aux États-Unis.*
1956 *Indépendance du Soudan, dans la ligne du démantèlement de l'Empire britannique.*
1957 *Le Ghana devient le premier pays africain indépendant après la Seconde Guerre mondiale.*
1960 *La France accorde l'indépendance à la plupart de ses colonies, dont le Niger (**7**) et le Sénégal (**5**).*
1960 *Indépendance de la Somalie.*

7

1961 *La République sud-africaine quitte le Commonwealth.*
1962-1963 *Indépendance du Burundi, du Rwanda, de l'Ouganda et du Kenya.*
1965 *Indépendance du Zimbabwe (Rhodésie jusqu'en 1980).*
1974-1975 *Le Portugal accorde l'indépendance à ses colonies, dont l'Angola et le Mozambique.*
1990 *Indépendance de la Namibie, ancien protectorat sud-africain, dotée d'une Constitution instaurant la représentation proportionnelle.*

Page 512

1966-1978 Durcissement de l'apartheid et soulèvements populaires en Afrique du Sud.

1971 L'ex-Congo belge devient la république du Zaïre.

1974 Déposition de Hailé Sélassié en Éthiopie. Mengistu Hailé Mariam lui succède.

1975-1993 Mouvement de libération en Érythrée pour la scission d'avec l'Éthiopie.

1978-1989 Dégradation de la situation en Afrique du Sud sous Peter Willem Botha.

1980 Indépendance du Zimbabwe.

1985 Renversement d'Obote en Ouganda.

1985 Renversement de Nemeiri au Soudan.

1986 Museveni accède à la présidence de l'Ouganda.

à partir de 1988 Aggravation de la guerre civile en Somalie.

1988-1989 Présence d'islamistes au gouvernement soudanais.

1989 Chute d'Idi Amin Dada en Ouganda. Obote reprend le pouvoir.

1989 Willem de Klerk président d'Afrique du Sud.

1991 Chute de Mengistu en Éthiopie.

Page 516

Éleveur accompagnant du bétail affamé.

L'Afrique, une région en crise

v. 1970-1990

À partir des années 1960, de nombreux pays africains sont confrontés à des troubles et à des guerres civiles. C'est le cas notamment de l'Angola, du Mozambique et de l'Éthiopie. Ces soulèvements sont généralement soutenus par les Américains, qui espèrent ainsi combattre le socialisme. L'Angola et le Mozambique n'accèdent à l'indépendance qu'en 1974-1975, après un conflit sanglant avec le Portugal. L'Afrique du Sud réussit, au terme d'une lutte de très longue haleine, une transition paisible du régime de l'apartheid vers la démocratie. C'est sous la pression internationale que le Zimbabwe reconnaît aux Noirs le droit de participer à la vie politique du pays.

L'Éthiopie. La révolution de 1974 met fin au règne de l'empereur Hailé Sélassié (**2**). Le nouveau dirigeant du pays, Mengistu Hailé Mariam, instaure après 1977 un gouvernement socialiste (**1**), qui est renversé en 1991. Les Éthiopiens souffrent aujourd'hui de la sécheresse et de la guerre, ainsi que de leurs conséquences : la misère et la famine.

1

2

visant à redistribuer les terres aux fermiers noirs, mais son initiative entraîne le chômage et un net appauvrissement des paysans. Les affrontements qui suivent mènent au durcissement du régime. Malgré les protestations internationales, Mugabe autorise la saisie et l'occupation par des Noirs (**4**) des fermes appartenant aux Blancs, et organise la répression de toute forme d'opposition.

Le Zimbabwe. En 1965, le régime de l'apartheid proclame son indépendance par rapport à la Grande-Bretagne. Il réprime sévèrement les manifestations de la majorité noire, qui réclame davantage de liberté, mais doit, sous la pression internationale, accepter la tenue, en 1979-1980, d'élections libres qui voient la victoire de Robert Mugabe (**3**), leader du Front patriotique (ZANU). Sous Mugabe, le pays accède à l'indépendance politique. Après 1990, il entreprend une réforme

L'Afrique du Sud. À partir de 1949, le gouvernement blanc d'Afrique du Sud instaure un régime d'apartheid rigide, qui suscite des protestations de la part des Noirs. Celles-ci sont brutalement réprimées par la police et l'armée (**5**). Les Blancs conservent le pouvoir jusque dans les années 1990, malgré l'isolement, grâce à leur puissance financière.

Nelson Mandela

Nelson Mandela, né en 1918, incarne l'image de la lutte des Noirs en Afrique du Sud. Leader de l'African National Congress (ANC), il est condamné à la prison à vie en 1964, puis libéré en février 1990. Depuis 1989, il fait partie d'une organisation chargée d'assurer dans le calme la passation des pouvoirs à un gouvernement noir. En 1994, l'ANC remporte les premières élections libres, et Mandela devient le premier président noir d'Afrique du Sud. Cette année-là, il partage avec Willem de Klerk le prix Nobel de la paix, que lui vaut, notamment, son étonnante magnanimité.

Page 514

L'Afrique

1992 Envoi de Casques bleus en Somalie.

1993 Fin officielle du régime militaire au Soudan.

avril 1993 Indépendance de l'Érythrée, qui se détache de l'Éthiopie.

1994 Massacre des Tutsis par les Hutus au Rwanda. Exode massif des Tutsis vers les pays voisins.

1994-1999 Nelson Mandela premier président noir d'Afrique du Sud.

depuis 1995 Chute du gouvernement somalien. Poursuite des affrontements.

1997 Renversement de Mobutu au Zaïre. Laurent-Désiré Kabila lui succède. Le pays devient la République démocratique du Congo.

2000 Premières occupations des fermes blanches au Zimbabwe.

2001 Assassinat de Kabila. Son fils Joseph Kabila prend le pouvoir au Congo.

2002 Cessez-le-feu dans plusieurs régions du nord du Soudan.

2003 Début du conflit au Darfour (Soudan).

2006 Élections au Congo sous le contrôle des Casques bleus.

L'Afrique

depuis 1990

De nombreux pays africains sont encore agités par les conflits religieux ou ethniques qui éclatent après la décolonisation. En 1994, le génocide des Tutsis est orchestré au Rwanda , tandis que la guerre civile en Somalie rend le pays ingouvernable depuis 1995. Après des décennies d'affrontements entre chrétiens et musulmans dans la région soudanaise du Darfour, la province connaît depuis 2003 une nouvelle vague de violences, aux répercussions catastrophiques. La situation ne semble pas émouvoir plus que cela la communauté internationale. La pauvreté et le sida sont les principaux fléaux qui affectent le continent africain, et plus particulièrement le sud du Sahara.

La menace du sida

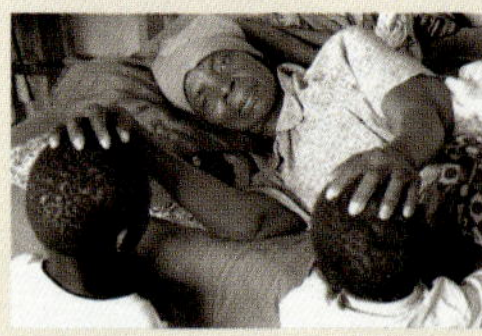

Avec la faim et la pauvreté, le sida est le fléau le plus important qui menace les Africains. Plus de 70 % des séropositifs sont issus de l'Afrique subsaharienne. L'augmentation du nombre d'enfants et de jeunes filles ou femmes atteints par la maladie est tout particulièrement inquiétante. Si de nombreux pays ont lancé des campagnes d'information, d'autres ne font rien pour enrayer le fléau.

La Somalie. La chute du gouvernement somalien intervient en 1995. Le pays est décimé depuis les années 1960 par la guerre civile. En 1991, la République de Somalie déclare son indépendance. De 1992 à 1995, les Casques bleus sont sur le terrain (**1**, enfant courant vers un convoi humanitaire) pour approvisionner la population affamée. Les conflits perdurent.

2

Le Soudan. Depuis son accession à l'indépendance en 1956, le Soudan est déchiré par les conflits entre chrétiens, musulmans et adeptes de religions locales. En 1989, les islamistes s'emparent du pouvoir, imposant dès lors l'islamisation des institutions, au grand dam des autres groupes religieux. La crise que connaît la province du Darfour, dans l'ouest du pays, constitue le principal problème du Soudan. Ainsi, depuis 2003, les forces armées (**3**) et les milices arabes à leur service s'opposent aux mouvements de résistance noirs sur fond de déplacement de populations, de viols et d'assassinats. On dénombre près de 2 millions de réfugiés (**2**) en situation précaire. Les Nations unies demeurent impuissantes, le régime en place refusant toute aide internationale et toute intervention.

3

4

Le génocide au Rwanda. Encouragés par le gouvernement rwandais, des extrémistes hutus se livrent à l'exécution systématique des Tutsis depuis le mois d'avril 1994. En quelques semaines, on dénombre plus de 800 000 victimes (**4**, fillette recherchant les corps de ses parents), assassinés par des individus dotés de fusils, de grenades et de machettes – l'arme la plus utilisée lors de ces affrontements. Le conflit entre les deux groupes est ancien et a déjà donné lieu à des massacres et à des déplacements de populations. La non-intervention des Casques bleus envoyés sur place suscite de vives critiques au niveau international.

La transition sud-africaine. Contrairement aux inquiétudes de nombreux observateurs, la transition en Afrique du Sud vers un gouvernement élu par la majorité noire a lieu dans le calme (p. 515). L'apartheid est aboli en 1992, à l'issue d'un référendum auprès de la population blanche. Après la tenue des premières élections avec la participation des Noirs, l'ANC de Nelson Mandela accède au pouvoir, Mandela devenant président en 1994. Le gouvernement met sur pied en 1996 une Commission pour la vérité et le pardon, afin de gérer au mieux l'héritage de l'apartheid. Thabo Mbeki (**5**), vice-président et successeur de Mandela, poursuit la politique initiée par son illustre prédécesseur. Cependant, malgré les améliorations enregistrées, la situation sociale des Noirs ne s'est guère améliorée. L'Afrique du Sud est confrontée à la corruption de l'Administration. Qui plus est, comme ses voisins, elle est très touchée par le fléau du sida.

5

Le Canada

Page 399

mars 1949 Terre-Neuve devient la 10e province du Canada.

1957-1963 Gouvernement conservateur de John Diefenbaker.

v. 1960 Émergence des séparatistes au Québec.

1963-1968 Gouvernement libéral de Lester Bowles Pearson.

1968-1979 et 1980-1984 Gouvernement libéral de Pierre Trudeau.

1970 Crise politique à propos de la province du Québec.

1980 et 1995 Échec des référendums au Québec.

1982 Nouvelle Constitution.

1984-1993 Gouvernement conservateur de Brian Mulroney.

août 1992 Plus grande autonomie au Québec.

1993-2003 Gouvernement libéral de Jean Chrétien.

1995 Conflit avec l'UE sur les droits de pêche.

janvier 1998 Excuses formelles aux populations indigènes.

1999 Nunavut devient un territoire inuit autonome.

depuis 2003 Gouvernement libéral de Paul Martin.

Le Canada

depuis 1945

Police montée canadienne.

État fédéral membre du Commonwealth, le Canada est souverain depuis 1931. Il compte au nombre des principales nations industrialisées et intervient dans diverses institutions des Nations unies. Sur le plan interne, il se caractérise par un régime démocratique où libéraux et conservateurs alternent au pouvoir. Depuis les années 1960, les divergences entre la majorité anglophone et la minorité francophone sont source de conflits, qui se manifestent au travers de l'émergence dans la province du Québec d'un mouvement séparatiste influent n'hésitant pas à recourir à la violence. Des référendums portant sur la scission du Québec ont échoué de peu. Depuis les années 1980, les questions d'autonomie culturelle et de droits sur les terres ont attisé les tensions entre le gouvernement et les populations indigènes (**1**).

1

Pierre Trudeau. Pendant ses mandats de Premier ministre (1968-1979 ; 1980-1984), le Canadien francophone Pierre Elliott Trudeau (**2**) travaille à maintenir l'unité du Canada. En 1969, il proclame l'égalité de l'anglais et du français comme langues officielles – une initiative qui n'apaise pas la colère des séparatistes du Québec. Après l'assassinat par ces derniers du ministre du Travail Pierre Laporte, en 1970, Trudeau déclare l'état d'urgence pour réprimer le terrorisme. Côté économique, il tente de rétablir l'équilibre entre le Canada et les États-Unis et, pour ce faire, favorise les contacts avec l'Europe et la Chine dès 1970. Depuis lors, le Canada est régulièrement convié à participer aux divers sommets réunissant les pays les plus industrialisés.

2

Émergence d'un mouvement séparatiste au Québec. Un grand mouvement séparatiste naît au Québec dans les années 1960, dans un contexte de crise économique et sociale aiguë.

3

4

Il prône, parfois avec violence (**4**), la scission de cette province d'avec le Canada et réclame son indépendance. En 1976, le Parti québécois de René Lévesque, mouvement indépendantiste particulièrement revendicatif, est majoritaire au Québec, mais perd de justesse le référendum organisé en 1980 et portant sur l'indépendance de la province. Depuis les années 1990, une forte opposition se dessine, qui se prononce en faveur du maintien de l'État canadien dans sa structure actuelle (**3**).

Les indigènes

Les indigènes canadiens et les Inuits du Nord (ci-dessous) sont longtemps traités comme des citoyens de second rang ; leurs droits civiques sont bafoués, comme leur culture et leur langue. Au cours des années 1980, le problème des droits qu'ils ont sur leurs terres et celui des indemnités dues au titre des expropriations troublent le climat politique. En 1996, après quelque vingt ans de négociations, un traité est conclu avec la tribu des Nisga'a, qui servira de base pour les autres.

5

La politique internationale. Membre fondateur des Nations unies, le Canada participe souvent aux missions de cette organisation, en envoyant ses troupes au Congo en 1960, à Chypre en 1964 et dans les Balkans dans les années 1990 (**5**). Il se distingue aussi par sa médiation dans les conflits internationaux. En 1957, Lester Bowles Pearson, alors ministre des Affaires étrangères, reçoit ainsi le prix Nobel de la paix pour son intervention dans la crise de Suez (p. 441).

Page 404

1945-1953 Présidence de Harry S. Truman (démocrate).

juillet 1945 Première explosion atomique au Nouveau-Mexique.

1947 Politique de Truman visant à l'« endiguement » de l'expansion soviétique.

avril 1949 Création de l'OTAN.

1950-1953 Intervention américaine en Corée.

1950-1954 Maccarthysme.

juillet 1952 Rattachement de Porto Rico aux États-Unis.

1953-1961 Présidence de Dwight D. Eisenhower (républicain).

mai 1954 Abolition de la ségrégation dans les écoles.

mai 1955 Traités de Paris : fin de l'occupation américaine en Allemagne.

1955-1956 Abolition de la ségrégation dans les transports.

1957 Eisenhower prône la coopération militaire avec les pays non communistes du Moyen-Orient.

janvier 1958 Mise en orbite du premier satellite américain Explorer 1.

1959 Alaska et Hawaii deviennent des États américains.

Page 522

1

Les États-Unis

1945-1961

Marilyn Monroe.

La délimitation des sphères d'influence des États-Unis et de l'URSS après la Seconde Guerre mondiale déclenche la guerre froide, durant laquelle les Américains se proclament les leaders du monde libre. Lors de la guerre de Corée, ils s'immiscent pour la première fois dans les affaires intérieures d'un pays étranger et prennent ainsi pied en Asie. Il s'agit de la première d'une série de « guerres de proximité » opposant les grandes puissances, dans lesquelles des rebelles, voire des dictateurs, sont soutenus aussi longtemps qu'ils se conforment à la bonne idéologie. À l'intérieur, le maccarthysme crée un climat de suspicion. L'essor économique des années 1950 contribue à répandre l'influence américaine dans le monde occidental.

L'OTAN

Les membres de l'OTAN considèrent que l'attaque de l'un d'entre eux les touche tous. Leur pacte constitue à cet égard un mécanisme de défense collectif. L'alliance conclue en 1949 entre les pays occidentaux, sous l'égide des USA, constitue un temps fort de la guerre froide.

Politique étrangère. En 1947, le président Harry S. Truman (**1**) fixe pour objectif à sa politique extérieure l' « endiguement » du communisme. Il encourage à cette fin le redressement économique de l'Europe de l'Ouest. L'influence culturelle des États-Unis sur l'Occident commence sous Truman, qui met aussi fin à la politique isolationniste américaine.

La guerre de Corée. Le conflit le plus important de cette époque se déroule en Corée entre 1950 et 1953 (**2**). Les États-Unis obligent les Nations unies à les soutenir dans leur intervention aux côtés de la Corée du Sud. Les forces américaines et les Casques bleus repoussent les Nord-Coréens communistes, soutenus par les Chinois, lors de la contre-offensive de septembre 1950 (p. 506). Pour la première fois, les États-Unis s'immiscent dans les affaires intérieures d'un pays étranger. Par la suite, pour contrer l'expansion soviétique, ils renforceront encore leur présence en Asie.

2

La guerre froide. Le président Dwight D. Eisenhower (**3**), héros de guerre, met fin au conflit en Corée et soutient les Nations unies contre la Grande-Bretagne et la France lors de la crise de Suez. Ce que l'on appellera ensuite la « doctrine Eisenhower » assure le soutien économique et militaire des États-Unis à toute organisation du Moyen-Orient combattant le communisme, sans aucune considération de son origine.

3

Le maccarthysme (1950-1954)

La crainte du communisme pendant la guerre froide influe sur la politique intérieure des États-Unis. Dès 1950, Joseph McCarthy (ci-dessous, à droite), alors sénateur du Wisconsin, assume la présidence d'une commission parlementaire qui va déclencher une vaste « chasse aux sorcières » visant surtout les communistes, plus spécialement recherchés parmi les officiels, les intellectuels, les artistes et les réalisateurs. La traque repose davantage sur la suspicion que sur les preuves. Les supposés communistes sont contraints de s'expliquer et se voient privés de leurs droits civiques. En 1954, McCarthy sera sanctionné par ses pairs, preuve étant faite qu'il a déformé les faits.

Essor et publicité. La croissance économique des années 1950 favorise le développement de la société de consommation aux États-Unis. Les premières campagnes publicitaires à gros budget vantent les mérites d'appareils divers, mais surtout de grosses voitures neuves (**4**), qui sont un symbole de réussite à tous les échelons de la société. Les produits sont sans cesse perfectionnés, modernisés, redessinés. Des opérations incitant à la comparaison entre voisins créent un sentiment d'appartenance en fonction des revenus financiers et des biens de consommation. Les produits de série sont vite délaissés au profit d'articles customisés, plus chers, plus « chic ».

4

Les États-Unis des années 1960

1961-1969

Les années 1960 se caractérisent par un relent d'optimisme incarné, entre autres, par le jeune président John F. Kennedy (**1**, avec Khrouchtchev). Son assassinat, qui met le pays en émoi, en fait une idole. Son successeur, Lyndon Johnson, tente de mettre en œuvre les réformes promises par son prédécesseur, en élaborant un programme social ambitieux. La loi de 1964, qui interdit la discrimination raciale, répond ainsi aux revendications des Afro-Américains et leur accorde des droits civiques. Mais les efforts de Johnson en matière de politique intérieure sont relégués au second plan à partir de 1964 par la guerre du Viêt Nam. Les étudiants et les pacifistes s'opposent à l'intervention américaine dans le conflit.

Page 520

Les États-Unis

1961-1963 Présidence de John F. Kennedy (démocrate).

octobre 1962 Crise des missiles de Cuba.

août 1963 Traité d'interdiction des essais nucléaires entre les États-Unis, l'URSS et la Grande-Bretagne.

août 1963 Marche sur Washington pour protester contre la discrimination raciale.

novembre 1963 Assassinat de John F. Kennedy à Dallas.

1963-1969 Présidence de Lyndon B. Johnson (démocrate).

avril 1964 Loi interdisant la discrimination raciale *(Civil Rights Act)*.

août 1964 Renforcement des troupes américaines au Viêt Nam.

août 1965 Temps fort des sanglants affrontements raciaux de Los Angeles.

1966 Création des Black Panthers.

avril 1968 Assassinat de Robert Kennedy.

juillet 1968 Traité sur la non-prolifération des armes nucléaires.

1968 Première tentative pour mettre fin à la guerre du Viêt Nam.

août 1969 Festival de Woodstock.

Page 524

L'assassinat de John F. Kennedy

Aucun assassinat n'aura autant choqué le monde occidental que celui du président Kennedy, le 22 novembre 1963, à Dallas. L'homme d'État est abattu de plusieurs coups de feu lors d'un défilé dans les rues de la ville en voiture décapotable. La police fédérale arrête peu après Lee Harvey Oswald, qui sera tué par Jack Ruby, tenancier d'un bar, alors qu'il est emmené pour être interrogé. Aujourd'hui encore, la thèse d'une conspiration remet en question la seule culpabilité d'Oswald. On évoque ainsi le FBI, la CIA, le Ku Klux Klan, Fidel Castro ou la Mafia.

Martin Luther King

Pasteur baptiste originaire d'Atlanta (1922-1968), Martin Luther King devient le symbole de la résistance contre la discrimination raciale. Il prône le principe de résistance passive contre la ségrégation, notamment à l'occasion de la marche sur Washington de 1963. Sa non-violence lui vaut le prix Nobel de la paix en 1964. Le 4 avril 1968, il est abattu à Memphis par un raciste.

Le mouvement pour les droits civiques. Dans les années 1950, le mouvement initié par les Afro-Américains pour leurs droits civiques enregistre ses tout premiers succès. Mais les problèmes sociaux demeurent. Les années 1960 sont marquées par de très violents affrontements à caractère racial (**2**). Face à l'immobilisme des Blancs, des extrémistes comme les Black Panthers ou Terre d'Islam s'affirment.

2

3

La guerre du Viêt Nam. À partir de 1964, les États-Unis envoient de nouveaux effectifs (**3**) au Viêt Nam, pour lutter aux côtés des sudistes contre la partie Nord, communiste (p. 498). Vers la fin des années 1960, le conflit s'est enlisé et dramatisé. L'utilisation du napalm, de gaz toxiques et d'armes chimiques contre les populations civiles déclenche un vaste mouvement de protestation dans le monde. L'un des plus choquants épisodes est le massacre de My Lai, où une seule unité américaine est responsable de la mort de 500 civils.

Le festival de Woodstock

Le festival de Woodstock, qui se déroule du 15 au 18 août 1969 dans le nord de l'État de New York, devient le symbole du mouvement hippie pacifiste. Près de 500 000 participants célèbrent des artistes connus et moins connus. Parmi les vedettes présentes, Jimi Hendrix, Janis Joplin, Joan Baez, Joe Cocker, Blood, Sweat & Tears et The Who. Le mouvement hippie de la fin des années 1960 est opposé à la guerre, mais n'a pas réellement de connotation politique. Il rejette la société en tant qu'elle est fondée sur le travail et la consommation, et propose une mode de vie différent, libre des pressions et des codes bourgeois. Les hippies choquent l'Amérique en s'adonnant à l'union libre et en prônant l'utilisation de drogues.

Page 526

Les États-Unis

1969-1974 Présidence de Richard Nixon (républicain).

juillet 1969 Les Américains se posent sur la Lune (Apollo 11).

janvier 1973 Accord de cessez-le-feu au Viêt Nam.

août 1974 Démission de Nixon.

1974-1977 Présidence de Gerald R. Ford (républicain).

1977-1981 Présidence de Jimmy Carter (démocrate).

janvier 1979 Reprise des relations avec la Chine.

novembre 1979-avril 1980 Prise d'otages à l'ambassade américaine de Téhéran.

1981-1989 Présidence de Ronald Reagan (républicain).

1983 Occupation américaine des Grenadines.

1986-1987 Rencontres entre Reagan et Gorbatchev.

décembre 1987 Traité d'élimination de missiles nucléaires (INF) avec l'URSS.

1989-1993 Présidence de George Bush (républicain).

décembre 1990 Occupation américaine au Panama.

janvier-février 1991 Seconde guerre du Golfe (Koweït).

Page 526

Premier atterrissage sur la Lune en 1969 ; cinq missions suivront jusqu'en 1972.

Les États-Unis jusqu'à la fin de la guerre froide

1969-1993

Sous la présidence de Nixon, les États-Unis opèrent le retrait de leurs troupes du Viêt Nam et établissent des relations commerciales avec la Chine. Sous celle de Carter, ils se rapprochent de l'Amérique latine. Quant à Reagan, il travaille à alléger les tensions avec l'URSS. Après le démantèlement de l'Union soviétique et la chute du bloc de l'Est, les États-Unis s'impliquent davantage en Amérique du Sud et au Moyen-Orient.

L'affaire du Watergate

Une intrusion au siège du Parti démocrate, dans l'immeuble du Watergate, pendant la campagne électorale de 1972, déclenche l'une des plus importantes crises politiques aux États-Unis. Deux reporters du Washington Post *révèlent que de proches collaborateurs du président Nixon ont procédé à des écoutes téléphoniques. Alors que Nixon tente d'étouffer l'affaire, la presse révèle d'autres éléments plus compromettants, et une procédure d'*impeachment *est ouverte à l'encontre du président en exercice. Celui-ci est contraint de démissionner le 9 août 1974. Les reporters bénéficiaient d'informations de Mark Felt, directeur du FBI.*

1

Le processus de désarmement. Pendant son premier mandat, le président Reagan favorise le réarmement des États-Unis et poursuit une politique anticommuniste très affirmée. Dans la ligne des réformes imposées dès 1985 par Mikhaïl Gorbatchev, nouveau secrétaire général du Parti communiste soviétique (p. 473), divers sommets américano-soviétiques sont organisés. En 1987, Reagan et Gorbatchev (**1**) s'accordent sur le retrait des missiles nucléaires à portée intermédiaire et courte (traité INF).

2

Le processus de paix. Le président Carter entame une campagne en faveur de la paix et du respect des droits de l'homme à travers le monde. Son initiative améliore les relations des États-Unis avec les démocraties d'Amérique latine. La médiation des Américains est à l'origine de la signature des premiers traités de paix au Moyen-Orient, notamment, en 1979, entre Israël et l'Égypte (**2**). Pourtant, l'invasion de l'Afghanistan par les Soviétiques et la révolution islamique en Iran mettent à mal cette entreprise. En avril 1980, la tentative de libération des otages américains à Téhéran, retenus prisonniers depuis novembre 1979, se solde par un échec. Cette déconvenue favorise l'élection de Reagan la même année.

3

Une ère nouvelle. L'administration de George H.W. Bush (**4**) est marquée par la chute du bloc soviétique, qui laisse le champ libre aux Américains. En 1989, ceux-ci renversent ainsi le dictateur panaméen Manuel Noriega. Dans le même temps, les États-Unis interviennent au Moyen-Orient, où ils ont, dès 1980, armé Saddam Hussein, qui jouait le rôle de contrepoids face à l'Iran. Après l'invasion du Koweït par l'Irak, les États-Unis (**3**) prennent la tête de l'opération Tempête du désert, organisée sous l'égide de l'ONU, et obligent les envahisseurs à battre en retraite. Ils imposent un blocus aérien et un embargo commercial, toujours organisé par les Nations unies. Au plan national, des tensions de plus en plus vives aboutissent en 1992 à des affrontements raciaux à Los Angeles, suite aux brutalités policières exercées indûment contre un résident noir.

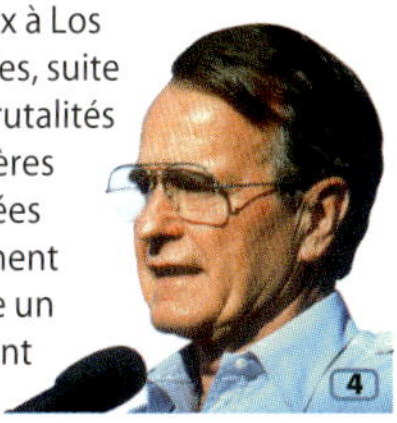
4

» La Chine et les États-Unis : page 504

Page 524

1993-2001 Présidence de Bill Clinton (démocrate).

avril 1993 Aide d'urgence des Américains en Russie.

novembre 1995 Traité de Dayton pour la pacification de l'ancienne Yougoslavie.

août 1996 Réforme de l'aide sociale *(Welfare Reform Act)*.

octobre 1998 Enquête parlementaire sur Clinton (affaire Lewinsky).

depuis 2001 Présidence de George W. Bush (républicain).

mars 2001 Retrait des États-Unis du protocole de Kyoto sur le réchauffement climatique.

11 septembre 2001 Attaques terroristes sur le World Trade Center, à New York.

octobre 2001 Offensive aérienne contre les talibans.

2002 *Patriot Act*. Création d'une administration chargée de la sécurité intérieure.

mars 2003 Offensive en Irak et chute de Saddam Hussein.

2004 Réélection de George W. Bush à la présidence.

Les États-Unis

depuis 1993

1

Les démocrates retrouvent la Maison Blanche en 1993, sous la présidence de Bill Clinton (**1**). Celui-ci veut procéder à des réformes sociales, mais son principal projet, la mise en place d'une assurance santé fédérale, fait les frais de l'opposition du Sénat, à majorité conservatrice. Ses réussites en matière de politique étrangère comprennent la médiation réussie dans le conflit du Moyen-Orient en 1993 (p. 481) et l'aboutissement du protocole de Kyoto sur le réchauffement climatique en 1997 (qui ne sera pourtant pas signé par les États-Unis). À partir de 1998, son mandat est terni par le scandale de sa relation avec Monica Lewinsky. Les attaques du 11 septembre 2001 contre les tours du World Trade Center de New York ont lieu sous la présidence de George W. Bush, qui déclare la guerre au terrorisme international, avec pour corollaire le *Patriot Act* de 2002, qui porte atteinte aux libertés individuelles.

3

La nouvelle économie. La récession de 1990 accentue les disparités de la société américaine. En 1992, la tension s'exprime par des affrontements raciaux (**2**). Mais le développement des technologies modernes entraîne un fort essor économique durant la seconde moitié des années 1990 (**3**). On parle alors de nouvelle économie. Le succès de l'Internet permet la création de millions d'emplois. L'administration Clinton peut ainsi promouvoir des lois sur le salaire minimum, instaurer des réformes sociales et réduire le déficit budgétaire, ainsi que l'enveloppe du chômage.

2

4

Le 11 septembre. Le 11 septembre 2001, des extrémistes islamistes détournent des avions sur les tours du World Trade Center (**4**) à New York. Un autre vol vise le Pentagone à Washington, et un quatrième s'écrase près de Pittsburgh. On déplore ce jour-là quelque 3 000 victimes. Ces attaques suscitent l'indignation et la compassion générale, tout en portant gravement atteinte au sentiment d'invulnérabilité des Américains. En octobre, les États-Unis, soutenus par leurs alliés, renversent le régime afghan des talibans (p. 490), qui a offert l'asile à Oussama ben Laden (**5**), l'organisateur des attentats qui veille aussi à l'entraînement des extrémistes dans les « camps de la terreur ».

5

6

Les élections de 2000. En 2000, le républicain George W. Bush enregistre contre le démocrate Al Gore (**6**), le vice-président sortant, la plus courte victoire électorale qui soit. Après des semaines de bataille juridique, la Cour suprême proclame, le 12 décembre 2000, Bush 43e président des États-Unis. Celui-ci redonne à la politique intérieure une tournure très conservatrice. À l'international, il déclare une « longue guerre » contre le terrorisme, destinée à défendre le monde libre.

La guerre en Irak. En janvier 2002, le président Bush cite l'Irak, la Corée du Nord et l'Iran comme constituant l'« axe du Mal ». En septembre 2002, la politique sécuritaire des États-Unis se voit remaniée dans le sens de la préservation de l'intégrité du territoire. Prétextant la violation des résolutions des Nations unies ou le non-respect des droits civiques par les autorités de l'Irak, mais surtout l'existence d'armes de destruction massive (une thèse désormais rejetée), une coalition emmenée par les Américains et les Anglais attaque l'Irak en mars 2003. Le régime de Saddam Hussein ne résiste pas longtemps (**7**), mais le pays est aujourd'hui ravagé par la violence et les soulèvements populaires. Les conflits entre chiites, sunnites et Kurdes le conduisent au bord de la guerre civile.

7

L'Irak : pages 488-489

Page 406

L'Amérique latine

1937-1979 Dictature de Somoza au Nicaragua.

depuis 1946 Industrialisation du Mexique.

1952-1959 Dictature de Batista à Cuba.

1953 À Cuba, début de la lutte pour la libération menée par les rebelles de Castro.

1959 Castro chef du gouvernement de Cuba.

1962 Crise des missiles de Cuba.

1972 Adhésion de Cuba au Comecon et au bloc socialiste.

1978-1979 Guerre civile au Nicaragua.

1979 Prise de pouvoir des sandinistes au Nicaragua.

1980 Assassinat de l'archevêque Romero au Salvador.

1981 Guerre entre sandinistes et Contras au Nicaragua.

1990 Restructuration de la dette extérieure du Mexique.

1990 Victoire des groupements civils au Nicaragua. Les Contras sont désarmés.

1994 Guérilla des zapatistes au Mexique.

2000 Élection de Vicente Fox à la présidence du Mexique.

Procession honorant la mémoire des victimes de la guerre civile au Guatemala.

L'Amérique latine et l'Amérique centrale

depuis 1945

Jusque dans les années 1970, la plupart des pays d'Amérique latine se caractérisent par des régimes autoritaristes et des dictatures militaires, quand ils ne sont pas aux mains de guérillas. Pour la plupart, ils dépendent des États-Unis, tant politiquement qu'économiquement. Au nombre des exceptions figurent les régimes plus modérés en place depuis de longues années au Mexique, ainsi qu'à Cuba, où Fidel Castro, dont l'image est encore renforcée par l'hostilité des USA à son égard, établit une forme de pouvoir personnalisé qui perdure même après le démantèlement de l'Union soviétique.

1

Le Nicaragua. Anastasio Somoza (**1**) accède au pouvoir au Nicaragua en 1937. Ses fils Luis et Anastasio Jr lui succèdent après son assassinat. Soutenu par les États-Unis, il ordonne la formation d'escadrons de la mort, qui répriment les guérillas et servent de remparts contre le socialisme. En 1979, le Front de libération sandiniste renverse la dictature de Somoza, mais ne résiste pas aux Contras, groupe de droite soutenu par les USA. Depuis 1990, le pays est ravagé par la guerre civile.

Cuba. Après la destitution du dictateur Batista, Fidel Castro (**3**) instaure progressivement à Cuba un régime socialiste fort, qui perdure. Son compagnon de lutte Ernesto « Che » Guevara (**2**), qui devient l'idole de toute une génération, est abattu en 1967 par les forces armées en Bolivie, où il était venu apporter son soutien à la guérilla et où il entraînait des révolutionnaires.

La théologie de la libération. Après avoir, dans un premier temps, apporté son soutien aux dictateurs de droite, l'Église catholique subit dans les années 1960 l'influence du courant de la théologie de la libération, qui conjugue un christianisme radical et de fortes convictions sociales. Elle lutte alors au côté des pauvres. L'archevêque de San Salvador Oscar Arnulfo Romero (**4**), qui prend ouvertement position en ce sens, est assassiné lors d'une messe, en 1980. Malgré l'accueil pour le moins mitigé du pape conservateur Jean-Paul II (p. 461), et beaucoup d'autres exactions, la théologie de la libération est un courant de plus en plus prégnant dans les pays d'Amérique latine, où les injustices sociales sont plus flagrantes qu'en Europe.

Le Mexique. Aux lendemains de la révolution de 1910-1920, le Mexique s'appuie sur une Constitution socio-libérale. Le parti d'unité nationale, connu dès 1946 sous le nom de Parti révolutionnaire institutionnel (PRI) et issu de la coalition de groupes révolutionnaires, détient le pouvoir jusqu'en 2000. Il s'attache à réaliser l'industrialisation forcée du Mexique et la nationalisation de son économie. La corruption et la piètre gestion des affaires de l'État sont à l'origine de la pauvreté du pays, qui évite de peu la banqueroute en 1982, grâce à des prêts consentis par les USA. En 1988, les relations ambiguës entre le Parti, l'État et l'économie se distendent. Le Parti de la droite libérale, mené par Vicente Fox (**5**), gagne pour la première fois les élections en 2000. Il est toujours au pouvoir.

Pages 252, 406

L'Amérique du Sud

1946-1955, 1973-1974 Juan Perón préside l'Argentine.

1948 Création de l'Organisation des États américains.

1960 Création de l'Association latino-américaine de libre-échange.

1964 Coup d'État militaire au Brésil.

1970-1973 Salvador Allende président du Chili.

1973-1990 À la suite d'un coup d'État, dictature de Pinochet au Chili .

1976 Coup d'État en Argentine.

1982-1985 Fin de la dictature militaire au Brésil.

1983 Fin de la dictature militaire en Argentine.

Page 532

L'Argentine, le Brésil et le Chili

depuis 1946

1

L'Argentine et le Brésil sont des démocraties relativement stables, en place depuis la chute des dictatures militaires dans les années 1980 et 1990. Depuis 1990, le Chili évolue aussi vers un régime démocratique. Les deux premiers pays travaillent à moderniser et à consolider leurs économies, alors même qu'ils sont confrontés au problème de la pauvreté. Au Brésil, la guerre des gangs, conséquence des disparités sociales, bouleverse la vie dans les grandes villes (**1**).

Brasília

La création de la ville de Brasília vise à permettre l'établissement d'un pouvoir géographiquement plus centralisé.

Le principe de cette construction est posé dès 1922, mais le chantier n'est lancé qu'entre 1956 et 1960. Inaugurée officiellement en avril 1960, Brasília remplace Rio de Janeiro comme capitale du pays. Près de 200 000 personnes vivent dans la cité, mais la région abrite plus de 2,3 millions d'individus.

6

La mondialisation

*La fin de la guerre froide déclenche rapidement l'internationalisation de l'économie mondiale (**6**) ainsi que la création d'un réseau planétaire d'informations qui donne naissance au mot « mondialisation ». La mobilité croissante du capital et de la main-d'œuvre incite nombre de pays à améliorer leur sort en abaissant leurs taxes ou le salaire minimum en vigueur sur leur territoire. Ce sont les pays asiatiques en voie de développement qui profitent le plus de ce*

Dictature militaire. Au Chili, le socialiste Salvador Allende est renversé en 1973 lors d'un putsch organisé avec le soutien des USA (**2**, attaque du palais présidentiel). Le dictateur militaire Augusto Pinochet (**3**) dirige le pays avec brutalité. Il doit renoncer au pouvoir en 1990, mais jouit toujours d'une grande notoriété dans le pays. Les tentatives de procès échouent toutes. Il meurt en décembre 2006.

Les disparus. Perón et ses partisans dirigent l'Argentine jusqu'en 1976, puis sont renversés par un coup d'État militaire mené par le général Jorge Rafael Videla. Dès son arrivée au pouvoir, ce dernier instaure une dictature sévère, basée sur la torture et l'emprisonnement (**4**) ; près de 10 000 opposants au régime disparaissent ainsi sans laisser de traces. Le recensement des crimes commis sous la dictature militaire, toujours en place en 1983, occupe encore à ce jour la justice argentine et les familles de disparus.

Commerce et économie. L'Organisation des États d'Amérique (OEA) voit le jour sous l'égide des États-Unis, qui décident de l'attribution d'aides financières et de prêts à long terme aux différents pays adhérents. Dans le même temps, les pays d'Amérique latine mettent sur pied des politiques économiques autonomes, tout en dépendant encore des largesses de la Banque mondiale pour lutter contre la pauvreté (**5**, membres de l'Association latino-américaine de libre-échange).

*phénomène. Les nations les plus pauvres voient leurs ressources entièrement pillées ou exploitées par des multinationales, ainsi que par une élite politique et économique souvent corrompue (**8**). Les opposants à la mondialisation, parmi lesquels le très actif mouvement ATTAC, considèrent pour leur part le concept de « village mondial » comme étant dénué de sens. Certains de leurs détracteurs considèrent cette position comme l'expression d'un désir de préserver les particularismes nationaux forgés par la culture, la religion, les origines et l'histoire des peuples (**7**, manifestant iranien).*

Marchand ambulant péruvien.

L'Amérique du Sud aujourd'hui

depuis les années 1960

La plupart des pays d'Amérique du Sud sont confrontés à la pauvreté, à la violence et aux conflits internes. Les pays les plus affectés sont le Pérou, qui pâtit depuis des décennies de la guérilla menée par le « Sentier lumineux », et la Colombie, ravagée par le terrorisme des rebelles et des cartels de la drogue. Pendant des décennies, la Bolivie et le Venezuela voient se succéder les gouvernements. Ils sont aujourd'hui dirigés par des populistes de gauche comme Evo Morales et Hugo Chávez, qui ont réussi à mettre en place des programmes de nationalisation et d'importantes réformes sociales.

Pages 252, 406

1948 Début de la guerre civile en Colombie.

1954-1989 Dictature d'Alfredo Stroessner au Paraguay.

1968 Coup d'État militaire au Pérou.

1969-1970 Coup d'État en Bolivie.

1969-1975 Révolution au Pérou.

1975 Coup d'État militaire au Pérou.

1978 Une loi sécuritaire accorde des pouvoirs étendus à l'armée colombienne.

1980 Le « Sentier lumineux » déclenche un conflit armé au Pérou.

1988-1989 Paroxysme des attaques des cartels de la drogue en Colombie.

1990-2000 Fin du mandat présidentiel d'Alberto Fujimori au Pérou.

1998 Hugo Chávez devient président du Venezuela et se voit confier des pouvoirs spéciaux en 1999.

1999 Le « plan Colombie » du gouvernement colombien déclare la guerre à la drogue.

2002 Alvaro Uribe Velez président de la Colombie.

2006 Evo Morales président de la Bolivie.

2006 Démobilisation officielle des guérillas et des forces armées en Colombie.

1

Le « Sentier lumineux ». La junte militaire qui prend le pouvoir au Pérou en 1968 procède à la nationalisation systématique de l'industrie avant d'être renversée par un coup d'État en 1975. La nouvelle politique est plus favorable au commerce, mais voit émerger les maoïstes du « Sentier lumineux » (**1**), qui vont plonger le pays dans la guerre civile. Dans les années 1990, certains membres de l'organisation accepteront l'amnistie que leur propose l'État. Malgré cette trêve, la situation demeure instable.

2

Le trafic de drogue. Ce sont les militaires qui détiennent le pouvoir en Colombie depuis 1953, même s'ils installent à la tête du pays des civils dont l'autorité est d'ailleurs réfutée par des guérillas de gauche ou de droite (**3**). De puissants barons de la drogue comme Pablo Escobar, assassiné en 1993 (**2**), et les cartels divers tirent profit de la faiblesse du pouvoir central, et se livrent à des assassinats et à des enlèvements monnayables.

3

4

5

Evo Morales (**4**), le premier Indien à accéder en 2005 à la présidence, ordonne en 2006 la nationalisation des puits de gaz et de pétrole, et dit préparer l'expropriation des mines (**5**). Morales, qui tient le néolibéralisme mondial pour responsable de la situation en Amérique du Sud, soutient les planteurs de cocaïne. Il s'oppose en cela aux États-Unis, qui voudraient faire interdire cette culture dans le cadre de la lutte contre la drogue, sans tenir compte du fait que la cocaïne fait partie intégrante du mode de vie des Boliviens.

L'anticapitalisme. La Bolivie est considérée comme le parent pauvre de l'Amérique latine, malgré ses importantes réserves de gaz naturel.

Une assurance nouvelle. Dans les années 1990, presque tous les pays d'Amérique latine se défont de leurs dictatures de droite. La plupart se dotent de régimes socialistes modérés après la tenue d'élections et poursuivent la nationalisation de leur économie, en essayant de mieux contrôler l'influence des grandes multinationales américaines. Ils instaurent pour la plupart une politique sociale diversifiée favorisant surtout les pauvres et les minorités ethniques. La coopération économique entre les divers États se développe et contribue à forger la nouvelle assurance de l'Amérique latine, qui peut s'exprimer par l'abolition des barrières nationales autant que partisanes (**6**, les présidents de l'Argentine, de la Bolivie, du Brésil et du Venezuela donnent ici la preuve de leur unité).

6

Index

C

Q

R

S